유네스코 세계인류무형문화유산과

동북아시아 장류문화와 장아찌문화

윤덕인, 홍미숙, 김문경, 박수금

지식인

유네스코 세계인류무형문화유산과

동북아시아 장류문화와 장아찌문화

2022년 5월 15일 초판 1쇄 인쇄
2022년 5월 20일 초판 1쇄 발행

지은이 | 윤덕인 · 홍미숙 · 김문경 · 박수금
펴낸이 | 김종욱 · 명사동
펴낸곳 | 지식인
등 록 | 제301-2013-134호
주 소 | 서울시 도봉구 도봉로 180길 20 투웨니퍼스트 102동 602호
전 화 | 02)2266-8606 (대)
팩 스 | 02)2266-8607
E-mail | jisikin2013@naver.com
홈페이지 | www.jisikinbook.co.kr

ISBN 979-11-90815-97-0 (93590)

값 25,000원

유네스코 세계인류무형문화유산과
동북아시아 장류문화와 장아찌문화

제1부

제2부

제3부

1부

1장

유네스코 세계인류무형유산과 동북아시아 장류문화

I
들어가는 말

대체로 한 집안의 음식 맛은 장맛에 영향을 받는다. 이것은 우리나라뿐만 아니라 동북아 삼국인 중국, 일본에서도 마찬가지이다. 서양음식은 소금, 후추로 음식의 맛을 낸다. 소금은 주성분이 Nacl로 짠맛을 내고, 장(醬)은 짠맛과 함께 아미노산의 감칠맛을 내는 점이 큰 차이이다. 그래서 장을 주로 먹는 동북아 삼국을 두고 대두문화권이라고도 하고 두장(豆醬)문화권, 장(醬)문화권이라고도 하며, 곰팡이문화권이라고도 한다.[1)]

장은 음식에 간을 하고 맛을 내기 위한 조미료로서 우리 음식문화에서 큰 비중을 차지하고 있다. 장이라고 하면 좁은 의미로는 액체 상태인 간장(艮醬, 甘醬)을 뜻하고, 넓은 의미로는 장류로 간장, 된장(乾醬), 막장, 청국장, 즙장, 고추장(苦椒醬), 어장(魚醬, 어간장) 등등을 모두 포함한다.

동북아시아 지역의 장류는 주로 만드는 재료에 따라 두장(곡장), 어장, 육장 등으로 구분되는데, 한국의 장은 대부분 두장에 속한다.[2)]

중국의 장은 대두 및 맥류, 쌀, 잠두(蠶豆) 등을 원료로 하여 곡제법(曲制法)이나 혹은 주모제법(酒母制法)에 의해서 만들어진 일종의 호상물(糊狀物)로서 생산과정은 장유(醬油, 간장)와 완전히 일치한다.[3)]

8세기 일본 나라(奈良)시대의 장은 우리의 것과 같은 대두 단용의 장이었으나, 10세기경에는 대두에 쌀, 밀 등 전분성 재료를 혼합한 것으로 보인다. 현재의 일본 장의 재료로 일본 작물산출의 배경과 중국 장 가공법의 영향 등으로 구수한 맛이 많은 장으로 변했다. 현재의 일본 장은 삼국 중 간장이 가장 발달하였으며, 대두(大豆), 쌀(米) 또는 맥(麥) 등을 혼용하는 장국(醬麴)을 만들고 있다. 그러나 일본 장의 원형은 장국을 만들지 않고 대두, 미국(米麴) 등으로 직접 침장을 하는 조장법이었다.

한국의 장 담그기는 고대부터 오랫동안 장을 담가서 먹은 유구한 역사를 지닌 점, 한국 식문화를 다양하게 연구할 수 있다는 점, 세대 간에 전승되며 모든 한국인이 직·간접적으로 동참하고 있다는 점에서 그 가치를 인정받아 국가무형문화재 제137호(2018)로 종목 지정되었다.

'장 담그기'는 콩 재배, 메주 만들기, 장 만들기, 숙성과 발효 등으로 이어지는 과정으로 발전시켜왔는데, 이는 중국이나 일본과는 구별되는 독특한 제조법이다. 또 메주를 띄우는 과정을 거친 뒤 간장과 된장 두 가지의 장을 만든다는 점, 전년도에 쓰고 남은 '씨간장'을 이용해 '겹장'의 형식을 거친다는 점 등은 한국 장 담그기의 독창적인 방법이다. 우리나라 전역에서 전승되고 있는 생활관습이자 문화라는 점에서 특정 보유자나 보유단체를 인정하지 않고 무형문화재로 종목 지정을 했다.[4)]

문화재청에서는 2018년부터 한반도 전역에서 전승되고 있는 생활습관이자 문화라는 점에서 특정 보유자나 보유단체를 인정하지 않고 무형문화재로 종목 지정했다. 이러한 무형문화재 지정제도의 변화는 유네스코 세계인류무형문화유산의 등재조건에 잘 나타나 있다.

우리나라의 경우, 가정에서 장을 담글 때 택일을 하고 고사를 지냈다. 만일 장맛이 변하면 집안에 불길한 일이 생길 징조라 여겨, 주부들은 장독대 관리에 정성을 다했다. 장독에 금줄을 치고 버선을 거꾸로 붙이기도 하였고, 붉은 고추나 숯을 장 위에 띄우기도 했다. 고추와 숯의 살균 및 흡착의 효과를 노리는 동시에 주술적 효과를 기대하는 것이었다. 또 장 담그는 여인의 입을 창호지로 봉하고 작업을 시켰다. 여성의 음기(陰氣)가 간장에 좋지 않다는 속설 때문이었다.[5)] 장맛이 좋게 숙성되는 데에는 미생물이 관여하는 영역이므로, 장 담그는 행위 자체를 신성시했다고 볼 수 있다.

그러나 장 담그기는 품앗이로 이루어지는 김장과 달리 대문을 걸어 잠그고 창호지로 입을 봉하고 장을 담았던 일부 장 담그기 풍습은 그 집안만의 장맛을 유지하는 비법과 정성을 다하여 장을 담그고 관리하는 행위로써 비개방성을 가지고 있었지만, 넓은 의미로 보면 집집마다 다양성 혹은 다원성(多元性 : 사물이나 현상이 많은 근원을 가지고 있는 성질)을 지닌 문화를 창조했다고 여겨진다. 다원성의 결과로 집집마다 독특한 맛을 지닌 채 장을 담그고 갈무리를 잘 해 맛이 독특한 맛있는 '씨간장'을 대대로 남겨 줄 수 있음을 자랑으로 여기는 가양문화(家釀文化)를 탄생하게 된 것이라 여겨진다.

한민족의 메주 쑤고 장 담그는 풍속 중에는 가족단위 연중행사로서 메주 쑤기와 고부 계승형 장 담그기법을 전수한다고 했다.[6] 친정에서는 어머니에서 딸로 된장 담그는 법을 조금씩 배우고, 시집을 오면 수년간 시어머니에서 며느리로 된장을 담글 때 배우면서 익혀 전수된다. 그리고 가정 형편에 따라 소금이나 콩이 없거나 부족해서 된장을 담그지 못한 사례(대개 소금이 비싸서 못 담음), 담그더라도 콩이 부족하여 등겨를 섞어서 '등겨장'을 담는 사례, 물을 많이 부어서 만드는 '물장'을 담근 사례, 별미로 가끔씩 즙장을 만들어 먹는 사례도 있다고 했다. 또한 된장이 하나의 음식에 불과하였음에도 된장을 가지고 가정사의 좋고 나쁨을 헤아리는 기준으로 삼는 데는 된장의 맛이 곧 집의 정체성이라는 인식이 전제되어 있다고 했다. 그 이유는 음식은 인격, 권력, 역사의 덩어리이며, 가족은 음식을 함께 먹는 문화 공동체이므로 가능했다.[7]

우리 속담에 "아기를 가졌을 때 담근 간장으로 그 아기가 결혼할 때 국수를 말면 잘 산다."에서 보듯이 맛이 변하지 않고 잘 관리했던 장으로 잔칫날 국수를 말아 손님대접을 할 정도이니 장에 기울여야 하는 정성은 가히 짐작할 만하다.

이러한 동북아 삼국의 두장문화는 장을 만들 때 콩이라는 재료를 사용하여 간장을 만드는 점은 같으나, 앞으로도 중점적으로 다루게 될 내용이지만, 중국과 일본의 장류 가공법은 메주를 만들어 간장과 된장을 동시에 가공하는 우리나라와는 다른 방법으로 가공되고 있다. 장의 재료 배합도 차이점이 있다. '아리랑'의 경우처럼 중국은 소수민족의 전통문화를 국가무형문화재 지정을 한 후 유네스코 인류무형문화유산 등재를 준비하고 있어 우리나라를 포함한 주변국들과의 관련하여 세계인류무형문화유산 등재의 경우 다음에 유네스코 세계인류무형유산의 협약과 목적에서 상세히 다루고자 한다.

2022년 중국 올림픽 개막식이 열리고 있는 베이징 동계올림픽 개회식에서 중국의 '오성홍기'를 국기 게양대로 향하는 과정에서 중국의 55개 소수민족을 상징하는 56명(한족 포함)의 출연자가 각 민족의 전통의상을 입고 오성홍기를 전달했다. 이 중 조선족이 한복을 입은 출연자의 모습이 카메라에 담겼다. 더욱이 개회식 영상 중 조선족이 사는 지린성 영상에선 한국의 전통문화인 '장구춤'과 '상모돌리기' 등 우리의 사물놀이가 중국의 전통문화처럼 표현되었다.

중국은 최근 지속해서 한국의 전통의상인 한복을 "중국의 '한푸'에서 기원했다"는 식으로 주장하고 있다. 지난 해 9월 중국 포털사이트 바이두가 백과사전 사이트에 "한복이 '한푸'에서 기원했고, 조선족 복식은 중국 조선족의 전통 민속으로 중국 국가급 무형문화재 중 하나"라고 소개했다.[8)]

이런 점은 이미 예전부터 행해져 온 것으로, 2011년 중국 정부는 '아리랑' 등 조선족 전통 민요와 풍습을 국가무형문화유산으로 등재했다. <길림신문> 등 중국 언론 보도에 따르면 중국 국무원은 무형문화유산 목록에 판소리, 아리랑, 가야금, 회혼례, 씨름 등 5가지 조선족 민요와 풍습을 지정했다. 앞서 중국은 조선족 등 55개 소수민족을 대상으로 융화정책의 일환으로 국가무형문화유산에 그들의 문화재를 등재해 환갑례, 전통혼례, 한복, 상모춤, 농악무 등이 중국국가무형문화재로 지정했었다.

특히 지난 2008년 베이징올림픽 개막식에는 조선족이 '부채춤'과 '장구춤'을 춘 바 있어 이번에 '아리랑' 등이 또다시 중국국가무형문화재로 지정되면서 우리나라의 많은 이들이 '한복공정', '문화공정'을 우려하고 있다.[9)] 이 점은 2021년 우리나라 국가무형문화재로 종목 지정된 '막걸리'의 경우 중국의 '배(醅, 거르지 않은 술 배)'가 유네스코 인류무형문화유산 등재에 영향을 미칠지도 모른다고 우려하고 있다.

Ⅱ
유네스코 세계인류무형유산 등재와 우리나라 국가무형문화재 현황

1. 유네스코 세계무형문화유산(세계유산, 무형문화유산, 세계기록유산)

유네스코(UNESCO)는 1945년 제2차 세계대전 후 세계평화와 인류발전에 기여하기 위해 만들어진 국제기구로 영국 런던에서 유네스코 헌장을 발표하며 창설되었고, 본부는 프랑스 파리에 있다. 우리나라는 1950년 6월 14일 파리에서 개최된 제5차 유네스코 총회에서 정식으로 회원에 가입을 했고, 1987년부터 집행위원국으로 선출되었고, 집행이사회에 선출되기도 했다. 북한은 1974년에 가입했다.

유네스코에서 지정하는 세계유산에는 세계유산, 무형문화유산, 세계기록유산 등이 있고, 생물권 보존지역과 세계지질공원을 지정하고 있다. 지정된 세계유산은 총 1,121곳 중 우리나라는 15곳, 무형문화유산은 총 498건 중 21건, 세계기록유산은 총 432건 중 총 16건이 등재되어 있다.

현재 유네스코 회원국에는 204개국(정회원국 193, 준회원국 11)이 있는데, 우리나라 세계무형유산에 등재된 건수는 상대적으로 많은 편에 속한다. 그만큼 우리나라의 역사가 오래되고 민족유산이 많다는 반증이다.

세계유산 무형문화유산은 2020년 기준으로 498건이며, 우리나라 유네스코 무형문화유산은 총 21건이다. 무형문화유산은 집단 공동체에서 역사, 자연, 환경적 상호작용에 따라 재창조한 각종 지식과 기술, 공연예술, 문화적 표현 등을 의미한다.

세계인류무형문화유산은 전통문화인 동시에 살아 있는 문화이다. 2001년부터 유네스코가 소멸위기에 처한 문화유산의 보존과 재생을 위하여 구전 및 무형유산을 확인, 보호, 증진할 목적으로 가치가 있고 독창적인 구전 및 문화유산의 등재사업을 시작했다. 무형문화유산은 공동체와 집단이 자신들의 환경, 자연, 역사의 상호작용에 따라 끊임없이 재창조해온 각종 지식과 기술, 공연예술, 문화적 표현을 아우른다.[10)]

유네스코 인류무형유산 중 음식문화는 2010년의 '프랑스 미식문화(Gastronomic meal of the French, 2010)'를 시작으로, 2013년 '일본의 와쇼쿠(和食, 특히 신년축하를 위한 일본의 전통식문화)', '한국의 김치 만들기와 김장문화(Kimjang, making and sharing Kimchi, 2013)'[11)] 등 총 11개가 등재되었다. 유네스코는 스파게티, 피자, 스시 등 특정음식을 등재할 경우 상업화 될 것을 우려해 철저히 음식문화라는 관점에서 심사를 하고 있다.[12)]

우리나라의 유네스코 무형문화유산은 2001년 종묘제례 및 종묘제례악, 2003년 판소리, 2005년 강릉 단오제, 2009년 강강술래, 남사당놀이, 영산제, 제주 칠머리당 영등굿, 처용무, 2010년 가곡, 국악, 관현악 반주로 부르는 서정적 노래), 대목장 한국의 전통 목조건축, 매사냥 살아 있는 인류유산, 2011년 택견 한국의 전통무술, 줄타기, 한산 모시짜기, 2012년 아리랑 한국의 서정 민요, 2013년 김장, 김치를 담그고 나누는 문화, 2014년 농악, 2015년 줄다리기, 2016년 제주해녀 문화, 2018년 한국의 전통씨름, 2020년 연등회 한국의 등불축제 등이다.

유네스코는 산업화, 지구화 과정에서 급격히 소멸되고 있는 무형문화유산을 보호하고자 1994년 인간문화재 사업, 1997년 인류구전 및 무형유산 걸작 제도를 선보였으며, 이후 국제사회의 증대된 인식을 바탕으로 2003년 무형문화유산 보호협약을 채택하여 무형문화유산 대표품목, 긴급보호가 필요한 목록, 모범사례 등을 등재해 오고 있다. 무형유산 대표 목록은 2019년 7월 현재 122개국 총 508건이 등재되었으며, 한국은 북한과 공동등재 1건을 포함하여 총 21건이 등재되어 있다.[13)]

한반도 고유의 민속경기인 씨름은 처음으로 남북공동 유네스코 인류무형문화유산이 되었다. 문화재청은 26일 "유네스코 무형유산보호협약 정부 간 위원회가 아프리카 모리셔스에서 열린 제13차 회의에서 남북 공통의 무형유산인 씨름을 인류무형문화유산 대표 목록에 등재했다."고 밝혔다. 공동등재 정식 명칭은 '전통의 코리안 레슬링, 씨름(Traditional Korean Wrestling, Ssirum/Ssireum)'이다. 씨름은 두 사람이 샅바를 잡고 기술을 사용해 상대방을 넘어뜨리는 경기로, 고대 삼국시대부터 각종 유물, 문헌, 회화 등에 나타난다.

유네스코는 무형유산위원회 긴급 안건으로 남북 씨름 공동등재 안건을 상정한 뒤 24개 위원국 만장일치로 등재를 결정했다. 유네스코는 "남북한 씨름이 전승 양상과 공동체에 대한 사회문화적 의미에 공통점이 있다."며 "평가기구가 남북 씨름을 모두 등재 권고한 점을 고려해 전례에 없던 개별 신청 유산의 공동등재를 결정했다."고 밝혔다. 특히 이번 결정이 '평화와 화해를 위한' 차원이라고 설명했다.

한국은 2016년, 북한은 2015년 각각 유네스코에 씨름 인류무형문화유산 등재 신청서를 제출했다. 문재인 대통령은 지난달 프랑스 국빈방문 중 파리에서 오드레 아줄레 유네스코 사무총장을 만나 씨름의 공동등재를 논의했고, 남북이 각각 아줄레 사무총장에게 공동등재를 요청해 이번에 성사되었다. 이로써 한국은 20번째, 북한은 3번째 인류무형문화유산을 갖게 되었다.[14)]

2. 유네스코 세계인류무형문화유산과 한국의 국가무형문화재

유네스코 세계인류무형문화유산과 한국의 국가무형문화재의 공통점과 차이점을 보면, 여러 세대에 걸쳐 전승되어 온 무형의 문화적 유산이라는 기본 개념은 비슷하며, 무형의 문화가 이를 둘러싼 사회·문화적 환경과 상호작용하며, 공동체의 정체성을 이어나가는데 핵심적 역할을 한다는 이해도 유사하다.

가장 큰 차이점은 지정 혹은 등재되는 지역적 수준이라고 해야 할 것이며, 국가무형문화재는 말 그대로 한국 차원에서 지정되는 문화재이고, 「문화재보호법」 제24조에 따라 지정된다. 반면, 유네스코 세계인류무형문화유산은 국제 차원에서 등재되는 유산으로 2003년 유네스코 총회에서 채택된 '무형문화유산보호협약'에 근거하며, 매년 개최되는 협약 정부간위원회에서 신규 유산 등재가 결정된다. 유네스코 세계인류무형문화유산 대표 목록에 오르기 위해서는 자국의 무형문화유산 목록에 먼저 등록되어 있어야 한다.[15)]

2013년에 유네스코 세계인류무형문화유산으로 등재된 '김장, 김치를 담그고 나누는 문화'는 우리나라에서 '김치 만들기'가 무형문화재로 종목 지정되기 전에 유네스코에 등재되었다. '김치 만들기'는 2017년 국가무형문화재로 지정되었다. 2019년 김치의 문화적 가치와 의미를 돌아보고 그 우수성을 알리기 위해 2월 『김치산업진흥법』을 개정해 매년 11월 22일을 '김치의 날'로 제정했다. 김치의 날을 이 날로 정한 것은 우선 이즈음이 한국에서 김장을 하기에 적당한 시기이기 때문이다. 우리 조상들은 겨울이 시작되는 입동(양력 11월 7일 전・후)부터 기온이 영하로 떨어져 얼음이 얼고 눈이 내리기 시작한다는 소설(양력 11월 22일 전・후) 사이를 김치 담그기에 가장 좋은 때로 여겨왔다. 오늘날에는 지구 온난화의 영향도 있어 김장을 담그는 시기에 변화가 생기기도 했지만, 중부권에서는 소설 전・후가 가장 보편적인 김장철에 해당한다.

또한 11월 22일이라는 숫자가 가지는 상징은 김치 재료의 조합과 건강 기능성에 제한이 없다는 뜻을 담고 있다. 김치는 어떤 재료로도 담을 수 있고 재료와 발효 방법에 따라 만들어지는 영양기능성 물질이 달라진다. 김치는 한국뿐 아니라 세계 어느 지역이든 그 땅에서 자란 재료로 만들 수 있으며 김치 발효를 통해 그 땅에서 사는 사람에게 필요한 새로운 영양기능성 물질이 생성될 수 있다는 뜻이다. '김치의 날'에는 유네스코 인류무형문화유산인 김장문화를 계승하고 김치의 영양적 가치를 전 세계인과 공유하길 희망한다는 메시지가 담겨 있는 것이다.[16)]

유네스코 세계인류무형문화유산에 등재된 '김치 만들기와 김장문화'는 2017년 국가무형문화재로 종목 지정되었다. 이어서 2018년에는 '장 만들기', 2021년에는 '막걸리 빚기', '떡 만들기' 등이 전통음식분야에서 국가무형문화재로 지정되었고, 앞으로 유네스코 세계인류무형문화유산 등재를 앞두고 있다. 2022년 현재 유네스코 세계인류무형문화유산 등재에 가장 선봉에 서 있는 전통음식으로는 '장 담그기'이다. 그 면면을 살펴보면 다음과 같다.

2021년 6월 15일에는 '막걸리 빚기'가 국가무형문화재 제144호로 종목 지정 되었다. 막걸리를 빚는 작업 자체는 물론, 막걸리와 관련한 생업과 의례, 경조사 활동 등에서 나누는 전통 생활관습까지 막걸리의 모든 것이 문화재청에 의해 국가무형문화재로 지정된 것이다. 서민의 술이라던 막걸리가 나라의 보호를 받을 정도로 격이 높아진 셈이다. 정부와 업계는 내친김에 최근 유네스코 인류무형문화유산 등재에도 나섰다. 현재 술과 관련해 유네스코에 등재된 세계인류무형문화유산은 조지아의 고대 '크베브리 와인 양조법'과 벨기에의 '전통 맥주문화' 둘 뿐이다. 일본이 사케 등재를 추진 중이라 막걸리와 경쟁할 것으로 보인다.[17)]

2021년 11월 1일에는 '떡 만들기'가 무형문화재로 종목이 지정되었다. 문화재청은[18)] "국가무형문화재 지정 대상은 떡을 만들고, 나누어 먹는 전통적 생활관습까지를 포괄한 것"이라며 "다만 '떡 만들기'는 한반도 전역에서 온 국민이 전승향유하고 있는 문화라는 점에서 이미 지정된 '김치 담그기', '장 담그기' 등과 같이 특정 보유자나 보유단체는 인정하지 않는다."고 밝혔다.

'전통적으로 우리나라 전 국민이 함께 즐기며 이어온 아리랑, 제다, 씨름, 해녀, 김치 담그기, 제염, 온돌문화, 장 담그기, 전통 어로방식인 어살, 활쏘기, 인삼 재배와 약용문화, 막걸리 빚기 등 12종은 국가무형문화재로 종목 지정되어 있으나 특정한 보유자나 보유단체를 따로 두지 않고 있다.

우리 정부는 2019년 1월 9일 국가무형문화재 제137호로 지정된 '장 담그기'를 지정했다. '장 담그기'는 장이라는 음식뿐만 아니라 재료를 준비해 장을 만드는 전반적 과정을 아우르는 것이다. 전통음식 문화 중에서는 '김치 담그기'에 이어 두 번째 국가무형문화재이다. 우리나라는 콩을 발효해 먹는 '두장(豆醬) 문화권에 속하며, 삼국시대부터 장을 만들어 즐겨 먹었다고 알려졌다.[19)]

올해 우리나라는 2022년 유네스코 인류무형문화유산 등재신청 대상으로 '한국의 전통 장(醬) 문화'를 선정했다. '장(醬)'은 한국음식의 맛과 정체성을 결정하는 주요 요소로서, 이러한 장을 담그고 나누는 문화는 독창적이고 문화사적 가치가 큰 무형자산으로 유네스코의 무형유산협약에 명시된 등재 기준을 충족하고도 남음이 있다.

특히 우리의 '장 담그기'는 고대부터 오랫동안 장을 담가 먹은 역사를 가지고 있으며 장과 연관된 조리법이(장 담그기와 장 가르기, 장 나누기 등을 포함) 한국의 주거문화, 세시풍속, 기복신앙, 전통 과학적 요소 등이 복합적으로 어우러져 있다는 점, 세대 간 전승에 의해 모든 한국인들이 직·간접적으로 대대로 그 명맥을 이어가고 있다는 점 등이 유네스코의 무형유산의 등재 기준인 "공동체, 집단 및 개인들이 그들의 문화유산의 일부분으로 인식하는 실행, 표출, 표현, 지식 및 기술"에 부합하고 있다.

즉 우리의 '장 담그기'는 콩 재배, 메주 만들기, 장 담그기, 장 가르기, 숙성과 발효 등의 과정이 계절이나 기후, 용도에 따라 매우 다양하면서도 체계적인 방법으로 구전과 문헌을 통해 전해져 내려오고 있다는 점에서 중국이나 일본과 구별되는 독특한 장 문화로서 가치를 가지고 있다. 또한 메주를 띄워 된장과 간장, 두 가지의 장을 동시에 만들 수 있다는 점, 대대로 내려오는 맛이 좋고 깊은 풍미의 씨간장에 햇간장을 더해 만드는 덧장이자 겹장의 형식을 거친다는 점 등은 한국의 장 담그기만이 가진 독창적인 특징이라 할 수 있다. 특히 씨간장은 '씨앗이 되는 간장'이라는 뜻이 의미하듯 그 집안 특유의 깊은 맛과 부드러운 풍미가 살아있는 최고의 이전 간장이다.

종가집의 종부들이 대대로 장맛이 이어지도록 작은 항아리에 따로 보관하고 때로는 별도의 담을 두르고 대문에 빗장까지 걸어 두기까지 하면서 지켜온 '씨간장'에 담긴 '한 가문의 맛의 역사'라 할 수 있다. 이렇게 맛이 좋은 씨간장을 올해 간장에 섞음으로써 올해 간장 맛을 더 맛있고 깊은 향을 갖게 하는 것은 물론이고, 대대로 내려오는 그 집안만의 간장의 특별한 맛을 유지시켜 주는 역할도 한다.

우리의 '장 담그기'는 단순히 간장과 된장을 만들어 내는 조리 과정에 그치지 않고 세시풍속과 기복신앙, 전통 과학의 요소들이 모두 어우러진 경이로운

문화이기도 하다. 장을 담기 전에 장독을 고르는 것부터 그 방법과 의미가 전해져 내려오고 있다. 즉 항아리는 7~8월에 완성된 것으로 엎어 놓고 그 속에서 짚을 그슬려 태워 항아리 속에 연기가 들어가게 하여 소독을 하여 사용했다.

장을 담그는 날을 택할 때에도 세시와 토속 신앙에 근거해서 택일하는 풍습도 전해져 오고 있다. 『증보산림경제』(1766년)에 보면 "물은 감천(甘泉)이나 강심(江心)의 물을 큰 솥에 받아 백비(白沸)하고 여기에 소금을 녹여서 식으면 받쳐서 침장에 쓴다."라고 되어 있고, 장 담그는 소금은 으슥한 창고 안에 보관하되 남풍(南風)을 피해 수개월 쌓아 두어 소금물이 빠져나간 것을 사용한다고 되어 있다.

장은 발효와 숙성에 이르기까지 40~60일 정도의 시일이 소요되므로 장맛을 제대로 내기 위해서는 담그는 법과 함께 관리가 매우 중요하다. 특히 예로부터 간장, 된장, 고추장 등을 담는 장 항아리에 종이로 버선본을 오려 거꾸로 붙이고 외새끼(외사내끼, 왼쪽 방향으로 꼰 새끼)를 꼬아 금줄(禁줄)을 쳤고, 여기에 숯, 고추, 솔잎을 끼워 매달았다. 항아리에 친 금줄은 담근 장에 끼일지 모르는 부정을 방지하고자 하는 것으로, 장맛이 솔잎처럼 변치 말라는 의미이며, 숯과 같이 검고, 고추처럼 붉은 색이 악귀와 부정을 막기 위한 벽사(僻邪)물이며. 거꾸로 붙인 버선은 장맛이 변할 수 있는 부정한 것들이 들어가 나오지 못하게 하는 의미를 담고 있다.[20]

Ⅲ 유네스코 세계인류무형유산 협약과 목적

유네스코는 2003년도 무형문화유산 협약을 공표하면서 사라질 위기에 처한 무형문화유산 보호활동에 적극 나서기 시작했다. 협약의 목적은 무형문화유산의 보호이고, 둘째는 관련 공동체, 집단 및 개인이 가지고 있는 무형문화유산의 존중이다. 셋째로는 지방, 국가, 국제적 차원에서 무형문화유산의 중요성에 대한 인식과 상호이해를 증진하려는 것이고 이를 토대로 국제적 협력과 지원을 도모하자는 것이다.[21)]

함한희는[22)] 2020.11.12. 개최된 '유네스코 인류무형문화유산 등재' 국제학술포럼에서 "우리나라에서도 유네스코 세계인류무형유산의 등재를 고려한다면, 지금까지 등재된 (우리의) 음식문화 종목을 취해서 등재 조건이 되는 각각의 특징을 분석해 보고, 이 과정에서 유네스코 무형문화유산 협약이 담고 있는 보호의 기준, 보호 정책 및 보호의 철학을 파악해야 한다. 다시 말해서 이미 등재된 사례를 소개함으로써 유네스코 무형문화유산 협약이 강조하는 음식문화의 가치가 무엇인지를 살펴야 한다."고 했다.

대한민국의 '김장문화'(2013년 유네스코 등재)(Kimjang, making and sharing kimchi)의 경우, 김장은 많은 양의 김치를 만드는 활동과 과정을 지칭한다. 전통적으로 김장은 길고 혹독한 3~4개월의 겨울을 견디기 위해 한국인의 삶에 필수적인 부분이었다. 김치가 기록에 등장한 것은 약 760여 년 전이라고 볼 수 있다. 이후 김치는 계급과 지역을 뛰어 넘어서 한국인들에게는 필수적인 음식으로서 자리를 굳히고 있다. 가장 소박한 식사는 밥과 김치로 이루어져 있지만, 가장 호화로운 잔칫상에도 김치 없이는 완성되지 않는다.

김장은 한국의 자연 환경에 깊이 뿌리를 두고 있으며, 김장 준비는 해마다 계절에 따라 조금씩 다르다. 김장 후 이웃들끼리 김치를 교환하는 풍속이 있는데, 이를 통해서 더 나은 조리법과 창의적인 아이디어를 이웃들끼리 공유하고 축적한다.

김치는 배추, 무와 여러 가지 채소 등에 파, 마늘, 고추 등의 향신료, 젓갈 등으로 양념한 후 유산발효를 거치는 발효식품이다. 사용되는 재료의 맛이 잘 어우러져 쌀이 한국인의 주식을 대표하는 것처럼 한국의 반찬인 김치도 그러하다. 모든 식사뿐만 아니라 결혼식, 공휴일, 생일 파티 및 고인을 위한 추도식 및 연회와 같은 특별한 경우에도 상위에 오른다.

한국인의 일일 김치 소비량은 매우 많다. 각 김치의 종류는 계절과 지역에 따라 재료와 조리법이 다르며 영양가가 높다는 점도 놀랄만하다. 한국인들은 친척, 이웃, 직장 동료들 사이에서 김장을 만드는데 서로를 돕는 것을 당연하게 여긴다. 김장 만들기를 통해서 서로를 돕는 것을 당연하게 여긴다. 김장 만들기를 통해서 한국인들은 협동심과 자긍심을 공유하고, 서로의 솜씨에 대한 의견을 나누는 등 우애, 정을 나누는 기회가 된다.[23)]

유네스코에 등재된 무형문화유산의 음식 종목의 공통점으로는 첫째, 등재된 음식문화는 국가, 지역, 공동체의 집단적 문화 정체성으로 확인된 것이며, 둘째는 전통적이면서도 살아 있는 문화이어야 한다. 살아있는 문화를 강조하면서 한편 대대로 전승되고 있다는 점에 주목한다. 각 나라의 음식문화가 전통에 뿌리를 두면서도 현재까지도 활발하게 지속하고 있는 문화라는 것을 보여주고 있다.

셋째는 사회적 결속과 협동이 두드러진 점을 강조하고 있다. 넷째는 음식이 생태 친화적이어야 한다. 음식을 만드는 사람들이 인근지역에서 생산되는 신선한 식재료를 수급 받을 수 있고, 이를 통해서 지역의 식재료를 생산하는 사람들과 음식을 통한 협동체를 만들 수 있게 되면서 지역경제에도 이바지하게 된다. 지역의 소단위 생산업에 종사하는 사람들에게도 혜택이 주어진다. 나아가서는 지역에서 오래전부터 전승되는 생산기술, 지식 등의 전승이 이어지는 구조를 유지하게 된다.

다섯째는 음식을 만드는 과정과 식사하기 의례 또는 전통적인 의식과 깊은 연관을 가진다. 신년축하식, 결혼식, 가족모임, 조상숭배 등과 같이 세시의례나 일생의례를 통해서 오랫동안 전승되어 온 것이고, 향후 지속될 그런 문화이다. 여섯째는 글로벌 커뮤니티를 위해서 지속 가능한 발전에 기여한다. 건강한 식재료로 만들어진다는 점에서 건강식이나 웰빙문화 구축에도 기여한다.[24)]

무형문화 유산은 그 나라와 민족의 정체성을 상징하는 경우가 많으며 특히 세계화, 지구촌화하는 시대에 전통문화는 옛것으로 간주되고, 새시대에 맞는 새 문화는 끊임없이 창조되고 있다. 무형문화유산의 가장 큰 잠재적 가치는 어떤 특정 지역의 문화가 세계적으로 지배하는 것을 막는 효과가 있다.[25)]

임돈희는[26)] 2013년 유네스코에 등재된 '김장문화'를 유네스코에 등재 신청할 때 "이 무형유산을 한 번도 보지 못한 사람들이 이해할 수 있도록 서술하시오."라는 문항이 있는데, 김장문화는 지극히 한국에만 있는 독특한 무형문화유산인 김장 하는 것을 한 번도 본 적이 없는 외국인들에게 설명하여, 한국인이 느끼는 것처럼 생생하게 '김장문화란 이런 것이구나' 하고 알리는 게 궁극적인 목적이었다."고 한다.

김장에 대해 나와 있는 대부분의 정보는 김장재료, 담는 방법 등이 압도적이어서 생각해 낸 것이 '김장의 민속지'를 만들었다고 한다. 내용은 김장은 한국인의 정체성, 보살핌, 나눔, 그리고 정(情)의 음식, 한국에만 있는 김치냉장고 등을 설명하여 김장에 대한 한국인들의 생각, 느낌, 그리고 음식과 사람과의 관계 등에 맞추어서 등재지를 작성했다.[27)]

다음의 글 '김치 유네스코 문화유산에 들어간 까닭'을 보면 '김치'가 아니고 '김장문화'가 유네스코 무형문화유산에 들어간 이유를 짐작할 수 있다.

'김치'가 유네스코 문화유산에 들어간 까닭?[28)]

김장은 예로부터 가족들이 겨우내 먹을 김치를 준비하는 큰 행사로 지역마다 시기에 차이는 있지만, 대개 11월 중순께 중북부지역을 시작으로 12월 중순까지 이어진다.

'김장문화'는 2013년 유네스코 인류무형문화유산으로 등재되었다. 김장은 가족이 기초가 된 공동체가 함께 만들고, 여러 세대에 걸쳐 전수되었으며, 독창적이고 유익한 발효식품인 점 등을 높이 평가받았다.

김치가 세계화된 것은 1980년대 중반부터 건강식품으로 인식되어 1984년 LA올림픽에서 선수촌 공식음식으로 지정되었다. 1988년 서울올림픽에서도 선수들에게 제공되었다. 2003년 사스(SARS)가 김치를 건강식품으로 각인하는 계기가 되었다. 사스가 아시아 전역에 퍼졌지만, 한국에서는 감염자가 거의 없었고 감염자도 건강을 회복했다. 이에 해외 언론들은 "한국인들이 김치를 먹어 사스에 감염되지 않았다."고 보도하며 전 세계에 김치의 명성이 확고해졌다.

김장은 한국인에게 특별한 위상을 지니고 있다. 1970년대까지만 해도 본격적인 추위가 닥치기 전에 각 가정은 연료준비와 함께 김장을 해둬야 했다. 김장김치를 짧게는 4~5개월, 길게는 1년 내내 먹어야 하기 때문에 집집마다 배추 수백 포기와 무 수백 개를 김장했다. 요즈음에는 김장을 하더라도 4인 가족의 경우 배추 10~20포기를 담는 게 일반적이다.

1970년대까지 김장하는 날은 이웃끼리 '김장품앗이'를 했기 때문에 온 동네가 잔칫날 같았다. 또 친척 중심으로 품앗이문화도 이어졌다. 과거에는 배추를 직접 구입하여 소금물에 절이고 소금물에 절이고 다시 씻어서 물을 빼는 중노동이었다. 최근 김장을 고된 노동이 아니라 온 가족이 함께 할 수 있는 '놀이'로 인식하기 시작한 사회분위기와 함께 손쉽게 할 수 있게 된 '절임배추'와 김치양념이 등장했다. 이에 절임배추, 김치양념 등 가공 형태의 재료 판매가 급증하고 있다.

지금은 김치하면 당연히 배추김치를 생각하지만, 배추는 20세기 전반까지도 귀한 식재료였다. 배추는 서거정(1420~1488)의 <배추>란 시에 '청색 백색이 섞인 싱싱한 배추'로 처음 등장하지만 국이나 나물로 먹었다. 배추로 담근 김치는 17세기 후반 김수증(1624~1701)의 『곡운집』에 겨울 김치로 처음 나온다. 그러나 배추는 속이 차지 않는 비결구형 배추로, 줄기 사이가 성글어 양념 속을 넣어도 자꾸 빠져나오는 단점으로 김치로는 드물게 사용했다.

오늘날과 같이 잎이 여러 겹으로 겹쳐서 둥글게 속이 꽉 찬 결구배추는 중국 산동성에서 18세기 말 한반도로 넘어와 19세기 초반부터 국내에서 재배했다.

결구배추의 초록색 배춧잎을 벗기면 뽀얗고 노란배추 속성이 드러난다. 과거에는 배추를 소금에 절이고 무채와 새우젓, 굴, 고춧가루를 배춧잎 사이사이에 집어넣고 독에 담아 땅 속에 묻으면 김장은 끝이 난다. 그리고 방금 담근 겉절이 김치에 돼지고기 수육을 곁들여 막걸리 한 사발로 행복한 노동을 마무리했다.

김장문화의 경우는 국가체제에 의해 문화유산으로 인정받지 못한 대상이 등재된 경우로, 사회변화에 유연하고, 자연환경과의 강한 연계성 속에서 일반 대중에 의한 전승과 실천을 강조하며 인류무형문화유산 가치를 인식했다. 그리고 이 과정에서 지역 정체성, 국가 정체성, 인류 보편성을 총체적으로 가치를 인식했다.

결과적으로 한국의 김치 만들기와 김장문화는 2013년에 유네스코 인류무형유산으로 등재되었는데, 여러 세대에 걸쳐 전해 내려 온데다가 한국인들의 나눔과 공동체 문화를 상징하고, 사회 구성원들 간 결속과 연대감 강화를 통해 한국인으로서의 정체성과 소속감을 부여한다는 점이 높이 평가받았다. 즉 김장문화는 우리 공동체의 삶의 방식이고, 과거에는 어려운 이웃들이 김장독에서 누구든 가져 갈 수 있었던 풍습이 있었다고 하며 그것이 요즈음 전해져서 시청 앞 광장에서 수천 명이 김장을 같이 해 어려운 이웃에게 나눠주는 나눔의 문화를 강조한 결과라고 한다.[29]

윤덕인 또한 2018년 '장 담그기(제137호)'의 국가무형문화재 종목 지정 후 유네스코 등재를 준비 중인 '장 담그기와 장 문화'를 등재하기 위하여 2020년도 11월 12일에 열린 국제학술 포럼에서[30] 장 문화가 우리 한국인에게 어떤 의미의 가치를 가지고 있는지를 생각하고, 첫째, 동북아시아 공동체의 일원으로서의 한국인의 민족 및 문화적 정체성, 둘째, 한국의 김장문화와 동일한 보살핌, 나눔, 그리고 정(情)의 음식문화, 셋째, 장 자체가 지닌 높은 저장성과 발효 과학의 우수성과 함께, 한국에서 장을 만들 때 일부 대문을 걸어 잠그는 비개방적인 형태를 보일 뿐만 아니라 여러 금기사항을 지키면서 장을 만드는 점을 놓고, 넷째, 자기 집안만의 장맛을 가지게 된다는 현상에서 발생하는 한국문화 특유의 가족주의, 이른바 '가문(집안) 중심주의'의 형성과 매개라고 보며, 이와 관련하여 발생하는 다섯째, 장의 맛과 문화의 다양성, 다원성의 가치 등을 반영하여 살펴보아야 할 것이라고 제언했다.[31]

이와 같은 일련의 점들을 고려해본다면, 동북아 두장문화의 가치와 한국 전통 장문화의 유네스코 인류무형문화유산 등재에서는 어떤 면이 강조되어야 할까? 앞에서 살펴본 김장문화 등재과정으로 미루어 생각해보면, 장문화가 우리 한국인에게 어떤 의미를 갖느냐를 먼저 생각해보고, 다섯 가지로 정리해볼 수 있을 것이다. 첫째, 동북아시아 공동체의 일원으로서의 한국인의 민족 및 문화적 정체성, 둘째, 한국의 김장문화와 동일한 보살핌, 나눔, 그리고 정(情)의 음식문화, 셋째, 장 자체가 지닌 높은 저장성과 발효 과학성,[32] 한국에서는 전통적으로 장을 담글 때 일부 대문을 걸어 잠그는 비개방적인 형태를 보일 뿐만 아니라, 여러 금기사항을 지키면서 장을 만든다. 그 결과 넷째, 자기 집안만의 장맛을 가지게 된다는 현상에서 발생하는 한국문화 특유의 가족주의, 이른바 '가문(집안) 중심주의'의 형성과 매개,[33] 다섯째, 이와 관련하여 발생하는 장의 맛과 문화의 다양성과 다원성의 가치 등을 살펴볼 수 있다.

이러한 문화적 특이성을 고려한다면, 앞선 김장문화와 마찬가지로 '장의 민속지'를 만들어야 할 것이다. 민속지를 통해 우리 장문화가 지니는 보편적 가치와 특이성을 세계에 알린다는 전제 아래, 국민 전체가 행하거나 경험하고 있는 두장문화의 원형 또는 전형(典型)[34]과 정체성 및 한국인이라는 공동체와 집단, 개인의 보편적 가치 등을 염두에 두고 동북아 두장문화의 가치와 한국 전통 장문화의 대표적인 무형문화유산의 가치를 살펴보아야 할 듯하다.

따라서 전통음식문화와 유네스코 인류무형문화유산 등재를 고려한다면, 동북아 두장문화(豆醬文化)가 가지고 있는 가치와 한국 전통 장문화가 가지고 있는 무형문화유산의 가치를 찾아야 하며, 가정과 공동체와 집단이 상호작용에 따라 끊임없이 재창조해온 것들에서 두장문화의 역사성, 원형과 한국 장문화의 정체성, 특히 우리나라 일부에서 보여지고 있는 금기사항과 가문(집안) 중심주의의 비개방성과 다원성, 그리고 전통 장의 재료, 만드는 법, 저장법 등에서 보이는 독창성과 보편성, 한국인에게 장은 어떤 의미인가를 중심으로 현재의 전승양상까지 고찰해야 할 것이다.

2장

동북아시아 장류문화와 한국의 전통 장류문화

I
동북아시아 장류문화의 기본요소 이해

1. 대두(大豆)의 기원

대두(학명 : Glycine max MERR)는 콩 또는 대두(大豆)라 부르며, 학명 'max'는 이 식물의 페르시아 이름을 포르투갈어로 나타낸 것이다. 소이(soy), 소야(soya)라는 말은 소금에 절인 콩으로 만든 소스인 간장을 뜻하는 일본어 '쇼유(醬油)'에서 유래되었다. 중국인들과 일본인들은 대두(大豆)라고 표기하나 베이징에서는 '다돈', 도쿄에서는 '다이주'라고 읽는다. 한국에서는 대두(大豆), 콩, 태(太)라고 했다.[35)]

대두는 야생종인 들콩(덩굴콩)을 재배한 것으로, 콩이 문헌에 처음 등장한 것은 기원전 6세기에 저술된 중국 『시경』에 숙(菽)이라는 글자가 나타나면서부터이다. 숙의 꼬투리가 나무로 만든 제기인 두(豆)와 비슷하여 숙은 두가 되었다. 『시경』에서 '서직숙맥음식지상(黍稷菽麥飮食之常)'이라고 하였는데, '임숙(荏菽)'은 중국 최초의 사전인 『이아(爾雅)』에 '융숙위지임숙(戎菽謂之荏菽)'이라 하여 서주의 콩(菽)은 '융숙'에서 비롯된 것이다. 이것이 대두라는 것이다. 『제민요술』(540) 대두편에 '융숙'과 관련하여 황고려두, 흑고려두라는 명칭이 등장한다. 황두, 흑두에 고려(=고구려) 지역의 이름이 사용되는 것을 보면 고구려 지역이 대두의 기원지이거나, 가장 많은 대두의 소비지이거나 아니면 질이 우수한 고구려 대두가 생산된 지역임을 알 수 있다.[36)]

일반적으로 어떤 식물의 양생종, 중간종, 재배종이 가장 많은 곳을 식물의 발상지로 삼는데, 이 조건에 맞는 콩의 원산지는 중국의 동북부, 곧 만주라고 보는 것이 통설이다.[37)] 중국의 동북부는 고대의 부여, 고구려, 예맥의 영토이므로 대두의 재배 기원지는 바로 우리 고대의 영토를 중심으로 한 일대이다. 이러한 환경에서 우리는 일찍부터 콩을 재배하고 콩을 전용한 장류를 개발하

였으며 콩밥, 콩떡 등을 단백질의 급원으로 삼았다.[38)]

콩을 재배하기 시작한 것은 문헌에 나온 기원전 6세기경이라고 하나, 실제는 이보다 훨씬 이전부터 콩이 재배되기 시작했다는 것이 학계의 일반적인 견해이다.

고고학적으로는 1959년 출토된 함경북도 회녕 오동의 청동기 유물인 토기의 밑바닥에서 팥, 조와 더불어 탄화된 콩이 출토되었는데, 오늘날 재배종과 비슷하여 콩의 재배역사가 오래되었음을 시사한 바 있다. 1972년 경기도 양평군 팔당 수몰지구에서 밑바닥에 콩의 압문(壓紋)이 있는 무문토기가 출토되어 우리나라 콩 재배의 역사를 실물로 말해주고 있다.[39)]

콩은 이와 같은 우리나라 유적의 출토품으로 미루어 청동기시대에 이미 재배되고 있었으며, 한반도 남부지역 청동기시대 유적지에서 야생이 재배종으로 발전해가는 중간단계의 순화(馴化) 대두가 대량으로 발견되고 있다. 때문에 한반도 대두의 식용화는 신석기시대까지 소급할 수도 있다.[40)]

콩의 원산지에 대해서는 여러 의견이 있지만 세계적인 식물유전학자인 바빌로프(Vavilov)는 재배식물 원산지 학설에 따라 콩의 원산지를 동아시아라고 했다. 1933년 일본의 후쿠다(福田)는 만주에서 나오는 야생, 중간 및 재배의 세 가지 형의 콩을 유전적으로 연구한 결과, 변이형이 만주에 가장 많이 분포하는 것으로 미루어 원산지를 만주로 보았다.[41)]

또한 근일에는 대두의 야생종이 중국의 동북지방뿐 아니라 황하유역, 양쯔강 유역 등 북에서 남에 걸친 여러 지역에 자생되고 있고, 고래로부터 이용했다는 연구보고가 있다. 워낙 광활한 국토이므로 여러 곳에 걸친 콩의 재배화는 있을 수 있는 일로 생각하는 바다.[42)]

이처럼 대두의 원산지에 대해서는 각국마다 다양한 견해가 존재하고 있다. 즉 대두의 기원지를 중국의 중부와 서부 산지 및 인근 저지대라 했는가 하면, 또는 중국 동북지역에 광범하게 분포하고 있는 야생대두와 재배대두와의 중간형에 근거하여 동북지역을 근거지로 설정하기도 했다. 어떤 연구자는 북위 35~45도 지역에서 최초로 대두가 순화되었으며, 이 지역이 대두의 재배조건에 적합하다고 하여 황하유역을 기원지로 보고 있다. 이와는 달리 장강유역과 그 이남지역에 널리 분포하고 있는 야생대두와 원시재배두인 '이두(泥豆, 진흙 니)'에 근거하여 이 지역을 기원지로 인식하기도 한다.[43)]

그러나 중국 앙소, 용산 문화의 유적[44)]에 콩(菽)이 보이지 않는다. 『시경』시대의 화북 콩은 어디에서 온 것일까? 중국의 관자(管子, ?~B.C.645)에 의하면, B.C. 7세기 초엽에 제(齊, 지금의 산동성(山東省))의 환공(桓公, B.C.643~685)이 산융(山戎, 만주 남부)을 정복하여 콩을 가져와서 이것을 융숙(戎菽)이라고 했다는 것이다. 그 후에 중국의 여러 문헌에서도 콩은 중국이 원산이 아니고 북방[45)]의 곡물이라 하고 있다. 우리나라에서 건너간 콩이 중국에서 크게 환영받지 못한 것을 『전국책(戰國策)』(전국시대 기원전 475~222)에 의하면, 산서성(山西省) 남부 산 속에 자리 잡고 있는 한(韓)이란 나라는 매우 가난하여 보리도 생산되지 않아 콩(菽)만 먹었다고 했다. 한편 콩의 야생종이 만주에 많은 것으로 보아 콩의 원산지는 만주라고 볼 수 있다.[46)]

콩은 기원전·후 한(漢)나라 때부터 두(荳, 콩 두)라고 하다가 생략하여 두(豆, 콩 두)로 표기하게 되었다. 또 한대(漢代)의 장사(長沙) 마왕퇴묘의 명기에는 大豆[47)]와 小豆가 따로 적혀있고, 콩과 팥의 실물도 출토되고 있다.

마왕퇴한묘백서(馬王堆漢墓帛書) 『五十二病方』(기원전 3세기 말)에 장과 관련하여 장관(醬灌), 장방(醬方), 미장(美醬), 마장(馬醬) 등이 보이고, 특히 숙장(菽醬)을 주목하여, 이것으로 두장을 담근 시기도 기원전 3세기 이전임을 말해준다고 보았다.[48)]

『오십이병방』 모치(牡痔) 별방에 "…살찐 검은 수컷양(牡黑羊)을 삶아 국물에 차기장 3말을 넣고 끓인다. …충분히 익었으면 뜸들이고… 둘로 나누어 동분말(銅粉末)과 대두장(大豆醬)의 앙금을 반씩 넣어 절구에 찧어… 그것을 붙이고…이틀로 낫는다."라고 하여 약재로 대두장이 언급되고 있어 그 존재를 알 수 있다.[49)]

일본에는 우리나라를 거쳐 전파되었다고 하는데, 일본에서의 콩 재배 역사는 약 2천년이 되는 것으로 추정된다.

2. 두장(豆醬)의 정의와 기원

두장(豆醬)은 콩(곡류), 물, 소금으로 만드는 대두염장발효식품으로 세계적인 분포로 보아 한국, 중국, 일본에 걸쳐 주로 동북아지역에서 가장 발달되어 왔고, 음식의 간을 맞추며 동시에 맛을 내는 조미료로서 이용되어오고 있다.

동북아 삼국들에서 두장(豆醬)이 발달한 원인으로는 여러 가지를 들 수 있겠으나, 가장 큰 원인으로는 장류의 원료인 대두의 원산지로 알려진 만주를 중심으로 하는 지역에 위치하고 있다는 점과, 농업 구조면에서 비롯된 곡류 위주의 식생활 내용이 이들 국가 간에 공통성을 지니고 있다는 점에서 그 이유를 찾아 볼 수 있을 것이다.[50] 두장(곡장(穀醬))과 어장은 원료나 만드는 방법에 차이가 있으나 짠맛과 감칠맛을 내는 조미식품이라는 공통점이 있다.[51] 그러나 같은 벼농사 문화권이라도 어장문화가 발달한 동남아시아와는 달리 동북아시아는 다른 농업구조를 지니고 있어 두장의 발달을 가져왔다.

중국에서 장은 원래 육장(肉醬)이나 어장(魚醬)으로 새고기, 짐승고기, 물고기 등을 말려 가루로 낸 다음 발효시킨 것을 말한다. 우리 조상들이 만들어낸 두장이 중국에 알려져 후일에는 두장이 일반화되었다. 일본도 6세기 불교가 들어오면서 두장이 보급되었다.

두장의 기원에 대해서 콩의 원산지가 만주지역인 것, 고구려인들이 발효식품을 잘 만들었으며, 시(豉)가 발해(渤海)산이라 한 점 등을 생각할 때 시(豉)는 우리나라 북부지역에서 싹터 중국으로 건너간 것으로 추정하게 되었다고 했다. 또한 3세기 진대(晋代) 장화(張華, 232~300)의 『박물지(博物志)』에는 "외국에 시가 있다."고 하였으며, 시의 냄새를 고려취(高麗臭, 고려=고구려)라고 적고 있어 시가 한반도에서 건너온 것임을 짐작하게 한다. 처음부터 중국에 있었던 것이 아니고 외국에서 전래된 것이라고 적혀있다. 『본초강목(本草綱目)』에서도 『박물지』를 인용하면서 "시가 외국 원산"이라고 강조했다.[52]

중국 문헌에는 두장이 한나라시대 『논형』에 처음 나오는데 콩으로만 만든 것을 시(豉)라 하였고, 콩에 곡물을 섞어서 만든 것을 장(醬)이라고 했다. 그리

고 콩으로만 만든 말장(末醬)도 있다.[53)]

『제민요술』에 만드는 법이 비로소 나오는데, 대두에 소맥국을 섞어서 발효시킨 것을 대장(大醬) 또는 황장(黃醬)이라고 했다.[54)]

<table>
<tr><td rowspan="6">콩으로 만드는 장</td><td rowspan="2">시(豉)
콩단용
흩임누룩</td><td>배염유숙</td><td>[중국] → 현재도 식용하고 있다.
↑ B.C. 2세기경
[한국] (B.C. 3~4세기경) → 현재는 없어졌다. 글자만 남아 있다.
↑ A.D. 7세기경
[일본] → 현재는 극히 일부만 사용한다(하마 낫토).</td></tr>
<tr><td>세균형 시
(청국장)</td><td>15세기경 이후 { 현재 중국에서는 식용하지 않는다.
한국과 일본에서 식용하고 있다.</td></tr>
<tr><td>말장(末醬)
콩단용
·
막누룩</td><td colspan="2">末都[중국] → 6세기 이후에는 모습이 달라졌다.
↑ A.D. 2세기경
(末醬 → 메주)[한국](기원 전후)
↑ A.D. 7세기경
末醬(→ 미소)[일본]
B.C. 10세기경
진출 모양
[말 장 + 소금물] — { 액즙부 (한) 간장 (일) 다마리 쇼유
고형부 (한) 된장 (일) 다마리 된장</td></tr>
<tr><td rowspan="2">장(醬)
(중국형 장)
[콩+타곡물]</td><td>(된장형)</td><td>[일본] – 콩+쌀누룩(찧는다) → 일본형 된장(미소)
[중국] – 콩+밀(조)누룩 → 활장 또는 大醬
[한국] – 콩의 막누룩+쌀+고추 → 고추장</td></tr>
<tr><td>(간장형)</td><td>장유(醬油) (중국형) ——→ 일본
(14세기) 15~16세기</td></tr>
</table>

출처 : 이성우, <고대(古代) 동(東)아시아 속의 두장(豆醬)에 관한 발상(發祥)과 교류(交流)에 관한 연구>, 한국식생활문화학회지 5(3), 1990.

〈그림 1-1〉 동북아 두장의 분류와 교류[55)]

<그림 1-1>에서는 동북아 삼국 두장의 분류와 교류를 알 수 있고, 우리나라에서 중국에 전래된 시(豉, 메주 시)는 현재 중국에는 없고, 다른 형태인 두시(豆豉)로 존재하며, 한국에서는 청국장, 일본에서는 낫또 형태로 생식을 하고 있다.[56)] 우리나라의 경우 콩+쌀 등이 섞인 중국식 두장 제조법은 구황장이나 고추장에 적용되고 있다. 우리나라는 삼국 중 유일하게 콩단용장이 주류를 이루고 있다.

말장은 예전부터 있던 시를 부르는 다른 이름으로, 한국은 메주로 신문왕 폐백 품목에 등장하였고, 중국은 2세기 후한시대 『사민월령』에서 말도(末都), 『제민요술』에는 두장(豆醬)으로, 일본은 미소(말장, 8세기 문헌에 등장, 10세

기에는 고려장으로 기록)로 현재까지 miso(된장)를 의미한다.

최식이 지은 『사민월령』에는 "정월 상순에 콩을 볶고 이것을 삶아 다시 찧어서 말도(末都)를 만들고, 말도를 외에 재워서 장아찌를 만든다."고 했다. 우리 말장(末醬)의 음이 비슷하게 전해진 것으로 추정된다. 중국에서는 6세기 이후에는 메주 형태의 장이 문헌에서 사라지고 실물도 사라져 버렸다.[57)]

3. 시(豉)와 말장(末醬, miso)

1) 시(豉)는 한국에서 중국으로

시는 메주, 된장으로 해석되는데, 한국과 중국은 오래 전부터 장이라는 음식을 즐겨왔지만, 제조과정이나 맛에 있어서 서로 다른 음식으로 변화 발전시켜온 것으로 보인다. 콩의 원산지인 우리나라의 두장이 중국에 가서 시로 불리고,[58)] 중국의 시(豉)는 『설문해자(說文解字)』(AD 100년경)에서 시를 "배염유숙(配鹽幽菽)"이라고 풀이했다. 콩(菽, 대두)을 낟알 그대로 삶아서 어두운 곳에서 발효시켜 소금을 섞은 것으로 산국(散麴)이다. 『제민요술』에 시는 발효한 것을 그대로 된장처럼 이용하는 한편 건조한 것을 물에 담가서 조미성분을 녹여내서 간장처럼 이용했다. 중국인은 『삼국지』위지 동이전에서 고구려를 발효식품의 나라라고 했다. 『신당서』에 의하면 발해의 명산물로 시가 있다는 것이고, 대두의 원산지가 동이권이라는 것을 아울러 생각할 때 중국에서 말하는 외국은 만주지방을 가리킨다고 추정된다. 이 시(豉)가 중국에서는 전한시대에 비로소 나타나기 때문에 시의 원산지인 만주지방에서는 초기 철기시대에는 시가 벌써 개발되어 있었다고 생각된다. 그러나 한국에서는 신라 신문왕 3년(683)에 문헌으로는 시(豉)가 처음 등장된다.

『제민요술』에 두시 3종류와 맥시 한 종류가 기록되었다.[59)] 두시(作豉法)와 가리식시(作家理食豉)는 소금을 넣지 않고 만든 담시(淡豉)로서, 두시는 대량으로 만들 때의 방법이고, 가리식시는 가정에서 소량으로 만드는 방법이다.

두시와 가리식시는 오늘날의 메주와 같이 사용한 것으로 생각된다.

맥시를 제외하고는 대두단용장류이며, 그 시국(豉麴)의 성상은 황의를 입히는 것을 원칙으로 하는 곰팡이형 메주임을 알 수 있다.[60] 또한 시국을 말렸다가 두즙을 내어 쓰는 방법이 생시국을 직접 침장하는 방법보다 앞서 있었다.[61]

2) 시(豉)는 메주(=말장), 된장, 16세기 이후에는 청국장 시로 해석

시(豉)는 콩으로 만든 것으로, 장(醬)과 함께 처음부터 있었으며, 오늘날까지 이 시는 우리나라 장류의 한 종류로서 또한 된장류의 일종으로 그 명맥을 이어왔다.

고려시대 최승로의 상시무서(常時務書)에 …聖上以醬酒豉羹 施與行路…라고 하여[62] 왕이 직접 길을 가는 자에게 술, 갱과 함께 장과 시를 주었다는 사실에서 고려조 초에 장류인 장과 시의 존재를 알 수 있다.

또한 『고려사』지 제34 食貨3 현종 9년(1018) 정월 조에 거란의 제3차 침입 때 흥화진(지금의 의주지방)의 기록에 …民多寒饑 給綿布 鹽醬…에서 장을, 문종 6년(1052) 개경의 흉년에 …賜米粟豉以…에서 시의 이용을 볼 수 있어, 구황식품으로 사용된 것을 알 수 있고, 또한 우리나라 장류의 종류가 장과 시로 구분되고 있다는 것도 짐작할 수 있다.[63]

이러한 흐름은 조선조 초기까지지도 최세진의 『훈몽자회(訓蒙字會)』(1527)에

醬 쟝쟝 俗呼 甛 -둔쟝-油 근쟝

시 전국시 俗呼 豆豉[64]

라고 하여 우리나라 장류의 종류를 간장, 된장, 혼성장류였다는 것을 확인할 수 있고 장과 시는 다르다는 것도 알 수가 있다.

시(豉)는 이규경(1788~1863)의 『오주연문장전산고』(19세기 중엽)에 "전국장(戰國醬)은 근래에 청국장(淸國醬, 또는 淸麴醬)이라고 와전되고 있는바, 청국장보다는 선조들이 사용하던 전국장으로 다시 돌려야 할 것이며, 이는 특수

된장류라고 하겠다."라고 했다.[65)]

『아언각비』에서는 "우리나라 사람들은 장이란 글자를 시장(豉醬)의 전칭(專稱)으로 삼고 해(醢)는 젓갈을 가리키게 되었다고 하여, 이렇듯 우리나라에서는 두장만을 장으로 알고 있으며, 시국(豉麴)을 훈조(燻造, 메주)라 하는데 이것은 모두 속어이다."라고 하여 '메주'임을 알 수가 있다.[66)]

시(豉)는 오랫동안 메주로 해석되었지만, 메주의 한자 표기는 말장(末醬)으로 쓰는 경우가 더 많았다.

뒤에 언급될 『농사직설』(1429)의 즙장법을 보면 "콩을 삶아 장메주 만드는 것 같이 찧고, 햅쌀도 찧어서 가루로 만들어(콩 1말+쌀가루 3되) 아이 주먹만하게 시(豉)를 만든다. 항아리에 솔잎을 깔고 만든 시를 넣어 6~7일정도 두면 색이 노랗게 된다. 햇볕에 말려 찧어 가루로 만들고, 큰 항아리에 오이나 가지 절여서 반건한 것을 바닥에 깔고 그 위에 시(豉)가루 넣기를 켜켜로 한다…"라고 하여 시(豉)는 아이 주먹만한 크기의 메주(곰팡이 메주)로 볼 수 있다.

3) 한국 『산가요록』의 시는 대두원형 그대로(散麴)=중국의 두시(豆豉) 형태

우리나라 장 만들기가 처음으로 나온 문헌인 『산가요록』(1450)의 전시(全豉)는 삶은 흑태콩 3말+누룩 1되+소금 3되를 항아리에 담고 콩이 잠길 만큼 물을 붓고 고루 단단하게 다진다. 항아리 입구를 진흙으로 밀봉하고 말똥 속에 14일 두었다가 꺼내어 즙을 걸러내고 햇볕에 말려서 쓴다. 즙에 소금을 넣고 끓이면 청장이 될 수 있다고 했다. 낟알의 대두 원형 그대로, 마치 중국의 두시(豆豉)와 같다. 오늘날 대한민국 식품명인(62호) 서분례 명인의 '약된장' 만드는 법을 보면, 먼저 시(豉) 형태를 만들어서 된장과 간장을 만들고 있다.[67)] 중국 두시와 같은 방법으로 콩알메주를 만드나 콩알메주를 빻아서 된장으로 만드는 점이 두시와 다르다.

4) 시는(16세기 이후) 청국장, 일본 낫토, 중국 두시(豆豉), 청국장 형태는 없다.

최세진의 『훈몽자회(訓蒙字會)』(1527)에는 시(豉)로 적고, '젼국 시'로 표기했다. '…豉 俗呼 豆豉…'에서 대두 단용제품인 동시에 시국(豉麴)은 대두원형, 즉 작말하지 않은 그대로를 처리한 특징이 있으며, 만들어진 시국의 성상은 '대사생 취출(待絲生 取出)'한 것과 같이 장국이 곰팡이 메주인데 반하여 세균형 메주라고 했다. 따라서 우리나라 장과 시의 구별은 곰팡이 메주인가 세균형 메주인가에 따라서 근원이 내려왔었다는 것을 알 수 있으며, 공통점은 대두 단용이라는 점이다.[68]

우리나라의 시는 15세기 이후 곰팡이 메주, 세균형 시인 전국장(청국장)의 두 갈래로 발전을 한다. 한글 '쳥국장'은 정조의 화성행차를 한글로 기록한 『정리의궤』(1796)에 처음 등장했다. 여러 자료들을 종합해보면, 시는 18세기 이전에 '전국장'으로 불렸고, 18세기 말부터 '청국장'으로 널리 사용되기 시작한다.

중국에는 현재 우리의 청국장 형태의 시는 없다. 청국장이 전해진 유래를 말하는 자료가 있다. 조선시대에 중국으로부터 청국장이 전해졌다. 병자호란 당시 호군이 군량으로 들여와 운반하기 좋은 장을 보고 이것을 청국장(淸國醬), 또는 전쟁통에 만든 장이어서 전국장(戰國醬)이라 부르게 되었다고 한다.[69] 청국장은 콩을 낟알로 발효시키는 점은 시(豉)와 같은데, 청국장을 건조시킨 두시(豆豉)로 변화된 걸까?

5) 일본에서 시(豉)는 낫토(納豆)로

시는 일본에서 그다지 쓰이지 않은 것 같다. 『정창원문서』에 시가 보이지만, 지금의 일본 낫토류의 조상 같은 형태이다. 일본 산간지방의 산촌에서 콩알갱이가 있는 사진을 보고 한국 된장과 같아서 놀랬다고 한다. 다만 다른 것은 한국에서는 된장을 콩 단용으로 하는 것이다. 따라서 이것은 삼국시대 전기, 또는 5~6세기경의 장(하시오)과 비슷한 것이라고 말할 수 있다. 7~8세기 나라시대까지 쓰여진 것 같다.[70)]

식물성 장의 주요한 원료인 콩이 야요이시대 유적에서 발견되는 예가 비교적 적은 것을 고려하면, 식물성 장은 고훈시대 이후 일본에 도입되었을 것이다. 그 후 콩과 곡류에 소금을 넣어 발효시킨 '히시오장', 된장, 간장의 조미료는 일본인의 일상에서 빠질 수 없는 것이 되었다.[71)]

된장은 주요한 원료인 대두에 소금과 누룩을 넣어 발효시킨 식품이다. 일본에서 사용되는 누룩에는 콩에 곰팡이를 배양한 콩누룩 외에 밀누룩과 쌀누룩이 있다.

일본 헤이안(平安)시대 때 주작천황(朱雀天皇) 승평년간(承平年間) 『화명류취초(和名類聚鈔)』에 "楊氏漢語抄"에서 말장(末醬)을 고려장(高麗醬)이라 했다고 밝히고 있다. 헤이안시대에 일본에서는 miso를 속칭 말장, 미장(味醬) 또는 미소(美蘇)라 표기했다는 것이고, 이는 고려장에서 유래했다는 것이고 보면 일본의 장류가 우리나라를 거쳐 갔다는 것과 함께 그 시기 또한 짐작할 수 있다.[72)]

『연희식』에서 국의 재료로 된장(미소)을 사용했다는 기록으로 보아 10세기에도 된장국이 있었음을 알 수 있지만 중세의 민중은 일상식에서 된장국을 먹은 적이 거의 없었다. 된장국이 보급된 것은 전국시대부터의 일이다.

나메미소는 된장 부식물의 용도로 된장조림, 된장무침 등의 조미료로써의 활용도가 크다.

된장을 조림이나 요리의 조미료로 사용하면 된장의 색이 식품을 덮어버리고 무거운 맛이 된다. 그래서 요리의 외관을 아름답고 가벼운 맛으로 내기 위해 날된장과 물을 헝겊주머니에 담아 달아매서 떨어지는 액체를 모은 '나마다레', 물과 함께 끓인 된장국물을 헝겊주머니에 담아 거른 '다레미소'로 만들어서 조미료로 사용했다. 이것은 상류계급이 먹는 고급요리에 사용되고 나중에 간장으로 바뀐다.

일본은 사인납두(絲引納豆) 형태가 1300~1500년대 나타난다. 사인납두 전에는 하마낫또(豉浜納豆)[73]가 먼저 있었다.[74] 일본의 시는 도입경로가 불투명한 가운데 상대의 문헌상으로만 시가 전해지고 후대에 와서 납두(納豆)로 전환된 듯하며 우리나라와 대등한 시국을 만들어 조미료로 이용하지 않고 세균형 생시국을 그대로 식용하는 특이성이 전해지고 있다.[75]

이시게 나오미찌는 "콩 발효식품은 중국 한 나라 때 원형이 성립되고, 한국과 일본에 전해졌을 것이라고 보며, 시는 최종제품이 콩 낟알 모양이 남아있는 짠 맛의 발효식품이고, 현재의 '다이토쿠지(大德寺) 낫토(納豆)', '하마 낫토(浜納豆)'로도 불린다. 절에서 많이 먹으므로 '데라 낫토(寺納豆)'라고도 불린다."고 했다.[76]

6) 말장(末醬)은 한국에서 일본으로(말장=고려장, miso)

말장은 콩을 삶아 찧어서 덩어리로 만들어 발효시킨 것으로 오늘날의 메주이다. 우리나라에서는 이미 철기시대부터 원삼국시대 초기에 만들어져서 장의 주류를 이루게 되었다. 이전부터 만들어 온 시 대신에 메주를 개발하여 말장이라 불렀으며, 이것이 중국 후한시대 『사민월령』에는 말도로, 『제민요술』에는 두장으로 기록되었다.[77]

일본의 「대보율령」(701)에 두장으로서 시(豉) 외에 '장(醬)', '말장(末醬)'의 명칭이 나타난다. 시는 최종제품이 콩 낱알 모양이 남아 있는 짠맛의 발효식품이고, 현재의 '다이토쿠지(大德寺) 낫토(納豆)', '하마 낫토(浜納豆)'로 불리는 식품인데, 절에서 많이 먹으므로 '데라 낫토(寺納豆)'로도 불린다.

장은 콩에 밀이나 쌀 등의 곡물과 누룩, 소금, 술을 섞어서 발효시킨 페이스트 상태의 조미료로 간장의 원형에 해당하는 식품이다. '말장(末醬)'은 된장(미소)이다. 현재 일본 가정에서 소비하는 된장의 90% 이상은 된장국을 만드는 데 쓰인다.

『화명초(和名抄』(937)에서 말장을 고려장이라 표기하고 '미소'라 부르고 있다. 이로써 고려에는 시 이외로 말장도 개발하여 일본에 전했음을 알 수 있다.

한편 고려시대의 『계림유사(鷄林類事)』에 “장왈밀조(醬曰密祖)”라 하였고, 조선시대 만주어 학습서인 『동문류해(同文類解)』(1748)에서는 장을 ‘미순’이라 하였으며, 몽골어로는 미수(迷速)라 했다. 또 『증보산림경제』(1766)에서는 말장을 ‘며조’라 했다. 이러한 어원을 종합해보면 말장이 만주지방에서 발생하여 일본뿐만 아니라 몽골지방에까지도 전해졌음을 알 수 있다.[78)]

이 점은 중국장과도 거리가 있지만 미국(米麴)을 쓰는 데서 중국의 맥국(麥麴) 사용 방법과 상통되고 있으며, 우리나라 대두 전용의 단용 말장 침장법과는 차이가 있다. 다만 삼국의 장류에서 공통점을 찾자면 대두를 장의 주원료로 쓰고 있다는 점과 곰팡이(麴菌)가 장의 주균이라는 점이다.

일본 나라시대의 장은 우리의 것과 같은 대두단용의 장이었으나, 시대가 지나서 10세기경에는 대두에 쌀, 밀 등 전분성 재료를 혼합한 것으로 보인다. 현재의 일본 장의 재료로, 일본 작물산출의 배경과 중국 장 가공법의 영향 등으로 구수한 맛이 많은 장으로 변했다.[79)]

지금의 일본 장은 대두(大豆), 쌀(米) 또는 맥(麥) 등을 혼용하는 장국(醬麴)을 만들고 있다. 일본에 있어서는 장국을 만들지 않고 대두, 미국(米麴) 등으로 직접 침장하는 조장법이 원형이었다.

7) 헤이안시대(794~1192)에는 일본식 미소(말장) 등장

일본에서는 나라시대에 장(다마리미소)과 장간장(다마리쇼유)을 사용하고 있으나 헤이안시대(794~1192)에는 일본식 미증(味噌, 미소)이 나타난다. 이것은 ‘연희식’에 의하면 대두에 미국(米麴, Aspergillus속)을 섞어서 발효시켜 찧은 것이다. 재료 면에서 보면 중국식 장에 속하지만, 발효한 후 찧기 때문에 말장(末醬, 미소)이라고 했다. 일본식 된장 곧 일본식 미소로 현재까지 이르고 있다.[80)]

헤이안시대(平安時代 : 794~1185) 『화명류취초(和名類聚鈔)』에 말장(末醬)을 고려장(高麗醬)이라고 하였고, miso를 말장, 미장(味醬) 또는 미소(美蘇)라 표기했다.[81] 액상 같은 장이 만들어진 것은 헤이안시대지만, 된장도 간장도 아닌 혼합장의 상태가 오래 이어졌다.

헤이안 수도에 동시(東市)에는 '장점(醬店)', 서시(西市)에는 '말장점(末醬店)'이 있었다. 이 장이 간장, 된장 각각의 원형이라고 생각할 수 있지만, 어느 것도 곡물의 발효제품으로서 아직 확실하게 분류하고 있는 것은 아닌 것 같다. 오히려 장은 당풍(唐風), 말장은 우리나라 풍이었다고 한다.[82]

표 1-1 아시아의 콩 발효식품 종류와 특징[83]

국가	명칭	특 징
한국	청국장	삶은 메주콩에 볏짚을 넣어 자연 발효를 시키므로 볏짚의 바실러스균 뿐만 아니라 다양한 세균의 영향을 받는다. 청국장이 만들어지는 곳의 기후와 날씨, 콩의 종류, 만드는 사람에 따라 제각기 다른 균으로 발효되어 맛이 다양하다.
일본	낫토	일본 정부에서 허가한 균만을 접종하며 바실러스 낫토균을 삶은 콩에 접종해 단시간에 띄워 만든 것이다.
네팔	키네마	콩을 하룻밤 물에 불려 삶아 두들겨 으깬 후 소량의 재를 넣고 손으로 잘 섞은 다음 대바구니에 담아 바나나 잎으로 덮고 상온에서 하룻밤 띄워 햇볕에 말려 사용하며, 냄새가 심한 것이 특징이다.
부탄	리비잇빠	삶은 콩을 대나무 광주리에 담고 천으로 덮은 후 습기찬 방에서 상온에 띄운 것을 절구로 찧어 따뜻한 곳에서 1~3년간 숙성시키며, 소금을 사용하지 않기 때문에 냄새가 심하다.
인도	스자체	삶은 콩을 대바구니에 넣어 띄운 후 절구로 찧어 둥글게 뭉쳐 바나나 잎으로 감싼 후 선반위에 올려놓고 건조시켜 오랫동안 보관해 두고 먹는다.
인도네시아	템페	콩을 물에 불린 후 껍질을 벗겨 익힌 콩에 종균(라기)을 섞어 나뭇잎의 뒷면에 콩을 얹고 여러 층을 포갠 다음 이틀간 발효한다. 30도의 고온에서 발효가 잘되며, 하얗고 끈끈한 균사가 생기면 흰색의 템페가 되고, 저온에서 발효하면 회색이나 검은색의 균사가 생겨 검은색의 템페가 된다.
중국	두시	'두시'는 우리나라의 된장에 해당하는 함두시(鹹豆豉)와 청국장에 해당하는 담두시(淡豆豉)가 있는데 담두시는 소금을 넣지 않고 만든다. 지방에 따라 두시를 말린 '간두시(干豆豉)'와 숙성기간이 긴 '습두시(濕豆豉)'가 있다.
태국	토아나오	삶은 콩을 대바구니에 넣고 바나나 잎으로 감싼 후 상온에서 3~4일 띄워 소금과 향신료를 넣고 찧은 다음 시루에 쪄서 양갱모양으로 만들어 햇볕에 말리면 칩 모양이 되는데 냄새가 심한 것이 특징이다.

II
동북아 두장(豆醬)문화의 변천과 교류

1. 중국의 두장문화

1) 장의 최초문헌 기록은 중국『주례』의 육장

장(醬)이 처음으로 기록된 문헌은 중국『주례(周禮)』(주나라 기원전 800~700년경)로 선부(膳夫)에 "醬 120동이"라 했다. "장(醬)에는 해(醢)나 혜(醯)가 있는데, 해는 새고기, 짐승고기, 물고기 할 것 없이 어떤 고기라도 햇볕에 말려서 고운 가루로 하여 술에 담그고, 여기에 조(粟)로 만든 누룩과 소금을 넣어 항아리에 넣고 밀폐하여 100일간 어두운 곳에서 숙성시켜 얻은 것이며, 혜는 재료가 해와 같으나 청매즙(靑梅汁)을 넣어서 신맛이 나게 한 것이다."고 했다. 장은 그 제법을 보면 육장이다.[84)] 후한(25~220)의『설문해자』에는 "醬醢也"라 하고, 해를 설명하기를 "醢無不用肉也"라고 하여, 당시의 해 역시 또한 육장이었음을 알 수 있다.[85)]

공자(B.C551~B.C479)는 "장이 없으면 밥을 먹지 않았다(不得基醬不食)"고 했다. 우리는 공자라고 하면 인(仁)부터 떠올리지만 공자에서 인에 못지않게 그보다 더 중요한 것이 예(禮)이다.『논어』첫 부분에 나오는 '배우고 때로 익히면 즐겁지 아니한가'에서 말하는 배움은 무엇을 배운다는 것인가? 그것은 예다. 공자가 말하는 예는 주나라의 전통적인 제도, 문화, 문물, 사상, 예법을 총체적으로 가리킨다. 이러한 예는 문(文)이기도 하다. 공자는 악명 높은 양호로 오인되어 광(匡) 지방 주민들에게 붙잡혔을 때 '하늘이 문(文)을 말살시킬 작정이라면 살아날 수 없겠지만, 하늘이 문을 없애려는 게 아니라면 그들이 나를 어찌할 수 있겠느냐?' 주나라 문화를 계승 발전시키려는 공자의 자의식을 엿보기 위한 충분한 발언이다. 공자가 말한 이 문(文)에서 문은 주나라 문화의 총체이자 곧 예이다.[86)] 장이 없으면 밥을 먹지 않았다는 의지도 주나라

문화 속의 장, 즉 『주례』에 기록된 장을 숭상함을 보여주는 것이라 여겨진다.

2) 중국의 두장은 한나라 때 문헌에 등장

두장은 앞에서 언급한 것과 같이 한(漢)대의 『논형(論衡)』에 비로소 나타나고, 중국에서는 오늘날 시(豉, 末醬)와 장으로 구분하고 있다.

『논형(論衡)』은 왕충(22~99?)이 90년에 펴낸 저작으로[87] 역사상 처음으로 두장이 언급되어 주목된다. 두장 사휘(四諱)편에 "세상 사람들은 두장을 만들 때 천둥소리 듣는 것을 꺼린다." 이렇게 된장은 아무도 먹으려 들지 않는다. 만약 사람을 시켜 급하게 만들기를 바라는 경우였다면 장을 집에 많이 두고 해를 넘기려 해서는 안 된다. 두장 언독(言毒)편에 "세상 사람들은 콩장을 담글 때 천둥소리 듣는 것을 꺼린다."고 기록했다.

두장은 마왕퇴한묘백서(馬王堆漢墓帛書)[88] 『오십이병방(五十二病方)』(기원전 3세기 말)에 보이는 …숙장(菽醬, 콩 숙) 등의 기록으로 미루어, 두장을 담근 시기는 최소한 기원전 3세기 이전(전국시대 후기)이라고 할 수 있다.[89]

한대(漢代) 『설문해자』에도 시(豉)가 기록되고, 또 한대(漢代) 사유(史游)의 『급취편(急就篇)』에도 '염시(鹽豉)'란 말이 나온다. 3세기 진대(晋代) 장화(張華, 232~300)의 『박물지(博物志)』에는 "외국에 시가 있다."고 하였으며, 시의 냄새를 고려취(高麗臭, 고려=고구려)라고 적고 있어 시가 한반도에서 건너온 것임을 짐작하게 한다. 처음부터 중국에 있었던 것이 아니고 외국에서 전래된 것이라고 적혀있다. 『본초강목(本草綱目)』에서도 『박물지』를 인용하면서 "시가 외국 원산"이라고 강조했다.[90]

이와 같이 시(豉)가 진, 한대 이전에는 이역(異域)의 산물이었다는 것을 알 수 있다. 즉 고구려 사람들의 선장양(膳藏釀), 발해 책성의 시(豉), 중국에서 시(豉) 냄새를 고려취(高麗臭, 고려=고구려)라고 한 사실, 그리고 콩의 원산지가 우리나라의 옛 영토인 만주지역이라는 것 등을 아울러 생각할 때, 오늘날의 메주에 해당하는 시가 매우 오랜 역사를 지니며, 중국에 건너가서 시(豉)란 이름으로 불리어지게 된 것이라 생각할 수 있을 것이다. 다시 말하면 중국의 장은 해(醢)라는 이름의 육장이고, 우리의 장은 시(豉)란 이름의 두장이라고 말할 수 있겠다.

3) 장 만드는 법은 『제민요술』(540)에 처음 기록

장 만드는 제법이 기록된 문헌은 6세기 중국 북위 태수 가사협이 쓴 농업서인 『제민요술』로 기록된 장류는[91] 검은 콩으로 만든 장, 육장, 졸성육장, 어장 1,2, 건제어장, 식경의 맥(小麥)장, 유자장, 어장2, 하장(蝦醬), 육장의 일종인 조전과 생전, 축이, 장해1,2 등 모두 14종류인데, 두장은 검은 콩으로 만든 장 하나뿐이다.

밀이 흔한 중국에서는 콩을 쪄서 밀로 만든 누룩을 섞어서 발효시킨 메주를 두장이라고 했다.(앞 그림1 참조) 중국의 두장은 시를 만드는 원리를 변형시킨 것으로 그 지방에서 많이 나는 밀을 섞어서 단맛이 더 강하다.

검은 콩으로 만든 장은 "두황 3두에 누룩가루 1두, 황증[92]가루 1두, 흰소금 5승, 귤자 한 웅큼의 비율로 한다. 자배기에 담아 골고루 섞는다. 저어서 고르게 하고 독에 넣는다. 35일경 지나 익으면 연다. 덩어리를 주물러 부수어 세 항아리에 담고 정화수, 마른 소금을 섞는다. 물 1석에 소금 3두의 비율이다. 장이 엷은 죽 상태면 멈춘다. 100일경에 먹는다."고 했다.[93]

현재의 간장과 같다고 하는 청대 조리서의 장유(醬油) 만들기를 보면 다양한 콩과 곡물, 소금, 물로 만들어 한국의 콩 단용장과는 다른 점이 보인다. 일본 또한 콩과 다른 곡물을 섞어서 만들고 있다.[94]

『제민요술』의 '두황제조법'을 보면 "침장시의 원료로 황증말(黃蒸末)과 맥국(麥麴), 두황(豆黃, 두국, 콩으로 만든 누룩)이 기본 원료"이다.[95] 우리나라의 장 만들기는 말장만으로 만들어지는데, 중국의 고대장은 황두와 함께 맥국(麥麴)이 이용되는 특이성을 나타낸다. 맥국혼성장국(麥麴混成醬麴)이다.

『제민요술』에 만드는 법이 비로소 나오는데, 대두에 소맥국을 섞어서 발효

시킨 것을 대장(大醬) 또는 황장(黃醬)이라고 했다.[96)]

4) 한국과 중국의 장은 다른 형태의 음식으로 발전

한국과 중국은 오래전부터 장이라는 음식을 즐겨왔지만 제조과정이나 맛에 있어서 다른 음식으로 변화 발전시켜온 것으로 보인다. 이 부분은 앞의 장의 기원에서도 나타나듯이 우리나라에서는 "시(豉)가 발해산이라 하였고, 고구려인들이 발효식품을 잘 만들었으며 콩의 원산지가 만주 지역이라는 것을 생각할 때 시(豉)는 우리나라 북부지역에서 싹터 중국으로 건너간 것으로 추정된다."고 했다.[97)]

5) 장유(醬油)는 중국에서 일본으로

중국에서는 당나라문화를 계승한 송나라(960~1279)시대에 장유(醬油)라는 단어가 등장하였고, 『산가청공(山家淸供)』, 『몽양록(夢粱錄)』에 따르면 남송대에 사람이 살아가는데 꼭 필요한 7가지(개문칠건사(開門七件事)로 땔감, 쌀, 술, 소금, 장, 식초, 차라 하여 장을 애용하고 있음을 알 수 있다.[98)]

중국의 장은 대두 및 맥류, 쌀, 잠두 등을 원료로 하여 곡제법(曲製法)이나 혹은 주모제법(酒母製法)에 의해서 만들어진 일종의 호상물(糊狀物)로서 생산과정은 장유(醬油, 간장)와 완전히 일치한다고 했다.[99)]

6) 중국 『거가필용』의 두장류는 우리나라 『산림경제』에 영향

원나라(1271~1368) 때의 『거가필용』은 조선 홍만선의 『산림경제』에 많은 영향을 미친 것으로 알려진 책인데, 두장류 제조법으로는 숙황장방, 생황장방, 소두장방, 완두장방, 대맥장방(흑두, 보릿가루), 조장법 등 6개, 콩 이외의 재료로 담은 장은 조육장법, 조면장방(밀가루), 유인장방(유인, 조면장방과 같은 방법) 등이다.

'금산사두시법'은 황두를 쪄서 식히고, 밀가루 소량과 콩, 밀기울을 고루 섞는다. 실내의 바닥에 잘 펴서 5~7일 노랗게 띄운다. 체로 쳐서 밀기울은 제거하고, 흐르는 물에 씻어 볕에 말린다. 두황 1말에 물료(채과, 가지, 귤피, 연육, 생강, 천초, 회향, 감초, 자소잎, 마늘) 1말, 소금을 켜켜로 항아리에 담는다.

7) 명나라 때는 황증(콩메주), 대두와 맥국으로 메주를 만들었다.

명나라 때 이시진의 의서(醫書)『본초강목(本草綱目)』(1596)에 장류로는 두유법, 소맥장법, 대두장법, 대맥장법, 소두장법, 유인장법, 오나두장법, 지마장법, 부장법(麩醬法, 밀기울 부), 마재장법(麻滓醬法), 첨부장법(11개)과, 시(豉, 메주 시)로는 상시법(常豉法), 조함시법(造鹹豉法), 조담시법(造淡豉法), 조시즙법(造豉汁法) 4개가 기록되었다.

『제민요술』과『본초강목』에 수록된 장과 시는 우리나라의『증보산림경제』(1766)에 제목부터 유사한 조장법이 많으며, 내용에 있어서도 유사점을 많이 찾아볼 수 있으나,『증보산림경제』의 내용은 이들보다 부분적으로 더 풍부할 뿐만 아니라 새로운 조장법(造醬法)들을 많이 발견할 수 있다.

중국의 경우는 장의 형성기 이래 우리나라와 유사한 황증(黃蒸, 콩메주)을 만들고 여기에 맥국(麥麴), 두황(豆黃) 등과 함께 담그는 방법이 주축을 이루고 있었고, 그 시기는 분명치 않으나 명나라 때에는 대두와 맥국으로 메주를 만들어 침장하는 방법이 병용된 것으로 보인다.

8) 명나라 때 장유(醬油)제법 확립, 장유 명칭도 일반화, 일본으로 전해짐

명대에 대두, 소맥을 원료로 하는 장유제법이 확립되고 장유라는 명칭도 일반화되었다. 일명무역에 의해서 중국남부의 절강성, 복건성 연안으로부터 일본 사까이 등에 중국장유가 들어가게 되고, 제법도 일본에 전해졌다고 추측된다. 중국 전통의 장유는 농후한 맛을 지녔으나 색은 그다지 맑지 않았다.

9) 청대 장류에는 향신료(진피, 팔각, 산초, 행인, 자소…감초, 사인, 소향 등) 사용

『연원직지(燕轅直指)』는[100] 조선 순조 32년(1832)에 사헌부 집의로 있던 김경선(1788~1853)이 동지겸사은사로 임명되어 10월 20일에 서울을 떠나 12월 20일에 청나라 연경에 도착, 이듬해 4월 초 2일 귀국하여 복명하기까지의 듣고 본 일들을 기록한 사행기로 1833년에 냈다. 장에 대한 것은 주로 부록의 음식조에서 보인다.

12월 4일조에는 이곳에서 예로부터 전해지는 콩으로 만드는 장은 우리나라의 청두장(靑豆醬)과 같은 것인데 이름을 두시(豆豉)라고 한다. 장(醬)은 '콩과 밀을 합해서 만드는데 메주 만드는 것을 보면 우리가 하는 것과 같지만, 덩이의 크기가 말(斗)통만 하고 장의 맛은 덤덤하고 신맛이 좀 나지만 잡미는 없다'고 했다. 시장에서 파는 장은 팥을 섞어 만드는데 맛이 아주 안 좋다고 한다. 우리나라의 두장과 약밥, 전약을 그들은(청나라인) 진기하고 사랑스럽게 여긴다.

청대의 조리서 5종(『성원록』의 양조(釀造), 『양소록』(1698)의 장지속(醬之屬), 『조정집』의 장(醬)과 장유(醬油), 『수식거음식보』에는 조화류(調和類), 『소식설략』의 권일(卷一))에 나타난 장은 종류가 다양했다.

콩을 이용하여 만든 장 외에도 식초를 만드는 방법인 조미초(造米醋)도 장으로 분류를 하였고, 채소를 소금에 절이는 방법인 엄채(菜) 등도 장으로 분류했다. 또한 장을 이용한 조리법 등도 함께 묶어서 장으로 분류하고 있어서 장과 장이 아닌 것과의 경계가 모호했다. 5권의 조리서를 고찰한 결과[101] 각각의 조리서에서 장에 대한 준비를 하는 과정과 첨장, 두시, 청장, 장유, 장을 이용한 요리, 기타 장류로 구분할 수 있다.

기타 장들은 1~2종인 반면, 첨장(甛醬, 달 첨)은 12종, 두시(豆豉)는 6종,

청장(淸醬)은 5종, 장유(醬油) 18종으로 이 네 가지 장은 다른 장에 비하여 게재된 횟수가 많아 이 네 가지 장이 청대의 대표적인 장으로 보인다.

이 들 네 가지 장류 중 첨장[102]은 현재 중국에서는 첨면장이라고 하는데, 한국의 춘장은 첨면장에 캐러멜을 혼합하여 색을 검게 만든 것이다. 우리가 짜장면을 만들 때의 춘장이다. 1948년 화교 왕송산씨가 첨면장에 캐러멜을 혼합하여 '사자표'라는 브랜드로 검은 색의 한국식 첨면장을 탄생시켜 오늘에 이르렀다고 한다.

첨장은 밀가루에 소금을 넣고 발효시켜 만든 짜지 않은 된장이다. 원래 첨면장을 첨장으로 줄여서 부른 것이 발음이 변해서 춘장이 되었다고 하며, 첨장은 짜장면에 사용하는 춘장의 기원이 된다.

만드는 법은 밀가루만은 사용하거나, 혹은 밀가루에 콩 등을 섞어 만들 경우 물을 넣고 반죽하여 병(餠)을 만들어 짚 위에 얹고 짚이나 자리로 덮어두면 7일 만에 곰팡이가 생기는데 이것을 황(黃) 또는 황자(黃子)라고 한다. 황자는 일종의 메주인 듯하다.(『성원록』)

황자가 만들어지면 여기에 소금을 넣고 장을 만들었다. 청대의 장을 담을 때 재료의 양을 현재 사용하는 단위로 환산해보면, 황자와 소금의 양은 밀가루 10근(약 6kg), 소금 2근(약 1.5kg)으로 주재료 1근(600g) 당 소금 150g 정도를 넣은 것이다. 황자에 소금과 물을 넣고 단지에 담아 햇볕에 놓아두어 장이 완성되는 시간은 장의 종류마다 다른데 서과첨장은 40일, 『양소록』의 경우는 10개월 등으로 다양했다.

청장과 장유는 우리가 간장이라고 부르는 것으로서 명칭은 다르지만 같은 종류의 장이고, 두시는 약용으로 사용되었다고는 하지만 현재 한국에서 애용하는 장은 아니다.[103]

두시(豆豉) 만드는 법은 첨장과 동일하게 황자인 장황을 먼저 만들어 두고 장황을 이용하여 두시를 만든다. 『성원록』의 주향두시법(做香豆豉法)에서는 콩 한 말에 밀가루 20근, 물 20완(碗, 주발 완)을 넣어서 황자를 만들었고, 또 다른 법과 주수두시법(做水豆豉法)에서는 검은 콩으로 만든 황자를 사용하였으며, 『소식설략』의 수두시에서는 콩과 물 삶은 물을 분리했다가 곰팡이를 피게 한 후 다시 콩과 섞는 과정을 통하여 물을 많이 부음으로써 다른 두시에 수두시는 수분이 많았던 것으로 보인다. 『중궤록』의 제두시법에서는 대황두만으로 황자를 만들었고, 『소식설략』의 함두시법에서는 황두를 황자를 만들어 사용했다.

두시를 만들 때 술을 사용한 바 『성원록』의 주향두시법에서는 소주를 사용하였는데, 실제 소주가 아니고 진피(陳皮)즙에서 나온 쓴 맛이 나는 즙을 소주라 하였고, 또 다른 법에서는 노주(老酒)를 수두시법에서는 금화첨주(金華甛酒)를, 『소식절략』의 함두시에서는 소흥주(紹興酒)를 각각 첨가했다.

두시를 만드는 방법에서는 각종 향료를 사용한 것이 보이는바, 『성원록』의 주향두시법에서는 행인, 과자인, 생강 채 썬 것, 자소, 팔각, 회향, 소회향, 백당, 진피, 과괴, 진피안에서 나온 쓴 물인 소주를 넣었고, 또 다른 법에서는 가소엽, 박하엽, 후박, 감초, 밀길경, 대분초, 가자소, 박하, 소회, 대회, 천패모, 사인, 화초, 시상 등을 넣었다. 『성원록』의 또 다른 법에서는 수박을 사용했다.

두시는 처음부터 두시를 만들 목적으로 만들기도 하였지만, 『성원록』의 작청장법에서는 청장을 거르고 난 콩을 밥반찬으로 만들어 먹는다고 하였으니 이것도 또한 두시 만드는 한 방법이라 여겨진다. 또한 『양소록』의 황두장유에서도 장유를 거르고 나서 두 번째, 혹은 세 번째 떠오르는 장은 소금물에 넣어 다시 끓여서 말린 후 집에서 먹는 반찬으로 애용하기도 하였고, 콩 알갱이를 햇볕에 살짝 말렸다가 향료를 더하여 황두시로도 이용했다. 두시는 현재 중국에서 생채소 무침, 볶음, 찜, 지짐 등의 요리에 사용되는 조미료이지만, 우리나라에서는 『임원경제지』(1827)에는 "다만 약에 넣어 먹을 줄만 알 뿐"이라고 했다.

두시는 오랫동안 두고 먹는 장이기도 했지만, 주수두시법에서는 만들고 나서 1년이 지나면 고기를 삶아서 찍어 먹어도 맛있다고 하였으며, 제두시법에서는 고춧가루와 무말랭이를 넣어 두었다가 먹는 방법이 나오며, 수두시는 채소를 넣어 탕을 끓일 때 간을 맞추는 역할을 했다.

『소식설략』의 함두시법에서는 매운 맛을 원하면 고춧가루를 넣어도 좋다고 했다. 『성원록』의 또 다른 법에서는 두시를 싱겁게 하려면 황자 10량 당 소금 1량을 넣고, 짜게 하고 싶으면 황자 10량 당 소금 2량을 넣으라고 했다. 개인의 기호도에 따라 양념을 가감할 수 있었음을 알 수 있다.

두시는 짠맛이 나는 함두시와 짠맛이 나지 않는 담두시가 있으며 소금을 넣으면 염시(鹽豉)라고도 하고 소금을 넣지 않으면 상한증, 감기, 천연두 치료에 주요 약으로 이용되었다.

대고(大苦)는 짜고도 시다고 하였는데, 대고가 두시라고 하니 두시는 선진(先秦)시대부터 있던 조미료인데, 한당(漢唐)시기 두시는 요리를 할 때 광범위하게 자주 사용되었던 조미료였고, 형초(荊楚, 지금의 호북성) 지역에서는 소금과 동일하게 생각할 정도로 중요하게 여겼다고 한다. 1972~1974년 호남성의 마왕퇴 3좌 한묘(漢墓)에서 다량의 두장과 두시가 출토된 것을 보면 두시는 주로 양자강 하류지역에서 애용해온 조미료인 것으로 보인다.[104)]

청장은 청대의 초기 조리서인 『성원록』에만 기재되어 있으며[105)], 주청장법, 주청장법 외의 또 다른 방법 2종, 작맥유법, 작맥유법 만드는 법의 또 다른 방법으로 모두 5종이다.

청장을 담그는 시기는 주청장법과 또 다른 방법 2종에는 기록되어 있지 않지만, 맥유법과 또 다른 방법에서는 복날에 담는다고 했다. 청장을 담기 위해서는 주재료로 첨장, 두시와 마찬가지로 황자를 사용해야 한다. 황자는 콩이나 소맥을 익혀서 곰팡이가 생기도록 만들어야 한다. 주청장법에서는 흑두를, 또 다른 방법 1, 2에서는 황두를 사용했고, 맥유법과 또 다른 법에서는 소맥을 사용했다.

주청장법에서는 흑두 1두를 삶아서 밀가루 3근을 섞어서 밀폐된 곳에 펴 놓으면 7일이 지난 후에 황자가 만들어 졌고, 또 다른 법에서는 황두 1두를 삶아 익혀서 밀가루 24근을 섞어서 바구니에 담아 놓으면 7일 후에 곰팡이가 피었고, 이것을 그릇째 햇볕에 말리고 집안에 들여 놓는 과정을 14일간 반복하면 황자가 만들어졌다.

또 다른 방법에서는 황두 1두를 씻어서 물에 담갔다가 붉은 색이 날 때까지 삶았다. 황두가 익으면 물까지 퍼서 그릇에 담고 밀가루를 24근을 넣고 골고루 잘 섞어 그릇째 집안의 바람이 통하지 않는 곳에 7일간 짚으로 잘 덮어둔다. 곰팡이가 피면 볏짚을 걷어내고 햇볕에 쬐었다가 해가 지면 집안에 다시 들여놓는 과정을 14일간 반복하여 황자를 만들었다.

작맥유법에서는 소맥을 삶아 익혀 햇볕에 말려서 반쯤 건조되었을 때 그늘진 방에 두었다가 낮에는 햇볕에 펼쳐 놓고 말리고 밤에는 공기가 통하지 않게 싸서 두는 과정을 7일간 반복하면 소맥의 부피가 두 배 가까이 증가되는데, 이것을 맥황이라고 한다. 맥황도 황자의 일종이다.

청장을 만들 때 첨장, 두시와 동일하게 콩이나 보리로 황자를 만들어 청장을 만들었다. 청장은 두황 1근당 물 4근, 우물물 5근, 혹은 물 10그릇을 넣으라고 하여 물의 양이 많았던 것으로 보이며, 햇볕에 주청장법에서는 49일, 청장을 만드는 또 다른 법에서는 20일이 필요하다고 했다. 정해진 날짜가 되면 장추(醬篘, 용수 추)라는 대나무로 만든 용수를 사용하여 청장을 걸렀다. 청장을 완성한 후에 풍미를 증진하기 위하여 표고, 대회향, 산초, 생강채, 팔각, 참깨 등을 넣어서 끓여 사용했다.

청장을 만드는 또 다른 방법2에서는 거른 청장에 팔각가루, 산초, 참깨 등을 넣고 3~4번 끓여 풍미를 증진시켰다. 작맥유법에서도 표고, 팔각, 산초, 참깨를 넣고 3~4회 끓인 다음 오래 된 좋은 술을 작은 병으로 한 병 넣고 다시 끓여서 관에 넣어서 사용했다. 청장은 간장과 동일한 것으로 보이며, 고대에는 장유를 청장으로 불렀고, 지금의 황하유역 및 동북 및 농촌지역에서는 아직도 장유를 청장이라고 부르고 있다. 청장은 장유와 동일한 것으로 간장을 칭하는 말인 것으로 보인다.

청장을 걸러낸 후 건더기에 다시 소금과 물을 넣고 가열하여 거르고 거른 건더기에 또 한 번 소금과 물을 넣고 가열하여 건져내는 과정을 세 번 반복하고 이 과정에서 거른 청장을 한 단지에 모아서 햇볕에 두거나 다시 가열하여 청장으로 이용했으므로 사용한 물의 양이 정확하게 명기되어 있지 않았다.

네 가지 장류 모두 두장인데, 첨장은 단맛이 나는 장이라는 뜻으로, 밀(가루), 콩류, 혹은 밀가루에 콩류를 섞어 병을 만들었고, 두시(豆豉)는 전문적으로 두시를 만드는 제조공정을 통해서도 만들어졌지만 청장, 장유를 만드는 과정에서 떠오르는 콩을 건져서 말렸다가 향료를 더하여 향두시로 만들기도 했다. 두시를 만들 때 첨장과 마찬가지로 콩, 밀 등으로 황자를 만들어 사용하였으며, 진피, 팔각, 산초, 행인, 자소, 후박, 박하, 감초, 사인, 소향 등 향신료를 사용했다.[106)]

장유(醬油)를 만들기 위해서는 황두, 적소두, 흑두, 잠두 등에 밀가루, 보리가루 등으로 황자를 만들고, 황자 1근당 물 7근, 장황 1두에 우물물 5두, 밀가루 3두에 끓는물 6두 등 물의 양이 첨장과 두시에 비해 많았다. 소금과 물을 부어주고 매일 저어주면서 햇볕을 쪼인 후 대나무로 걸러낸 장유를 추유(篘油)라고 했다. 추유 또한 청대에 장유를 칭하는 용어였다. 따라서 1700년대에는 간장을 청장이라고 불렀던 반면에 1800년대에 이르러서는 간장을 장유로 불렀지만, 일부 지역에서는 추유라고 부르는 등 간장을 지칭하는 용어에 변화가 생겼다.

장유를 담그는 시기는 『양소록』의 잠두장유에서는 5월이라 하였지만, 기타 다른 장유에서는 장 담그는 시기에 대하여 명기하지 않았다. 장유를 만들 때 사용된 재료는 콩에 밀가루를 섞는 방법이 5종으로 가장 보편적인 방법인 것으로 보이며, 콩에 밀기울을 사용하거나 소맥에 대황두 혹은 대두에 맥면을 사용하기도 했다. 장유는 이러한 재료를 사용하여 쪄서 익혀서 황자를 만들었는데 황자가 만들어지는 기간에 대하여 황두장유, 잠두장유, 맥장유, 부피장유, 흑두장유에서 모두 7일이라고 했다.

이미 만들어 놓은 황자를 사용하여 장유를 만들 때 사용한 물의 양과 장유가 완성되는 기간에 대하여 『조정집』의 황두장유는 콩과 밀가루를 사용하여 황자를 만들고 황자 1근당 소금 1근, 물 7근을 부어 15일이 지나면 먹을 수 있고, 잠두장유는 잠두 1두와 밀가루 3두, 끓는물 6두를 섞어 황자를 만들고 소금 18근을 넣고 20일이 지나면 장유가 되었다.

『중궤록』의 제장유법은 대황두와 보릿가루로 장유를 만들어 20일 후에 먹을 수 있었고, 『소식설략』의 조장유는 대두와 보릿가루로 두황을 만들어 두황 1근당 소금 1근, 물 7근을 부어 장유를 만들었다. 『조정집』의 맥장유는 소맥과 면을 사용하여 맥황자를 만들고 황자 10근당 물 40근 소금 7근을 사용하여 장유를 만들었다. 만들어진 장유는 용수인 장추를 이용하여 걸러서 단지에 담아 사용하였으므로 지금의 간장이라고 볼 수 있다.[107)]

장을 담글 때 금기사항은[108)] 『성원록』의 주장제기(做醬諸忌)와 『조정집』의 조장금기(造醬禁忌)에서 공동으로 기술한 것을 보면 "신일(辛日)에 장을 담그면 벌레가 생기고, 임산부가 장을 만들면 장이 쓴 맛이 나며 빗물이 조금이라도 장단지에 들어가면 안 되고 몸과 눈이 청결하지 않으면 안 되고, 장을 담은 단지를 깨끗하게 씻지 않으면 안 되고, 무더운 날은 장을 뒤섞어도 안 되고 밤이 되었다고 해서 뚜껑을 바로 덮으면 안 된다. 저으려면 아침에 저어야 하며 비가 와서 뚜껑을 닫아야 할 때는 뚜껑에 나무를 끼워 놓아야 하고 공기가 안 통하면 곰팡이가 핀다."고 했다.

『조정집』에서는 위의 사항 외에도 "장을 담을 때 귤을 넣으면 신맛이 나지 않는다고 하였고, 천둥이 칠 때 장을 담그면 사람에게 배탈이 나서 배가 꾸르륵 거리게 되는 현상, 즉 복명(腹鳴)이 발생한다."고 했다. 또한 월상(月上, 음력 7일~8일 상현에 뜨는 달)과 하현(下弦, 음력 22일~23일에 뜨는 달)에 장을 젓거나 장단지를 옮기거나 하면 바람직하지 않게 된다고 설명했다. 정해진 날짜에만 장을 관리하라고 했다.

중국에서는 1700년대에는 간장을 청장이라고 불렀던 반면, 1800년대에 이르러서는 간장을 장유로 불렀지만 일부 지역에서는 추유(처음 걸러 낸 장유를 말함)라고 부르는 등 간장을 지칭하는 용어에 변화가 생겼음을 알 수 있다.

『청속기문(淸俗紀聞)』(1799)은 일본 큐슈 나가사키의 포정시사로 근무 중이던 중천총영(中川忠英)이 역관으로 차출되어 청나라에 가서 보고 들은 민속, 예절, 명물 등을 기록한 책으로, 일본 에도시대의 우수한 청나라 해설서로 꼽혔다. 중국의 장에 대한 언급이 있다.[109)]

장유(醬油)는 콩을 잘 삶아 솥에 그대로 하룻밤 두었다가 다음날 아침에 꺼내서 보릿가루와 섞고 자리에 펴서 바람이 닿지 않게 하여 3~4일 동안 황화(黃花)가 잘 피게 한다. 그 후 볕에 말렸다가 깨뜨려서 독에 옮기고 끓인 소금물을 넣고 잘 섞는다. 반달 정도가 지나면 한 번 끓여서 목면자루로 짜서 사용한다. 원료의 비율은 콩누룩 1근, 물 7근, 소금 4냥이다.

지물장유(漬物醬油)는 콩이나 흑두를 볶아 가루를 낸 것 1되에 보릿가루 2되 반을 섞고 더운 물로 반죽해서 떡으로 만들고 얇게 펴서 썰고 증롱(蒸籠)으로 찐다. 자리에 펴고 위는 띠풀로 덮고 황화를 피운다. 그 후 볕에 말려 곱게 찧고 독에 넣고 끓인 소금물을 넣고 저어서 땡볕에 쬔다. 매일 저어주고 10여 일이 지나서 색이 빨갛게 되면 쓴다. 원료 배합은 누룩 1근에 소금은 싱겁지 않게 가감한다. 무, 오이, 가지 등을 하룻밤 소금에 절였다가 잘 말린 후 이 장유에 절인다.

두시(豆豉, 일본 이름은 納豆(낫또))는 콩을 삶고 보리는 볶아서 맷돌에 타고 콩 삶은 것과 섞어서 자리에 펴두고 장유 고지가 잘 피기를 기다린다. 소금물을 끓인다. 위 고지를 통에 넣고 끓인 염수를 고지를 적실 정도로 붓는다. 돌로 강하게 눌러두고 10일 후에 또 끓인 염수를 넣고 섞어서 50~60일을 두는데, 30일이 지나면 생강을 넣는다. 생강은 껍질을 벗기고 채썰기해서 엷은 소금물에 재웠다가 30일 정도 지난 후에 큰 통으로 옮긴다. 이때 생강을 넣고 섞어서 원래와 같이 통에 무거운 돌을 얹어 눌러서 100일 정도 지나서 사용한다.

알맞은 배합은 콩 1말에 보리 1말, 물 1말, 소금 2되 6홉이다. 만약 염수를 섞을 때 남는 것이 있으면 그대로 두었다가 10일쯤 지난 후에 또 섞고 그래도 남는 것이 있으면 마찬가지로 한다.

2. 일본의 두장문화

장은 대부분 콩에 밀이나 쌀 등의 곡물과 누룩, 소금, 술을 섞어서 발효시킨

페이스트 상태 조미료로 간장의 원형에 해당되는 식품이다. '말장'은 된장(味噌)이다. 현재 일본 가정에서 소비하는 된장의 90% 이상은 된장국을 끓이는데 사용된다.

1) 일본 나라시대의 고대장은 콩 단용, 말장은 일본식 미소(콩+쌀)

일본 장의 기원을 살펴보면, 『만엽집(萬葉集』에 누에와 소금을 빻아서 섞는 노래와 사슴의 위포를 소금에 절여서 조미료로 쓴다고 하여, 육장과 어장을 만들었으며, 그 이후 콩, 밀, 쌀 등의 곡류를 소금과 함께 발효시켜 두장을 만들었는데, 이는 역시 당(唐)과 조선으로부터 도입된 기술이었다고 한다.[110]

2) 히시오(醬)는 일본 간장의 원형

야요이시대의 보존식인 장(醬)은 '히시오'라고 하는데, '히시오'는 염지발효된 음식물로 초장, 어장, 곡장이다. 이 중 곡장이 간장 등의 원료라고 한다.[111] 즉 된장보다 액체가 많은 '히시오(醬)'의 즙을 조미료로 사용하는 것이 간장(醬油)의 원형이고, 간장 제조법은 된장보다 복잡하고 된장보다 세련된 맛이 있지만 값이 비싸서 '히시오지루(醬汁)'를 조미료로 쓰는 것은 좀처럼 일반화되지 않았다고 한다.

일본에서는 1400년대 이후 장(히시오)은 개량 발전하여 즙액부인 다마리간장과 고형부인 된장으로 나누어 이용하게 된다. 이것은 산간지방에 극히 일부 남아있다.

3) 일본은 6세기 불교의 전래로 육장, 어장류 대신 두장으로

중국으로부터 들어 온 당장(唐醬)은 '가라비시오', 조선으로부터 들어 온 고려장(高麗醬)은 '고미비시오'로 불리었다. 나라시대(710~794)에는 일본 재래의 방법에 이들 대륙의 기술이 도입되어 말장(末醬), 황장(荒醬), 당장(唐醬), 재장(滓醬), 시(豉), 대맥장(大麥醬), 소맥장(小麥醬), 대두장(大豆醬) 등 여러 종류가 만들어졌다. 이미 발달을 하고 있던 육장, 어장류를 이용하지 않고, 제조 기술상으로는 바꾸기 어렵다고 생각할 수 있는 두장(곡장)으로 장류가 바뀐 것은 6C 불교전래에 따라 천무천왕(天武天王)때 시작된 것으로, 일본의 독특한 살생금단의 풍조에 눌리어 조미료의 세계에도 곡물이 애용되었기 때문일 것이라고 한다.[112)]

4) 일본식 미소(末醬)는 우리나라에서, 그러나 대두+쌀로 만들고 있다.(중국식)

일본에 장이 전래된 것은 중국에 비해 훨씬 늦은 7세기경이다. 일본의 학자 아라이 하쿠세키(新井白石, 1657~1725)는 "고려의 장인 말장(末醬)이 일본에 들어와서 그 나라 방언 그대로 '미소'라고 불렸고, 고려장(高麗醬)이라고 적는다."라고 하여, 한국에서 장이 전해졌다는 점을 분명하게 명시하고 있다.[113)]

6세기 일본은 한국을 거쳐 도착한 중국의 불교승들을 환영했다. 그들의 종교적인 메시지가 일본의 토속 종교인 신도(神道)에 융화되어버린 것처럼, 이들이 가져갔던 식품들도 그 후 일본 식생활의 기초가 되었다. 『고사기(古事記)』(712)에 의하면 대두에 부과했던 십일조가 국고를 채우는데 큰 몫을 했다.[114)]

최근에 일본 나라(奈良) 시가지의 서측 平城宮 유적에서 발굴된 목간에

表 : 寺請 小豆一斗 醬一十五升 大床所酢末醬等

裏 : 右四種物 竹波命婦御所 三月六日

이라 한 글이 발견됨에 따라 헤이안시대를 더욱 거슬러 올라가 나라시대(710~794)에 장, 말장의 수입이 있었다는 것을 시사한다.[115)]

5) 일본 고대 장(醬)

일본의 고대 장은 『정창원문서(正倉院文書)』에 "대두 5말로 장을 새로 담가 4말 2승을 작즙(作汁)했다.(771)"라고 하여 대두만을 원료로 장을 담그고 장즙을 걸렀는데, 대두원료의 분량과 거의 같은 분량의 장즙을 걸렀다고 했다. 『정창원문서』에는 황장(荒醬), 말장에 관한 내용도 있다. "황장(荒醬) 2두 5승을 사서 수즙(垂汁) 5두를 얻었다."에서, 장을 담가 청장을 거르고 남은 찌꺼기가 황장이고, 이 황장을 소금물에 다시 담가서 두벌장을 떴던 것이라 여겨진다.

말장은 미소(未蘇)라고 쓴 예가 있으므로 일본 미소(된장)의 고어라고 해석되는데, 우리의 현재 막장(콩메주+보리)의 전신과 같은 것이다.

한·중·일 삼국 간 장류의 근원(根源)은 같은 이유에서 출발했다 하더라도 제법의 내용에는 다소간의 차이를 나타내고 있어 장류 형성기 이래 우리나라를 비롯한 이웃 국가들 간에는 각국마다의 특이성을 지니고 있다.[116)]

6) 일본 된장국의 보급은 전국시대(1449~1473)부터

『연희식』에서 국의 재료로 된장을 사용했다는 기록으로 보아 10세기에도 된장국이 있었음을 알 수 있다. 그러나 중세의 민중은 일상식사에서 된장국을 먹은 적이 거의 없었다. 나메미소(나메 味噌)는 된장 부식물의 용도로 된장조림, 된장 무침 등 조미료로서 활용도가 컸다. 된장국이 보급된 것은 전국시대부터의 일이다.

된장을 조림이나 요리에 사용하면 된장 색이 식품을 덮어버리고 무거운 맛이 된다. 그래서 요리의 외관을 아름답게 하고, 가벼운 맛으로 하기 위해 날된장과 물을 헝겊주머니에 담아 달아매서 떨어지는 액체를 모은 '나마다래(生垂, 느러뜨릴 수)', 물과 함께 끓인 된장국물을 헝겊주머니에 담아 거른 '다래미소(垂味噌)'로 만들어서 조미료로 사용했다. 나마다래나 다래미소는 상류계급이 먹는 고급요리에 사용되고 나중에 간장으로 바뀐다.

간장과 된장은[117] 제조의 기본적 원리에서 보면 많이 닮은 것으로 최종제품이 페이스트 상태인지 액체 상태인지에 따라 차이가 있다. 된장보다 액체가 많은 '히시오(醬)'의 즙을 조미료로 사용하는 것이 간장(원형)이고, 그 이용은 고대까지 올라간다는 설도 있다. 간장 제조법은 된장보다 복잡하고 된장보가 세련된 맛이 있었지만, 값이 비싸서 '히시오지루(醬汁)'를 조미료로 쓰는 것은 좀처럼 일반화되지 않았다.

7) 가마꾸라시대(1185~1333) 중국으로부터 긴잔지미소(經山寺味噌) 도입, 다마리쇼유를 유와사에서 판매

가마쿠라시대 조미료는 헤이안시대처럼 소금, 식초, 술, 장, 엿, 아마즈라(甘葛煎)[118], 꿀, 과일가루가 쓰였다. 히시오(醬)는 곡장계의 것으로 미소(未醬)로 불리며 나메모노(찍어 먹는 것)로 사용되었다. 된장은[119] 콩알식품으로 그대로 부식물의 일종으로 먹을 수 있다. 이것을 조미료로 이용하려면 물에 녹기 쉽게 페이스트 상태로 가공해야 한다. 그 때문에 사용한 '스리바치(가는 절구)'가 가마쿠라시대부터 보급되어 일반인이 사용하게 되었다. 그것은 된장조림뿐 아니라 깨나 호두를 갈아서 페이스트 상태로 하여 만든 무침음식이 스리바치와 함께 널리 퍼졌다. 선승인 각심(覺心)이 긴잔지미소(經山寺味噌) 제법을 중국으로부터 가져와 기슈우(紀州)의 이와사(岩佐)에서 통바닥에 가라앉은 즙에 음식을 익히면 맛이 좋다는 것을 발견한데서, 다마리쇼유[120]와 같은 것을 이슈우 지방의 유와사(湯淺)에서 팔았다고 한다.

다마리쇼유는 1699년에 상품화되었다고 한다. 1995년의 생산량은 국내 전장유생산량의 1.7% 정도였다. 그러나 이 시대에는 아직 쇼유(일본 간장)와 미소가 분리되지 않았었고, 무로마치시대에 와서야 쇼유는 완전히 독립하여 사용하게 된다.[121]

일본 간장의 최초 발상지인 와카야마현 아리타군 유와사마치의 유와사(湯淺~숙성의 단계별로 맛이 다 다르고, 저염의 간장으로 종류가 다양하며, 카

나야마지(金山寺) 미소를 양조할 때의 국물을 개량한 것이 최초의 간장이라고 한다.

8) 무로마치시대(1336~1573) 말기 이후 장류에서 진화한 쇼유 보급

무로마치(室町)시대 중기 문헌에도 쇼유의 명칭은 보이지 않다가, 무로마치시대(1336~1573) 말기 이후에는 쇼유와 설탕이 보급되기 시작했다. 장류에서 진화한 쇼유의 명칭은 무로마치시대 중기 문헌에는 아직 보이지 않는다. 『언계경기(言繼卿記)』에는 1559년 산과언계(山科言繼)가 장교국(長橋局)에 쇼유의 작은 통을 놓았다 하여 무로마치 말기에는 일반에 쇼유는 보급되었다고 말할 수 있다.

쇼유는 미소의 제법에서 진화한 것인지 그 제법도 명백하지가 않다. 강하게 압축하는 방법을 쓰지 않고, 미소에 물을 넣고 끓여 자루에 넣어 그 즙을 취하거나 미소통에 대롱을 꽂아 넣어서 즙을 취하는 정도의 것이었다. 쇼유로 발달하는 데까지는 타마리(溜, 진간장), 미소, 다래미소(垂味噌), 우쓰다래(薄垂) 등이 사용되었다.[122)]

현재 전해지는 일본식 간장은 1400년대 이후에 일본인들이 만들어 낸 것이다.[123)] 현재와 같은 일본식 간장은 무로마치시대 이후 일본인의 발명품이다. 16세기가 되면 간장이라는 명칭이 여러 책에 나온다. 16세기 후반에는 간사이(關西)에 간장을 대량 생산으로 제조하는 기업이 성립되고 해상운송으로 다른 지방에 팔기 위해 간장 운반선을 가진 업자도 있었다. 그 때문에 일상요리에 간장을 사용하는 것은 상품경제에 의존하는 도시민으로부터 시작되었다.[124)]

한편, 중국에서는 명대에 장유제법이 대두, 소맥을 원료로 하는 방법으로 확립되고 장유라는 명칭도 일반화되었다. 일명 무역에 의해서 중국남부의 절강성, 복건성 연안으로부터 일본 사까이 등에 중국장유가 들어오고 이 제법도 일본에 전해졌다고 추측된다. 중국 전통의 장유는 농후한 맛을 지녔으나 색은 그다지 맑지 않았다. 그러므로 일본 장유와는 거리가 있고, 일본 장유는 그 후 연구를 거듭하여 개량되어 세련되게 만들어졌다.

혼슈의 중앙에 위치한 나가노 지역에서 생산되는 유명한 소슈 미소는 15세기의 유명한 장군이며 미식가였던 다케다 신구라는 사무라이가 만들었고, 같은 시기에 만들어진 핫초 미소는 600년 동안 가업으로 이어져 왔다. 미소는 종류에 따라 색깔과 냄새가 다르지만, 모두 다량의 비타민과 미네랄 염이 농축되어 있다. 미소는 모든 일본인들의 필수 식품이고, 일본식 아침식사에서 가장 중요한 식품이다.

1690년에 일본 여행기인 『일본에 대한 서술과 묘사』를 남긴 독일의 자연학자 엥겔베르트 카엠프퍼는 “일본인들이 쌀 다음으로 콩을 좋아하며, 고기를 요리할 때도 콩으로 만든 것을 버터처럼 넣는다고 하였으며, 일본인들이 식욕을 돋우기 위해 식사와 함께 먹는 소에자(간장)가 있다.”고 했다.[125]

9) 에도시대 간장 종류 : 진간장, 연간장, 타마리간장, 백간장, 재사입간장

에도시대(1603~1867)의 조미료에는 종래의 소금, 미소(味噌), 초 외에 새로이 쇼유, 미소, 설탕, 다시마, 가쓰오부시가 추가되었다.

쇼유는 대두 1두와 대맥 1두를 볶아서 찧어 가루를 내어 섞어 이것을 판자 위에 놓고, 넓은 딱총나무잎을 덮어 고지로 만들어 통에 넣고, 소금 1두, 물 1두 5~6승을 넣어 매일 휘저어 75일이 지나면 통 안에 속을 비운 둥근 발을 세운다. 쇼유는 용수 안에 고이므로 이것을 뜬다. 이것이 이찌방쇼유(一番醬油)이다. 그 찌꺼기에 다시 소금 1두, 물 1두 4~5승을 넣고 끓여 식혀서 다시 소금 4~5승을 넣고 섞어 30~40일 지난 후 용수를 박아 뜬 것이 니방쇼유(二番醬油)이다. 찌꺼기에 무, 가지, 오이, 생강 등을 생건하여 절인다. 보리보다 밀가루를 쓴 쇼유가 맛이 좋으며 오늘날에도 이 방법을 쓰고 있다.[126]

히시오(醬系)는 나메모노(嘗物, 상물)의 일종인 장과 쇼유가 명백히 구분되어 사용되었다. 『요리물어(料理物語)』에 나메모노인 장은 대맥을 삶아 시루에 찔 때 대두를 볶아 타갠 것을 같이 쪄서 이것을 두께 5푼 정도로 멍석 위에 펴고 아래 위에 밀가루를 뿌려서 재워 잘 띄워서 고지가 되면 뒤집어 말려 부수고 햇볕에 잘 변해 종이봉지에 넣어둔다. 사용할 때는 언제든지 5일 전에 국 4홉에 소금 2홉 5작과 끓인물 1승을 차게 식혀 넣어 만들며, 겨울에는 10~15일 전이 좋다고 했다.[127)]

에도시대 이후 진간장인 고이구치쇼유(濃口醬油, 대두와 밀이 거의 같은 비율), 연간장인 우스쿠치쇼유(薄口醬油, 색이 옅고 염도가 높은 간장), 타마리간장(밀을 사용하지 않고 대두를 주원료로 한 간장, 츠게모노용, 생선회용, 중부지방에서 주로 생산), 백간장인 시로쇼유(白醬油, 연간장보다 더 옅은 간장, 담백한 맛, 특유의 향기가 있음), 재사입간장인 사이시코미 쇼유(원 간장 용액에 누룩을 더 넣어서 만드는 간장, 맛, 향 모두 농축된 맛) 등이 있다.

에도는 대 소비도시가 되면서 간사이에서 간장을 대량으로 운반해왔다. 17세기 중기 이후에 현재 지바현의 조시와 노다에 간장 산업이 발달하였고, 이것이 에도인의 기호에 맞아 18세기 후반에 에도 간장은 지바현산으로 바뀌게 되었다.

18세기가 되면 도시요리는 주로 간장으로 맛을 내게 된다. 된장은 조미료로 쓰이는 것이 적어지고 거의 된장국 전용식품이 되었다. 그러나 시골 농촌에서는 20세기 초까지도 일상요리의 맛내기는 된장을 사용했다. 간장은 행사와 접객 때에 지방의 간장업체가 제조한 것을 소량 사서 사용하는 정도였다.[128)]

1950년대까지는 된장을 집에서 만드는 농가가 많았고, 간장 만들기는 복잡한 공정이 필요하고 자가 제조가 어렵다. 간장은 제조에 수고가 많이 들고, 액체를 짜고 남은 찌게미를 먹을 수 없으므로 농민들에게는 사치스런 식품이고, 평소에는 집에서 만든 된장으로 맛을 내는 음식을 먹었다. 20세기가 되면서 대규모 공장을 갖춘 큰 간장산업의 시장 독점화가 진행되어 전국적으로 유통되면서 농가에서도 일상요리에 간장을 사용하게 되었다.

200년이 넘는 세월에 걸쳐서 일본요리의 맛은 된장에서 간장 맛으로 변화하고, 그것은 도시의 맛이 농촌으로 퍼져가는 과정이었다.

일본인은 새로운 식재를 만나면, 우선 간장을 이용하여 요리를 시도해본다고 한다. 지금도 간장은 만능 조미료로 자리를 굳건히 하고 있으며, 간장 없이는 일본요리가 성립되지 않는다.

간장이 등장하면서 간장의 사용을 전제로 한 새로운 요리가 고안되었다. 날생선을 먹는 방법이 나마스에서 사시미로 변화한 것도 간장의 보급과 관계가 있다. 에도시대에 들어와 도시에 간장이 보급되면서 사시미에 와사비 간 것을 곁들여 제공하는 것이 일반화되었다. 간장은 조리기술을 넘어서 사용되는 문자 그대로 만능 조미료이다.[129)]

10) 일본 된장은 시로미소, 아카미소, …긴잔지 미소

된장은 시로미소(白味噌)와 아카미소(赤味噌), 그리고 대두, 가지, 참깨, 가라시, 와사비, 생강, 고추, 겨자, 가다랭이, 돔, 게 등을 넣은 미소가 만들어졌다.

특히 긴잔지 미소(金山寺味噌)는 낫또(納豆)의 한 종류이며, 대두를 볶아 타개고 여기에 삶은 보리를 섞어 재워서 코지로 만들어서 오이 또는 가지, 콩, 보리 등을 넣고 소금과 월과즙(越瓜汁)을 넣어 눌러두고 생강, 자소, 삼씨 등을 넣은 것이다.(『和漢三才圖會』) 이것은 중국에서 전래된 것이며, 이 시대에 기슈(紀州)의 긴잔지에서 처음 만들었고 그것이 교호시대 무렵에 보급되었다.[130)]

3. 한국의 전통 두장(豆醬)문화

무형문화유산의 가치변화 연구에서는 종전 국가무형문화재 등 무형문화유산은 역사성을 강조했으나, 2012년을 기준으로 변화를 수용하고 인정하는 방향으로 변했다. 또한 공동체가 실천주체로 부각되면서 일반대중의 능동적인 사회참여가 강하게 부각되었다. 등재 전 국가정체성은 국가단위에서 보편적 가치로 인식되었다. 등재 후에는 국가정체성은 한국의 국가적 특수성으로 인식되었다. 주변 자연환경의 연계성은 있지만 지역특수성은 약화되었고, 인류보편성이 새롭게 생성되었다.[131)]

앞에서 언급한대로 우리나라에서 '장 만들기(제137호)'는 2018년 국가무형문화재 종목으로 지정되었다. 그런데 국가무형문화재의 기준과 유네스코 무형문화유산의 기준이 다른 면이 있어, 유네스코 등재를 위해서는 유네스코의 기준을 잘 살펴야 한다.

유네스코 협약에서는 "세대를 통해 전해오는 무형문화유산은 공동체와 집단이 그들의 환경, 자연, 역사화의 상호작용에 맞추어 끊임없이 재창조되었으며 이들에게 정체성 및 지속성을 제공하여 문화적 다양성과 인류의 창조성에 대한 존중을 증진시킨다."고 정의하고 있다.

재창조의 일례를 들면, 강릉 단오제는 오랜 전승과정에서 끊임없이 변화하고 재창조되었다. 일제강점기에 강릉 중앙시장 상인들이 주축이 되어 전승되어오던 단오제는 이제는 중앙시장 상인들이 공개적으로 참여하는 일이 없다. 예전에는 '신통대길'이라는 길놀이가 없었다. 2011년부터 새로운 길놀이가 추가되었다. 청소년 대상으로 강릉 단오제 전승을 위한 교육에 많은 노력을 기울이는 점이 고유한 가치를 유지하는 길이라고 본다.[132] 재창조의 개념은 장류문화 유네스코 인류무형문화유산 등재 시 고려해야 할 점이라 여겨진다.

1) 고려시대 이전

(1) 한국의 두장문화(간장, 그리고 된장, 고추장, 청국장…)

장(醬)은 대두, 소금, 물로 만들어 발효 숙성시키는 염장 발효식품이다. 우리나라의 장은 구황장을 제외하고는 100% 대두 단용장 위주이다. 우리나라의 장에는 여러 종류가 있지만, 어느 가정에서나 연중 비치한 기본 장류는 간장, 된장, 고추장(콩+곡물) 등이다.

장류의 기원에서 살펴보았듯이, 콩의 원산지인 만주를 중심으로 한반도에서 콩 단용의 시(豉), 장(醬) 등을 시작하여 중국으로, 일본으로 전해졌다고 본다. 중국은 『주례』의 육장(肉醬)에서 시작하여 한나라 때부터 두장(豆醬)이 보급되었다. 일본은 6세기 이후 불교의 유입과 그 영향으로 두장이 보급되었다.

우리의 음식 맛은 북쪽으로 갈수록 간이 싱거워지고, 남쪽으로 갈수록 짜지는데, 장맛도 예외가 아니다. 간장과 된장의 이용비율도 지방에 따라 다르다. 조선시대 궁중에서나 충청도에서는 간장 전용의 진장을 많이 이용했다. 평안도에서는 간장만을 쓰는 일이 많고, 함경도에서는 간장, 된장을 같이 이용하며, 남쪽으로 갈수록 된장을 많이 쓰는데, 특히 강원도와 경상도에서는 된장 전용의 막장 이용도가 높다.

한편 청국장, 담뿍장, 즙장 등 단기간 숙성시키는 된장류는 남쪽에서 많이 이용되며, 평안, 함경도에서는 이들을 그다지 만들지 않는다. 또 고추장으로서는 '순창고추장'이 대표적인데 이것은 직접 상에 오르는 것, 초고추장용, 장아찌용으로 구분하여 만들어져 왔다.[133]

(2) 장(醬)과 시(豉)의 문헌상 최초 기록은 683년『삼국사기』신문왕의 폐백품목

우리나라 장, 시에 대한 최초의 기록은『삼국사기(三國史記)』권8, 신라본기 제8 신문왕 3년(683) 2월조의 기록에서[134] 신문왕이 김흠운의 딸을 부인으로 맞이할 때 폐백품목으로 '미(米), 주(酒), 유(油), 밀(蜜), 포(脯), 해(醢) 등을 비롯한 식품들과 함께 장(醬), 시(豉)가 기록되어 폐백으로 사용했다'는 것에서 알 수 있다. 이들 식품 기록들은 그 이전부터 통일신라 연간에 이르기까지 사이에 우리나라 기본식료로서의 기틀이 이들 식품류로 마련되었다는 의의를 나타내며, 장, 시의 기록은 문헌상 우리나라 장류를 밝히는 최초의 기록으로 장류 식용의 기원(基源)적인 가치를 나타내는 것으로 볼 수 있다.[135]

"우리나라 장의 제조 시기는 대두의 경작시기였던 기원전 4~5세기경에 그 기원을 두어도 좋겠다."고 했다.[136]

(3) 장의 시작은 문헌 기록보다 앞선 삼국시대로 추정

『삼국지』위지 동이전 고구려조에 "고구려 사람들이 '선장양(善藏釀)'이라고 하여 발효식품을 잘 만든다고 하였으며, 고구려 안악 3호분 벽화(4세기) '북벽에 우물을 그렸는데, 물독과 설거지 할 긴 나무통이 우물 주변에 있고…'[137], 초기 농업시대부터 장항아리로 쓸 수 있는 항아리가 여러 곳에서 발견되고 있으며, 술 빚기 솜씨가 이미 출중했으므로 콩으로 메주를 쑤어 장을 가공하는 발효기술도 이미 실시되었으리라 보아야 한다. 다만 그 장은 간장도 된장도 아닌 걸쭉한 원초형의 것이었다고 여겨진다.[138]

앞에서 얘기한 바, 삼국시대 장은 일반적으로 메주가 소금물에 잠겨있는 상태 그대로 간장과 된장을 분리하지 않았다고 보는 견해가 지배적인데, 분리되지 않은 것은 장(醬), 즙액만 모은 것은 장(漿)으로 구분하기도 했다.[139]

(4) 발해(698~926) 책성(柵城)의 시(豉)

고구려 멸망 후(668년) 발해(698~926)[140]인들은 여러 자연환경 속에서 지역마다 다른 생활을 영위했다. 연해주의 발해성터에서는 콩, 메밀, 보리, 수수가 발견되었고, 특히 콩을 이용해서 만든 시(豉, 된장)는 발해 특산물 중의 하나였다.[141) 『해동역사(海東歷史)』에서는 『신당서(新唐書)』를 인용하여 발해(渤海)의 명산물로서 책성(柵城, 고구려 동북부의 성으로 일본으로 연결되는 바닷길의 근거지)의 시(豉)를 들고 있다.[142]

또한 동이(東夷)권에 살던 우리 조상들은 본래 유목계였으므로 요구르트나 치즈 등을 가공하는 법을 알고 있었을 것이나, 정착생활을 하면서 점차 유제품에서 멀어지게 되고 그들 스스로 많이 먹던 콩을 이용하여 유제품과 비슷한 것을 만들어낸 것이 두유이고, 더 나아가 두부와 장도 만들었다고 보았다.[143] 따라서 대두문화는 만주를 중심으로 한 아시아의 동방에서 싹튼 것이라고 할 수 있다.

2) 고려시대

(1) 고려시대부터 말장(末醬)은 메주, 된장, 일본에서 말장은 미소

우리나라에서는 장국(醬麴), 며주, 말장(末醬)이라는 명칭을 고려시대부터 사용해왔다. 이 말장은 '곰팡이메주'로서의 성상을 지닌 것이 그 원형이다. 말장의 제조 형태는 '입방형'이며, 침장 시는 입방형 그대로 또는 가루로 한 후 침장하는 방법이 조선조 초기까지 통용된 것 같다.

오늘날까지 주로 전해지는 있는 장의 원료나 그 제조법의 내용으로 미루어서 장의 형성기 이래 대두 위주의 제조법이 예측되며, 메주에 대해 최세진은 우리나라 국(麴)의 언해를 통하여 "국(麴) 누룩국 俗呼 酒麴 又 醬麴 며주"라 하여 국의 종류와 함께 장의 원료를 장국(醬麴)이라 밝히고 장국을 며주라고 했다. 앞에서 살펴본 바와 같이 '곰팡이메주'를 만들어 장을 담은 경우이다.

(2) 『고려사』(1451) 굶주린 백성 구제용 '장과 시'

『고려사』에 몇 군데에 장과 시가 기록되었는데, 모두 굶주린 백성을 구제하기 위하여 쌀, 조와 함께 장과 시가 있는 것으로 보아 고려시대 백성들에게 가장 필요한 식품이었음을 알 수 있다.

『고려사』 열전 최승로조에 임금이 장주(醬酒)와 시갱(豉羹)을 길에서 나누어 주었고, 헌종 18년(1018)에는 거란의 침입으로 추위와 굶주림에 떠는 백성들에게 소금과 장을 나누어 주었으며, 문종 6년(1052)에는 개경의 백성 3만여 명에게 쌀, 조, 시를 내렸다는 기록이 있다.

3) 조선시대

(1) 『농사직설』(1429)의 두장은 콩 단용장이 아니다.

조리서 또는 장 전문서가 아닌 일반 고서 속에 장의 제법이 처음으로 기록된 문헌은 조선 세종의 명으로 정초와 변효문이 쓴 『농사직설(農事直說)』(1429)로, 이 책은 우리나라 풍토에 맞는 농법으로 편찬된 최초의 농서로 농가에 필요한 농법을 기술한 책이다.[144)145)] 기록된 장류로는 청장법(淸醬法), 미장법(美醬法), 즙장법(汁醬法), 대맥장법(大麥醬法) 등 4종류이다. 콩을 이용한 두장은 청장, 즙장, 대맥장이나 콩 단용장이라고 할 수는 없을 듯하다. 『산가요록』(1450)에는 14종류의 장류 중 콩 단용장이 3종류나 나오는 것과 다르게, 우리 풍토에 맞는 농법에 따라 편찬된 『농사직설』에 수록된 장류는 콩 단용장보다는 구황장의 성격을 지니고 있는 듯하다.

청장법은 시(豉)를 곱게 찧고 항아리에 넣고 온수를 붓는다. 밀가루 적당량을 섞을 수도 있다. 온돌에 두껍게 펴 놓고 하룻밤을 둔다. 그 후 꺼내서 찌고 항아리에 넣어 소금을 넣고 저으면서 오래두어 익으면 먹는다. 또는 콩 1말+밀가루 5되를 볶아서 섞어 만들거나, 콩 1말+누룩 3되+소금 4홉을 섞고 찧어 항아리에 담는다.

또는 콩잎을 삶고 그 즙이 진하게 되면 항아리에 담고 소금을 넣으면 장이 된다. 그 맛은 청장보다 낫다고도 했다. 또는 콩잎 삶고+소금+말장(末醬)을 넣고 익히면 청장을 얻을 수 있다고 했다. 또는 말린 황두깍지 가루 1말+소금 1되 물에 풀어 항아리에 담기도 한다고 하여 구황장의 모습도 보인다.

(2) 장 담그는 법은 『산가요록』(1450)에 구체적으로 기록－콩 단용장과 콩+곡물

우리나라 장 담그는 법이 구체적으로 기록된 문헌은 어의 전순의가 쓴 『산가요록』(1450)으로, 전시(全豉), 말장훈조(末醬熏造), 합장법, 간장(艮醬), 난장(卵醬), 기화청장(基火淸醬), 태각장(太穀醬), 청장(淸醬), 청근장(菁根醬), 상실장(橡實醬), 선용장(旋用醬), 천리장(千里醬), 치장(雉醬), 치신장(治辛醬) 등 14종류의 장이 기록되었는데, 콩 단용장은 말장훈조(콩 단용 메주 쑤는 법), 합장법(콩 단용 메주+소금으로 장 담는 법), 간장(삶은 콩1말+소금 5되+정화수 1동이) 메주를 만들지 않고, 콩은 말려서 밥반찬으로 만든다. 즙을 버리고 콩을 다시 쪄서 즙을 얻으면 청시(淸豉)가 된다고 하며 3개뿐이다. 중국의 두시와 같은 방법의 전시, 청시도 보인다.

말장훈조는 메주를 띄우는 법으로 콩만으로 메주를 만들어 섬에 넣고 7~15일경 띄워지면 말장(末醬)이 된 것이니 볕에 말린다고 했다. 합장법은 장 담그는 법으로 메주 세 말에 소금 한 말 기준이며, 소금물은 물 두 동이에 소금 한 동이 비율로 했다. 간장은 삶은 콩 한 말, 소금 다섯 되, 깨끗한 물 한 동이로 담는다. 쓸 때가 되면 즙을 한 번 끓여서 쓴다.

조선시대에 시(豉)는 말장(末醬)을 가리키기도 하고 시(豉)를 청국장으로 여기기도 했다. 청국장도 대두만으로 만든 산국(散麴)이기는 하나 시는 곰팡이형인데 비해 청국장은 세균형이다.[146)]

『수운잡방』(1540)에는 즙장조장법, 또 다른 조장법1, 또 다른 조장법2, 청근장, 기화장, 전시, 봉리군전시방, 수장법 등이 기록되었다.[147)]

수장법(간장 담그는 법)은 20말들이 독에 메주 1말가량을 독 바닥에 먼저 깔고 독 중간쯤에 다리를 걸고 발을 편 다음, 메주 7말을 발 위에 얹는다. 물 8동이를 끓여서 물 1동이 당 소금 8되씩을 섞어 여기에 붓는다. 익으면 발 위의 장을 걷어내고, 수장(水醬)을 새지 않는 항아리에 옮겨 넣어 두고 사용한다. 평상시에 사용하는 장독에서 간장을 너무 많이 떠내어 장이 마르면 수장을 덧부어 쓰면 좋다.

조장법(콩장 만드는 법)은 누런 콩(黃豆) 3말을 깨끗이 씻어 물 3동이와 같이 삶아 콩의 양의 빼고 물이 1동이가 될 때까지 졸인 후 좋은 간장 3사발을 솥에 부어 넣고 다시 서너 소금 끓인다. 맛이 싱거우면 소금 1되를 물에 녹여 부어서 간을 적절히 맞춘다. 물이 새지 않는 항아리에 넣어두고 사용한다. 콩은 기름소금을 넣고 끓여서 밥 먹을 때 먹는다.

또 다른 조장법1은 누런 콩 5되를 깨끗이 씻어서 물 3동이를 부어 물이 한 동이가 될 때까지 졸이고, 간장 1사발을 섞는다. 그 맛이 매우 달다.

또 다른 조장법2는 메주 2말, 물 1동이 반, 소금 2되를 섞어 독에 담고 3일 동안 고르게 불린다. 그리고 독 아가리를 단단히 봉하고 또 진흙은 바른 다음 왕겨로 독을 두껍게 싸고 3일 동안 불을 지펴 달인다. 만약 빛깔과 맛이 연하면 하루 더 불을 지펴 달인다. 너무 물러지면 간장이 탁해진다.

(3) 『구황촬요』(1554)와 구황장법

"기근에 빠진 사람에게 많이 먹이거나 뜨거운 것을 먹이면 죽을 것이니, 장즙에 물을 타서 먹인 다음 정신을 차려 깬 다음에 시원한 죽을 먹인다."라고 하여 장즙이 구황에 이용되었고, 장은 우리 음식의 기본이었으므로 흉년으로 곡물이 귀할 때라도 별법으로 담가 쓰는 구황장법이 있었다.

명종시대의 『구황촬요』 중 '구황침장법'에 말장(末醬)과 며조를 동의어로 해석한 것을 보면 최세진이 말한 장국(醬麴)보다 이전부터 메주는 말장(末醬)으로 통용되었다는 것을 알 수 있다. 이는 유중임의 『증보산림경제』(1766)의 조장법(造醬法)에도 俗稱 末醬 卽今之 메조…에서도 볼 수 있다.[148)]

『세종실록』권152 지리지에 지방공물 중 황해도에서 '말장'을 올린 것이 기록되었다. 『구황보유방(救荒補遺方)』의 침장법 중 '…며조 닷말를 씻어…라는 구절에서 말장을 씻어 침장한다는 뜻이다. 장국(醬麴)인 메주를 말장(末醬)이라 했다.

『증보산림경제』(1766)에 "흉년에 장류가 없으면 비록 초목이나 채소를 먹어도 비위가 가라앉지 않아 병고로 죽는 수가 있다. 고로 잡장(雜醬) 담그기를 권하고 있다. 잡장은 더덕, 도라지를 말려서 빻아 물에 담갔다가 체에 밭쳐 꼭 짠 것 1말에 메주 2되의 비율로 해서 소금물에 장을 담근다. 콩잎을 무르게 삶아 진한 즙을 만들어 소금, 메주로 장을 담근다. 느릅나무 열매로도 장을 담글 수 있다.

콩 1말을 무르게 익히고 밀가루 5되를 잘 볶아 한께 섞어 널어서 황의가 입혀지면 소금 6되를 끓인물과 섞어 양지에 두는데, 7일이면 장이 익는다.[149)]

(4) 조선 중기 『미암일기』(1572) 중 콩과 장(콩 단용장) 교환

조선 중기 호남 사림파 유희춘의 『미암일기(1572)』에 1567년 11월~1568년 1월에 녹봉이나 선물로 받은 식품 내역 중 단일품목 중 가장 많은 기록을 나타낸 품목은 쌀 42건, 콩이 24건이었다. 쌀 다음으로 콩이 많았는데, 겨울철이라 보관이 용이하며 식량과 재물이 되는 곡류가 가장 많았다. 노비 월급으로 지급된 식품도 쌀, 콩, 메밀쌀과 같은 곡류를 포함했다.[150] 숙(菽, 콩 숙, 대두)과 장(醬)을 등량교환(等量交換)한 예를 볼 수 있으며, '…末醬所造一甕…' 한 것은 菽으로 만든 末醬으로 장을 만들었다는 뜻이며, 말장의 재료는 콩(菽)이었다는 것이다.[151]

한국에서는 대두단용 말장으로 조장(造醬)하는 것이 우리나라 장의 특징인 동시에 우리나라 장맛의 일차적인 근원(根源)이기도 하고, 홍만선의 『산림경제』 조장법에 …東人 造醬法 大豆 揀(가릴 간)淨 水浸一宿 漉(거를 녹)出入釜…待上黃衣…라고 하여 곰팡이(黃衣) 말장메주가 우리나라 말장(메주)의 원형이다.[152]

(5) 조선 중기 『증보산림경제』(1766)의 장류[153]

장(醬)은 장수(將帥)라는 뜻이니 온갖 맛 중에 장수가 된다. 그 집의 장맛이 좋지 않으면 아무리 좋은 채소와 양질의 고기가 있다하더라도 조리할 수 없고, 이와 반대로 촌야에 사는 사람은 고기를 구하기 쉽지 않지만, 각종의 잘 담근 장과 반찬이 있으면 근심할 게 없으니 집안의 어른은 우선 반드시 장 담그는 법에 유의하여 두고두고 쓸 수 있는 방도를 생각해야 한다.

『증보산림경제』에 장 담그는 길일은 정묘일(丁卯日)과 여러 길신일(吉神日), 정월 우수일(雨水日) 및 입동일(立冬日), 삼복기간 중의 황도일(黃道日)에 콩을 담그고 황도일에 메주를 찧는다. 삼복날 합장(묵은 장에 메주를 넣어 장을 담그는 일)하면 벌레가 생기지 않는다. 해가 진 뒤로부터 해가 뜨기 전까지 장을 내리면 구더기가 끼지 않는다. 그믐날 만들 때에는 담장 아래에서 북쪽을 향하여 함구하고 침묵한 상태에서 합장하면 벌레가 생기지 않는다. 신일(辛日, 여드레째 되는 날)은 피해야 한다. 수일(水日)에 담그지 말아야 하니 벌레가 생긴다.

수흔일(水痕日)[154]은 피해야 한다. 황도일에 담가 띄울 적에 아낙네 보기를 피해야 벌레가 생기지 않는다. 태세(太歲)가 있는 방위를 향하여 장을 담그면 벌레가 생기지 않는다.

메주 띄우는 법[155]은 속칭 말장이라 하고 훈조(熏造)라고도 하니 곧 지금의 메주를 말한다. 콩을 양에 상관없이 일어 돌과 모래를 솎아내고 물에 담가 하룻밤 재워 걸러 낸 다음 큰 솥 안에 넣고 물을 부어 푹 삶아 충분히 익힌다. 하룻밤 지난 뒤에 꺼내어 절구에 넣고 진흙처럼 곱게 찧은 다음 손으로 문질러 둥글게 만드는데, 중간크기의 수박모양으로 만들어 칼로 두 조각을 내고 그것을 다시 가로로 잘라 반달 모양으로 만들며 1치 남짓 되게 자른다. 이것을 깊이가 한자쯤 되게 말구유 모양으로 만든 긴 도랑의 빈 가마니 위에 차곡차곡 펼쳐 두고, 따로 준비한 가마니나 띠풀로 두텁게 덮어두면 메주조각이 저절로 발효된다. 비가 스며들지 않도록 한다.

메주에 곰팡이가 피면 덮개를 열어 한 번 뒤집어 준 다음 다시 덮는 것을 8~9차례 한다. 수십 일이 지나면 거의 다 잘 마르게 된다. 이렇게 한 다음에 비로소 꺼내어 볕에 말리고 장을 담는다. 지금 향촌에서는 둥글게 만든 메주덩이를 방안에서 띄우기 때문에 덩어리 속이 잘 마르지 않아 장을 담가도 제 맛을 내지 못하는 경우가 많고 또 묵은 장이 될 수도 없다. 가을에 햇콩으로 메주를 띄우기를 향촌의 방식대로 하여 이듬해 봄에 담수장(淡水醬)을 담으면 매우 좋다.

별장법(別醬法)은[156] 집에서 만든 메주를 바짝 말려 가루로 만들고, 그 안에 쇠고기를 넣어 칼로 진흙처럼 곱게 다진다. 거기에 향유, 생강, 파, 고추, 후추, 호도를 넣고 청미장(淸美醬)을 물과 섞어 진한 죽처럼 만들어서 모두 다 사기단지에 넣는다. 단지의 입구를 기름종이로 봉하고 사기대접으로 덮어 왕겨불 속에 묻어두고 불을 때는데, 오늘 묘시(卯時, 오전 5시부터 7시까지)에 묻었다가 다음날 묘시에 꺼내어 쓰면 맛이 좋다.

『증보산림경제』의 장 담그는 법은 메주를 물로 깨끗이 씻어 우선 항아리 속에 넣은 다음 소금물을 붓는데, 메주 1말 당 소금 6~7되와 물 한통의 비율로 한다. 가을과 겨울에는 소금을 적게 넣어도 무방하고, 봄과 여름에는 소금을 많이 넣어야 좋다. 소금물은 메주보다 약간 높게 부어 볕을 쪼이고, 물이 줄어드는 정도를 보아가며 다시 소금물을 붓는다. 바짝 말린 메주를 항아리주둥이에 차도록 담그면 메주가 물에 불어서 독이 터질 염려가 있으므로 미리 항아리 위아래에 대나무로 테를 가하며 장을 담글 때에도 항아리 주둥이까지 가득 차게 해서는 안 된다.[157)]

『증보산림경제』에는 그밖에도 생황장법(生黃醬法), 숙황장법(熟黃醬法), 메밀로 장 담그는 법, 보리로 장 담그는 법, 느릅나무 열매로 장 담그는 법, 팥으로 장 담그는 법, 청태콩으로 장 담그는 법, 장을 빨리 만드는 법, 맑은 장을 빨리 만드는 법, 고추장 만드는 법, 고추장을 빨리 만드는 법, 즙장의 메주를 만드는 법, 여름철에 즙장 담그는 법, 전시장을 만드는 법, 청태정시장법, 수시장법, 달걀장법, 장을 볶는 법, 장을 달이는 법, 장떡 만드는 법, 담수장법, 천리장법 등이 기록되어있다.[158)]

(6) 한국의 어육장

간장이 주인공인 두장의 나라라고 할 수 있는 우리나라에도 어육장(魚肉醬)이 있었다.[159)] 어육장은 여러 가지 어육류를 메줏가루, 소금 등에 절인 육장의 하나로서 조선시대 각 가정의 상비식품 솜씨의 다양성과 고도의 기술을 알 수 있다. 『증보산림경제』에 생선과 고기를 넣어 장 담그는 법인 '침어육장법(沈魚肉醬法)'을 보면[160)] "각종 수조육류(쇠고기 10근, 소의 밥통, 심장 3근, 꿩, 닭, 혹은 노루, 양, 토끼 등) 및 그 난류, 어물(각종 생선류, 문어, 낙지, 전복, 홍합류) 등을 담고 켜마다 메줏가루, 끓여 식힌 소금물에 젓 담그는 방법으로 담은 후 1년이 되면 그 맛이 비할 데가 없다."고 했다. 말장 1말에 소금 7되의 비율로 하였고, 이 항아리는 질그릇과 볏짚으로 덮어 땅에 파묻어 익힌다. 메주에 있는 효소의 작용으로 각종 식품이 적당하게 삭아서 맛이 특이하다.

오늘날 대한민국 식품명인 제37호(농림축산식품부)인 어육장 명인 권기옥 상촌식품 대표는 진장, 덧장, 꽃장 등 모든 궁중장을 만들며 3대째 궁중음식을 잇고 있다. 쇠고기와 닭고기, 대구, 도미, 가자미 등을 말리고 손질해 메주와 함께 넣고 소금물을 부어 1년간 땅 속에서 숙성시키는 어육장의 명인이다. 메줏가루 대신에 메주를 넣고 있다. 어육장은 간장과 된장 대신 쓸 수 있는 장으로 고기와 생선 맛이 나는 게 특징이다. "1년에 200kg, 장독 15개에 어육장을 담는다. 어렸을 때 집에서 어육장을 담글 때면 너무 호사스러워 남이 보면 미안하다고 어머니가 대문을 걸어 잠그라고 했다."고 한다.[161)]

(7) 조선 궁중의 대표 간장은 진장, 달이지 않는다.

조선시대 말까지 궁중에서는 장을 담갔으나 전쟁 중에는 3년에 한 번 정도 담갔다고 한다. 궁중의 장 담그기에 쓰이는 메주는 궁에서 직접 만들지 않고 훈조계(燻造契)에서 맡아 쑤어 공물로 들여왔다.

진장은 절메주(뒤 그림 참조)로 담갔는데 간장을 뜨고 남은 메주는 먹지 않고 버렸다. 지금의 세검정인 자하문 밖 절에서 쑤어 4월 말에 들여왔다. 절메주는 보통 메주와 쑤는 시기와 발효시키는 법이 다르다. 음력 4월 검정콩을 푹 삶아 절구에 찧거나 섬이나 가마니 자리 위에 삶은 콩을 부어 베버선을 신고 발로 밟아 으깬 후 메주로 빚었다. 보통 집메주보다 4배가량 크고 넓적하게 만든다. 집메주도 백성들이 쑤어서 바쳤고, 고추장은 떡메주나 집메줏가루로 담았다.

1940년대 마지막 왕비인 순정황후가 낙선재에 있을 무렵, 낙선재에서 가장 묵은 장은 순종 즉위(재위 1907~1910)때 담근 것으로(33년), 조청같이 까맣고 달짝지근한 것이 진미였다고 한다. 진장은 약식, 전복초 같이 검은빛을 내는

데만 아껴 사용하여 1950년 6·25 전쟁 때까지도 남아있었다.

궁중의 장은 담은 지 40일 만에 간장을 고운체에 밭쳐 거르고 볕을 부지런히 쬐기만 하고 불에 달이지는 않았으며, 여기서 얻은 된장은 수라상에는 사용하지 않고 나인들의 찌개나 국을 끓이는데 쓰였다.[162] 궁중의 장독은 우리가 흔히 보는 배가 부른 둥근 독이 아니라 말뚝항아리라 하여 아래로 내려가며 홀쭉해지는 새우젓독 같은 것이다. 넓은 전이 달려 있고 유약을 바르지 않아 회색빛이 난다. 키가 1미터가 넘는다.

경복궁에는 복원해 놓은 장고(장독대)가 함화당 옆에 있다. 독 밑에는 든든한 판석을 깔고 나란히 열을 지어 놓았다. 진장, 중장, 묽은장, 고추장, 된장 등 수십 개의 독이 열을 지어 잘 정돈되어 있었다.[163]

참고자료

궁중장의 종류와 특성

궁중에서는 정갈하고 햇볕이 잘 드는 곳에 넓게 '장꼬방'을 설치하고(장독대가 아닌 장항아리를 가득 넣어둔 곳) 항아리는 유약을 많이 바르지 않은 항아리에 두어 해마다 장을 담갔으며, 그곳에서는 장꼬마마님(상궁)이 나인을 거느리고 정성을 다해 장을 관리했다.[164]

장은 콩 발효식품으로 모든 음식 맛의 기본이 된다. 장을 담그려면 우선 장독을 깨끗이 씻어 말려 냄새가 나지 않도록 장독대를 청결하게 한다. 또 장을 띄우는 독에는 벌레가 생겨나 집안에 불길한 일이 생기지 않고 장맛이 좋기를 기원하는 뜻에서 붉은 고추를 엮은 새끼줄을 매거나 종이를 버선모양으로 만들어 거꾸로 붙인다.

음력 10월 좋은 날을 택하여 햇콩을 푹 무르게 삶아 뜨거울 때 절구에 찧어 목침모양으로 만들어(흰콩 대두 1말을 쑤면 메주덩이 크기에 따라 다르기는 하나 5~6덩어리 정도는 만들 수 있다) 볏짚으로 묶어 따뜻한 곳에 두어 잘 띄워서 매달아 놓는다.

정월이 되면 메주를 솔로 잘 씻어 볕에 말린다. 고추장용 메주는 쪼개어서 볕에 말린다. 장 담그는 좋은 날을 받아 장독대에서 고사를 지낸다. 호렴과 깨끗한 물을 준비하여 소금물을 장 담그기 전에 풀어 놓는다. 물 대두 2말에 소금 소두 1말 2되를 쓴다.

소금물에 메주를 넣고 살균작용을 하는 마른 고추와 나쁜 냄새를 없애는 숯을 띄운다. 장을 담근지 40일이 지나면 장을 뜬다. 용수를 박고 간장을 떠낸다. 메주는 건져서 자배기에 담아 소금을 넣고 잘 섞어 항아리에 눌러 담고 소금을 뿌려 된장을 만든다. 떠낸 간장을 솥에 쏟아 달인다.[165]

황혜성의 『조선왕조 궁중음식』에 나와 있는 장 담그기법인데, 궁중에서 담그는 법보다는 일반적인 가정에서의 장 담그는 법을 기록하고 있다. 궁중에서는 '절메주'라고 하여 크게 만든 메주를 사용하고, 간장을 떠낸 된장은 버리고, 간장을 달이지 않고 그대로 볕을 쪼여 관리했다.

궁중 청장, 궁중 된장

궁중 청장, 궁중 된장은 우리 장의 근간으로, 우리 민족의 역사와 함께 해 온 대표적인 전통장이다. 정월에 장을 담가 2년 이상 숙성시킨 장으로 궁의 모든 사람들이 먹을 수 있도록 담근 대표적인 고유의 전통장이다. 가장 한국적인 조선간장과 전통된장으로 민가에서는 물론 임금의 수라상에서도 '된장조치'로 올려진 장이다.

궁중 꽃장

궁중 꽃장은 비할 데 없이 깊고 그윽한 향이 꽃보다 아름다운 궁중 꽃장으로 청장에서 해마다 첨장을 하여 10년 이상 정성으로 만들어 낸 귀한 장으로 그 향과 맛이 어떤 것과 비할 데 없이 뛰어나서 마치 꽃의 향과 같다고 하여 꽃장이라고 부른다. 특히 궁중에서 약식을 만들 때 사용하였으며, 꽃장 자체를 약으로 쓰기도 했다고 전해진다.

궁중 덧장, 덧된장

궁중 덧장, 덧된장은 두 배의 정성, 두 배의 시간, 두 배의 인내로 두 배 더 깊은 향을 완성한 궁중 덧장으로 장을 담글 때, 메주를 장독에 쌓은 후 천일염 대신 지난해에 담근 간장을 부어 다시 1년 더 숙성시킴으로써 그 진한 맛이 두 배 더 깊은 장이다. 메주를 두 번 우려냈기에 '겹된장'이라고도 불린다.

궁중 진장

궁중 진장은 검은 콩과 푸른 잎으로 품어 낸 고귀한 맛으로 수라상의 격조를 높였던 궁중진장으로 검은 콩으로 메주를 쑤어 담근 진장에 이른 봄에 새로 돋아난 푸른 풀을 베어 메주를 띄우고 숙성시킨 장으로 간장만을 취하고 된장은 쓰지 않았다. 깊은 맛과 향이 일품이라 궁중에서는 임금님의 수라상에만 올려진 격조 높은 장으로 일면 '촛장'이라고도 한다.

궁중 어육장

궁중 어육장으로 어육의 영양과 흙의 기운이 고스란히 배어든 궁중 어육장으로 큰 독을 짚으로 싸서 땅속에 묻고 기름기가 적고 물기를 제거한 쇠고기, 닭고기 그리고 병어, 대구, 가자미, 도미 등 흰살 생선과 해물을 잘 손질해 말려서 항아리 안에 메주와 함께 켜켜이 넣고 천일염을 걸른 소금물을 채워 장을 담가 밀봉하여 1년을 땅속에서 발효·숙성시킨 후, 먹는 어육장은 과거 궁중과 명문 사대부가에서 가장 귀하게 여긴 장으로 임금님의 수라에 오른 장이며, 조선시대 고조리서인 『규합총서(閨閤叢書)』에서는 '그 맛이 아름답기 그지없다'라고 기록하고 있다.

궁중 약고추장

궁중 약고추장은 어머니의 정성과 영양이 가득 녹아들어 약처럼 좋은 기운을 내는 궁중 약고추장으로 임금의 수라상에 올라온 약고추장은 기름기 없는 살코기를 잘게 썰어 청장으로 간을 하고 갖은양념과 꿀을 넣은 찹쌀고추장을 정성껏 볶아 만든 맛있는 고추장이다. 옛날 민가에서는 이를 본떠서 고추장에 고기를 넣어 볶은 고추장을 만들어 먼 길을 떠나는 아들에게 어머니의 애틋한 마음을 전하기도 했다.

별미장

담수장

이 장은 무장, 물장이라는 이름으로도 불리는 장이다. 조선 초기부터 만들어진 담북장에서 그 원조를 찾을 수 있다. 『조선무쌍신식요리제법』에 기록된 조장법을 보면, '콩 메주를 쑤되 속이 썩지 않게 석 달 만에 띄워(발효시켜) 말려서 쪼개어 물에 담갔다가 다시 말려 씻어 맑은 물에 침장 하되 물 한 사발에 메주 작은 주먹만 한 것 3분의 2쯤 되게 넣는다. 그 후 씨 없이 발라낸 통고추를 물 한 사발에 2개 넣고 차게 숙성시키면 30일 만에 익는다. 여기에 소금으로 간을 맞추고 두부를 넣은지 수일 후에 메줏덩어리와 함께 먹으면 그 맛이 동치미와 비유된다.'고 했다.

이 담수장의 근거를 조선 초기 담북장에서 찾아볼 수 있지만 두 장의 차이점은 확실하다. 담뿍장이 '콩을 삶아 고온으로 속성 발효시켜 만들어졌던 것'인데 비해, 담수장은 '저온 숙성법을 시도하였던 것과 침장 초기에 소금물이 아니라 담수(맑은 물)에 담가 한 달간이나 숙성시킨 새로운 기법의 장'이었다는 것이다. 숙성 초기 소금을 넣지 않았으니 메주균의 자가분해로 맛이 나도록 해야 하는데 고온 숙성에서는 자가분해가 빨라 변질의 우려가 있으니 당연히 저온 숙성하였을 것이다. 계절적으로 가을에서 이른 봄까지 가능하였을 것이고 아마 일반 된장이 숙성되는 기간이 길어 이것을 대처해서 단기간 만들어 먹었던 것으로 추측된다.

어장

『동의보감』에서 '어해'로 불렸던 것이 어장의 근거로 추정된다. 이후 조선 중엽 『증보산림경제』에서는 생선과 메주를 함께 침장 하여 '어육장'으로 정착시켰다고 나온다. 이후 『임원십육지』에서 '동국 어장'이란 장조림식의 어장이 재현된 바 있음을 찾아볼 수 있다. 그런데 『조선무쌍신식요리제법』에서는 새로운 침장법의 어장이 등장하고 있다.

'생선의 종류를 가리지 않고 성한 것으로 토막을 내어 물에 씻어서 1근 가량에 볶은 소금 3량을 넣고 천초와 회향, 건강 각 1돈과 신국(神麴) 2돈, 홍국(紅麴) 5돈을 생선과 한데 버무려 질그릇에 넣고 봉한 지 10일이면 먹는데 과꽃을 첨가하여 먹는 것이 좋다.'고 했다.

조선 초기에서 중기 후반까지 어장의 전통적인 침장법에서는 생선에 소금을 넣어 발효시킨 젓갈 형태이거나 메주와 함께 숙성시켜 만든 장이었던 것과는 달리, 누룩을 생선과 함께 침장하였던 새로운 방법의 별미장이 만들어졌던 것으로 보아 전통적인 조장관례에서 벗어난 어장의 재창출을 시도했던 것으로 보인다.

육장

우리나라 장류문화가 체계적이고 과학적인 방법으로 정착된 『증보산림경제』의 내용에서 근거를 찾을 수 있는데, 우선 서민들보다는 사대부가에서 담글 수 있었던 장이다. '항아리를 땅에 묻고 나서 살진 쇠고기의 기름을 거둔 것 10여 근, 꿩 10마리의 털과 장을 떼어내고, 닭 10마리도 꿩과 같이 다듬어 토막 치지 않고 통째로 준비한다. 소밥통과 우심, 숭어, 도미, 광어, 조기, 전어 따위를 모조리 내장과 비늘, 어두를 제거한 뒤 볕에 쪼여 물기를 거두고 연어, 대구도 함께하고, 크고 작은 문어, 낙지는 끓는물에 반숙하여 내고 생복과 생홍합은 소금을 뿌려 절였다가 씻어 말리고 난 후에 먼저 육류를 항아리 밑에 깔고, 다음에 어류를 놓고, 꿩, 닭을 넣되 반드시 메주 사이사이에 넣은 다음 소금물을 붓는다. 메주 1말에 소금 7되를 기준으로 침장할 것이로되 침장한 위에는 볏짚, 풀 등으로 항아리를 두껍게 둘러싼 다음 유지로 항아리 입을 싸매고, 오지 분을 덮고 또 볏짚을 덮고, 흙을 채워 빗물이 들어가지 않도록 했다가 해를 넘겨 열어보면 맛의 아름다움이 비할 데 없다.' 했다.166)

어육장

집안의 음식 맛을 좌우하는 것은 장맛이다. 선교장에는 특유의 육간장이 있었다. 진간장과 조선간장을 혼합하여, 여기에 더덕, 대추, 호두, 밤, 잣, 해삼, 전복, 은행, 생강, 마늘, 파 등을 자루에 담아 넣는다. 이때 위로 뜨지 않도록 돌로 눌러 둔다. 그 위에 닭고기, 꿩고기, 쇠고기, 생선 등을 넣는데, 기름기 없는 최상품만을 골라 덩어리째로 넣는다. 그리고 이 간장 항아리를 땅속에 묻어 두었다가 일 년이 지난 후 간장만 떠서 달인다. 달이기를 몇 번 반복한 후 2년이 지나면 꺼내먹기 시작한다.167)

계미서 청어장해(青魚醬醢)

말린 청어와 된장 소금물로 만드는 장이다. 만드는 법은 말린 청어를 지느러미와 비늘, 머리, 꼬리를 모두 제거하고 깨끗이 씻어 햇볕에 바싹 말린다. 메주를 곱게 가루를 내어 체에 한번 내려준다. 항아리에 메줏가루를 깔고 생선 올리고 여러 차례 반복하여 마지막에 메줏가루 두껍게 덮어준다. 장 담글 때처럼 소금물을 만들어서 붓고 단단히 봉하여 가을이 지난 후 열어서 쓴다.168)

〈경복궁 장고. 사진제공 임성준〉

(8) 한국 장 항아리 용량의 표준화와 지역에 따른 장독의 모양

우리나라 장독의 용량을 10동이(200리터), 8동이, 6동이, 4동이, 2동이, 1동이의 크기로 표준화되어 있다. 그러므로 가족 수에 맞게 장독을 준비하고 그 장독의 용량에 맞게 소금과 메주의 분량을 준비하면 틀림이 없다. 물동이는 대체로 1동이가 기준이고 술 사발은 200cc가 기준이었다.

우리나라 장독 모양을 보면 용량은 같으면서도 중부 이북의 것은 주둥이가 넓은 편이고 복부가 밋밋한데 비하여, 더운 지방의 것은 주둥이가 좁고 복부가 넓다. 이런 차이점은 장을 담가 숙성시키건 저장 중에 기온에 맞게 일조량이 조절되도록 하기 위한 것이다. 남쪽은 일조량이 많아 독의 주둥이가 넓으면 장이 졸아든다.[169)]

(9) 장 담그는 시기는 정해져 있다~정월, 이월, 입동철

장을 담그는 적기는 정월, 2월이고, 가을철에는 입동철이 좋다. 장 담글 때는 신일(辛日)을 장맛이 시다 하여 피하고, 수일(水日)은 장맛이 싱거워진다하여 피한다. 항아리는 7~8월에 완성한 것이 좋다. 항아리를 엎어 놓고 안에다 짚 연기를 쐬여 연기가 새는지를 보아 항아리에 구멍이 있는지 검사한다.

소금은 소금 가마니를 남풍을 피한 장소에 기울여 놓아 간수가 빠진 다음에 쓴다. 장 담그는 물은 감천수를 끓여 식혀 쓴다. 납설수(臘雪水, 겨울에 눈을 받아 얼지 않도록 두었던 물)가 좋다. 요즈음은 생수를 많이 이용한다.

정학유의 『농가월령가』[170)] 3월령에는 "인간의 요긴한 일 장 담그는 정사로다, 소금을 미리 받아 법대로 담그리라, 고추장, 두부장도 맛맛으로 갖추하소" 11월령에서는 "부녀야 네 할 일이 메주 쑬 일 남았구나, 익게 삶고 매우 찧어 띄워서 재워두소."했다.

6월령에는 "장독을 살펴보아 제 맛을 잃지 말고, 맑은 장 따로 모아 익는 족족 떠내어라. 비오면 덮겠은즉 독뚜껑 정히 하소"라고 하여 장독관리를 당부하고 있다.[171)]

(10) 계절 별미장

봄철 : 담수장(淡水醬, 담뿍장), 보리장
여름철~초가을 : 집장, 전주방, 전시, 봉리군 전시장
가을철 : 소두장, 청태장, 수시장(水豉醬), 전시장(煎豉醬, 청국장), 청태전시장[172)]

4) 현재

(1) 장 담그기

식생활에서 장의 중요성은 앞에서도 언급한 조선시대 식생활이 발달한 18세기에 출간된 『증보산림경제(增補山林經濟)』(1766)권8 '醬'에서[173)] "장은 모든 맛의 으뜸이 된다. 집안의 장맛이 좋지 않으면 좋은 채소와 맛있는 고기가 있은들 좋은 음식으로 할 수 없다. 설혹 촌야의 사람이 고기를 얻을 수 없다 하여도 여러 가지 좋은 맛의 장이 있을 때에는 반찬에 아무 걱정이 없다. 집안의 어른은 반드시 장 담그기에 유의하여 두고두고 쓸 수 있는 방도를 생각해야 한다."라고 강조한데서도 알 수 있다.

간장은 콩 속의 영양소가 미생물에 의해 분해되어 탄수화물은 당으로, 단백질은 펩타이드나 아미노산으로, 지방은 지방산과 글리세린 등 저분자로 분해되고 또한 미생물에 의해 향미성분이 생성된다. 소금에 의한 짠맛, 글루타민산, 아스파라긴산 등에 의한 감칠맛, 유기산에 의한 신맛, 당류, 글리세린 등 일부 아미노산에 의한 단맛이 조화를 이룬다. 서양요리의 기본 조미료인 소금, 후추와는 비교할 수 없는 조화로운 맛을 내는 것이 큰 특징이다.

간장은 숙성기간이 오래 될수록 색이 검게 되고 감칠맛이 더해진다. 우리나라에는 '씨간장'이라는 오래된 간장도 있다. 논산 명재고택(구 윤증고택)에는 300년 된 된장과 간장이 있다고 한다. 옹기들이 숨을 쉬고 있는 덕분이라고 한다.

장 담그기는 우리나라에서는 장을 담글 때 메주와 소금, 물의 분량비가 『증보산림경제』(1766, 영조42년)에서[174)] "…메주 1말(콩으로), 소금 6~7승, 물 1

동이, 메주 : 소금 : 물의 비율은 1 : 0.6~0.7 : 2로 한다. 가을과 겨울 사이 입동에 담을 때에는 소금을 적게, 봄과 여름에는 소금을 많이 넣어야 좋다."고 했다. 『수운잡방』(1540)의 수장법(간장 담그는 법)은 20말들이 독에 메주 1말 가량, 또 메주 7말을 넣는다. 물 8동이를 끓여서 물 1동이 당 소금 8되씩을 섞어 여기에 붓는다. 조장법2에서는 메주 2말 : 물 1동이 반, 소금 2되를 녹여 독에 담는다고 했다.

근대조리서 『조선요리제법』(1917)의 메주 만들기와 장 담그기를 보면[175)], 메주는 "시월이나 동짓달에 쑤어서 정월에 담는 것인데, 메주에는 '절메주'와 '집메주' 두 가지가 있다. 절메주는 집에서 만들기가 어려운 것이니 제외하고, 집메주 만드는 법은 흰콩을 반나절쯤 흠씬 불리어 건져 시루에 안쳐서 떡 찌듯 찌는데 반나절 동안이나 쪄서 뜨거운 그대로 절구에 쏟아놓고 콩짜개가 조금도 없도록 곱게 찧는다. 보시기만큼씩 떼어 동글납작하게 뭉쳐서 가운데는 손가락으로 구멍을 내어 볕에 놓아 말려서 꾸덕꾸덕하거든 섬 속에나 혹 독 속에 담는다. 맨 밑에 짚을 한 켜 깔고 메주 한 켜 놓고 또 짚을 한 켜 덮고 또 메주 한 켜 펴놓고 이렇게 다 담은 후 잘 덮어서 더운 방에 한주일쯤 둔다. 꺼내어 하루 동안 바람을 쏘이고 다시 전과 같은 법으로 담는다. 메주가 서로 닿지 않도록 해서 다 담아 더운 방에 두었다가 다시 일주일 만에 꺼내어 하루 동안 말려서 또 전과 같은 법으로 담아서 또 한주일 동안 두었다가 꺼내어보면 메주가 하얗게 될지니 꺼내어 새끼로 꿰어서 높은 곳 볕 잘 드는 곳에 매달아서 속까지 전부 잘 말려서 두었다가 정월에 잔 담글 때 솔로 곰팡이와 먼지를 쓸어 정하게 닦아서 쓴다."고 했다.

장 담그기의[176)] 재료를 보면, 콩 한말로 만든 분량의 메주, 물 다섯 동이, 소금 한말 두되, 고추 열 개, 대추 열 개, 숯 두세 개를 준비한다. 장 만드는 법을 보면, "먼저 독을 정하게 씻어놓고 또 소금물을 풀어놓고 메주를 솔로 정하게 씻어서 독 속에 차례로 재어 넣고 준비해 두었든 소금물을 체에 밭여서 붓고 고추와 대추를 원이로 넣고 망사로 봉하고 덮개로 덮어서 삼사일 지난 후에 덮개를 열어 볕을 쪼이고 저녁이면 다시 잘 덮어 이와 같이 공을 들여 사십일 동안 지낸 후에 장을 뜨나니.", "전한 독을 준비하고 체를 올려놓고 장을 퍼서 체에 밭쳐가지고 가마솥에 붓고 다릴지니 간장 한 동이에 검은 콩 반 되씩만 넣고 끓이면 장 빛이 검고 좋으며 다 끓여서 식혀가지고 독에 붓고 망사로 봉해서 잘 덮고 매일 뜨거운 볕을 쪼일지니라. 이렇게 해서 여러 해 묵을 것일수록 장맛과 빛이 좋으니라. 이렇게 해서 여러 해 묵은 것일수록 장맛과 빛이 좋으니라." 했다.

간장 담그는 법 외에 어육장, 청태장, 즙장, 급히 만드는 장, 두부를 넣은 무장, 밀로 만든 밀장, 된장1, 된장2, 멥쌀 고추장, 보리고추장, 찹쌀고추장, 수수고추장, 팥고추장, 무거리고추장, 떡고추장, 약고추장, 담뿍장(급히 만드는 고추장) 등이 기록되었다.

된장 담그기 1을 보면[177], "간장을 뜨고 남은 찌끼로 된장을 만드는 것이니 간장을 거르고 그 남은 건지를 즉시 독에나 항아리에 담고 주걱으로 꼭꼭 누르고 그릇 가장자리와 거죽을 정하게 씻고 망사나 얇은 가음으로 꼭 봉하고 매일 덮개를 열어서 볕을 쏘이고 항상 정결히 하면 벌레가 결단코 생기지 않나니라."

된장 담그기 2는, "된장을 따로 만드는 법으로 메주를 쑤는 법대로 잘 만들어서 잘 띄워가지고 간장을 담그는 법대로 하나, 독에 메주를 넣고 소금물을 만들어서 메주가 겨우 잠길 만큼 붓고 꼭 봉해 두었다가 익은 후에 잘 섞어서 꼭꼭 눌러 두고 먹을 지니 간장을 뜨고 남은 것보다 매우 좋으니라. 수득수득 마른 무를 이 된장 속에 넣었다가 반년이나 꺼내어 반찬을 하면 좋으리라." 했다. 또 보리고추장은[178] "보릿가루 닷 되, 메줏가루 닷되, 고춧가루 넉되, 소금 석되, 쌀가루 두되, 물 반동이 반을 준비한다. 보릿가루와 쌀가루를 소금물을 붓고 되직하게 죽을 쑤어가지고 메줏가루에 붓고 잘 섞어서 하룻밤을 지낸 후 고춧가루를 넣고 주걱으로 잘 섞어 항아리에 담고 망사로 꼭 봉해서 두고 매일 덮개를 열어 볕을 쪼일지니라.(한 달쯤 지나면 익나니라)" 했다.

손정규 『우리음식』(1948)의 간장과 된장 담그기를 보면 메주 10개, 물 280리터, 본염(회색 소금, 천일염) 120리터를 준비한다.

청장 기간은 50일이며, 장 담그는 날은 4월 오(午)일, 장 분량 160리터, 된장 분량 60리터 물을 독에 붓고 정량의 소금을 넣고 충분히 저어 하루쯤 두면 소금이 잘 풀린다. 그 염수에 메주를 넣고 뚜껑을 덮고 3~4일 두었다가 그 후로 매일 뚜껑을 열어 햇볕을 쪼인다. 약 50일되면 장만 뜬다. 헝겊으로 항아리를 밀봉하고 뚜껑을 덮는다. 장에 따라서 곰팡이가 피거나 맛이 변할 수 있으므로 장을 달인다. 빛깔을 검게 하기 위해서는 흑태를 넣기도 한다.

된장은 장을 뜬 후에 다른 항아리에 꼭꼭 눌러 잘 담아두고 위에 소금을 뿌리고 뚜껑을 덮고 때때로 일광을 쪼이게 할 것이다. 된장의 수분이 적어지면 숫물(두부 짠 물)이나 메주콩 삶은 물을 붓는 것이 제일 좋고, 염분이 과할 때는 찬밥 남은 것 등을 넣으면 맛이 고쳐진다.

현대 가정에서 만들어지는 재래식 전통간장은[179] 메주는 콩 1말(3덩이), 소금 6~7되, 물 4말(80ℓ), 소금 2월경이면 물 10ℓ에 소금 3ℓ의 비율이다. (물 80ℓ면 소금 24ℓ임)

다음 사진은 윤○인의 집에서 간장과 된장을 담는 모습이다. 메주는 농협에서 판매하는 국산콩 메주를 사용했다.

장 담그기1

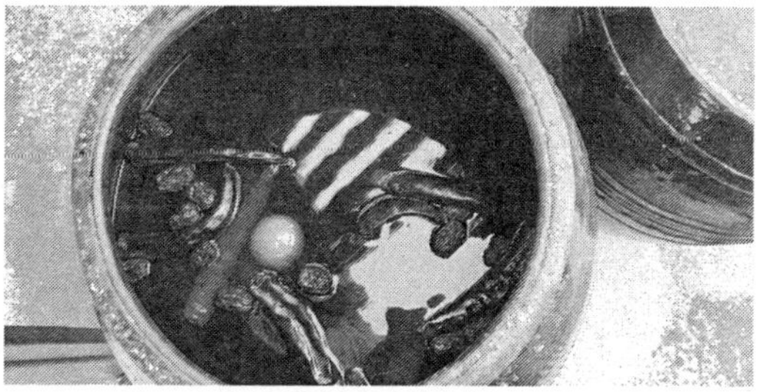

장 담그기2

간장 거르기

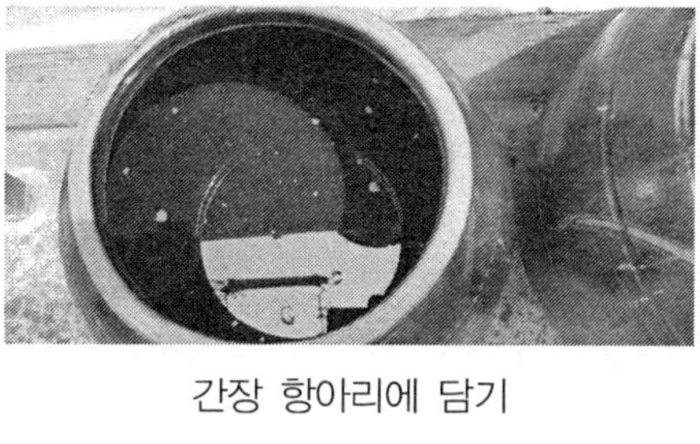

간장 항아리에 담기

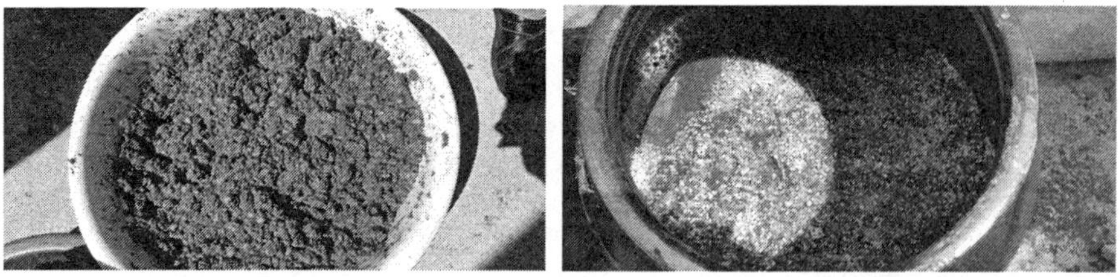

된장 으깨기　　　　　　　　　　　　된장 항아리에 담기

〈그림 1-2〉 장 담기와 간장과 된장 가르기(사진 : 윤덕인)

된장은 간장을 뜨고 남은 메주로 담은 것이다. 또는 간장과 달리 콩과 함께 쌀과 밀 등의 전분식품을 넣어서 만들었다. 일부 단기간에 먹을 된장류는 전분식품을 넣음으로써 당분이 많이 섞이도록 했다. 현재는 간장을 뺀 메주 건더기로 담그는 재래식된장 담금법과 함께 개량된장 만드는 법도 이용되고 있다. 뒷부분에서 설명할 막장은 간장을 빼지 않고 된장만을 담는 장이다.

된장은 덩어리지고 되직하다고 하여 된장이라 불리고, 또 흙빛이 난다고 하여 토장(土醬)이라고도 부른다. 우리의 전통적인 장 담그기는 간장과 된장이 한 번에 나오지만 그렇게 담그면 맛있는 성분이 간장으로 다 빠져나가고 된장은 맛이 그리 좋지 않아 점차로 간장과 된장을 나누어 따로 담는 경우가 많아졌다.[180)]

고추장은 16세기경 고추가 유입된 이후에 개발된 장류이며, 쌀, 찹쌀, 보리, 밀로 만든 떡에 쌀과 콩을 섞어 만든 메줏가루와 고춧가루, 소금을 섞어서 만든다. 초기에는 콩으로 만든 말장가루 1말에 고춧가루 3홉, 찹쌀가루 1되를 좋은 청장으로 개어서 담근 후 햇볕에서 익혔다. 고추장은 간장, 된장과 함께 우리나라에만 있는 저장성 조미료이며 기호식품이다. 고추장에는 보통 매운맛 성분인 캡사이신이 약 0.168%정도 함유되어 있고, 비타민 B_1, B_2, C, 니아신 E 등이 들어 있다.[181)]

18세기 이시필의 『소문사설』(1740)에 순창고추장 만드는 법이 기록되었는데[182)], 콩 1되에 쌀 2되를 섞어 콩버무리떡을 쪄서 뭉쳐 띄워 메주를 만들고, 담글 때에는 메줏가루 1말에 고춧가루 5~6홉, 소금 4되의 비율로 버무린다.

근래에는 찹쌀 5ℓ, (엿기름 2dℓ), 고춧가루 3ℓ, 메줏가루 2ℓ, 소금(3~4월경이면) 4ℓ로 담는다.[183]

중국의 변초장(辯椒醬)은 고추에 소금, 산초, 백주 등을 넣고 절여 발효시켜 만든 것으로 우리 고추장과 유사하지만, 콩으로 만든 메줏가루 등이 들어가지 않았다.[184]

전국장은 청국장으로 『증보산림경제』(1766)에 처음으로 기록되었다. 별미장류의 된장류이다. 우리나라에서는 오늘날까지 꾸준히 전승되고 있다. 일본에서는 전국장 띄운 것을 '낫또'라고 하며 날 것대로 먹는다.

조선시대 장은 모두 가정에서 가공한 것뿐이었으므로 만일 장맛이 변하면 가족의 일상식사에 큰 문제가 되었다. 『증보산림경제』에 장맛이 변했을 때는 무뢰(雹 누리박, 우박) 1~2되를 장항아리에 넣으면 맛이 되돌아오고, 혹은 밀가루를 도독하게 깔고 그 위로 장을 부어 다시 거른다. 김 한 묶음 사이에 엿을 한쪽 끼워 항아리에 넣어서 되돌릴 수 있다고 했다.

(2) 지역별 특수장

간장, 된장, 고추장, 막장, 청국장 등 기본장 외에, 계절장과 함께 지역적으로 특수한 장은 표 1-2와 같다.

표 1-2 한국의 지역별 특수한 장[185)]

장명	지역	재료 및 만드는 법	비고
예산집장	충청도	집장 메주 : 보리쌀 5되, 콩 5되의 비율 메주 띄운 후 달포 후 찹쌀 5되 밥을 하고 간장간, 메줏가루 섞은 것과 절인 오이, 가지, 고추, 양지머리, 대하를 켜켜로 항아리에 넣음	음력 7/15~20 벡중 후 담음 예전에는 마분 속에서 3~4일 삭힘
나주집장	전라도	제면가루 : 누룩(7일 정도 띄운 것)을 노랗게 띄워 가루로 준비. 절인 고춧잎, 오이, 찹쌀을 삭혀 버무림. 띄울 때 퇴비풀 속, 왕겨 속에 넣고 서서히 불태우면서 삭힘	가을 김장철, 저녁에 시작하면 다음날 아침에 먹을 수 있음
전주집장	전라도	메줏가루, 엿기름가루, 뜨거운 찹쌀밥 버무리고 진간장에 절인 고추, 고춧잎, 가지, 마늘, 무를 넣고 마늘 다진 것을 고운 고춧가루 넣고 따뜻한 아랫목에 묻어 두었다가 하룻밤이면 먹을 수 있음	집장은 꼭 철이 있는 것이 아님. 하절에 먹는 고추장 비슷한 음식
익산집장	전라도	오이, 가지, 고추를 소금에 절여 꼭 짜서 누룩가루를 섞어 항아리에 담고 집동이나 솥 속에 넣고 띄움. 순창 : 고춧잎, 무청, 가지, 찹쌀밥 2되, 메줏가루 5컵, 간장, 두엄, 아랫목에서 3일 삭힘. 부안 : 고추장메줏가루, 가루누룩, 엿기름, 참기름, 고춧잎, 가지, 더운 방에서 띄움	가을, 부안에서는 검정장이라고 함
진양집장	경상도	불린 콩 삶다가 타갠 밀을 얹어 쪄서 주먹만큼 뭉쳐 2~3일 띄워 말려 가루 준비. 찹쌀풀, 엿기름가루, 절인 통가지, 우엉, 무, 오이, 박 등을 섞은 볏집, 왕겨 덮고 계속 약한 불을 때어 삭힘	
밀양집장	경상도	흰콩 한말 끓이다가 그 위에 쌀가루 2되, 밀가루 2되를 뿌려 익혀 절구에 찧어 달걀만하게 메주를 만들어 띄워 가루로 준비해(두이레 지나면 하얗게 옷을 입음) 풋고추, 가지, 무, 다시마, 전복을 메줏가루에 섞음. 소금물, 고춧가루, 다진 마늘, 소금 간하여 삭힌다.	초가을부터 김장때까지 수시로 담가 먹음. 음력 7,8월에 부집장을 만들어 방안에서 띄움
거름장 (집장)	경상도	퇴비에다 띄운다하여 거름장이라고 함. 콩을 삶다가 보리를 섞어 메주를 만듦. 뽕나무, 닥나무 잎을 덮어 황의가 입히면 내다 말려 가루, 소금물로 장을 담가 오이, 가지를 섞어 퇴비에서 띄움	중탕을 하여 6~7일 동안 삭힘
무장	서울	메주 깬 것 5홉을 물 4대접(2되)에 담아 불리고(2~3일간), 소금을 넣어 3~4일후 익혀 먹는다. 동치미 무를 납작 썰고, 통고추 서너 개, 편육, 배, 고춧가루를 넣고 섞는다. 동치미국물을 넣어도 좋다.	10월 장메주 쑬 때 메주를 작게 조금 만들어 먼저 띄움
무쟁이	황해도	간장 담글 때 담음. 메주덩이를 잘게 부수고 소금물 간하여 익힘. 무장을 끓일 때 김치, 고기 등을 넣음	겨울, 봄에 먹음
비지장	충청도	콩비지를 볶아 띄우고 비지 2되, 소금 2종지 비율로 섞어 식혀 배추김치를 넣어 끓여 먹음	가정에서 두부 만들고 남은 비지 이용

장명	지역	재료 및 만드는 법	비고
등겨장	경상도	보리를 찔 때 나오는 속가루(속겨)익반죽하여 뭉쳐 불에 구워 띄워 말림. 가루로 빻고 보리밥, 소금간하여 솥에서 하루 동안 삭힌다. 풋고추 다진 것도 섞음	시금장이라고도 함
합자장(蛤子醬)	경상도	생합자(조개)를 소금물에 삶아 건져 말리고 국물은 졸여 간장으로 함. 이 장을 간장처럼 사용	귀한 장
깻묵장 (날장)	전라도 나주	메주콩 볶고 삶아 시루에 안쳐 아랫목에서 3일 띄움. 콩 삶은 물, 생강, 마늘, 풋고추, 무, 참기름을 넣고 찧어 항아리에 담아 두고 먹음. 참깻묵을 조금 섞음.	설 전에 김치 국물로 담금
지레장 (지름장)	충청도	메주를 빻아 무 짠지국물을 넣어 익힘. 겨울철 김칫국물이 남았을 때 담음. 김칫국이 없으면 소금물 사용	지레장은 미리 담가 먹는 장이라 하여 붙은 것
볶음장	전라도	부안 : 메주콩을 볶아 타개어 삶아 시루에 안쳐 띄움. 콩 삶은 물, 소금, 고춧가루, 마늘을 섞어 담가 삭힘	동지 후부터 정월
떼장	평안도	삶은 콩에 된장을 섞어 개서 동글납작하게 빚어 기름을 발라가면서 약한 불에서 굽는다.	봄메주 쑬 때 흔히 하는 밥반찬
조피장	제주도	조피잎을 잘게 썰어 된장에 버무려 오지그릇에 꼭꼭 눌러 담아 두었다가 이틀쯤 지나서 먹는다.	
청태장	규합총서	햇청태콩을 쪄서 칼자루 모양으로 빚은 후 콩잎으로 덮어 섬 속에 넣어 겨우내 띄움. 메주가 누런 옷을 입으면 말려 가루로 하여 소금 넣고 간을 맞춘다.	가을 장 : 2월
어육장	규합총서	쇠볼기살 말린 것 10근, 꿩, 닭 각 10마리 내장제거, 숭어, 도미 말린 것 10마리, 전복, 홍합, 새우, 달걀, 생강과 두부 등을 항아리에 켜켜로 넣고 메주는 장 담그는 법대로 넣음(메주 한말, 소금 7되) 1년만에 먹음	육수, 멸치 삶은 물로 맛을 냄

한국 장에 관한 고조리서는 『산가요록』(1450), 『수운잡방』(1540), 『요록』(1680년경), 『주방문』(1600년대 말), 『치생요람』(1691), 『산림경제』(1715), 『민천집설』(1752), 『증보산림경제』(1766), 『고사십이집』(1787), 『규합총서』(1815), 『임원십육지』(1835), 『주찬』(1800년대), 『시의전서』(1800년대 말), 근대 조리서로는 『조선요리제법』(1917), 『조선무쌍신식요리제법』(1924), 『조선요리법』(1939), 『우리음식』(1948) 등이 있으며, 메주쑤기부터 택일, 장독 고르기, 장독 관리, 장맛 고치기 등이 기록되었다.

Ⅲ
해외 동포들의 장류문화

1. 북한

북한은 예상치 못한 폭염이 닥치자 관련 대응에 분주하게 움직였다. 고온이나 가뭄으로 인한 농작물 피해를 최소화하기 위해 '분무기 돌격대' 등을 동원하는 동시에 근로자나 주민들의 건강도 각별하게 챙겼다. 노동자의 근로시간 조정이나 충분한 휴식, 모자 착용 등을 독려했고[186] 오이냉국이나 소금·간장으로 심심하게 간을 맞춘 물이나 약수 등을 마시라는 '생활 속 건강관리 비법'을 제시해 눈길을 끈다.

"탈수와 염류 상실을 막기 위하여 오이냉국, 소금이나 간장으로 슴슴할 정도로 간을 맞춘 물이나 약수, 사이다, 탄산수 등을 자주 마시는 것이 좋다."라며 "그래야 몸에 필요한 소금과 여러 가지 영양물질을 보충할 수 있으며 더위로 인한 피로를 빨리 풀 수 있다."라고 설명한다.[187]

1) 평양메주장

북한 대동강식료품공장에서 만든 '평양메주장'이 국내·외에서 커다란 호평을 받고 있다고 북한의 주간지 <통일신보>가 전했다. <통일신보>는 '평양메주장에 대한 수요가 날마다 계속 늘어나고 있는데, 옛날부터 우리 선조들이 써온 전통적인 장 담그기 방법을 그대로 살려 만든 것이기 때문'이라고 소개했다.

'선조들은 11월 입동 때 콩을 삶아 만든 메주를 두석 달 지나 부스러뜨려 햇볕에 쪼인 다음 소금과 물 1 : 3의 비율로 타서 독에 넣고 그것이 다 익은 다음 주로 음력 2월 중에 장을 담갔다'며 계절상으로 이 시기에 장을 담그면 변질되지 않고 잘 익었기 때문이었다고 설명했다.

평양메주장은 북한에서 비료나 제초제를 쓰지 않고 재배한 순수한 콩을 원료로 하기 때문에 그 맛에 있어서나 질적 담보에 있어서 완전무결하다고 했다. 또한 맛과 질적 수준에 맞게 품위 있는 포장으로 소비자들이 다양한 환경에서 편리하게 이용할 수 있는 각종 메주장은 북에서 뿐만 아니라 남한과 해외에서도 큰 인기를 끌고 있다고 설명했다.[188]

2) 북한의 다양한 간장 제조법

(1) 맛내기 간장

장 만들기의 전통적인 방법은 메주에 물과 소금을 넣어서 숙성기간을 거치고 서너 달 됐을 즈음에 메주덩어리만 꺼내고 남은 물을 간장으로 사용하는 것이 기본 방법이다. 북한의 경우 평안도, 황해도 지역에서는 이런 방법을 흔히 사용한다.

양강도에서는 간장보다 된장을 주로 많이 사용하기 때문에 간장을 민간에서 만들기보다 장마당에서 조금씩 구매해 먹기도 하는데, 보통 양강도에는 지역별로 간장공장이 따로 있거나 식료공장에서 간장을 생산하기도 한다. 하지만 식료공장에서 생산되는 간장은 일반인들에게까지 공급되기 어려운 처지이다. 왜냐면 식료공장 원료기지에서 생산되는 콩으로는 1년에 세 번 어린이들에게 공급되는 간식선물에 들어가는 콩사탕 등을 마련하고 간부들의 고추장을 담그는데 사용되기 때문이다. 그러다보니 자연히 주민들은 자체로 간장을 만들어 먹을 수밖에 없다. 현재 주민들이 사용하는 방법과는 전혀 다른 방법으로 간장을 만들었다.

설탕 200g이면 10리터의 간장을 생산할 수 있다. 뜨겁게 달군 무쇠 가마에 설탕을 쏟아 넣고 볶으면 연기가 나면서 짙은 갈색으로 되는데, 어느 정도 그런 색상이 나왔다 싶을 때 찬물을 부어서 다시 끓인다. 물이 끓으면 간을 보면서 소금을 넣는다. 소금이 끓으면서 떠오르는 거품은 건져내고 거의 끓었다고 할 때 미원을 넣는데, 미원을 너무 많이 넣으면 느끼하기 때문에 10리터에 5그램을 넣는다. 이렇게 다 만들어진 간장은 장마당에서 맛내기 간장으로 판매한다.[189)]

(2) 봇나무(자작나무) 버섯 간장

봇나무(자작나무) 버섯은 약재용으로 중국에 무역을 했을 뿐이고 간장을 만든다거나 그런 일은 없었다. 그런데 현재 주민들 사이에서 생산되는 봇나무(자작나무) 버섯 간장은 90년대 만들었던 간장과는 다른 방법이라고 한다.

주민들은 지역의 아무 산이나 들어가서 봇나무 버섯을 채취할 수 있기 때문에 노력만 하면 얼마든지 1년간 먹을 수 있는 간장을 만들 수 있다. 간장은 색깔도 좋고 맛도 좋아서 주민들이 대부분 좋아한다고 한다.

봇나무(자작나무) 버섯은 버섯 자체에서 간장 색깔이 나는 물이 우러나오게 된다. 큰 독에 봇나무(자작나무) 버섯을 넣고 미지근한 물을 부어 2~3일 우려낸다. 그리고 우려낸 버섯 물을 천을 통해 찌꺼기를 받아낸 다음 소금을 넣고 끓여주면 된다. 가마에 넣고 끓일 때 약간의 설탕을 넣어서 저어주면 간장이 한결 맛나다고 한다.

현재 주민들이 만들고 있는 봇나무 버섯 간장도 역시 자연의 것을 그대로 활용해서 그런지 맛있고, 산에서 자란 자연산을 그대로 먹는 것이기 때문에 건강에도 좋다고 믿고 있다. 단, 양강도에서는 된장을 주로 많이 사용하기 때문에 간장 제조자들이 많지 않다는 것이 내부 주민의 말이다.[190)]

3) 양념장

북한의 양념장은[191)] 주로 음식의 맛을 더 돋우기 위하여 따로 곁들이는 것으로서 갖은 양념장, 초고추장, 초간장, 기름소금장, 쌈장, 겨자장, 젓국장 등 그 종류가 많다. 그 중 간장과 된장으로 만드는 양념장은 다음과 같다.

(1) 갖은 양념장

간장 100, 파 20, 마늘 10, 고춧가루 5, 기름 10, 깨소금 약간
나물밥, 콩비지, 두부국, 메밀묵, 김치밥에 함께 낸다.

(2) 초고추장

고추장 50, 식초 50, 사탕가루 20, 볶은 통깨와 다진 마늘 약간씩
생선회, 낙지회, 문어회, 더덕회, 두릅회, 부루생나물, 생미역회에 함께 낸다.

(3) 초간장

간장 40, 식초 40, 물 20, 파 10, 마늘 10, 깨소금 5, 생강즙 2
물고기전, 고기전, 남새전, 지짐, 누르미, 튀기, 녹두묵채, 쇠고기편육, 돼지고기보쌈, 편수(물만두), 순대, 찬국 등에 함께 낸다.

(4) 겨자장

겨자 30, 식초 50, 간장 50
생선회, 조개회, 찬국수, 냉채, 쇠고기회 등에 함께 낸다.

(5) 쌈고추장

고추장 100, 간장 50, 기름 10, 다진 풋마늘 30
부루쌈, 쑥갓쌈, 갓쌈, 산나물쌈 등에 함께 낸다.

(6) 쌈된장

된장 100, 기름 10, 다진 풋고추 30, 다진 풋마늘 30
호박잎쌈, 부루쌈, 쑥갓쌈에 곁들인다.

2. 연변 조선족

중국에서는 발효성 조미료를 '장(醬)'으로 총칭한다. 주왕조(기원전 1050?~기원전 256) 궁중에서 요리 종류에 맞게 여러 가지 장을 조미료로 사용하고, 장을 만드는 전문인이 있었다는 기록이 판명되었다.

주왕조대의 장은 고기와 생선을 원료로 한 젓갈로 '어장(魚醬)'과 '육장(肉漿)'이 있었는데, 그 제조공정에는 누룩과 술을 한데 섞는 것이 중국의 독자적인 방법이다.

한왕조대 이후에 이르러서는 고기, 생선 대신에 익힌 곡물과 콩류, 특히 대두를 사용한 장이 만들어졌다. 곡물이나 콩류는 원료를 장기간 보존하거나 운반하기 쉽다. 그래서 중국에서는 젓갈에서 '곡장(穀醬) = 두장(豆醬)'으로 변화가 일어났다. 곡류나 콩류 등 식물성 원료도 누룩의 작용으로 분해되어 아미노산이 생성된다. 된장이나 간장을 분석하면, 아미노산의 일종인 글루타민산의 함유량이 높은 것도 알려져 있다.

중국에서는 한대 이후 5세기경까지 동물성 장인 젓갈과 식물성 장의 두 가지가 공존하다가, 그 후에 식물성 장이 조미료의 주류가 되었다.[192)]

연변의 음식문화는 길림성(吉林省) 연변 조선 자치주에 있는 조선족들의 음식문화이다. 조선족의 음식문화는 남한과 북한을 포함한 한민족의 선명하고도 풍부한 특색을 바탕으로 중국의 식문화 속에서 독자적인 지위를 확보하고 있으며, 동북부지역의 각 민족에게도 큰 영향을 끼치고 있다. 전통의 계승을 소중히 여기는 한민족의 민족성을 생각할 때 전통 생활풍습과 관습이 잘 보존 계승되어오고 있는 것은 어떻게 보면 자연스러운 현상일 수 있다.[193)]

다시 말하면, 연변 조선족은 한국 전통의 식문화가 그대로 남아 있다고 할 수 있다. 연변 조선족의 구성원은 초기 이주 시기에는 지리적, 정치적인 상황으로 두만강, 압록강 유역에 살았던 함경도, 평안도 이주민들이었다. 이후 황해도, 경상도, 전라도, 충청도, 강원도 등 한반도 중부, 남부지역의 이주민들이 정착하게 되었다. 이주 당시에는 교통이 불편하고 언어가 서로 통하지 않아 다른 민족과의 왕래가 적었고 이러한 환경은 조선족이 한반도에서 가져온 식생활 풍습을 유지시키는데 많은 영향을 미쳤다.

조선족은 고유한 전통 음식문화를 계승하는 반면, 한족을 비롯한 중국의 여러 민족들과 교류하면서 타민족의 식문화를 적절히 수용했다. 그래서 조선족과 한족의 음식문화는 재료부터 조리방법까지 많이 다르다. 우선 한족의 식생활은 가공식품 위주로, 조선족의 식생활은 자연형태 위주로 되어 있다.

여전히 연변 조선족은 중국 동북지역에 살면서 한민족(韓民族)의 혼을 이어오며 조선족 고유의 전통음식과 식문화 유산을 계승 발전시켜 왔다. '조선족이 사는 곳엔 김치, 고추장이 꼭 따라 간다'는 이야기가 있다. 또 연변에서 주로 사용하는 양념은 소금, 간장, 된장, 고추장, 기름, 당류(설탕), 식초, 고춧가루, 후춧가루, 마늘, 생강, 파, 깨 등이다.[194)]

조선족 음식은 한국인의 식문화 방식인 주식, 부식, 후식 등의 구분이 뚜렷했다. 밥·죽·면(국수, 수제비, 만두)을 주식으로 하여, 국·탕·김치·나물(무침류)·구이·볶음·전·적·튀김·찜·회·순대·묵·두부·장아찌·젓갈·식해·장·식초 등 다양한 한국전통의 조리법에 근거한 부식류를 이어오고 있다.

1940~1950년대까지는 일상음식에 있어서 큰 변화를 보이지 않았다. 하루 세끼의 식사 가운데 최소 두 끼는 쌀밥을 먹고 김치와 장국을 반드시 먹어야 하는 식습관이 그대로 이어졌다.[195)]

채소가 다양하고 풍부해지면서 밥을 적게 먹고 채소를 많이 먹는 경향으로 변화했다. 도라지, 더덕, 고사리, 민들레, 취, 두릅 등 산나물을 찬물에 우리거나 끓는물에 데쳐 헹군 후 양념고추장에 무쳐 먹었으며 특히 장과 김치는 매 끼니마다 빠지지 않았다.[196)] 그리고 연변 조선족은 평안북도에서 이주해서 왔기 때문에 일부 가정에서는 김치를 담글 때 청국장을 넣는다고 한다.[197)]

2) 연변 조선족의 장 담그기

(1) 씨고추장(고추씨 고추장) : 조선족 어머니들의 삶이 담긴 장[198]

조선족 어머니들은 삶 속에서 장 담그기를 매우 소중히 여겨왔다. 가을에 콩을 수확하여 메주를 만들고 정월에는 장을 담갔다. 특히 연변은 고추농사가 잘되는 지리적 환경 덕분에 고추장 제조 방법이 매우 다양하게 발전했고 보관하는 데도 정성을 기울였다.

조선족은 예전에는 엿이 귀해서 고추장에 넣지 않았지만 지금은 물엿을 넣어 윤기가 나게 하고 달콤하게 담그기도 하는데 엿을 많이 넣으면 곰팡이가 덜 생겨서 좋다고 한다.

재료와 분량(4인분) : 찹쌀가루 300g(3컵), 물 3.6kg(18컵), 고운 고춧가루 744g(8컵), 메줏가루 360g(2컵), 갱엿 800g, 물 800g(4컵), 고추씨 116g(1$\frac{1}{4}$컵), 소금 440g(2$\frac{3}{4}$컵)

찹쌀에 물을 넣어 찹쌀풀을 쑨다. 고춧가루와 메줏가루를 잘 섞는다. 갱엿과 물을 냄비에 넣고 중불에 올려 엿을 녹인다. 마른 팬을 약한 불에 올려 달군 후 고추씨를 넣고 볶아 식힌다. 찹쌀풀이 따뜻할 때 준비한 재료를 모두 넣고 잘 섞이도록 버무린다. 소독해 둔 항아리에 담는다.

(2) 오누비장(오누이장)[199]

묵은 된장(토장)에 흰콩(대두)을 삶아 넣어 담근 혼합장이다. 된장보다 싱겁기 때문에 쉽게 상할 염려가 있어 예전에는 추운 겨울에만 먹었다. '비슷하게 닮은 두 가지를 섞는다'는 뜻과 '장과 콩은 닮았으면서도 다르다'는 의미로 오누이라고 표현한 것으로 오누이장 또는 오누비장이라고 한다. 된장찌개처럼 끓여 먹기도 하고 돼지고기 보쌈이나 시라지(시래기)쌈, 양배추쌈과 같이 쌔미(쌈)를 먹을 때 쌈장으로도 훌륭하다. 밥 위에 두툼하게 지진 두부와 오누비장, 고춧가루를 얹어 먹으면 별미이다.

멸치육수를 사용하면 감칠맛이 있고 기호에 따라 마늘을 넣어도 좋다. 콩은 여름에는 5시간 정도 불린다.

재료와 분량(4인분) : 오누비장 : 흰콩 266g(1⅔컵), 물 2kg(10컵), 묵은장 100g

오누비장 찌개 : 오누비장 375g(3컵), 물 400g(2컵), 소금 8g(2작은술), 고춧가루 4.4g(2작은술), 두부 30g, 대파 15g, 청고추 10g, 홍고추 10g

콩은 깨끗이 씻어 일어서 물에 8시간 정도 불려 채반에 밭쳐 10분 정도 물기를 뺀다. 냄비에 불린 콩과 물을 넣고 센 불에 15분 정도 올려 끓으면 약 불로 낮추어 30분 정도 삶아 불을 끄고 1시간 정도 뜸을 들인다. 삶은 콩은 절구에 보드랍게 쳐서 묵은 장과 섞어 둥근 모양으로 빚는다. 대파, 청·홍고추는 0.2cm 정도로 어슷 썰고, 두부는 길이·폭·두께를 각각 2cm 정도로 썬다. 뚝배기에 빚어 놓은 오누비장과 물을 붓고 센 불에 7분 정도 올려 끓으면 중불로 낮추어 5분 정도 더 끓인다. 청·홍고추, 두부, 대파를 넣고 5분 정도 끓인 후 소금을 넣고 2분 정도 더 끓인다.

(3) 썩장(청국장)[200]

썩장은 '썩은 장'이라는 의미의 함경도 사투리로 청국장을 뜻한다. 늦가을부터 초겨울까지 메주를 쑬 때 오누비장과 썩장을 함께 담는데, 콩을 삶는 냄새가 나면 온 집안 식구들이 싸리꼬챙이에 삶아진 콩알을 꿰어 눈 속에 한 시간이나 하룻밤 정도 두었다가 먹었다. 아이들이 삶은 메주콩을 한 알 한 알 잘 먹는 모습을 보고 어른들은 "쥐처럼 잘도 먹네"라고 이야기했다고 한다. 함지박에 콩을 넣어 아랫목에서 썩장을 잘 띄우면 거미줄 같은 얇은 실이 생기는데 이것도 눈 속에 얼렸다가 먹기도 한다.

재료와 분량(4인분) : 청국장 : 흰콩 266g(1⅔컵), 묵은장 85g(5큰술), 물 2kg(10컵)

청국장찌개 재료 : 청국장 300g(1⅓컵), 멸치육수 1kg(5컵), 배추김치 60g, 두부 50g (⅛개), 청고추 7.5g(½개), 홍고추 10g(½개)

양념 : 소금 4g(1작은술), 고춧가루 2.2g(1작은술), 다진 파 21g(1½큰술), 다진 마늘

11g(2작은술)

멸치육수 : 멸치 50g, 물 1.2kg(6컵), 마늘 10g(2쪽), 대파 20g, 양파 20g

콩은 깨끗이 씻어 일어서 물에 8시간 정도 불려 채반에 밭쳐 10분 정도 물기를 뺀다. 배추김치는 송송 썰고 청·홍고추는 깨끗이 씻어 0.5cm 정도로 어슷 썬다. 두부는 길이·폭·두께를 각 1cm 정도로 썬다.

청국장 띄우기는 냄비에 불린 콩, 묵은장, 물을 붓고 센 불에 10분 정도 올려 끓으면 중불로 낮추어 30분 정도 삶은 후 약 불로 낮추어 1시간 정도 더 삶는다. 광주리에 볏짚을 깔고 삶아낸 콩을 펴 놓은 후 물기를 꼭 짠 면보를 덮어 35~40℃의 온도에서 48시간 정도 놓아두면 흰 진액이 생긴다.

청국장찌개는 멸치를 머리와 내장을 제거해 냄비에 넣고 약 불에 30초 정도 볶아 비린내를 제거하고 물과 채소를 넣어 센 불에 5분 정도 끓인 후 중불로 낮추어 10분정도 더 끓여 육수를 낸다. 뚝배기에 청국장, 김치와 육수를 붓고 센 불에 7분 정도 올려 끓으면 중불로 낮추어 6분 정도 끓인다. 두부와 양념을 넣고 5분 정도 끓인 후 청·홍고추와 소금을 넣고 1분 정도 더 끓인다.

3) 연변 민들레 생태문화 예술절과 전통 된장 오덕 문화절

'중국 조선족(연길) 생태 된장 오덕 문화절'은 2004년 순박한 농사꾼 2명이 깊은 두메산골에서 시작해 2017년부터는 연길시 정부 차원으로 승격시켜 행사를 치른다. '인간의 근본이 무엇인가. 인간의 덕을 근본으로 해야 하며, 덕은 선량함을 근본으로 해야 한다. 또 선량은 진실을 근본으로 해야 하고, 진실은 바로 자연을 근본으로 해야 한다'며 된장의 오덕을 되새기면서 해마다 5월 5일(음력) 단오절에 연길시에서 행사가 개최된다.

이날은 조선족을 비롯한 한족 등 여러 민족 5천여 명이 참여해 '민족은 다르지만 상대방을 서로 존중하고 사랑하는 것이야말로 인간이 갖추어야 할 기본'이라며 행사를 성대히 치렀다.

된장은 우리민족을 대표할 수 있는 민족 전통음식으로 반드시 전승해 나가야 함을 강조하며 연길시 대표축제로 정하고 대내·외적으로 적극 홍보하고 있다. 그리고 민족 전통산업과 문화로 발전시켜 연변의 특화 사업으로 만들기 위해 노력하고 있다.[201)]

2010년 제6회 연변 민들레 생태문화 예술절은 '연변 조선족 전통 된장절'이 아닌 '전통 된장 오덕 문화절'과 함께 개최되었다. '연변 조선족 전통 된장절'이 '전통 된장 오덕 문화절'로 개칭된 것이다.

리동춘은 100% 콩으로 만드는 전통 된장 속에 '오덕 문화(五德文化)'가 살아 숨 쉰다고 생각하고 있다. 이동춘이 말하는 전통 된장의 '오덕'이란 단심(丹心), 화심(和心), 항심(恒心), 선심(善心), 불심(佛心)이다.

리동춘이 일컫는 된장의 '오덕 문화'를 풀이하면, 단심이란 '화이부동(和而不同)'으로서 다른 음식물과 화합을 잘하면서도 자기 맛을 잃어버리지 않고 뚜렷하게 나타내는 것이고, 화심이란 '구동존이(求同存異)'로서 자기 맛을 지키는 동시에 다른 음식물의 맛도 살려주는 것이며, 항심이란 '항구불변(恒久不變)'으로 오랜 시간을 거쳐도 변질하지 않고 오히려 맛과 기능을 배로 증식시키는 것이고, 선심이란 '동화열성'으로 된장국에 매운 고추를 넣으면 그 매운맛을 순화시켜 주는 것이며, 불심이란 '구성제유'를 의미하니 물고기의 비린맛과 육류의 기름기를 제거하는 기능이 있다는 것이다.

조선족 전통 된장 속에 스며든 오덕문화를 더욱 깊이 있게 발굴하여 장인합일(醬人合一)의 전통문화를 적극적으로 선양하기로 한 것이다.[202)]

(1) 연변 민들레 전통된장

2004년 '민들레마을(民德來村)'은 '연변 민들레 생태산업 연구 유한회사'의 리동춘이 만들었다. 여기서 '득래'는 순우리말인 '두레'의 중국식 '음차'(한자의 음을 빌려 우리말을 표기하는 일)이다.

1990년대 초반 흑룡강성 촌장을 맡고 있던 그는 한·중 수교 이후 사람들이 농촌을 떠나는 현실을 해결해야 했다. 그는 버려진 촌을 묶어서 '신합촌'을 만들었고, 여기서 산·학 협동의 생태공동체를 만들었다.[203)]

조선족 전통음식의 하나인 된장을 문화로, 생태문화 산업으로 업그레이드 시켰다. 조선족 전통식품에 내포되어있는 물질적인 기능과 문화적 원소를 더욱 깊이 있게 발굴하여 문화식품시대를 선도하자는 목적으로 해마다 '생태문화절'과 '전통된장오덕문화절'을 개최, 동시에 전통발효식품 발굴을 위한 국제학술대회도 소집하곤 했다.

전통식품문화를 고양하고 전승하기 위하여 6월 9일을 '전통된장의 날'로 정하고 1,000세대가 동시에 참여하는 전통 된장 담그기 체험행사를 해마다 개최해오고 있다. 특히 체험행사는 민족을 가리지 않아 한족 참가자들이 70% 이상을 차지하고 있다.[204)]

된장은 연변조선족자치주의 전통음식 문화의 영혼이며 조선 민족의 명맥을 이어가는데 있어서 없어서는 안 될 기초적인 민족음식이다.

조선 민족의 전통 된장은 영양과 기능, 문화를 모두 갖추었으며 민족의 영혼이 담겨져 있다. 2009년도에 연변주 및 길림성 비물질문화유산에 등재되기도 했다.

조선족 전통 된장을 빚는 전통기술의 명맥을 세세대대로 전해 내려가기 위하여 1,000세대가 동시에 전통 된장을 담근 체험행사는 세계적으로 최초의 행사이며 조선족 전통 된장 산업을 전승하고 전통문화를 선도해나가는데 적극적인 작용이 있을 것이라는 역사적인 견증을 받았다.[205)]

연변지역은 11월부터 3월까지 아주 춥고 4월부터 따뜻해져서 콩을 기르기에 아주 좋은 곳으로 꼽힌다. 그래서 중국 내에서 이곳의 콩 수확량은 꽤 많은 편이다. 게다가 이곳에선 전통 된장 담는 법이 각 가정마다 고스란히 전해지고 있다. 각 가정은 콩으로 메주를 만들어서 된장을 담가 먹는다.

민들레마을의 된장이 눈길을 끄는 이유는 농약을 전혀 치지 않은 콩으로만 만든 '100% 유기농'이란 점과 함께 독특한 생산 방식에서 비롯한다. 한국에서 웰빙 바람이 강한 것처럼 중국 대도시에서도 친환경 식품에 대한 수요가 높다.

이곳의 된장 생산은 기업 방식과는 전혀 다르다. 우선 각 집이 콩을 따서 각각 메주를 담그고 조선족 마을이 예로부터 이어온 된장 생산 방식을 고스란히 유지하는 것이다. 문제는 고른 맛의 유지인데, 이를 해결한 것이 공동 미생물 배양실 운영이다. 각 집에서 만든 메주는 유한회사가 운영하는 창고에서 6개월간 성숙화 과정을 거치는데, 이 과정에서 각기 다른 사람이 만든 메주가 똑같은 맛의 된장이 된다.

'전통문화 유지'와 '상품화'란 두 마리 토끼를 이와 같은 방식으로 해결할 수 있다. 게다가 이 과정에서 공장화 시스템의 힘을 전혀 빌리지 않았다. 된장이 만들어지기까지 오로지 수작업으로만 했다는 뜻이다.

그리고 생산 효율성을 높일 수 있는 '기업농' 대신 '소농'을 선택했다. '소농'이어야만 각 가정의 고유한 삶의 방식이 유지될 수 있다고 믿기 때문이다. 또한 '소농'이야말로 가장 생태적인 농업방식이라고 생각한다.

가족기업(소농) 형태는 도시에서는 도저히 할 수 없는 형태라서 농촌의 장점을 극대화할 수 있는 형태이다.[206)]

(2) 의란된장

의란구는 먼 옛날 깊은 산골에서 한 냥짜리 산삼을 캐면서부터 '일량구(一輛溝)'로 불려지다가 어음의 변화로 나중에 '의란구'로 불리게 되었다고 한다. 연변 항일투쟁의 요람이었으며 많은 항일투사를 육성했다. 이런 역사적 토대가 있고 또 '방초령'(방초는 산삼의 별칭)에 사슴이 뛰놀던 자연조건을 가진 의란구는 100여 년의 피와 불의 세례 속에서도 우리 민족 전통문화의 명맥을 이어오면서 오늘날 조선족 전통된장 생산기지로 그 규모화를 실현해가고 있었다.[207)]

구룡촌 하면 이제는 연변에서 '의란된장'이라는 비공식적인 브랜드로 통한다. 그만큼 구룡촌에는 여러 세대의 농민들이 전문으로 된장 생산을 하고 있으며 이들이 연간 생산해낸 100만 근이 넘는 맛좋은 된장이 연변은 물론 북경, 상해 등 중국 대도시들과 한국, 일본 등 해외에까지 널리 팔려나가면서 '의란된장'이라는 비공식적인 브랜드를 날이 갈수록 알리고 있다.

이 마을 농민들이 된장을 상업화하기 시작한 것은 1993년부터였다. 당시 향진기업이었던 의란 식품공장이 불경기로 파산되면서 이 공장에 다니던 농민들이 월급 대신 각자 받은 1,000근의 콩을 가지고 시작한 것이 바로 장 만들어 팔기였다. 청국장도 만들어 팔고 된장, 고추장, 간장 등 여러 가지 장류 제품들을 만들어 팔았는데 생각 외로 시장에서 평판이 좋았고 수입도 짭짤했다.

구룡촌 된장의 생산 원조인 최명옥 씨는 맨 처음엔 1,000근의 콩을 가지고 장 생산을 시작, 이듬해에는 3,000근, 그다음 해는 9,000근, 후에는 5만근… 이렇게 장 생산 규모를 늘렸으며 그만큼 수입도 기하급수적으로 늘어갔다. 이에 따라 날이 갈수록 많은 농민들이 메주를 빚고 된장을 만들면서 구룡촌의 된장 산업을 형성했다.

된장 만들기는 많은 품이 든다. 어려운 된장 생산을 부업거리로 택한 가장 중요한 것은 된장을 만들어 팔면 농민들이 농산물의 부가가치를 높일 수 있기 때문이라고 강조했다. 또 된장 생산 과정에서 덤으로 간장까지 얻을 수 있으니 콩을 그냥 팔기보다는 부가가치가 훨씬 높다는 것이다. 땅이 적어 농사 수입이 낮은 구룡촌 같은 반 산간농촌의 경우 밭에서 나는 농산물을 재가공 혹은 정밀가공해서 농산물 부가가치를 높이는 것이 농민 수입증가에 아주 필요하고 절박하다.

구룡촌 농민들이 장을 빚는 시기는 매년 11월부터 이듬해 4월경까지 반년 가량의 시간이다. 여름철에는 날씨 때문에 자칫하면 장맛을 망칠수도 있어 장을 만들지 않는다고 한다.

구룡촌 농민들은 구룡촌의 자연조건이 장 빚기에는 아주 좋다고 말한다. 특히 당지에서 나는 순콩과 질 좋은 소금, 구룡촌 바위틈에서 나오는 청정 샘물로 장을 빚다보니 장맛이 좋을 수밖에 없다고 자부한다.

현재 의란진 구룡촌 농민들은 늘어나는 시장수요에 걸맞는 의란 된장 브랜드화에 눈길을 돌리기 시작했다. 이미 된장 생산 전문가들로 의란진 구룡촌

토장협회가 설립되었으며 '두만강(豆滿江)'표 장류제품 공동브랜드도 적극 추진 중이다. 이제 구룡촌 농민들은 된장 산업을 체계화, 규모화, 시장화한 더 큰 꿈을 꾸는 일만이 남았다.[208]

(3) 된장술(장로주(醬露酒))의 탄생

조선족 된장의 전통 양조기법을 계승하고 소수민족의 문화유산을 보호하기 위해 '된장과 술의 연합제조' 기술을 발명하여 무숙취 영양형 소주를 양조, 연변에서 된장술 문화를 이끌어냈다.[209]

리동춘은 북한의 원로 과학자가 조선족의 음식 중에서 두 가지 식품이 오래 두어도 영원히 변질하지 않고 오히려 더 좋은 맛과 기능을 만들어 낸다고 하였는데 그것이 바로 발효식품인 전통 된장과 술이라는 것에서 힌트를 얻었다.

된장술이 처음 일반인들에게 소개된 것은 2010년 7월 5일부터 8일까지 심양에서 개최된 글로벌 한상(韓商) 대회에서이다. 리동춘은 '길림성 무형문화재'로 등록된 전통 된장과 그 계열 제품으로 새 상품 장로주(된장술)를 출시했다.[210]

리 대표는 된장술을 만들기 위해 실패에 실패를 거듭하다가 2009년에 마침내 장로주 개발에 성공하며 2010년에 30·38·43·50도의 네 종류 술을 출시했다. 알코올 도수가 높은 이 술은 선입견과는 달리 향이 좋고 숙취가 없어 2010년 출시할 때부터 지금까지 애주가들로부터 꾸준한 인기를 얻고 있다. 맛의 비결은 나노 생태 숙성기술로 100% 수작업으로 된장을 만든 재료로 사용한다.[211]

조선 민족은 술을 매우 즐기는 민족이다. 이튿날까지 풀리지 않는 숙취 현상을 된장국으로 해소시켜 왔다. 해장국의 기능이 고스란히 된장술 속에 녹아 있다면 이해하기가 쉽다.[212] 조선족 매체인 <흑룡강신문>은 이 술이 된장 추출물을 주원료로 사용하지만 술에서 된장의 맛이나 냄새가 나지 않을 뿐만 아니라 순하고 숙취가 빨리 해소되는 특징이 있다고 전했다.

된장술은 연변을 중심으로 헤이룽장성, 랴오닝성 등 중국 동북지역은 물론 상하이, 산둥성, 광둥성 등지로 판로가 확대되고 있으며 한국에도 수출되고 있다.[213]

오덕된장술은 된장 마을에 위치한 목탄 우물에서 천연 알칼리수가 발견, 천연광물질 샘물터가 다시 개발되자, 이곳에서 솟아 나오는 알칼리수로 만들어지면서 된장에서 추출된 10여 가지의 영양소에 이어 한 차원 더 높은 건강술 제품의 개발에 착수했다.

지금까지 개발한 20여 종의 된장술은 연변 소주시장의 80%를 차지하며 전국 수십 개의 도시로 진출했다. 이처럼 해외에 수출을 하고, 해외와 손잡고 국제 협력공장 건설을 추진 중인 된장술 시리즈 제품의 식지 않은 인기 비결을 두고 이동춘은 "건강시대에 맞는 제품의 출시가 비결"이라고 말했다.[214]

3. 중앙아시아 카자흐스탄, 우즈베키스탄의 고려인[215]

해마다 된장을 담아 먹으며, 시락장물, 된장국, 고추된장볶음 등을 일상적으로 먹는다. 카자흐인들, 러시아인들 가운데도 고려인의 된장을 주문해서 먹는 사람도 있다.

4. 멕시코

현재 멕시코 한인 후손들은 김치와 고추장은 전수되어 현재까지 이르게 된 반면, 된장은 언제부터인가 한인 후손사회에서 더 이상 담가 먹지 않는다.

김치, 고추장, 된장은 한국에서 가져온 전통 발효음식이지만, 된장 끓이는 냄새가 역했던지 된장은 1950년대 이후 중도에서 끊어지고 말았다. 따라서 현재에 이르도록 후손들 가운데 김치와 고추장만 담그는 법을 전수받아 내려오는 가족들이 꽤 된다.[216]

5. 쿠바

쿠바 교민 중에서 오이김치를 담글 때 고추장을 넣는 특징이 있다. 소금에 절인 오이를 꽉 짜고 타바스코 소스와 고추장을 넣고 버무린다. 마지막에 마늘, 고춧가루 등을 넣고 버무린다. 또 양배추 김치는 양배추를 잘게 썰고 초를 약간 뿌린 다음 고추장을 넣어 버무리고 양파와 고춧가루를 넣고 함께 버무린다. 또 쿠바에는 메주를 띄워 간장을 담그는 후손이 있는데, 간장 맛은 한국 간장 맛보다 베트남 간장에 가까운 맛이 나는데 홀리홀(frijol)이라는 팥으로 만든 것이다. 쿠바 구석구석에 한민족 식습관 전통이 아직도 지켜지고 있다.[217)]

Ⅳ
유네스코 인류무형문화유산 등재 관련 동북아 두장문화의 가치와 한국 전통 장문화

동북아 두장문화의 가치와 한국 전통 장문화를 유네스코 인류무형문화유산에 등재함에 있어서 핵심적인 특징과 가치를 동북아 두장문화와 한국의 장문화로 구분하여 정리해보면 다음과 같다.

1. 동북아 두장문화의 가치

1) 동양 삼국 두장문화의 교류 속에 있는 원형 및 정체성을 보면, 한국의 두장은 장이 만들어지던 시기 이래 구황장을 예외로 주로 대두 단용으로 현재까지 장을 담는 반면에, 중국과 일본은 대두와 쌀(米), 보리(麥) 등을 혼용하는 조장법이 주류를 이루고 있다. 일본 나라시대(710~794)에는 콩 단용장이 있었다.
2) 대두의 원산지로는 여러 설이 있지만, 만주지역이 유력하다. 기원전 7세기 초엽에 제(지금의 산둥성)의 환공이 산융(山戎, 만주 남부, 옛 고구려 땅)을 정복하여 콩을 가져와 융숙(戎菽)이라고 하여 중국으로 전해졌고, 그 후에 중국의 여러 문헌에서도 콩은 중국이 원산이 아니고 북방의 곡물이라 하고 있으며, 한반도 남부지역 청동기시대 유적지에서 야생이 재배종으로 발전해가는 중간단계의 순화(馴化) 대두가 대량으로 발견되고 있다. 때문에 한반도 대두의 식용화는 신석기시대까지로 소급할 수도 있다.
3) 대두의 처음 이름은 『시경』(기원전 6세기)에서 콩 숙(菽)이었고, 꼬투리 모양을 보고 두(豆)로 쓰게 되었다. 우리나라 콩 재배 시기는 B.C.2000년대 후반 함북 회령군 오동에서 콩의 유물이 발견되었고, 무문토기 유적

출토품 중 콩의 압흔으로 보아 청동기시대로 보고 있다. 그러나 중국은 앙소, 용산 농경문화유물, 그리고 청동기 문화유적에는 콩이 보이지 않는다.

4) 장의 문헌상 기록은 중국 『주례』속의 장(醬) 120동이에서 볼 수 있는데, 이것은 육장이고, 장보(醬譜)에는[218] 논어(論語) 향단편 8장에 "음식 썬 것이 바르지 않으면 잡숫지 않으셨고, 장(醬)이 없으면 식사를 하지 않으셨다.(割不正不食不得其醬不食)[219]"고 했다. 『제민요술』에도 14개의 장 만드는 법 기록 중 두장(豆醬)은 '검은콩시(豉)' 뿐이다. 한나라 때의 기록인 『논형』, 「마왕퇴한묘백서」(기원전 3세기 말)에서 보듯이 한나라 때 두장으로 정착된다. 우리나라에서는 『삼국사기』에 신문왕(683)의 폐백 품목으로 장(醬), 시(豉)가 처음으로 등장했다.

5) 두장의 기원에 대해서 시(豉)는 고구려 사람들의 선장양(膳藏釀), 발해의 수도인 책성의 시(豉), 중국 사람이 시(豉) 냄새를 『박물지(博物志)』에는 시법(豉法)이 '국외의 산물'이라고 시의 냄새를 고려취(高麗臭, 고려=고구려)라고 한 것, 그리고 콩의 원산지가 우리나라의 옛 영토인 만주지역이라는 것 등을 아울러 생각할 때, 중국 진, 한대 이후에 건너가서 시(豉)란 이름으로 불리어지게 된 것이라 추정한다. 다시 말하면 중국의 장은 '해(醢)'라는 이름의 육장이고, 우리의 장은 '시(豉)'란 이름으로 만드는 두장이라고 말할 수 있다.

『한서(漢書)』[220] 「식화지」에 혜장(醯醬), 염시(鹽豉), 시(豉), 장병(醬瓶)이 기록[221]되었는데, "염시(鹽豉)를 보면 엿기름과 누룩과 소금과 시가 천합(千合)이다."라고 하였는데, 이것은 누룩이나 엿기름은 근이나 석으로 헤아리는데 합당한 일이다. 염시는 두와 곡(斛)으로 양의 다소를 재는데 역시 합당한 일이라고 하여 계량법을 기록했다. 따라서 당시에 염시 각 1되씩을 서로 따르게 하는데 이것이 합이라는 것이다. 염 1되, 시 1되를 같이 계량한다는 것 같다.

6) 중국은 가정에서는 건조한 두시(豆豉)의 이용이 많으며, 간장인 노두유는 농도가 진하고 단맛이 있지만 짠맛은 덜해서 요리의 색을 내는 용도로 쓰인다. 다종다양한 장류가 있는데, 특히 한국이나 일본보다 ○○소스라고 하여 향신료와 특별한 비법을 지닌 장류 가공품의 종류가 많은 것이 특징이다.

7) 원나라(1271~1368)의 『거가필용』은 조선 홍만선의 『산림경제』, 『증보산림경제』, 『임원십육지』에 많이 인용되었는데, 두장류로는 숙황장방, 생황장방, 소두장방, 완두장방, 대맥장방(흑두, 보릿가루), 조장법 등 6개, 콩 이외의 재료로 담은 장은 조육장법, 조면장방(밀가루), 유인장방(유인, 조면장방과 같은 방법) 등이 만드는 법이 기록되었다. 점차 두장의 보급이 많아지고 이용도도 높아진다.

8) 명대에 간장을 의미하는 장유(醬油)는 대두, 소맥을 원료로 하는 장유제법이 확립되고 장유라는 명칭도 일반화되었다. 일명무역에 의해서 중국 남부의 절강성, 복건성 연안으로부터 일본 사까이 등에 중국장유가 들어가게 되고, 제법도 일본에 전해졌다고 한다.

9) 일본은 야요이시대의 보존식인 장(醬)을 '히시오'라고 하는데, '히시오'는 염지발효된 음식물로 초장, 어장, 곡장이다. 이 중 곡장이 간장 등의 원료라고 한다. 즉 된장보다 액체가 많은 '히시오(醬)의 즙을 조미료로 사용하는 것이 간장(醬油)의 원형이며, 간장 제조법은 된장보다 복잡하고 된장보다 세련된 맛이 있었다.

나라시대에는 일본 재래의 방법에 대륙의 기술이 도입되어 말장(末醬), 황장(荒醬), 당장(唐醬), 재장(滓醬), 시(豉), 대맥장(大麥醬), 소맥장(小麥醬), 대두장(大豆醬) 등 여러 종류가 만들어졌다. 일본은 섬나라임에도 불구하고 어장의 발달보다는 6세기 불교의 영향으로 천무천왕(天武天王) 즈음부터 두장(곡장)으로 장류가 바뀌게 되었다. 두장과 곡분을 사용한 다양한 간장을 개발하여 장류산업의 발달을 가져오게 되었다.

『정창원문서』의 기록 중 장에 대한 기록은 731년, 734년…770년, 771년

에 다수 기록되었다.[222)]

동양 삼국 중 간장의 소모량도 가장 많고, 간장 대국인 일본의 현재와 같은 다양한 간장은 무로마치시대(1338~1573)이후 일본인의 발명품이라고 한다. 한국과 달리 콩과 쌀을 섞어서 간장을 만든다. 많은 경우는 50%까지도 쌀을 섞는다. 결과적으로 단맛이 많고 짜지 않은 특징이 있다.

일본에서 된장은 10세기에 된장국이 있었음을 기록에서 알 수 있는데, 중세의 민중은 일상식사에서 된장국을 먹은 적이 거의 없었다. 나메미소(나메 味噌)는 된장 부식물의 용도로 된장조림, 된장 무침 등 조미료로서 활용도가 컸다. 된장국이 보급된 것은 전국시대(1449~1473)부터의 일이다. 일본 장수의 비결이 하루 9번을 마시는 된장국의 힘이라고 하고 있는데 전국시대 이전에는 된장도 귀한 식품이었다.

16세기 후반에는 간사이(關西)에 간장을 대량 생산으로 제조하는 기업이 성립되고 해상운송으로 다른 지방에 팔기 위해 간장운반선을 가진 업자도 있었다. 그 때문에 일상요리에 간장을 사용하는 것은 상품경제에 의존하는 도시민으로부터 시작되었다. 된장은 집에서 만들지만 간장은 대부분 상품으로 된 간장을 구매를 하는 점이 일본 두장문화의 특징이다. 스시의 세계화와 함께 일본 간장(스시에는 錢(Qian치엔) 사시미쇼유(회간장)이 특히 많이 알려졌다.

이처럼 동북아지역에서는 기원전 6세기 『시경』의 콩에 대한 기록을 시작으로, 대두의 원산지인 만주지역을 중심으로 우리 두장인 장, 시에서 출발하여 한・중・일 삼국이 서로 교류과정을 거치면서 영향을 주고받으며, 각국이 처한 기후 등 지리・사회적 환경에 적응하여, 독자적으로 식품재료와 식생활 특성에 맞게 공동체, 집단, 개인이 두장을 중심으로 만들어 먹으며 현재까지 두장문화를 계승하여 문화유산으로 발달해오고 있어, 동북아 삼국이 연계하여 두장문화의 유네스코 무형문화유산 대표목록 지정이 가능하다고 보여진다.

2. 한국 전통 장문화의 가치

1) 우리나라 장과 시

두장문화를 언급한 앞에서 본 것처럼 우리나라는 두장의 기원지이며, 삼국시대 고구려 사람들이 발효식품을 잘 만들었다는 기록과 683년 신문왕의 폐백품목으로 장과 시가 기록되었으며, 장 담그는 법이 처음 기록된 문헌은 『농사직설』(1429)로 청장법(淸醬法), 미장법(美醬法), 즙장법(汁醬法), 대맥장법(大麥醬法) 등 4종류인데, 콩을 이용한 두장은 청장, 즙장, 대맥장이나 콩 단용장이라고 할 수는 없을 듯하다.

『사시찬요』는[223] 당나라 말기 한악에 의해 초간되었으나 원본은 소실되었다. 우리나라 조선 세종대의 『사시찬요초』(강희맹, 1424~1483)는 『사시찬요』를 그대로 본뜻 것으로, 신속의 『농가집성』(1655) 하편에 실려 있다. 2월조, 6월조, 7월조, 8월조, 12월조에 장이 기록되었다.

2월조를 보면 "장을 담그기에 이 달이 제일 좋다. 방법은 이미 12월에 갖추고 그믐날이 되면 초저녁에 북쪽 담장 밑에서 북면하고 입은 종이로 봉하고 말을 하지 않고 담그면 벌레가 일지 않는다."고 했다. 6월조에는 두시(豆豉)만들기가 기록되었다. 흑두 2~3말을 깨끗이 씻고, 하룻밤 침수한 후 물기를 말리고 찐다. 다음으로 대자리 위에 펴서 사람의 체온만큼 식으면 짚을 덮어서 황의(黃衣, 노란 곰팡이) 만드는 법으로 3일 동안 재운다. 황의가 고르게 폈으면 된 것이다. 키질을 해서 황의를 날리고 볕에 말린다. 그리고 물을 쳐서 섞는다. 손으로 꼭 쥐어봐서 손가락 사이로 즙이 스밀 정도가 좋다.

항아리에 채우고 뽕잎으로 3치 정도 덮는다. 뚜껑을 덮고 진흙으로 봉해서 7일 동안 볕을 쐬었다가 열어서 볕에서 말린다. 꺼내서 또 물을 섞어 항아리에 다시 넣는다. 이와 같이 6,7번을 해서 색깔이 극도로 좋아지면 쪄서 펴서 식히고 공기가 들지 않도록 항아리에 채우고 진흙으로 봉해두면 시(豉)가 완성된다. 함시(鹹豉)는 검은 콩 1말을 익혀서 황의를 띄우고 키질을 해서 황의를 날리고 더운물로 씻고 물기를 말린다. 콩 1말이면 소금 5되, 가늘게 채 썬 생강 반근, 천초 1되의 비율이 필요한데, 더운물에 소금을 녹여 체온 정도로 식힌다. 항아리에 콩을 한 층 넣고 천초와 생강의 순으로 층이 지게 넣고 마지막으로 염수를 콩 위로 5~7치 채우고 천초 잎으로 덮는다. 진흙으로 아가리를 밀봉하고 14일 동안 볕에 쬔다. 즙은 끓여서 따로 저장해 두었다가 맨밥에 쳐서 먹으면 더욱 맛이 좋다. 보리기울로 만든 부시(麩豉) 만드는 법도 기록되었는데, 두시(豆豉)보다 더 좋다고 했다.[224] 그리고 12월조에는 어장 만들기, 토끼장 만들기와 함께 장 만들기가 기록되었는데, 메주를 만들지 않는 중국풍의 장 담그기이다.

장 만들기를 보면, 노란 콩을 볶아서 하룻밤 침수해서 솥에서 삶아 무르게 하고 딱딱한 것이 있으면 또 삶고 콩물을 맑게 취한다. 노란 콩 1말에 황의가루 6되, 누룩 4되, 소금 5되반을 콩물 끓인 것에 섞은 후 아가리를 봉한다. 만일 말라서 진하면 끓인물을 첨가한다. 또 다른 방법으로는 노란 콩을 키질해서 부스러기나 안 좋은 것을 제거한 후 1섬을 마쇄하고 황의를 띄운다. 황의로 띄운 노란 콩을 깨끗이 씻는다. 염수를 항아리에 취하고 여기에 두황을 넣고 다음에 황의를 넣는다. 그리고 아가리를 단단히 봉한다. 삼도[225]에 해당하는 사람이 오는 것을 막아야 하고 혼삿길의 사람이 오는 것은 좋다.[226]

『산가요록』(1450)에는 14종의 장류가 기록되었는데, 콩단용장은 말장훈조(메주 만드는 법), 합장법(메주+소금물, 장 담그는 법), 간장(삶은 콩 1말+소금 5되+정화수 1동이) 등 3뿐인데, 간장은 메주를 만들지 않고 콩을 말려서 밥반찬으로 만든다. 즙을 버리고 콩을 다시 쪄서 즙을 얻으면 청시가 된다. 중국 두시법과 유사하다.

『태상지(太常志)』(1766)는[227] 조선시대 제사나 의서의 일을 맡아보던 관청인 봉상시의 조직이나 운영 등에 관한 사항을 기록한 책인데, 권5에는 침장(沈醬)이 기록되었다. 침장은 매월 5월이면 해당 공인처에서 말장과 소금을 수봉한다. 장을 담근 항아리는 창고 속에 줄지어 놓는다. 장일을 하는 비천한 사람은 담당 집리가 거느리고 간호색랑은 수시로 검찰한다. 말장 1말에 소금은 7되가 든다.(바칠 소금은 28石 7斗2升8合2勺) 이후 『증보산림경제』(1766) 등에 많은 장류에 대한 기록이 보인다.

두장의 기원과 교류에서는 삼국의 두장 모습은 식생활이 정립되는 10세기를 지나 점차 각 나라의 특성에 맞게 변화되어 현재는 다양한 모습으로 전승되고 있다.

한국은 콩 100%로 만든 메주로 장을 봄에 담는다. 일월장, 이월장이다. 장 만들기는 콩 재배, 메주 만들기, 장 만들기, 숙성과 발효 등으로 이어지는 과정이 중국과 일본과는 다르며, 간장과 된장 두 가지 장을 만들고, 전년도 씨간장을 이용해 겹장을 거치는 점 등이 한국만의 장 만들기의 특징이며 고유성의 가치다. 장 만들기는 김장과 달리 대문을 걸어 잠그고 담는 비개방성을 보인다. 가문(집안)중심주의의 한국적인 문화로 독립된 주체의 전승을 예측할 수 있다.

장 담기를 보면, 메주를 소금물에 담가 40일 지나면 간장을 빼고, 나머지 메주덩어리로 된장을 담는 간장과 된장을 동시에 얻는 방법이 현재까지도 전통적으로 이어져오고 있다. 가정에서는 간장을 달여서 저장하지만, 궁중에서는 간장을 달이지 않고 햇볕을 쬐여서 저장한 점이 다르다. 지역에 따라서는 간장을 빼지 않고 된장만을 담기도 한다. 막장이다.

2017년 트럼프 대통령 방한 시 만찬음식에는 담양 장흥고씨 양진재 종가(기순도 명인)의 360년 된 씨간장을 사용했다고 하는데, 우리나라에서는 오래된 간장을 귀하게 여겨 '씨간장'이라고 한다. 종가의 경우 씨간장을 보유한 곳이 많다.

고추장은 우리나라에만 있는 장이다. 중국의 변초장(辯椒醬)은 고추에 소금, 산초, 백주 등을 넣고 절여 발효시켜 만든 것으로 우리의 고추장과 유사하지만, 콩으로 만든 메줏가루 등이 들어가지 않았다.

장 담그기 과정을 보면, 장 담그는 날을 택일하고 고사지내고, 장 담그는 날에 금기사항 등을 지키고, 입을 봉하기도 하고, 대문을 걸어 잠그고 장을 담는 행위와 장을 친척에게는 줘도 딸에게는 안준다는 풍습 등에서 한국인이 지니고 있는 '가문(집안) 중심주의' 문화를 알 수 있다. 또한 장을 담글 때 부정이 타지 않도록 몸가짐을 조심했고, 장독대에 금줄을 둘러 귀신의 접근을 막으려 했다.

한국식문화의 중심에 장이 있었다. 반상차림 중 3첩 반상에는 간장종지가 가운데 놓여진다. 국에 간을 했음에도 불구하고 식사를 하는 사람의 식성을 고려한 배려이다. 5첩 반상차림에는 간장종지, 초간장종지가 놓여지고, 7첩 반상차림에는 반찬의 가짓수가 증가함에 따라 간장종지, 초간장종지, 초고추장종지가 놓여진다.

한국 벼농사의 산물과 주거문화를 활용하여, 볏짚을 이용하는 것들, 메주를 볏짚단위에서 말리고, 메주를 볏짚으로 새끼를 꼬아서 매달고, 청국장을 쑬 때도 볏짚을 같이 넣고 하는 행동들에서 볏짚에 들어있는 고초균의 활용과 온돌에서 발효 숙성시키는 점 등도 한국적인 생활 문화를 반영하고 있다.

장에 관한 오랜 경험들이 모여 만들어진 속담, 농가월령가의 메주 쑤기, 장 담그기, 관리하기, 그리고 지신밟기 중 장독풀이란 대목도 있다. 된장 맛이 꿀같이 달아지고 어떤 부정도 타지 않기를 기원하는 내용이 담겨 있다. 장독대는 정안수를 떠놓고 비는 신성한 곳이기도 한 생활문화들이 한국인의 정서에 녹아있는 점 등도 반영할 수 있다.

장 담그기는 주거환경의 변화 등으로 예전보다 사 먹는 사람들이 많아졌지만, 발효식품의 건강성과 바른 먹거리임을 인식하고 직접 장을 담는 집들이 많아졌고, 대한민국 식품명인, 농업기술센터, 종가집 등 체험교육 현장에서 많은 교육이 이루어지고 있다. 특히 장을 잘 모르는 초등학교, 청소년들에게 방과 후 교실에서 '고추장 담기' 등을 교육하기도 하며 전승교육이 활발하게 이루어지고 있다.

따라서 유네스코 세계 인류무형문화유산 등재와 관련하여 한국의 장 담그기의 가치는 콩이 만주원산지라는 점과 두장의 기원지를 시작으로 콩단용장의 원형을 고수하고, 현재까지도 콩 외에 곡물을 첨가하는 구황장과 별미장 등도 만들어 먹으며 공동체, 집단, 개인들의 능동적인 전승효과는 역사성과 함께 동북아 다른 어떤 나라보다도 활발하고, 특히 종가 등 가문(집안) 중심의 장 담그기 풍습과 씨간장 등이 여전히 살아 있어 바른 먹거리인 두장문화는 유네스코 무형문화유산 등재는 충분히 가능하다 여겨진다.

V
동북아 두장문화의 전승양상과 민속문화

장류의 보편적 가치를 알 수 있는 현재 전승 양상을 살펴보고자 한다.

1. 장류의 전승양상

1) 한국 장류의 전승양상

(1) 서울 경기지역

서울 경기지역은 대개 음력 10월경에 메주를 쑨다. 콩을 불려 삶아 메주덩이를 만드는데 메주콩 대두 1말이면 6덩이 정도 되게 빚어 매달아 말려 띄운다. 봄에 장을 담을 때에는 메주를 깨끗이 씻어 하루 정도 말린다. 정월장이면 물 1동이에 소금 소두 3되를 풀고 메주에 소금물을 부어서 붉은 고추 3개, 참숯 3개, 참깨, 대추 3개를 띄운다. 그리고 2~3개월을 둔다. 장독에 붓는 날(음력 4월경)은 손 없는 날인 10일, 20일, 그믐날 또는 말날이나 돼지날에 한다. 된장은 그대로 눌러 놓는다.[228]

1930년대 장류의 공업화가 시작되었고, 재래간장(조선간장), 양조간장, 산분해간장, 효소분해간장, 혼합간장 등이 판매되고 있으며, 최근에는 재래식 메주 대신 개량 메주를 이용하여 장 담는 법도 보편화되었다. 반면에 가정에서, 종가에서 전통 방법으로 장류를 만드는 대한민국 식품명인 제도도 실시하고 있다.

(2) 장류 대한민국 식품명인(13명)(1994년부터 시작, 2020년 현재)[229]

대한민국 식품명인의 지정년도와 명인명, 그리고 지정받은 장류명 등을 정리하면 다음과 같다.

2008년에는 기순도(35호) : 전남 담양군 창평면 유천길 154~15, 진장(陳醬=5년 이상 숙성시킨 간장), 2010년에는 故 문옥례(36호)가 전북 순창, 순창고추장으로 명인이 되었으며, 죽은 후에는 조종현(2019)이 故 문옥례 명인의 뒤를 이어 순창고추장 명인이 되었다. 권기옥(37호) 명인이 경기 용인, 궁중장, 어육장으로 명인이 되었고, 한안자(40호)는 전남 해남, 동국장(생장) 3년 숙성, 전남 해남윤씨(윤선도 10대손) 시어머니에게서 전수를 받았다. 귀빈식품, 100년 묵은 씨간장이 유명하다.

2012년에는 성명례(45호) : 경북 청송 대맥장으로 명인을 받았다. 권씨 집안 며느리, 맥된장, 맥간장, 한국맥꾸룸 대표이다. 2013년에는 윤왕순(50호) : 전북 완주, 천리장, 대둔산 산내골식품, 그리고 최명희(51호) : 경북 안동, 소두장, 안동 제비원전통식품 대표이다. 2015년에는 서분례(62호) : 경기 안성, 청국장 명인이며 서일농원 대표이다. 강순옥(64호) : 전북 순창, 순창 고추장, 순창 본가 전통식품 대표이다. 백정자(65호) : 전남 강진, 장류(즙장), 전통 된장 영농법인 담가온 대표이며, 정승환(67호) : 경남 하동 청학면 청학로, 죽염 된장, 죽염 간장(30년 숙성), 청학동 정승환 장류식품 대표이다. 2016년에는 양정옥(75호) : 제주 서귀포 제주막장, 영농조합법인 한라산청정촌, 2018년에는 조정숙(78호) : 청주시 된장으로 대한민국 식품명인이 되었다.

이밖에도 충북 보은 보성선씨 종가(350년 씨간장), 충북 청주 문화류씨 종가 등 여러 종가와 양평군 용문면의 수진원, 김천 정월농장 등의 개인 장을 만드는 장인들, 전국 시, 군의 농업기술센터(아산시농업기술센터, 남양주농업기술센터 등), 전통 장류 체험마을(안동 하회 된장마을, 문경 전통 참숯된장마을, 김천 된장마을), 학교 방과후 수업 등에서 전통 방법으로 장을 담는 방법도 꾸준히 지속되고 있어 우리민족에게 장류는 보편적 가치를 지니고 있다. 또한 정부 관련 기관에서 강사를 파견하여 해외 전통교육 실시, 한국을 방문하는 외국인들과 거주하는 외국인들까지도 전승 주체가 확장되고 활성화되고 있다.

(3) 종가의 씨간장

경북 상주시 낙동면 승곡리 풍양조씨 입재공 조대윤 선생의 400년 된 종가 '오작당'의 씨간장, 묵장과 햇장을 섞으면 우환이 온다는 속설, 해묵은 된장과 햇된장도 구별, 해묵은 된장은 약으로 쓰기도 한다. 간장과 된장을 많이 담아서 아파트에 사는 친척들에게 주는데, 딸들에게는 간장이나 된장을 주지 않는다. 친정에서 장을 가져다 먹으면 딸네가 못산다는 속설 때문이다.

2) 중국 장류의 전승 양상

오늘날의 중국요리법은 청나라 음식문화를 계승한 것인데, 간장으로는 선장유(鮮醬油), 노두유(老頭油) 등이 있으며, 어장유(魚醬油), 해선장(海鮮醬), 굴소스 등 종합장류 가공품 등으로 다양하다. 그리고 XO 장 등 종합적인 장류 가공품도 많이 있다. 된장류로는 춘장, 첨면장(甛麵醬), 검은 콩장 또우츠(豆豉), 두반장(豆辯醬), 변초장(辯椒醬) 등 여러 형태의 두장의 이용도가 많다.[230]

이들 중 또우츠(豆豉)는 콩을 발효시켜서 우리의 청국장과 같이 만든 된장류이다. 검은 콩을 푹 삶아 말린 다음 항아리에 넣고 햇볕에 7번 말려서 만든다. 검은 색으로 향이 나며 독특하고도 신선한 짠맛이 난다. 삶은 콩을 띄울 때 소금의 첨가 여부에 따라서 함두시와 담두시로 구별되며, 함두시는 된장이나 간장에 해당되고, 담두시는 청국장과 유사한 방식으로 만들어진다. 강소, 광동, 호남성 등에서 많이 사용된다. 호남, 사천, 강서 등 남부지방에서는 부슬부슬한 알맹이로 된 간두시(말린 두시)가 있고, 북경지방에서는 육필거두시, 산동지방에서는 산동두시 등을 즐겨 식용하는데 이들은 숙성기간이 긴 습두시에 해당된다. 음식 특유의 신선한 맛을 증가시키고 원료의 나쁜 맛을 감춰주는 역할을 한다. 100% 콩 단용장이다.

두반장(豆辯醬)은 잠두콩으로 만든 된장으로 콩을 완전히 으깨지 않은 채로 만든다. 말린 새우로 신선한 맛을 낸 것도 있고, 사천의 비현 두반장(碑縣 豆

辯醬), 산성표 금두반장(金豆辯醬) 등이 유명하다.

선장유는 소금에 기타 부재료를 배합한 간장의 일종이다. 일반 간장과 달리 맛이 아주 신선하고 좋다. 다른 조미료와 섞어서 복합적인 맛을 내기도 한다.

노두유는 광동일대에서 쓰는 색이 진한 간장이다. 노두추(老頭抽)라고도 하며, 맛은 약간 달고 짠맛이 덜하다.

두장의 종류도 많지만, 간장의 사용법이 독특하다. 볶음요리 시 가열된 팬의 가장자리에 간장을 끼얹어 간장 향을 볶은 재료에 흡수되도록 한다.

이외에도 중국 장류에는 종합적인 장류 가공제품이 많은 것이 특징인데 중화마늘콩소스, 중화고추마늘소스, 사천식 두반장, 중화매실소스(빙화매장(氷花梅醬)), 중화 바비큐소스(차소장(叉燒醬), 중화 탕수육소스(산첨장(酸甛醬)), 중화 마파소스(麻婆醬), 중화 닭요리소스, XO소스 등도 있다.[231)]

한나라 『논형』(90)은 중국 두장에 대한 최초의 기록인데, “두장을 만들 때 천둥소리를 듣는 것을 꺼리고, 이렇게 만든 장은 먹으려 들지 않는다.”고 했다.[232)] 이러한 믿음은 청나라 때까지 이어져 『조정집』에서도 “장을 담을 때… 천둥이 칠 때 장을 담그면 사람에게 배탈이 나서 배가 꾸르륵 거리게 되는 현상, 즉 복명(腹鳴)이 발생한다고 했다. 또한 월상(月上, 음력 7일~8일 상현에 뜨는 달)과 하현(下弦, 음력 22일~23일에 뜨는 달)에 장을 젓거나 장단지를 옮기거나 하면 바람직하지 않게 된다.”고 설명했다. 정해진 날짜에만 장을 관리하라고 했다.

3) 일본 장류의 전승양상

일본에서는 1950년대까지는 집에서 된장을 만드는 농가가 많았으나 간장은 상품으로 구입하는 조미료였다. 된장 만들기에 비해 간장 만들기는 복잡하여 자가제조가 어렵기 때문이었다. 액체를 짜고 남은 찌개미를 먹을 수 없으므로 된장에 비하여 원료의 수율이 나쁜 간장은 농민들에게 사치스러운 식품이고, 평소에는 집에서 만든 된장으로 맛을 내는 음식을 먹었다. 농촌에서도 간장을 사서 먹었고, 다른 지방에서도 소규모의 간장 제조업자들이 있을 뿐이었다.

오늘날 일본 시장에서 유통되고 있는 된장의 대부분은 '쌀된장'이다. 전체의 80%를 차지하고 있다. 원료는 백미, 대두, 소금인데 우리의 된장과 다른 점은 백미를 많은 양 사용한다는 점이다. 보통 쓰이는 미소에는 白미소, 中미소, 赤미소, 田舍미소, 八丁미소를 많이 쓰고, 정진요리에서는 단맛이 나는 白미소, 어패류 등 보통요리에는 짠 赤미소 또는 八丁 미소를 많이 쓴다. 또 아에모노, 미소니(미소조림), 미소시루(미소국), 미소즈케(미소절임) 등에 쓰인다.[233]

20세기가 되면 대규모 공장을 갖춘 큰 간장산업에 따라 시장의 도시화가 진행되어, 그 상품이 전국적으로 유통되면서 농가에서도 일상요리에 간장을 사용하게 되었다. 일본요리의 맛이 된장에서 간장 맛으로 변화하고, 그것은 도시의 맛이 농촌으로 퍼져가는 과정이었다.[234]

20세기 일본의 대규모 공장을 갖춘 간장산업의 독점화가 일어나면서, 상품이 전국으로 유통되고 농가에서도 일상요리에 간장을 사용하게 되었다. 지금은 간장은 만능조미료로 자리를 굳건히 하고 있어, 간장 없이는 일본요리가 성립하지 않는다. 일본의 부엌에서는 맛내기에 간장을 사용하고, 식탁에도 작은 간장병이 놓여있다.

간장이 등장하면서 새로운 요리가 고안되었다. 날생선을 먹는 방법이 나마스[235]에서 사시미로 변화한 것도 간장의 보급과 관계가 있다.[236]

일본에서는 전통적으로 콩과 밀로 누룩으로 만들어 8개월 동안 충분히 발효 숙성시킨 양조간장을 주로 만들었다. 그러나 패전 후 원재료, 시설부족으로 신식양조간장(우리의 경우 혼합간장), 화학간장을 만들었다. 기꼬만사는 화학간장을 만들지 않는다. 간장 소비실태를 보면 양조간장 70%, 신식양조간장 24%, 화학간장 6%이다. 같은 기간 한국은 양조간장 20%, 혼합간장 55%, 화학간장 25%이다.[237]

일본 동북지방의 양조장 안도양조원(安藤釀造元)은 가쿠노다테(角館)에 대를 이어온 양조 구가(舊家)이다. 구가를 그대로 보존하면서 장유, 미소, 쯔게모노를 가공하고 있다. 아키다(秋田)의 先北지방은 예전부터 양질의 쌀과 콩 그리고 양조에 적합한 기후의 혜택을 받고 있어 오늘날 안도가의 '아키타미소'라는 명칭을 얻었다고 한다.

간장의 재료는 콩과 밀이고, 소금물의 농도는 15%이며, 발효조는 15℃를 유지한다. 그리고 1~2년간 숙성시킨다. 짜서 걸러낸 간장은 날간장용이다.

된장의 재료는 쌀, 콩, 소금이며, 된장용 메주로는 쌀을 띄운 '米麴'으로 가공한다. 미국의 비례를 50% 이상으로 하므로 특미가 생기며, 전국적으로 볼 때 미국의 비례가 가장 높다. 추운 고장이기 때문에 가능할 것이다. 일본 미소는 덩어리가 없는데, 이곳 안도가의 미소는 덩어리가 있다. 살균은 진공순간 살균을 한다. 살균 후 나무통에서 1년간 숙성을 하고 나면 색이 검게 되고 염도도 높아져서 맛이 나빠진다고 한다.[238)]

2. 장문화와 민속문화

옛날에는 된장이 쓰이는 용도와 맛에 오덕(五德)이 있다고 해서 이를 칭송하기도 했다. 오덕은 다른 맛과 섞어도 제 맛을 잃지 않으므로 단심(丹心), 오래 두어도 변질되지 않으므로 항심(恒心), 비리고 기름진 냄새를 제거해주므로 불심(佛心), 매운 맛을 부드럽게 해주므로 선심(善心), 어떤 음식과도 잘 조화되므로 화심(和心)이다.[239)]

장에 얽힌 이야기에 관한 기록에는 『삼국사기』열전 '김유신조'에 "…장군은 50보쯤 되는 곳에서 말을 멈추고, 종자에게 집에 가서 장수(漿水)를 떠오라 하여 그 맛을 보고, 우리 집 물맛이 옛 맛 그대로 있구나 하고 그냥 길을 떠나니…"라고 하여, 여기서의 장수는 우물물에 간장을 탄 간장물이라고 본다.[240)]

우리나라 사람들은 물맛과 장맛이 항상 좋아야 집안이 편안하다고 믿어 왔으며, 만일 그 맛이 변질되면 불운의 전조로 생각하여 매우 걱정을 해왔다. 우리의 농가에서는 여름에 농사일로 땀을 많이 흘리면 우물물에 간장을 조금

탄 장물을 마심으로써 갈증을 해소시켜왔다.[241)]

옛날에는 집안일 중 가장 큰 일로 장 담그는 일과 김장을 꼽았다. 그러나 김장보다 장 담그기는 더욱 주의를 기울였다. 장을 담그려면 미리 목욕재계하고 택일하여 고사를 지내는 등 부정이 타지 않게 조심했다. 장맛이 변하면 아주 불길하게 여겨 장을 관리하는데 온갖 노력을 기울였다. 그래서 장에 관한 오랜 경험들이 속담으로 전해져 내려온 것 같다. 장맛은 그 집안의 길흉을 상징할 만큼 중요하다는 의미이다.

속담으로는 '신일에 간장을 담그면 장맛이 변한다.' '간장독을 깨트리면 집안이 망한다.' '말이 많은 집은 장맛이 쓰다.' '며느리가 잘 들어오면 장맛도 좋아진다.' '구더기 무서워서 장 못 담을까.' '뚝배기보다 장맛이 좋다.' '팥으로 메주를 쑨대도 곧이듣는다.' '콩으로 매주를 쑨다고 해도 곧이듣지 않는다.' '고추장 단지가 열둘이라도 서방님 비위를 못 맞춘다'…등등 속담이 많은데, 이는 장이 민족적 공감대를 형성하고 있기 때문이라 여긴다.[242)]

옛날 사람들은 장을 담글 때 부정이 타지 않도록 몸가짐을 조심했고, 장독대에 금줄을 둘러 귀신의 접근을 막으려 했다. 지신밟기 중 장독풀이란 대목도 있다. 된장 맛이 꿀같이 달아지고 어떤 부정도 타지 않기를 기원하는 내용이 담겨있다.

농가월령가 6월령에는 "장독을 살펴보아 제 맛을 잃지 마소, 맑은 장 따로 모아 익은 족족 떠내어라. 비오면…독전을 정히 하소"라고 하여 관리를 당부했다.

금기사항을 보면 장 담그는 주부는 사흘 전부터 외출을 삼가고 부정을 타지 않도록 몸가짐을 조심해야만 했다. 개를 꾸짖어도 안 되고, 장 담그는 당일에는 목욕재개를 하고 고사를 지냈다. 장을 담근 후에는 삼칠일 동안은 상가에 가지 않고, 해산한 여인들은 집안의 장광 근처에 가지 못하도록 장독 관리를 했다.[243)]

참고자료

일본 낫토(納豆)

20세기 초 일본의 과학자들이 낫토균(bacillus natto)을 분리하여 제조업자들에게 배포하게 되었다. 이 균을 발효시키는 방식으로 취하면서 볏짚을 쓰지 않아도 청결하고, 효율적이며 실패하지 않는 낫토를 생산하게 되었다.

낫토와 비슷한 것으로는 한국의 '청국장', 네팔의 '키네마', 부탄의 '쉐리 슈우데', 아삼의 '아쿠니', 미얀마의 '페카비', 태국의 '투아나오', 말레이 반도에서 자바섬에 걸쳐서 '템페'가 있다.

가열한 콩을 방치하여 균을 키우거나, 볏짚이나 나뭇잎에 싸서 식물체에 붙어있는 균을 이식하고 무염 발효시킨다. 일본이나 한국과 같이 실을 내는 것이 있고, '템페'처럼 삶은 콩에 흰곰팡이(거미줄곰팡이)에 덮여 실을 내지 않고 끈기가 적은 제품이며 '투아나오'는 발효시킨 대두를 갈아서 전병처럼 만들어 건조시킨 것으로 장기 보존이 가능한 낫토의 한 종류이다.

중국 고대에는 무염 발효의 낫토와 비슷한 식품인 '담시'를 만들었으며, 이후에 소금을 넣어 만들었고 일본의 하마나 낫토와 유사한 '두시'로 변화했다. 이처럼 낫토류가 동아시아와 동남아시아에 퍼져 있는 것을 생각하면 일본의 낫토도 예전부터 존재한 식품일 듯하다. 하지만 오랫동안 문헌에는 등장하지 않았으나 15세기 중엽에 출간된 『쇼진교루이모노가타리精進魚類物語』에는 낫토가 첫 등장한 문헌이다.

19세기 이전은 낫토를 다지거나 으깨서 '낫토국'으로 주로 먹었다. 『보력현래집』에 따르면 1818~30년까지 에도시대에는 낫토국용의 '다다키낫토'라고 하는 다진 낫토에 작게 썬 두부, 채소와 양념을 갖춰서 팔았지만 1830년대에는 알낫토만을 팔았다고 한다. 에도의 바쁜 도시민들은 아침 식사에 손이 가지 않도록 손쉬운 반찬으로 낫토에 간장을 끼얹어 먹는 방법이 유행하게 되었다. 도쿄인의 전형적인 아침 식사의 식단은 밥과 된장국, 낫토, 절임인데 1950년대까지 도쿄의 시내에는 매일 아침 낫토 행상인의 소리가 들렸다. 에도의 문화적 영향이 강한 동일본에서는 낫토를 자주 먹게 된 것에 비해, 서일본의 낫토 소비량은 적다. 1670년 간행된 『인륜훈몽도휘』에는 교토의 길에 다다키낫토를 파는 가게가 있다고 적혀 있다.

실 나는 낫토 외에 다른 계통의 낫토가 있는데, 삶은 대두에 고오지곰팡이Aspergilus Soya를 이식하고 2~3개월 동안 소금물에 절여서 발효시킨 것이다. 점성이 없고 흑갈색을 하고 토끼똥 같은 모양으로 '핫초八丁미소 : 적갈색의 된장'과 비슷한 맛이 난다. 술안주로 하거나 밥반찬으로 하는 것 외에 으깨어 조미료로도 쓰인다. 이것은 중국의 '두시'와 마찬가지이므로 일본에는 9세기에 존재한 것을 알았다. 그러나 에도시대가 되면 낫토라는 명칭은 실을 내는 낫토를 나타내는 것이 되었다.[244)]

미주풀이

1) 이성우, 한국식품문화사, 교문사, 1984, p.165
2) 윤덕인, 아시아 장류(醬類)문화연구, 비교민속학 제34집, 2007, p.155
3) 신계숙, 중국 청대 조리서를 통해본 장류 고찰, 한국식생활문화학회지, 30(3), 2015, p.249
4) MBC뉴스 2019년 1월 9일자, '장 담그기'국가무형문화재 지정
5) 이성우, 한국식품문화사, 교문사, 1984, p.165
6) 배영동, 동북아 두장문화의 가치와 한국의 전통 장문화, 국제학술포럼, 가장 오래된 한민족음식 된장의 문화적 전통과 의미(주제발표), 2020.11.12., p.105
7) 배영동, 위 논문, p.109
8) 엑스포츠, 2022년 2월 5일자
9) 파이낸셜뉴스, 2011년 6월 22일자
10) 무형문화유산의 정의(협약 제2조 1항) : 공동체, 집단 및 개인이 자신의 문화유산의 일부분으로 인식하는 관습, 표현, 지식과 기술, 이와 관련된 전달도구, 사물, 공예품, 문화공간이다. 무형문화유산의 특징(협약 제2조 1항) : 세대와 세대를 거쳐 전승, 인간과 주변 환경, 자연의 교류 및 역사적 변천과정에서 공동체 및 집단을 통해 끊임없이 재창조, 공동체 집단에서 정체성 및 지속성 부여, 문화 다양성 및 인류의 창조성 증진, 공동체 간 상호존중 및 지속가능 발전에 부합, 국제 인권관련 규범과 양립 등에서 전승가치를 찾을 수 있다.(네이버 지식백과)
11) 우리나라에서는 '장 담그기'가 2018년 제137호로 2017년 '김치 담그기(제133호)'에 이어 무형문화재로 종목 지정되었다. 과거부터 현재까지 대부분의 우리나라 국민 전체가 행하고 있는 반복적인 문화이며, 국민들이 무형유산으로서 가치를 공유하고 전승에 함께 참여하고 있는 문화유산이다.
12) 국민일보 쿠키뉴스, 2013, 12월 5일자
13) invitetour.tistory.com, 2021.1.22
14) 네이버, 세계인류무형문화유산
15) 네이버, 세계인류무형문화유산
16) 중앙일보, 2021년 10월 29일자
17) 부산일보, 2021년 9월 6일자
18) 서울경제, 2021년 11월 1일자
19) 문화일보, 2019년 1월 10일자

20) 김언정, 한국농업신문, 2022년 1월 25일자, http://www.farm.co.kr
21) 함한희, 동북아 두장(豆醬)문화의 가치와 전통 장문화 유네스코 인류무형문화유산 등재, p.26, 동북아 두장(豆醬)문화의 가치와 한국의 전통 장문화 국제 학술포럼. 2020.11.12.(주관 : 한식진흥원), 유네스코 무형문화유산 협약의 내용(www.unesco.org/culture/ich/)
22) 함한희, 유네스코가 지정한 인류자산으로서의 음식문화연구(발표자료), p.27
23) 함한희, 앞의 글, pp.35~37
24) 함한희, 위의 글, pp.37~38
25) 임돈희, Roger L. Janelli, 한국의 무형문화재 제도와 유네스코 무형유산 정책의 비교와 담론, 학술원 논문집, 제58집 1호, 2019, p.21
26) 임돈희, Roger L. Janelli, 위의 글
27) 임돈희, Roger L. Janelli, 위의 논문, p.39
28) THE ASIA N, 2018년 11월 11일자. 박명윤(한국보건영양연구소 이사장) 칼럼
29) 평화방송 2013.10.29. 박상미 교수 인터뷰 중에서
30) 윤덕인, 동북아 두장(豆醬)문화의 가치와 한국의 전통 장문화, 유네스코 인류무형문화유산 등재, 국제학술포럼~동북아 두장문화와 한국전통 장문화의 무형문화유산 가치(발표자료), 한식진흥원, 2020.11.12
31) 윤덕인, 동북아 두장문화(豆醬文化)와 한국전통 장문화의 무형문화유산 가치, 국제학술포럼, p.57
32) 김장문화에서는 우리나라에만 있는 김치냉장고를 다루었는데, 장은 저장성이 뛰어나 냉장고에 넣지 않아도 되고 장독대에 항아리 안에서 저장되고 있다. 항아리의 우수성과 일조량 등 저장의 자연조건이 강조되어야 할 듯하다.
33) 앞에서 대문을 닫고 비개방 형태로 장을 담고, 금기사항이 많은 장 만들기의 경우는 그 결과 집집마다 다른 장을 담는 다원성효과가 있으며, 친척들에게는 장을 나누어 주는데 딸에게는 안 준다는 경우 등도 '가문(집안) 중심주의' 문화의 한 특징을 장 문화를 통해서 알 수 있다.
34) 원형을 '문화재의 박제화'라고 하여 원형 대신 전형을 사용하자는 의견이 있다. 전형(典型)은 동일한 원리가 반복 적용할 때 발생하는 내부적인 변화를 인정하는 개념. 그러나 전형은 원형의 또 다른 얼굴이라는 견해도 있다. 무형유산을 만들고 유지하고 전승하는 공동체 사람들에 초점을 맞출 때 전형의 모습이 밝혀질 것이라고 한다.
35) 마걸론 투생~사마, 이덕환 옮김, 먹거리의 역사, 까치, 2006, p.69
36) 최덕경, 대두의 기원과 장, 시 및 두부의 보급에 대한 재검토~중국 고대 문헌과 그 출토자료를 중심으로, 역사민속학, 30집, pp.367~368
37) 이성우, 한국식품문화사, 교문사, 1984, pp.141~142

38) 윤서석, 우리나라 식생활문화의 역사, 신광출판사, 1999, pp.135~136
39) 이성우, 한국식품사연구, 교문사, 1984, p.143
40) 최덕경, 앞의 논문, p.371
41) 이성우, 동아시아 속의 고대 한국식생활사연구, 향문사, 1992, pp.111~112
42) 윤서석, 앞의 책, p.135
43) 최덕경, 앞의 논문, p.365
44) 앙소, 용산문화 : 전설 속의 원시농경을 구체적으로 말해주는 신석기시대 유적지로 앙소(仰韶)문화(B.C. 약 2500~3000년경)에서는 조, 기장, 벼 등을 가꾸고, 반파유적(1951년 발굴), 용산(龍山)문화(B.C.2000년경)는 신석기 마지막 문화로 앙소인과 비슷한 곡물을 가꾸었음
45) 중국문헌에서 북방(北方)은 만주지방을 가리킨다. 당시 이 지역은 중국인들이 살던 곳이 아니고 우리 조상인 맥(貊)족의 발상지인 옛 고구려 땅이다. 우리의 조상들은 원래 유목계 종족으로 가축을 이끌고 동쪽으로 이동하다가 만주의 남부에 이르러 정착해 살았다.(한복려, 한복진, 한국인의 장, 교문사, 2012, p.13)
46) 이성우, 고려이전 한국식생활사연구, 향문사, 1978, p.113
47) 중국문헌에서 대두는 근세의 것이라면 콩이라고 생각하여도 좋으나, 당대 이전의 것은 반드시 콩이라고 단정할 수 없다. 잠두, 작두콩, 광저기와 같이 알갱이가 큰 것을 모두 콩과 더불어 大豆라고 적는 일이 있었기 때문이다. 小豆 또한 작은 알갱이의 콩이란 뜻이 있어서 반드시 팥만을 가리키는 것은 아니라고 한다.(篠田 統, 小豆, 中國菜 제2호, 1960) (이성우, 앞의 책, p.114)
48) 최덕경, 동아시아 젓갈의 출현과 베트남의 느억 맘(NuOC MAM) - 한국과 베트남의 젓갈 기원과 보급을 중심으로, 비교민속학, 48집, 2012, p.106
49) 김명숙, 오십이병방의 연구, 동의대학교 석사학위 논문, 1998, p.68
50) 장지현, 한국 전래 발효식품사 연구, 수학사, 1988, p.50
51) 한복려, 한복진, 한국의 장, 교문사, 2012, p.11
52) 이성우, 한국식품문화사, 교문사, 1984, pp.141~146
53) 한복려, 한복진, 위의 책, p.14
54) 이성우, 고대 동아시아 속의 두장에 관한 발상과 교류에 관한 연구, 한국식문화학회지 5(3), 1990, p.315
55) 한복려, 한복진, 위의 책, 교문사, 2012, p.15
56) 한복려, 한복진, 위의 책, p.15
57) 한복려, 한복진, 한국인의 장, 교문사, 2012, pp.18~19
58) 이성우, 앞의 책, p.148

59) 가사협 저, 윤서석 외 8인 역, 제민요술, 1993, p.146
60) 장지현, 위의 책, p.63
61) 장지현, 위의 책, p.71
62) 동문선, 권52 주의(奏議) 常時務書條
63) 장지현, 앞의 책, pp.52~53
64) 최세진, 훈몽자회, 중권 10 식찬(食饌) 장(醬), 시(豉)
65) 장지현, 위의 책, p.63
66) 장지현, 위의 책, p.60
67) 약된장 : 전기밥솥에 반나절 불린 백태 500g에 물 750g을 넣는다. 또 전기밥솥에 반나절 불린 서리태 600g에 물 900g넣는다. 잡곡 취사를 누르고 각각 40분간 삶는다. 전기방석 위에 채반을 놓고 젖은 면포 깔고 삶은 백태, 서리태를 펼쳐놓는다. 젖은 면포로 덮고 마른 면포로 덮고 대형수건으로 전기방석과 채반을 감싸서 중불, 내부온도 37~38℃ 유지하며 3일 발효시킨다. 하루에 한 번 김을 빼준다. 미열에 놓고 3일간 더 말린다. 소금물(천일염 600g+물 3리터)도 만든다.
장 담그기 : 거름망에 콩알메주 1kg을 넣고 소금물 3리터를 항아리에 붓는다. 붉은 고추, 대추, 깨소금도 넣는다. 뚜껑을 덮고 한 달 동안 숙성시킨다. 거름망의 콩알메주를 건져 절구에 찧어서 된장을 만들고, 남겨놓았던 서리태 콩알메주를 가루로 해서 된장에 섞는다. 남은 소금물이 간장이다.
68) 장지현, 앞의 책, p.61
69) 한복려, 한복진, 한국인의 장, 교문사, 2012, p.23
70) 일본해 심포지엄, 미층, 장유, 술이 온길(日本海沿岸諸民族食文化도 일본, 소학관, 2000, pp.97~98
71) 이시게나오미치. 한복진 옮김, 구석기시대부터 현대까지 일본의 식문화사, 어문학사, 2017, pp.70~73
72) 장지현, 위의 책, p.67
73) 하마낫또=浜納豆는 콩을 삶아 밀가루를 묻혀 발효시킨 부식품으로 현재는 극히 일부만 사용하고 있다. 낫토에는 이토히키낫토(사인납두)와 끈적거림이 적은 시오카라낫토(鹽辛納豆) 두 종류가 있는데, 이토히키낫토 이용이 더 많다. 이토히키낫토는 야요이시대 기원설(야요이시대 주거지가 볏짚, 자연스레 삶아 놓아둔 콩이 발효된 것), 시오카라낫토는 중국한나라의 시에 소금을 넣어 만든 것이 들어 온 것이라고 함. 시오카라낫토는 하마나코(浜名湖)호수의 오테라에 전해져 하마낫토(浜納豆)라는 지역의 명물이 됨
74) 이성우, 한국 전통 발효식품의 역사적 고찰, 한국식문화학회지, 3(4), 1988, p.335
75) 장지현, 위의 책, pp.71~72

76) 이시게 나오미치(石毛直道) 저, 한복진 옮김, 일본의 식문화사, 어문학사, 2015, p.170
77) 한복려, 한복진, 앞의 책, p.17
78) 이성우, 고대 동아시아 속의 두장에 관한 발상과 교류에 관한 연구, 한국식문화학회지, 5(3), 1990, p.314
79) 윤서석, 앞의 책, pp.222~223
80) 이성우, 위의 논문, p.315
81) 장지현, 위의 책, pp.67~68
82) 윤덕인, 아시아 장류문화연구, 비교민속학 34집, 2007, pp.187~188
83) 콩 발효식품에 숨겨진 비밀, 천정자, 성안당, 2020, pp.156~159.
84) 이성우, 고려이전 한국식생활사연구, 향문사, 1978, p.180
85) 최덕경, 동아시아 젓갈의 출현과 베트남의 느억맘(Nuoc Mam)~한국과 베트남의 젓갈 기원과 보급을 중심으로, 비교민속학 48집, 2012, p.205
86) 네이버 지식백과
87) 이한창, 장보, 따비, 2016, pp.29~30
88) 마왕퇴한묘는 중국 후난성(湖南省) 창사시(長沙市) 교외의 마왕퇴에서 1971년에 발견한 전한(前漢)초의 무덤
89) 최덕경, 위 논문, p.206
90) 이성우, 앞의 책, p.146
91) 가사협 저, 윤서석 외 8인 번역, 제민요술, 신광출판사, 1993, pp.102~118
92) 두황은 콩의 배유, 황의, 황증, 얼은 밀을 재료로 한 산국(散麴)이다.
93) 가사협 저, 윤서석 외 8인, 제민요술, 신광출판사, pp.102~105
94) 청대 조리서의 장유(醬油) : 황두, 적소두, 흑두, 잠두 등에 밀가루, 보릿가루 등으로 황자를 만들고, 황자 1근당 물 7근, 장황 1두에 우물물 5두, 루 3두에 끓는물 6두 등으로 담는다. 매일 저어주며 햇볕을 쪼인 후 대나무로 걸러낸다. 이것을 추유(篘油)라고 했다. 추유도 장유이다.
95) 제민요술. 이것은 황의, 즉 노란 곰팡이를 입힌 중국의 콩메주를 작말한 별칭
96) 이성우, 고대 동아시아 속의 두장에 관한 발상과 교류에 관한 연구, 한국식문화학회지 5(3), 1990, p.315
97) 이서래, Korean fermentation product, Ewha Womans University Press, Korea, 1997
98) 신계숙, 위 논문 p.250
99) 신계숙, 위 논문, p.249
100) 이한창, 장보, 따비, 2016, pp.95~96
101) 신계숙, 중국 청대 조리서를 통해 본 장류 고찰, 한국식생활문화학회지, 30(3), 2015.

p.251

102) 신계숙, 위 논문, p.255

103) 신계숙, 중국 청대의 장류 고찰, 한국식생활문화학회지, 30(3), 2015, p.265

104) 신계숙, 앞 논문, p.259

105) 신계숙, 위 논문, pp.259~260

106) 신계숙, 위의 논문, p.265

107) 신계숙, 앞 논문, p.261

108) 신계숙, 위의 논문 pp.253~254

109) 이한창, 장보, 2016, pp.84~85

110) 大塚 泫, 食文化史, 中央公論新社, 2001, p.126

111) 와타나베 미노루 저, 윤서석 외 8인 옮김, 일본식생활사, 신광출판사, 1998, pp.88~89

112) 윤덕인, 아시아 장류문화연구, 비교민속학 제34집, 2007, p.187

113) 한복려, 한복진, 한국인의 장, 교문사, 2012, p.19

114) 마걸론 투생~사마, 이덕환 옮김, 까치, 2006, pp.70~71

115) 장지현, 앞의 책, p.68

116) 장지현, 한국 전래 발효식품사 연구, 수학사, 1988, pp.50~51

117) 이시게 나오미치 지음, 한복진 옮김, 일본의 식문화사, 2017, p.171

118) 아마즈라 : 돌외 덩굴에서 나는 즙으로 만든 옛 감미료

119) 이시게 나오미치 지음, 한복진 옮김, 일본의 식문화사, 어문학사, 2017, pp.120~121

120) 다마리쇼유 : 다마리간장으로 콩을 주원료로 사용하여 다른 간장과 달리 밀은 상요하지 않는다. 일본 아이치, 미에 지방의 특산품이다. 색이 진하고 단맛과 향기를 가지고 있다. 주로 색을 내기 위해서 사용한다.

121) 와타나베 미노루 저, 윤서석 외 8인, 위의 책, p.161

122) 와타나베 미노루 저, 윤서석 외 8인, 위의 책, pp.202~203

123) 한복려, 한복진, 위의 책, p.20

124) 이시게 나오미치(石毛直道) 저, 한복진 역, 일본의 식문화사, 어문학사, 2015, pp. 171~172

125) 마걸론 투생 - 사마, 이덕환 옮김, 먹거리의 역사, 까치, 200, p.72

126) 와다나베 미노루, 윤서석 외 8인 번역, 일본식생활사, 신광출판사, 1998, p.276

127) 와타나베 미노루, 윤서석 외 8인 번역, 위의 책, p.277

128) 이시게 나오미치(石毛直道) 저, 한복진 번역, 일본의 식문화사, 어문학사, 2015, p.173

129) 이시게나오미치. 한복진 옮김, 구석기시대부터 현대까지 일본의 식문화사, 어문학사,

2017, pp.170～174

130) 와다나베 미노루, 윤서석 외 8인 번역, 일본식생활사, 신광출판사, 1998, p.278

131) 신동욱, 무형문화유산 가치변화연구, 한양대학교 2019

132) 임돈희, Roger L. Janelli, 한국의 무형문화재 제도와 유네스코 무형문화 유산 정책의 비교와 담론, 학술원 논문집 제58집 1호, 2019, p.49

133) 이성우, 한국식품문화사, 교문사, 1984, p.166

134) 김부식 저, 이병도 역주, 삼국사기, 을유문화사, 1983, p.169

135) 장지현, 앞의 책, p.45

136) 윤서석, 일본문화의 원류로서의 한국문화 - 음식, 삼성출판사, 1981, p.491

137) 신영훈 글, 사진 김대벽, 고구려, 조선일보사, 2004, p.52

138) 윤서석, 위의 책, p.162

139) 한복려, 한복진, 한국인의 장, 교문사, 2012, pp.21～22

140) 발해(渤海) : 고구려가 멸망한지 30년이 지난 뒤인 698년에 건국되었다. 발해 건국의 기폭제가 된 것은 요서(遼西)지방의 영주(營州, 지금의 요령성)에서 일어난 거란족의 반란이었다. 영주는 당나라가 동북쪽 이민족을 통제해오던 거점도시로서 주변 지역에서 귀순해오거나 강제로 끌려온 이민족들이 다수 거주했다. 그러한 이민족에는 멸망한 고구려 유민을 비롯하여 거란족, 해족(奚族), 말갈족 등이 있었다. 696년 거란족 수장인 이진충과 손만영이 영주도독의 가혹한 통치에 불만을 품고 반기를 들었고, 유주(지금의 베이징)를 공격하여 당나라에 큰 타격을 주었다. 영주에 함께 거주하던 대조영 집단도 이들에 동조했고, 이 거사가 실패할 즈음 탈출하여 요수를 건너 요동(遼東)으로 건너왔다. 이들이 영주에서 말갈족의 거주지인 북방으로 손쉽게 탈출하지 않고 아직 당나라 세력이 남아있는 동쪽의 고구려 옛 땅으로 돌아온 것은 주목할 만하다. 이것은 고구려 유민이 주도적인 역할을 했던 사실을 암시하고 발해건국이 결국은 고구려의 부흥을 의미하기 때문이다. 대조영은 영주로부터 2천리나 떨어진 동모산(東牟山)에 나라를 세웠다. 건국지는 지린성 돈화(敦化)에 있는 성산자산성(城山子山城)으로 여겨진다. 이곳은 말갈족의 터전이기에 기록에는 '읍루의 옛 땅'에 도읍했다고 한다. 건국 집단은 고구려 유민과 말갈족으로 구성되었다. 이 가운데 주도권은 고구려 유민이 쥐고 있었을 것이니, 현전하는 발해인의 성씨 가운데 고(高)씨가 높은 비율을 차지하고, 발해왕실과 귀족이 묻힌 육정산고분에서 제일 상층부에 속하는 무덤들에 고구려 요소가 강하게 나타나는 사실 등에서 증명된다. 처음에는 국호를 '진국(振國)'이라고 했다. 대조영이 713년 당나라로부터 발해군왕(渤海郡王)으로 책봉을 받은 뒤에는 국호를 '발해'로 바꾸었다. 우리는 발해사를 우리 민족의 역사로 믿어 의심치 않고 있으나, 중국은 발해를 '당나라의 지방 정권'이라고 하면서 발해 사람들이 말갈

족이 많음과 현재 그들의 영토인 만주에 속함을 기반으로 그들의 역사 속으로 편입시키려 하고 있다.(네이버 지식백과)

141) 김현희, 윤상덕, 김동우, 통일신라, 발해, 국립중앙박물관, 2005, p.97

142) 이성우, 한국식품문화사, 교문사, 1984, p.146

143) 이성우, 위의 책, pp.143~144

144) 이한창, 장보, 따비, 2016, pp.494~496

145) 『농사직설』(1429)의 내용이 대부분 중요 곡식류에 국한되고 기술이 간단하나, 우리나라 풍토에 맞는 농법으로 편찬된 책으로 효시가 된다. 이것이 지방 권농관의 지침서가 되었을 뿐 아니라, 그 뒤로 간행되는 여러 가지 농서 출현의 계기가 되었다. 종래에는 중국의 옛 농서에 의존하여 지방의 지도자들에게 권농에 종사하여왔기 때문에, 우리 풍토에 맞게 농사법 변경이 어려웠었다. 이후 『농가집성』(1655)은 조선 중기 신속이 편술한 농서로 농사직설, 금양잡록, 사시찬요초와 부록으로 구황촬요(1554)를 합본했다. 조선 중기 농민과 권농관을 위해 우리 풍토에 맞는 농업지침서가 이루어졌다.

146) 이성우, 고대 동아시아 속의 두장에 관한 발상과 교류에 관한 연구, 한국식문화학회지, 5(3), 1990, p.314

147) 김유, 윤숙경 편역, 수운잡방, 신광출판사, 1998, pp.108~119

148) 장지현, 앞의 책, p.54

149) 윤서석, 앞의 책, p.325

150) 김미혜, 미암일기 분석을 통한 16세기 사대부가 음식문화연구, 정유년(1567) 10월~무진년(1568)9월, 한국식생활문화학회지, 28(5), p.436

151) 장지현, 앞의 책, p.56

152) 장지현, 앞의 책, p.58

153) 유중임, 이강자 외 13인 국역, 증보산림경제, 2003, p.154

154) 수흔일 : 큰 달은 초하루, 초이레, 열하루, 열이레, 스무사흘, 삼십일에 해당되고, 작은 달은 초사흘, 초이레, 열이틀, 스무엿새 되는 날

155) 증보산림경제, pp.161~164

156) 증보산림경제, p.164

157) 증보산림경제, p.166

158) 증보산림경제, pp.174~198

159) 윤서석, 앞의 책, p.389

160) 증보산림경제, p.170

161) 매일경제 2020, 6월 28일자, 궁중의 맛, '어육장' 잘 몰라 안타까워

162) 한복려, 한복진, 한국인의 장, 교문사, 2012, pp.30~31

163) 한복려, 한복진, 위의 책, p.28
164) 궁중장, www.unmal.co.kr
165) 황혜성, 조선왕조 궁중음식, 궁중음식연구원, 1993, p.57
166) 매일신문. 장류(6) 별미장Ⅱ, 2013.01.31
167) 차장섭, 선교장(船橋莊), 열화당, 2011, pp.196~197
168) 한복려, 김귀영, 계미서. (재)궁중음식문화재단 선일당. 2021. p.47.
169) 윤서석, 앞의 책, p.348
170) 농가월령가 : 조선 헌종 때 정학유가 지은 월령체 장편가사이다. 농가에서 행해진 행사와 세시풍속은 물론, 그 당시 미덕의 세목들을 엿볼 수 있는 작품이다. 그러나 농민이 스스로가 자신들의 생활을 노래한 것이 아니라는 점과 교훈적인 내용을 담고 있는 부분이 많다는 점이다.
171) 이한창, 장보, 따비, 2016, p.91
172) 윤서석, 앞의 책, pp.387~388
173) 유중임 저, 이강자 외 13인 국역, 증보산림경제, 신광출판사, 2003, p.154
174) 유중임, 이강자 외 13인 번역, 증보산림경제, 신광출판사, 2003, p.166.
『증보산림경제』(1766)는 『산림경제』(홍만선(1643~1715))를 보완한 책으로, 김치에 고추 이용이 보이고, 김치의 종류도 나박김치, 동치미, 신건지, 짠지, 소박이, 섞박지, 장아찌 등이 광범위하게 수록되고, 고추장(만초장)이 기록(콩 메줏가루 1말+찹쌀 1승+고춧가루 3홉)되며, 봄철의 계절장으로 담수장(담북장), 보리장, 집장1,2, 전주방(밀가루1말+볶은 콩가루(콩 5되)+쌀뜨물+감청장+가지, 오이), 장맛이 변했을 때 돌이키는 법 등이 기록된 18세기 우리 음식이 발달된 모습을 기록한 대표적 문헌이다.
175) 방신영, 조선요리제법, 1934, pp.66
176) 방신영, 앞의 책, 1934, pp.68~69
177) 방신영, 앞의 책, 1934, pp.73~74
178) 방신영, 앞의 책, 1934, p.76
179) 한복려, 한복진, 앞의 책, pp.168~171
180) 한복려, 한복진, 한국인의 장, 교문사, 2012, p.8
181) 윤덕인, 최신 식품조리과학, 신광출판사, 2013, p.275
182) 이시필 지음, 백승호, 부유섭, 장유승 옮김, 소문사설, 조선의 실용지식 연구노트, Humanist, 2011, pp.114~115
183) 윤덕인, 전통 장류의 변천 발달과정에 관한 연구, 관대논문집 28집, 2000, pp. 259~260, 273
184) 윤덕인, 아시아 장류문화연구, 비교민속학 제34집, 2007, p.210

185) 문화공보부 문화재관리국, 한국민속종합조사보고서 15책, 향토음식편, 1984, pp. 183~188
186) 뉴스1, 북한, 무더위 속 건강 챙기기 "홍성거리는 빙수·약수 매대", 2021.08.02
187) 뉴스1, '오이냉국, 소금물, 사이다'…북한의 폭염 대응 식이요법, 2021.07.22
188) 노컷뉴스, 北전통장류 평양메주장 호평, 2008.07.13
189) 데일리엔케이, 대북제재로 자작나무버섯 간장이 등장한 이유, 2016.06.08
190) 데일리엔케이, 대북제재로 자작나무버섯 간장이 등장한 이유, 2016.06.08
191) 자랑스런 민족음식 북한의 요리, 한마당, 1989, p.61
192) 이시게나오미치, 한복진 옮김, 구석기시대부터 현대까지 일본의 식문화사, 어문학사, 2017, pp.70~73
193) 연변의 음식문화, 세계한민족문화대전, 한국학중앙연구원
194) 한식진흥원, 연변 조선족 전통음식을 담다, 2016.12.29. pp.8~10
195) 한식진흥원, 연변 조선족 전통음식을 담다, 2016.12.29. p.15
196) 한식진흥원, 연변조선족 전통음식을 담다, 2016.12.29. p.49
197) 최민호 외, 김치, 연변 조선족 김치문화의 특징과 변천, 세계김치연구소, 2016, p.181
198) 씨고추장(고추씨고추장), 연변조선족 전통음식을 담다, 한식진흥원, 2016.12.29. p.129
199) 오누비장(오누이장), 연변 조선족 전통음식을 담다, 한식진흥원, 2016.12.29. p.127
200) 썩장(청국장), 연변 조선족 전통음식을 담다, 한식진흥원, 2016.12.29. p.131
201) 영남일보, [권현숙의 전통음식이야기] 된장의 五德, 2017.05.10
202) 세계한민족문화대전, 연변 민들레 마을과 전통된장, 된장술[장로주]
203) 오마이뉴스, 10명 조선족의 꿈, 13억 중국인보다 크다, 2007.08.28
204) 동포투데이, 장백산 아래 민족문화 향기 그윽하네, 제3편 산업과 문화의 즐거운 만남, 2018.12.12
205) 인민넷, 세계 최초 최대의 된장 담그기 체험, 조선족 전통된장산업 전승과 전통문화선도 견증, 2015.06.15
206) 오마이뉴스, 밀가루 안 넣는 연변된장, 한국보다 낫죠, 2007.08.28
207) 길림신문, 의란골에《고향의 봄》노래 울려 퍼진다, 2015.06.17
208) 길림신문, 구룡촌 농민들 어떻게 부자됐나, 2009.03.31
209) 연변일보, 전통된장 문화 서예작품집 펴내, 2019.01.28.
210) 세계한민족문화대전, 연변 민들레 마을과 전통된장, 된장술[장로주]
211) 연합뉴스, 향 좋고, 숙취 없는 된장술을 아시나요, 2013.08
212) 세계한민족문화대전, 연변 민들레마을과 전통된장, 된장술[장로주]

213) 연합뉴스, 中 연변 특산품 '된장술' 인기, 2012.10.10

214) 동북아뉴스, "제17회 된장축제"날이 갈수록 인기상승 이유는?, 2021.06.23

215) 배영동, 동북아 두장문화의 가치와 한국의 전통 장문화, 국제학술포럼, 가장 오래된 한민족음식 된장의 문화적 전통과 의미(주제발표), 2020.11.12

216) 이자경, 멕시코-쿠바 한인 후손들과 김치의 정체성, 세계김치연구소, 2016, pp. 255~256

217) 이자경, 멕시코-쿠바 한인 후손들과 김치의 정체성, 세계김치연구소, 2016, pp. 272~275

218) 이한창, 장보(醬譜), 따비, 2016, p.21

219) 불식에 대해서 "고기를 바르게 썰지 않아서 안 먹는다는 것은 잠깐이라도 바름에서 떠나지 않는다는 것이며, 고기를 먹을 때 장을 사용한다는 것은 당연한 것인즉 장을 준비하지 않은 것을 싫어한 것이다라고 주(註)했다. 그런데 후일 공자는 제자 자로(子路) 때문에 장 먹기를 끊었다.

220) 한서는 후한의 반고(32~92)가 전한시대의 역사를 기록한 사서, 사마천의 사기와 더불어 중국 사학사상 대표적인 저작으로 꼽힌다.

221) 이한창, 장보, 2016, pp.27~28

222) 이한창, 장보, 2016, pp.31~32

223) 이한창, 장보, 2016, pp.38~39

224) 이한창, 앞의 책, pp.39~40

225) 삼도 : 부모를 섬기는 세 가지 효도, 양(養), 상(喪), 제(祭)를 말한다. 여기서는 상, 제를 말한다.

226) 이한창, 앞의 책, p.41

227) 이한창, 앞의 책, p.77

228) 윤덕인, 아시아 장류(醬類)문화 연구, 비교민속학 34집, 2007, p.178

229) 식품명인에 대한 정보는 한국전통식품명인협회 http://kfgm.co.kr/

230) 이면희, 중국요리, 조선일보사, 2000, pp.26~33

231) 윤덕인, 아시아 장류문화연구, 비교민속학 제34집, 2007, pp.173~174

232) 이한창, 장보, 따비, 2016, p.29

233) 서혜경, 조리방법에서 비교해 본 한식과 일식, 한국식생활문화학회 2002년 학술심포지엄 발표, 2002, p.9

234) 이시게 나오미치(石毛直道) 저, 한복진 번역, 위의 책, p.173

235) 나마스는 고대부터 내려온 것으로 날생선을 얇게 썰거나 채 썰어 식초나 된장과 양념으로 맛을 낸 무침인 아에모노이다. 미리 무쳐서 그릇에 담을 때가 많고, 생선살을

써는 방법은 신경 쓸 필요가 없었다. 사시미라는 단어는 『스즈시카가기(鈴鹿家記)』 1399년 6월 10일 기사에 처음 등장한다. '생선살(指身), 잉어, 끓인 술, 와사비'~잉어의 사시미에 와사비를 곁들이고 끓인 술을 찍어서 먹었다. 에도시대에 작은 접시에 간장을 담아 함께 제공하는 것이 일반화되었다. 무침으로 하던 나마쓰와 달리, 사시미를 좋아하게 되면서 간장도 곁들이게 되었다.

236) 이시게 나오미치(石毛直道) 저, 한복진 역, 일본의 식문화사, 어문학사, 2015, pp.173~174

237) 중앙일보 1985년 9월 11일자, 일본 간장이야기, 어느 것이든 마음 놓고 먹을 수 있다.

238) 윤서석 외 8인, 일본 동북지방 음식의 답사보고, 한국식생활문화학회지, 8(1), 1993, pp.85~90

239) 한복려, 한복진, 한국인의 장, 교문사, 2012, p.8

240) 윤서석, 앞의 책, p.219

241) 윤서석, 앞의 책, p.220

242) 한복려, 한복진, 앞의 책, pp.33~35

243) 한복려, 한복진, 앞의 책, pp.40~41

244) 이시게나오미치. 한복진 옮김, 일본의 식문화사, 어문학사, 2017, pp.330~334

2부

1장

21세기의 전통장류와 지역별 특별장류

I
21세기의 전통장류

1. 장류산업의 시작은 근대부터

우리나라 장류산업은[1] 1930년경부터 시작되었으나, 본격적으로 산업화된 것은 일제가 물러난 직후인 광복 이후이다. 일본인들이 버리고 떠난 공장의 장류산업도 재가동되어 1945년에 매일식품공업, '46년에는 샘표식품 공업의 전신인 삼시장유양조장, '48년 진미식품의 전신인 대천장유사가 등장하면서 장류산업이 본격화되었고, '65년에 장독대 없애기 운동이 시작되면서 활성화되었다. 그러나 간장, 된장, 고추장 등의 기본 장류를 집안에서 직접 담그는 우리의 생활습관은 매우 뿌리가 깊어서 일본식으로 만들어지는 공장에서 생산된 장류는 한동안 소비자의 호응을 얻지 못했다. 예를 들면 우리나라의 간장과 된장은 메주에 소금물을 부어 만드는 것이 기본이므로 짭짤한 맛이 기본이나, 일본의 간장과 된장은 콩가루와 쌀, 밀가루 등을 넣어 만드는 염도는 약하고 단맛이 강한 특징이 있다.

1960년대 이후 차츰 산업화가 이루어짐에 따라 인구의 도시집중, 핵가족화, 주부의 사회진출이 늘어나면서 공장생산의 장류 소비가 늘어나기 시작했다. '80년대에 들어서면서 외식산업이 발달하고 편의성을 추구하는 소비자들의 성향 변화로 '88서울올림픽' 이전인 '87년을 기점으로 증가세를 나타내었다.

1994년 9월에는 장류 제조업이 중소기업 고유 업종에서 해제되어 대기업의 진출이 가능해지면서 장류의 품질도 향상되면서 장류 소비량이 늘어나게 되었다. 2000년부터는 장류제품에도 고급기능성 제품이 경쟁적으로 출시되었으며, 한식간장이라는 이름의 우리의 전통방식과 재료로 만든 '조선간장'도 출시되었다. 식품회사들도 점차 재래 장맛을 내기 위한 제품개발에 노력했다.

조선간장은 잘 띄운 메주를 소금물에 담가 햇빛이 잘 드는 곳에서 40~50

일간 발효시킨 후에 즙액을 거른 것이고, 소금물에 불어난 메주덩이를 잘 으깨어 만든 것이 된장이다. 개량식 간장은 콩과 전분질을 원료로 황국균을 번식시켜서 만든 '낟알메주'를 사용한다.

양조간장은 원료의 단백질과 탄수화물을 고지의 효소에 의해 아미노산과 당으로 분해하여 향기와 풍미가 우수하다. 산 분해간장은 단백질을 산으로 분해하여 아미노산을 생성시켜 만드는 간장으로 구수한 맛이 강하다. 혼합 간장은 양조 간장과 산분해 간장을 혼합한 것으로 두 간장을 섞는 비율에 따라 다양한 간장이 출시되고 있다.

간장이나 고추장은 원료로 탈지 대두 등을 쓸 수 있는데 비해, 된장은 수입이든 국산이든 콩을 써야 하기 때문에 간장, 고추장에 비해 된장제품의 공장 생산도는 가장 떨어진다. 아파트 거주 인구가 증가하면서 햇볕을 쬐여 주어야 하는 관리문제로 인해 간장, 된장의 공장제 제품 소비는 늘어났는데, 그 중에서도 고추장의 출시가 가장 많아졌다.

2. 장의 종류

1) 식품공전에 따른 분류

식품공전에서 만드는 방법에 따라 구분한 대표적인 장의 종류는[2)] 다음과 같다.

표 2-1 식품공전에 따른 장의 종류 구분

구분	내용
재래 한식간장	주원료인 한식 메주에 식염수 등을 섞어 발효·숙성시킨 후 그 여액을 가공한 것.
개량 한식간장	주원료인 개량 메주에 식염수 등을 섞어 발효·숙성시킨 후 그 여액을 가공한 것.
양조간장	대두, 탈지대두 또는 곡류 등에 누룩균 등을 배양하여 식염수 등을 섞어 발효·숙성시킨 후 여액을 가공한 것.
산분해간장	단백질을 함유한 원료를 산으로 가수분해한 후 그 여액을 가공한 것.
효소분해간장	단백질 함유 원료를 효소로 가수분해한 후 그 여액을 가공한 것.

혼합간장	한식간장 또는 양조간장에 산분해간장 또는 효소분해간장을 혼합하여 가공한 것이나 산분해간장 원액에 단백질 또는 탄수화물 원료를 가하여 발효・숙성시킨 여액을 가공한 것 또는 이의 원액에 양조간장 원액이나 산분해간장 원액 등을 혼합하여 가공한 것.
한식된장	한식메주에 식염수를 가하여 발효한 후 여액을 분리한 것.
된장	대두, 쌀, 보리, 밀 또는 탈지대두 등을 주원료로 하여 누룩균 등을 배양한 후 식염을 혼합하여 발효・숙성시킨 것 또는 메주를 식염수에 담가 발효하고 여액을 분리하여 가공한 것.
조미된장	된장(90%)을 주원료로 하여 식품 또는 식품첨가물을 가한 것.
고추장	두류 또는 곡류 등을 주원료로 하여 누룩균 등을 배양한 후 고춧가루(6% 이상), 식염 등을 가하여 발효・숙성하거나 숙성 후 고춧가루(6% 이상), 식염 등을 가한 것.
조미고추장	고추장(90% 이상)을 주원료로 하여 식품 또는 식품첨가물을 가한 것.
청국장	대두를 주원료로 하여 바실루스속균으로 발효시켜 제조한 것이거나, 이를 고춧가루, 마늘 등으로 조미한 것으로, 페이스트, 환, 분말 등이 있다
춘장	대두, 쌀, 보리, 밀 또는 탈지대두 등을 주원료로 하여 누룩균 등을 배양한 후 식염, 캐러멜색소 등을 가하여 발효・숙성하거나 숙성 후 식염, 캐러멜색소 등을 가한 것.
혼합장	간장, 된장, 고추장, 춘장 또는 청국장 등을 주원료로 하거나 이에 식품 또는 식품첨가물을 혼합하여 제조・가공한 것(장류 50% 이상 포함되어야 함)

2) 일반적인 분류에 의한 현재 장의 종류[3)]

일반적인 분류에 의한 현재 장의 종류는 다음의 표 2-2와 같다.

표 2-2 일반적인 장의 종류

제품	구분
된장	재래식 된장(메주 된장)
	개량식 된장(고지 된장)
간장	재래식 간장(메주 간장, 한식 간장)
	개량식 간장(고지 간장)
	산분해 간장(아미노산 간장)
	혼합간장
고추장	재래식 고추장
	개량식 고추장
청국장	재래식 청국장
	개량식 청국장

3. 간장

1) 간장의 특성[4)]

간장에는 양조간장인 재래식, 개량식 간장과 산분해간장인 아미노산 간장, 양조간장과 아미노산 간장을 적당히 혼합한 혼합간장 등이 있으며, 현재는 특수한 성분을 첨가한 특수간장도 유통되고 있다. 개량식 간장은 황국균에 의해 생성된 젖산이 함유되어 있어 좋은 향미를 갖고 있다.

간장은 많은 맛 성분을 갖고 있으며 이 성분들이 조화된 맛을 낸다. 가장 중심이 되는 맛은 구수한 맛인 지미이며 이 맛은 글루탐산, 아르기닌, 리신, 히스티딘 등의 아미노산과 글리세린 등이 주성분이다. 이외에도 짠맛, 단맛, 신맛, 떫은맛, 쓴맛 등 여러 가지 맛이 들어있다.

간장은 PH 4.8 전후로 약간 산성이며 젖산이 많아 신맛을 내고 단맛은 글리세롤이나 아미노산으로부터 나오는데 간장 전체의 맛을 부드럽게 한다. 간장에는 약간 쓴맛이 나는데, 이는 식염의 마그네슘염이나 칼슘염과 단백질 분해과정에서 생긴 펩타이드(peptide), 티라민(tyramine) 등에서 나온 것이며 간장의 맛에 도움을 준다.

간장의 색은 단백질과 탄수화물이 서로 만나 결합하면서 일련의 과정을 거쳐 갈색물질을 생성하는데, 이것을 메일러드반응(maillard reaction 또는 amino=carbonyl reaction)이라 한다. 간장은 메일러드반응으로 간장 특유의 향미, 냄새, 색 등을 형성한 대표적인 식품이다.

간장의 색은 엷은 갈색 색소인 소야 멜라노이딘(soya melanoidin)이라는 수용성 물질에서 나오는데, 이를 오랫동안 가열하면 소야 멜리아닌(soya malianin)이라는 불용성 색소로 변한다.

간장의 향 성분은 많으나 간장 특유의 향은 메티오놀(methionol)이다. 순수한 메티오놀은 강한 자극성의 약 냄새가 나지만 희석시키면 간장의 향기가 풍긴다. 메티오놀은 대두 단백질의 메티오닌이 간장의 숙성과정에서 효모에 의해 발효되어 생긴 것이다. 이 향기는 비린 냄새가 불쾌한 재료의 냄새를 조리과정에서 해소시킨다.

2) 간장의 종류와 특징[5)]

간장의 종류와 특징을 표로 정리하면 다음의 표 2-3과 같다.

표 2-3 간장의 종류와 특징

분류 기준	종류	특징	용도
농도	진간장	담근 횟수가 5년 이상	약식, 전복초
	중간장	담근 횟수가 3~4년 정도	찌개, 나물무침
	묽은 간장	담근 횟수가 1~2년 정도	국
원료	재래식 간장	콩을 원료로 사용하여 잡균을 번식한 것	국
	개량식 간장	콩과 전분질을 사용하여 국균을 번식한 것	양념
제조법	양조간장	원료의 단백질과 탄수화물이 고지의 효소에 의해 아미노산과 당으로 분해된 것	국, 찌개, 양념
	산분해간장	향기와 풍미가 우수하고 제조기간은 6개월	
	혼합간장	구수한 맛이 강하고 제조기간은 70~80시간이며 양조간장과 산분해간장을 혼합한 것	

3) 간장을 이용한 전통음식[6)]

(1) 쇠갈비구이

재료와 분량 : 쇠갈비 1kg

양념 : 간장 5큰술, 배즙(육수) 5큰술, 다진 파 3큰술, 다진 마늘 1.5큰술, 설탕 2큰술, 참기름 1.5큰술, 깨소금 1.5큰술, 후춧가루 약간

쇠갈비는 되도록 연한 암소 갈비로 6cm 길이로 토막을 내어 흰색의 기름덩어리와 질긴 껍질을 떼어내고, 살을 0.5cm 정도의 두께로 얇게 저며서 잔칼집을 고루 넣는다. 배는 갈라서 분량의 양념과 합하여 양념간장을 만든다.

배가 없을 때에는 육수를 대신 넣어도 된다. 고기는 먹기 30분 전쯤에 양념간장으로 고루 주물러 간이 고루 배게 한다. 뜨겁게 달군 석쇠에 얹어서 양면을 고루 익혀 더울 때에 바로 먹도록 한다.

(2) **쇠고기 장조림**[7)]

재료와 분량 : 쇠고기(홍두깨살, 사태) 600g, 달걀 4개, 마늘 2톨, 생강 1톨, 풋고추 2개, 물 5컵

양념 : 간장 1컵, 설탕 4큰술, 후춧가루 적량

쇠고기는 덩어리째로 물에 담가 핏물을 빼고 사방 4cm 정도 크기로 토막을 낸다. 냄비에 물을 끓여서 고기 토막을 넣어 고기가 무르고 물이 반 정도 줄어들 때까지 삶는다. 달걀은 완숙하여 껍질을 벗기고 마늘, 생강은 얇게 썰고 풋고추는 어슷하게 썬다. 쇠고기가 연해졌으면 양념1의 간장, 설탕, 후추와 얇게 썬 마늘 생강과 어슷 썬 풋고추를 넣어 조린다. 고기에 간이 들어 거무스름하게 조려지면 삶은 달걀을 넣고 달걀흰자에 간장색이 들면 불에서 내려 병이나 보존용기에 담고 조림간장을 부어 보관한다.

(3) **연근조림**[8)]

재료와 분량 : 연근 200g, 식초 1큰술, 통깨 1큰술

조림장 : 진간장 3큰술, 물 1/4컵, 설탕 3큰술, 꿀 1.5큰술, 참기름 1큰술

연근은 씻어 껍질을 벗긴 뒤 물에 담갔다가 5mm 두께로 둥글게 썬다. 물을 끓이다가 식초를 넣고 연근을 살짝 데쳐 갈변을 막는다. 냄비에 진간장과 물, 설탕을 넣고 끓이다가 데친 연근을 넣고 중간 불에서 서서히 조린다. 자글자글 소리가 나면 꿀과 참기름을 넣고 윤기 나게 조린다. 조린 연근을 큰 접시에 펼쳐 식힌 후 그릇에 담고 통깨를 뿌린다.

(4) 호두장과[9)]

재료와 분량 : 깐호두살 200g, 식용유 1작은술, 참기름 1/4작은술, 흑임자 1/8작은술
조림장 : 간장 2큰술, 설탕 1.5큰술, 물 2큰술, 생강 1/2톨, 파 20g, 마늘 1톨

깐 호두살은 반으로 쪼개서 심을 빼고 뜨거운 물에 잠깐 담가 꼬지로 속껍질을 벗긴다. 생강, 파, 마늘은 편으로 썬다. 간장을 비롯한 조림장 재료를 모두 넣고 끓으면 체에 거른다. 열이 오른 팬에 기름을 두르고 볶다가 조림장을 넣고 재빨리 볶은 다음 불을 끈 후 참기름과 흑임자를 뿌린다.

(5) 장산적[10)]

재료와 분량 : 쇠고기 150g, 두부 50g, 실백 1작은술, 종이 1장, 식용유 1작은술
쇠고기 · 두부 양념 : 파 2작은술, 마늘 1작은술, 소금 1/3작은술, 설탕 1/8작은술, 참기름 1작은술, 깨소금 2작은술, 후춧가루 1/8작은술
조림장 : 간장 3큰술, 설탕 2큰술, 물 3큰술, 파 1/3뿌리, 마늘 1톨, 생강 1/3톨

쇠고기는 곱게 다지고 두부는 으깨어 고기와 고루 섞는다. 갖은양념을 하여 끈기가 나도록 치댄다. 양념한 고기는 두께 0.4cm로 편편하게 반대기를 지어 놓는다. 석쇠에 기름을 바르고 달군 다음 타지 않게 굽는다. 장산적은 3×3×0.5cm로 썰어 놓는다. 조림장 재료를 넣고 끓여 체에 걸러서 섭산적을 가볍게 조린다. 실백은 종이를 깔고 잘 드는 칼로 곱게 다진다. 섭산적을 간장에 조리면 장산적이 된다. 장산적을 접시에 담고 잣가루를 뿌린다.

(6) 전복초[11)]

재료와 분량 : 전복 200g, 은행 6알, 참기름 1/4작은술, 밤 2개, 대추 3개, 잣 5개
조림장 : 간장 2큰술, 설탕 1.5큰술, 물 2큰술, 파 1/4대, 마늘 1톨, 생강 1/3쪽

전복은 껍질과 내장을 떼어내고 솔로 해감을 제거하여 0.3cm 간격으로 마름모꼴로 칼집을 넣어 2~4등분한다.(전복껍질은 말끔히 씻어 그릇으로 이용한다.) 밤은 껍질을 까고 속껍질도 다듬고, 대추는 씨를 빼고 손질한 후 속에 잣을 넣어둔다. 은행은 달구어진 팬에 기름을 두르고 파랗게 볶아 속껍질을 벗긴다. 조림장은 재료를 큼직하게 썰고 혼합하여 잠깐 끓여 체에 받친다. 달구어진 팬에 기름을 두르고 전복을 넣어 볶다가 조림간장으로 재빨리 뒤적이듯이 볶아낸다. 전복이 반쯤 익으면 밤과 대추를 넣고 함께 조린다. 참기름을 두르고 손질한 전복을 껍질에 조금씩 담은 후 잣가루 고명을 뿌린다.

4. 된장

된장은 메주로 장을 담가서 장물을 떠내고 남은 건더기로 만든 재래식 된장과 메주에 직접 소금을 알맞게 부어 넣고 익혀서 장물을 떠내지 않고 만든 개량식 된장으로 나눌 수 있다. 된장의 품질은 수분이 55% 이하, 조단백질 10% 이상, 조지방질 2% 이상, 조섬유질 2.5% 이하, 아미노산 질소 200mg% 이상, 타르색소는 없는 것으로 되어 있다.[12)]

된장의 주원료로는 콩, 쌀 또는 보리, 소금, 물(사용비율은 콩 : 물 : 소금= 1 : 4 : 08)이며, 콩은 황색종으로 단백질과 지질이 많은 것, 쌀은 정백한 멥쌀로 입질이 균일하고 국을 만들기 쉬운 것이어야 한다. 쌀, 콩, 보리 이외 소금(순도가 95% 이상인 것)을 비롯하여 종국, 조미료, 보존료, 영양강화제, 주정 등이 사용된다.[13)]

된장에는 비린내를 없애는 교취효과(矯臭效果)가 있는데, 이것은 된장의 주성분인 단백질이 여러 냄새를 흡착하는 성질을 가지고 있기 때문이다. 고등어나 게 등 비린내 나는 생선요리와 일부 조수육(鳥獸肉) 요리에 된장을 섞어 쓰는 이유가 비린내를 없애고 맛을 돋울 수 있기 때문이다.[14)]

막된장은 간장을 빼고 난 부산물이고, 막장은 일종의 속성 간장으로 보리나 밀을 띄어 만든다. 청국장은 콩을 쑤어 볏짚과 40℃에서 2~3일 띄우며 고추,

마늘, 생강, 소금으로 간을 한다. 집장은 여름에 먹는 장으로 두엄더미에 두었다가 꺼내어 먹는 장이며 담뿍장은 청국장 가공품으로 메주에 고춧가루, 마늘, 소금을 넣어 익힌 것이다.

1) 된장의 특성[15)]

된장 제조는 발효된 메주를 여러 조각으로 쪼개어 햇볕에서 바짝 말린 후 큰 항아리에 넣고 소금물을 넣는다. 소금물의 양은 간장을 분리하지 않고 된장만을 만들 경우 메주 무게의 1.7배, 간장(여액)을 분리하고 된장을 만들 경우는 3.5배의 소금물을 넣고 장 담그기를 한다. 소금물에 메주를 담그는 동안 붉은 고추, 대추 등을 넣고 참숯 3~4개를 띄운다. 간장을 분리할 경우는 간장을 떠내고 끓여서 재래식 간장을 만들며, 남은 건더기를 분쇄하여 소금을 넣고 된장을 만든다.

간장을 분리하지 않고 제조한 경우는 띄운 메주를 그대로 분쇄하여 소금을 넣고 숙성시켜 된장을 제조한다. 된장의 감칠맛은 콩단백질이 메주곰팡이가 만든 단백질 가수분해효소에 의해 아미노산으로 분해되어 나는 맛으로 세균도 일부 작용한다. 소금은 된장이 썩지 않게 하는 역할을 한다.

한편, 전통 된장은 콩만으로 만들고, 소금 농도가 높으며, 간장을 떠내고 남은 찌꺼기를 된장으로 사용하는 방식은 찌꺼기에 장아찌까지 박아서 맛이 빠져 나가기도 한다.

간장은 된장의 용액이다. 일본된장은 보리나 밀을 섞어서 단맛이 나게 하여 깊은 맛이 없다. 개량식 된장은 필요한 곰팡이만 번식시켜서 효소의 힘을 강하게 하여 깊은 맛이 없다. 전통된장 및 고추장은 문헌에만 기록이 있고 지금은 대부분 사라져서 알 수 없다. 시판된장은 방부제(보존료)를 0.1% 사용하여 곰팡이도 슬지 않고, 구더기도 생기지 않는다.

2) 된장의 종류와 특징[16)]

된장의 종류와 특징은 다음의 표 2-5에 제시되어 있다.

표 2-5 된장의 종류와 특징

<table>
<tr><th>된장 종류</th><th colspan="2">특징</th></tr>
<tr><td rowspan="4">속성 된장
(빠른 시일 내에 만들어 먹을 수 있는 된장)</td><td>막장</td><td>막 담가서 바로 먹어서 '막장'이라고 하는데, 강원도와 경상도에서 많이 담가 먹는다. 주로 국을 끓여 먹는다. 단맛이 많은 장으로 1년간 저장하면서 그대로 먹거나 쌈장 등 반찬으로 먹기도 하고, 국이나 찌개에 넣어 먹기도 하는 등 맛과 영양 면에서 매우 뛰어난 식품이다.</td></tr>
<tr><td>담북장</td><td>햇장이 만들어지기 전에 잠깐 맛보는 계절장의 하나로 담수장(淡水醬)이라고도 한다. 숟가락으로 뜨면 흐를 정도로 묽은 편인데 조금씩 떠서 먹으면 식욕을 돋울 수 있고, 쇠고기나 무를 넣어 찌개를 끓여도 맛이 좋다.</td></tr>
<tr><td>빰장</td><td>메줏가루로 만든 속성 된장이다. 끓인 소금물을 식혀 성글게 빻은 메줏가루와 함께 버무린다. 경북지방에서는 이것으로 된장찌개를 끓여 먹는다.</td></tr>
<tr><td>청국장</td><td>콩을 삶은 뒤 군데군데 볏짚을 넣고 천으로 덮은 뒤 40℃로 보온이 되는 장소에 두고 2~3일간 띄운다. 숙성되면 그대로 절구에 넣고 찧거나, 고추・마늘・생강・소금으로 간을 하여 찧어서 보관한다. 주로 찌개를 끓여 먹는다.</td></tr>
<tr><td>빠개장</td><td colspan="2">음력 정월이나 2월에 먹는 된장으로 충청도 지역에서 많이 만든다. 마른 고추를 빻다가 성글게 빻은 메주를 넣고 함께 곱게 빻은 뒤 물을 부어 1~2일 정도 불린다. 그 다음에 간을 하여 부엌에 두었다가 숙성되면 되직하게 찌거나 찌개를 끓여 먹는다.</td></tr>
<tr><td>가루장</td><td colspan="2">메줏가루와 보리쌀을 쪄서 함께 갈아 섞은 뒤에 소금물을 붓고 버무린다. 또는 보릿가루로 풀을 쑨 뒤 된장을 넣고 잘 치대어 장독에 담아 숙성시키는 것으로 강원도 지역에서 많이 한다.</td></tr>
<tr><td>볶음장</td><td colspan="2">동지 이후부터 정월까지 전라도 부안 지방에서 특히 많이 담근다. 노릇하게 볶은 메주콩을 맷돌에 간 뒤 시루에 안쳐서 푹 삶은 뒤 띄운다. 여기에 콩 삶은 물, 소금, 고춧가루, 다진 마늘을 섞어서 익힌다.</td></tr>
<tr><td>보리장</td><td colspan="2">제주도에서 많이 하는 것으로 보리쌀을 삶아 띄운 후 말려서 빻는다. 메주콩 가루와 1대1의 비율로 섞어서 소금물과 함께 버무린다. 1개월 정도 두면 맛있게 익는다.</td></tr>
<tr><td>담수장</td><td colspan="2">볶은 콩으로 메주를 쑨 후 띄워서 고춧가루, 마늘, 소금 등을 넣어 익힌다. 메주를 쑤어 5~6cm 지름으로 빚어 5~6일 띄워 말리고 소금물을 부어 따뜻한 장소에서 7~10일간 발효시킨다.</td></tr>
<tr><td>두부장</td><td colspan="2">사찰음식으로 두부를 으깨고 간을 세게 하여 숙성시킨다. 참깨, 참기름, 고춧가루로 양념한 뒤 한 달간 발효시킨다.</td></tr>
<tr><td>막된장</td><td colspan="2">간장을 빼고 난 부산물로 담근 된장이다.</td></tr>
<tr><td>토장</td><td colspan="2">막된장에 메주와 염수를 혼합하여 숙성시킨 장이다.</td></tr>
<tr><td>무장</td><td colspan="2">메주를 쪼갠 뒤 끓인물을 식혀서 붓고 10일 정도 재웠다가 그 국물에 소금을 첨가하여 숙성시켜 먹는 장이다. 숙성이 되면 동치미무, 배, 편육 등을 납작하게 썰어서 섞는다.</td></tr>
<tr><td>비지장</td><td colspan="2">두유를 짜고 남은 콩비지로 담근 장이다.</td></tr>
<tr><td>생치장(生雉醬)</td><td colspan="2">암꿩의 살코기를 발라 다진 뒤에 생강즙과 장물로 간을 맞추고 볶아서 만드는 장이다.</td></tr>
<tr><td>생황장(笙黃醬)</td><td colspan="2">삼복중에 콩과 메밀을 섞어 띄워서 담그는 장이다.</td></tr>
</table>

된장 종류	특징
소두장(小豆醬)	팥을 삶아서 뭉쳐 띄워서 콩에 섞어 담그는 장이다.
즙장(汁醬)	막장과 비슷하며 수분이 많은 형태의 장이다. 밀과 콩으로 쑨 메주를 띄워 채소를 넣어 담근다. 경상도와 충청도 지방에서 많이 담가 먹었다.
지레장	'지름장', '찌엄장'이라고도 한다. 빻은 메주에 김칫국물을 넣어 제조한다. '우선 지레 먹는 장'이라 하여 지레장이라 부른다.
집장	여름에 먹는 장의 일종으로 7월에 장을 만들어 두엄더미 속에 넣어 두었다가 꺼내어 먹는 장이다.
청태장(青太醬)	청태콩을 이용하여 작은 크기의 메주를 만들어 띄워 만든 장으로 햇고추를 첨가한다.

3) 된장을 이용한 전통음식[17)]

표 2-6 계절에 따라 담그는 별미된장

계절	명칭	계절	명칭
봄	담뿍장, 막장	가을	청태장, 팥장
여름	집장, 생황장	겨울	청국장

(1) 두부장[18)]

재료와 분량 : 두부 1모, 된장 3~4컵, 꽃소금 약간, 무침 양념으로는 참기름 약간, 깨소금 약간

두부는 신선하고 따뜻한 것으로 준비해 면 보자기에 싸 으깨면서 물기를 꼭 짠다. 무거운 것으로 눌러 두부가 단단해지도록 하고 여분의 물기를 꼭 짠 다음 꺼내 다른 면주머니에 옮겨 담는다. 항아리 밑에 된장을 충분히 깔고 그 위에 두부 싼 면 주머니를 넣는다. 보이지 않을 때까지 된장을 두툼하게 덮고 손으로 꾹꾹 눌러 꽃소금을 뿌린다. 서너 달쯤 지나 두부에 된장 맛이 배어 색깔이 노르스름해지면 두부를 조금씩 꺼내 손으로 부슬부슬 부순 뒤 참기름과 깨소금으로 무친다.

(2) **된장찌개**[19)]

재료와 분량 : 쇠고기 50g, 애호박 50g, 건표고버섯 2장, 두부 100g, 풋고추 2개, 다홍고추 1/2개, 파 1/2뿌리

쇠고기 양념 : 간장 1/2작은술, 파 1/2작은술, 다진 마늘 1/2작은술, 참기름 1/2작은술, 후춧가루 1/8작은술

된장육수 : 물(쌀뜨물) 4컵, 마늘 1작은술, 된장 3큰술, 고춧가루 1작은술

쇠고기는 너붓너붓 썰어 양념하여 놓는다. 애호박은 0.5cm 두께로 썰어 은행잎 모양으로 썰고, 건표고버섯은 따뜻한 물에 불려 기둥을 따서 호박과 같은 모양으로 썬다. 두부는 사방 2.5cm로 썰고, 고추는 반으로 갈라 손질하고 파와 함께 어슷하게 썰어 놓는다. 쌀뜨물에 된장과 마늘을 넣어 멍울지지 않게 고루 풀어 된장육수를 만든다.

뚝배기에 고기를 넣고 볶다가 된장육수를 넣고 끓인 후 애호박과 버섯을 넣어 끓인다. 호박이 어느 정도 익으면 두부를 넣고 맛이 배어날 때까지 끓인다. 맛이 잘 어우러지면 고추와 파를 넣고 고춧가루를 넣어 한소끔 더 끓인다.

(3) 비비추국[20)]

재료와 분량 : 비비추 200g, 쇠고기 50g, 모시조개 8개(200g)

국물 : 쌀뜨물 3컵, 된장 2큰술, 다진 마늘 1큰술, 대파 1대

비비추는 밑동을 약간 자르고 한 잎씩 떼어 씻은 뒤 끓는 소금물에 데친다. 찬물에 담가 쓴맛을 우려내 꼭 짠다. 쇠고기는 4cm 길이로 채 썰고, 대파는 어슷 썬다. 조개는 박박 문질러 씻고 엷은 소금물에 담가 해감을 없앤다. 냄비에 물을 붓고 끓이다가 조개가 입을 벌리면 건지고 국물은 면보에 거른다.

냄비에 쌀뜨물을 붓고 된장을 덩어리 없이 푼 다음 쇠고기를 넣어 한소끔 끓인다. 비비추와 다진 마늘, 대파, 조개국물을 부어 다시 한 번 끓이다가 구

수한 맛이 이루어지면 조개를 넣고 살짝 끓여 낸다.

(4) 선짓국[21)]

재료와 분량 : 사골1개, 잡뼈 300g, 선지 3컵, 곱창 600g, 쇠고기(양지) 300g, 콩나물 200g, 배추 200g, 대파1대, 다진 마늘 1큰술, 생강 약간, 청양고추 2개, 붉은고추 2개, 소금 약간, 된장 2큰술, 청장 1/2큰술, 물 8컵

사골과 잡뼈는 토막 내 찬물에 담가 핏물을 뺀 뒤 넉넉한 물에 푹 끓인다. 선지는 체에 담고 찬물을 끼얹어 핏물을 뺀 뒤 끓는물에 생강과 함께 데쳐 찬물에 헹군다. 곱창은 밀가루와 소금을 뿌려 주물러 씻고, 양지는 핏물을 빼 곱창과 함께 물에 푹 끓인 뒤 먹기 좋게 썬다. 배추는 소금물에 데치고, 파와 고추는 어슷하게 썬다.

국물에서 뼈를 건져내고 체로 된장을 푼 뒤 배추와 콩나물을 씻어 넣는다. 끓어오르면 선지와 곱창, 양지를 넣고 다시 푹 끓인 고추와 마늘, 파를 넣고 간장으로 간을 맞춰 살짝 끓인다.

(5) 맥적구이[22)]

재료와 분량 : 돼지고기 100g, 부추 10g, 된장 1큰술, 간장 1큰술, 청주 1큰술, 설탕 1/2큰술, 다진 파 1/3작은술, 다진 마늘 1/3작은술, 참기름 1/2작은술, 후추 약간

돼지고기는 0.8cm 두께로 얇게 썬 다음 잔 칼집을 넣는다. 부추는 깨끗이 씻어 송송 썬다. 된장에 물을 넣어 농도를 묽게 푼 다음 맥적 양념장을 만든다. 고기에 양념장을 넣고 버무린 후 간이 잘 배도록 30분 정도 재워둔다. 달군 석쇠에 기름칠을 한 후 재워둔 맥적을 놓고 약한 불에서 타지 않게 굽는다. 부추를 고명으로 올린다.

(6) 아욱국[23)]

재료와 분량 : 아욱 250g, 마른 새우 30g, 다진 마늘 1/3작은술, 소금 1/3작은술, 국간장 1/3작은술

아욱은 껍질을 벗겨 치대어 여러 번 헹군다. 냄비에 멸치와 마른 새우를 넣고 은근하게 끓여 면보를 놓고 밭쳐 육수를 만든다. 대파는 통으로 송송 썬다. 육수에 된장을 체에 걸러서 풀고 아욱을 넣고 20~30분 정도 푹 끓여 아욱이 부드러워지면 다진 파, 다진 마늘을 넣고 국간장과 소금으로 간한 후 대파를 넣고 불을 끈 뒤 그릇에 담는다.

5. 고추장

1) 고추장의 특성[24)]

메주 고추장은 엿기름 대신 콩과 쌀을 함께 띄운 메주를 쓴다. 엿기름 고추장은 엿기름의 β~아밀라아제가 고두밥의 전분을 맥아당으로 당화시켜서 단맛을 내고 메주는 아미노산의 맛있는 맛, 고춧가루는 매운맛, 소금은 짠맛을 낸다. 당 농도가 30% 이상 되어야 고추장의 맛이 시지 않다.

시판 고추장은 보리나 쌀, 밀가루 코오지(곰팡이 효소인 글루코아밀라아제를 발생시킨)로 만들어서 단맛이 강하다.

2) 고추장의 종류와 특징[25)]

고추장의 종류와 특징을 표로 정리하면 다음의 표 2-7과 같다.

표 2-7 담금 원료에 따른 고추장의 종류와 특징

고추장 종류	특 징
찹쌀고추장	찹쌀을 빻아서 경단 만들 때와 같이 반죽하여 큼직하면서 얄팍하게 빚은 다음 뜨거운 물에 삶아 건진다.

고추장 종류	특 징
멥쌀고추장	쌀가루를 물에 풀어 놓고 소금물을 넣어서 되직하게 죽을 쑤어 식힌다.
보리고추장	쌀가루와 보릿가루로 죽을 되직하게 쑨다.
팥고추장	멥쌀을 떡가루로 만들어서 백설기를 쪄 놓는다. 콩과 팥을 잘 씻고 일은 후 물을 붓고 푹 삶는다. 콩이 충분히 익어 뜸이 들면 절구에 넣고 흰무리도 부수어서 넣고 콩 짜개가 하나도 없도록 곱게 찧는다.
수수고추장	물 한 되 반에 소금을 풀어서 체에 거르고 수수가루로 되직하게 죽을 쑤어 큰 그릇에 담아 놓는다.
밀가루고추장	밀가루로 풀을 쑤어 60~70℃ 정도로 식힌 다음 엿기름물을 걸러 붓고 뚜껑을 덮어 삭힌다.

3) 고추장을 이용한 전통음식

(1) 제육구이[26)]

재료와 분량 : 돼지고기 400g, 양파 1/2개

양념 : 간장 2큰술, 고추장 2큰술, 다진 파 2큰술, 다진 마늘 1.5큰술, 생강즙 1/2큰술, 설탕 2큰술, 술 1큰술, 후춧가루 약간

돼지고기는 등심이나 삼겹살을 0.5cm 두께로 얇게 썰어서 잔 칼집을 넣어 연하게 한다. 양파는 길이대로 가늘게 채 썬다. 양념을 고루 합하여 양념 고추장을 만든다. 돼지고기를 한 장씩 펴서 분량의 양념 고추장에 재워서 주물러 간이 고루 배도록 한다. 뜨겁게 달군 석쇠나 번철에 고기 조각을 잘 펴 얹어서 양면을 고루 익힌 후 더울 때 대접한다.

(2) 뱅어포구이[27)]

재료와 분량 : 뱅어포 6장(84g)

양념 : 간장 1큰술, 고추장 3큰술, 다진 파 1큰술, 다진 마늘 1/2큰술, 설탕 2큰술, 참기름 1.5큰술, 깨소금 1.5큰술

뱅어포는 빛이 희고 잘 마른 것으로 골라 짚이나 티를 골라낸다. 파, 마늘은 곱게 다져서 분량의 양념1을 고루 합하여 양념 고추장을 만든다. 뱅어포를 도마나 쟁반 위에 한 장씩 펴서 양념 고추장을 솔로 발라 여러 장을 겹쳐서 잠시 둔다.

석쇠나 번철을 달구어서 양념한 뱅어포를 앞뒤로 고루 구워서 먹기에 알맞은 크기로 네모지게 썬다.

(3) 약고추장(고추장 볶음)[28)]

재료와 분량 : 쇠고기(우둔) 100g, 고추장 500g, 참기름 3큰술, 잣 1큰술
양념1 : 간장 1큰술, 참기름 1/2큰술, 후추 약간
양념2 : 꿀 2큰술, 설탕 2큰술, 물 3큰술

쇠고기는 연하고 기름기가 없는 살코기로 곱게 다져서 양념1로 고루 무친 다음 번철에 볶는다. 고추장은 양념2를 합하여 고루 섞은 후 볶은 쇠고기를 넣어 약한 불에 올려서 나무주걱으로 가끔 저으면서 서서히 볶는다. 고추장이 약간 진한 색이 나게 익으면 참기름과 잣을 넣어 고루 섞으면서 더 조린다. 윤이 나고 거무스름하게 조려졌으면 보존 용기에 담아서 밑반찬으로 한다.

(4) 게감정(게찌개)[29)]

재료와 분량 : 꽃게 2마리(500g), 쇠고기 50g, 숙주 50g, 두부 50g, 밀가루 2큰술, 달걀 1개, 파 1/2뿌리, 무 50g, 고추장 2큰술, 된장 1/2큰술

게를 다듬어 씻어 몸체는 밀대로 밀어 살을 발라내고 게딱지는 깨끗이 씻고 다리는 앞쪽 마디만 남기고 자른다. 잘라낸 게 다리의 살을 발라내고 난 몸체에 향미 채소를 넣고 물을 부어 육수를 끓인 후 국물만 체에 밭친다. 쇠고기는 곱게 다지고 숙주는 끓는물에 데쳐 송송 썰고 두부는 물기를 짜서 으깨 게살과 섞어 모두 양념한다. 무를 2×2×0.4cm로 나박썰기 하고 파는 송송 썬다.

게딱지는 물에 씻어 안쪽에 밀가루를 솔솔 뿌린 후 3의 소를 가득 담고 살쪽에 밀가루, 달걀을 씌워 지진다.

게껍질을 우려낸 육수에 된장과 고추장을 풀고 4의 무와 함께 끓이다가 무가 어느 정도 익으면 게 지진 것을 넣고 익힌다. 게 찌개가 익으면 무와 파를 넣고 한소끔 끓여 낸다.

(5) 오이감정[30)]

재료와 분량 : 오이 160g, 쇠고기 80g, 붉은고추 1개, 풋고추 2개, 대파 1대, 고추장 3큰술, 된장 1작은술, 국간장 1작은술, 다진 마늘 1작은술, 참기름 약간, 후춧가루 약간 물 3컵

오이는 소금으로 비벼 씻어 반으로 갈라서 삼각지게 썬다. 대파는 어슷하게 썰고, 고추는 어슷하게 썰어 씨를 뺀다. 쇠고기는 납작하게 저며 썰어 양념을 한다. 물에 쇠고기를 넣어서 끓이다가 고추장과 된장을 풀고, 오이를 넣어 잠시 끓인 다음 대파, 고추, 다진 마늘을 넣고 잠시 더 끓인다.

(6) 고추장 담기[31)]

재료와 분량 : 엿기름 2컵, 물 15컵(엿기름 물12컵), 찹쌀가루 5컵, 고춧가루 3컵, 메줏가루 2컵, 꽃소금 1컵, 물엿 1컵

엿기름을 따뜻한 물 5컵에 비벼 씻어(2~3회) 체에 거른다. 체에 거른 엿기름에 나머지 물을 붓고 다시 체에 거르고 건지는 꼭 짜서 버리고 하룻동안 두어 앙금이 가라앉으면 윗물만 쓴다. 소금 간을 하지 않은 찹쌀가루를 체에 쳐서 2의 엿기름 웃물 12컵을 부어 섞고 1시간 정도 두어 삭힌다. 이것을 중간 불에서 1시간 정도 끓여서 엿기름 12컵이 9컵이 될 때까지 끓인다.(처음에는 눌지 않게 계속 저어주고 나중에는 가끔씩 젓는다.(찹쌀가루가 물처럼 된다) 여기에 물엿을 3~4회에 걸쳐 나누어 넣으면서 끓이고 불을 끈다. 이것을 식힌 후 메줏가루, 고춧가루, 소금을 넣고 젓는다.(더운 날일수록 소금 양을

많이 넣는다) 항아리에 담고 윗소금을 뿌린 뒤 볕을 쏘인다.

고추장은 정월에서 3월 사이에 담근다.

(7) 장떡(전)[32)]

재료와 분량 : 찹쌀가루 1컵, 밀가루 2큰술, 풋고추1/2개, 다홍고추 1/2개, 고추장 1작은술, 된장 1작은술, 식용유 2큰술

양념 : 파 1작은술, 마늘 1/2작은술, 참기름 1작은술, 깨소금 1작은술, 후춧가루 1/8 작은술

찹쌀가루에 끓인물과 고추장, 된장을 넣고 고루 섞이도록 치댄다. 풋고추, 다홍고추 반은 둥글게 썰어 씨를 털어낸다. 반은 다진다. 갖은양념을 하여 지름 5cm 크기로 동글납작하게 빚는다.

따뜻하게 달군 팬에 기름을 충분히 두르고 3을 넣어 한쪽 면을 지진 후 뒤집어 그 위에 풋고추, 다홍고추를 고명으로 올려 지져낸다.

6. 청국장[33)]

청국장도 된장, 간장, 고추장처럼 장으로 인식되기 시작하면서 한자로 전시장(煎豉醬), 전국장(戰國醬), 청국장(靑局醬), 청국장(靑麴醬) 등으로 표기하다가 지금은 '청국장(淸麴醬)'으로 통일된 것이다.

1) 청국장의 특성

청국장의 원리는 띄우기로 짚 위에 헝겊을 깔고 삶은 콩이 뜨거울 때 깔아 두꺼운 이불로 덮어서 40~45℃ 정도로 48시간 띄운다. 끈적거리는 성분은 폴리감마글루탐산이다.

보존은 가장 맛있게 띄워졌을 때 작게 뭉쳐 냉동하지 않으면 썩기 시작하여 못 먹게 된다.

2) 청국장의 종류와 특징

청국장의 종류와 특징을 표로 정리하면 다음의 표 2-8과 같다.

표 2-8 청국장의 종류와 특징

청국장의 종류	특 징
전국장	콩을 누르게 볶아 맷돌로 반쪽으로 타서 삶아 시루에 넣고 따뜻한 곳에 두어 뜨면 소금을 넣고 끓여 달이는 것
청국장(퉁퉁장, 낫토)	삶은 메주콩을 뚜껑이 잘 덮이는 그릇에 담아 더운 방에 이불을 씌워 폭 덮어서 4~5일쯤 있다가 꺼내면 콩이 떠서 진이 나게 된다. 그것을 절구에 대강 찧어서 소금과 굵은 고춧가루를 섞어서 항아리에 꼭 담아두고 먹는 것

3) 청국장을 이용한 전통음식

(1) 청국장찌개[34)]

재료와 분량 : 쇠고기 100g, 쌀뜨물 3컵, 두부 1모(300g), 배추김치 100g, 대파 1뿌리, 청국장 6큰술, 다진 마늘 2작은술, 소금 적량

양념 : 청장 2작은술, 다진 파 4작은술, 다진 마늘 2작은술, 참기름 2작은술, 후춧가루 약간

쇠고기는 기름이 섞인 부위로 골라서 잘게 썰어 양념 1로 고루 무친다. 냄비에 먼저 양념한 고기를 넣어 볶다가 쌀뜨물을 부어 끓인다. 두부는 1cm 정도의 두께로 한입에 먹기 좋은 크기로 썬다. 배추김치는 소를 털어내고 2cm 폭으로 썰고 대파는 어슷하게 썬다.

장국이 맛이 들면 청국장과 다진 마늘, 김치를 넣어 끓인다. 맛을 보아 간이 부족하면 소금으로 간을 맞춘다. 한소끔 끓어오르면 두부와 어슷 썬 대파를 넣어 맛이 잘 어우러질 때까지 끓인다.

(2) 청국장탕[35)]

재료와 분량 : 청국장 300g, 도가니 1개, 쇠고기(사태) 600g, 통북어 2마리,

무 2개, 마른 고추 5개, 다시마(사방10cm) 1장, 물 3.6L, 대파 2대, 마늘 1통, 청장 약간, 소금 약간

북어는 큼직하게 토막 내어 씻고 대파도 큼직하게 썰고, 마늘은 굵게 편 썬다. 도가니와 사태는 찬물에 충분히 담가 핏물을 빼고, 무는 통째로 씻어 큼직하게 썬다.

깊은 냄비에 북어와 대파, 마늘, 2의 도가니와 사태, 무를 넣은 뒤 잠길 정도로 물을 넉넉히 붓고 2~3시간 푹 끓인다. 국물이 끓으면 청국장을 면주머니에 담아 입구를 묶은 뒤 다시마와 함께 넣고 다시 한 번 푹 끓인다. 한소끔 충분히 끓으면 마른 고추를 뚝뚝 잘라 넣은 뒤 청장과 소금으로 간을 하고 마늘과 파를 넣고 끓인다.

II
지역별 특별장류

1. 지역별 장류 가공의 향토성[36)]

1) 충청도 간장

콩으로만 메주를 만든다. 까맣게 뜨면 씻어서 쪼개어 말린다. 음력 1월과 3월에 담그면 2월은 '남의 달'이라고 하여 장 담그기를 피한다. 특히 2월에 담근 장은 제사에 안 쓴다고 한다. 장을 담글 때 소금과 물의 비율은 물 1초롱(1말)에 소금 2되를 푼다. 장은 콩 1말 메주에 소금 두 지게(4말)로 한다. 1개월이 지나면 장을 뜬다.

청원 지방에서는 콩 메주 1말에 물 1말~1.5말 반을 잡으며 소금 7되의 비례로 한다. 장을 담근 후 3~4개월 만에 뜨며 달이지 않는다. 장을 뜰 때는 용수를 박아서 뜬다. 장의 숙성 기간이 길므로 용수를 써야 맑은 장을 얻을 수 있다. 서해안 도서지역은 쌀농사도 콩농사도 넉넉하지 않으므로 콩 메주를 쑤어 간장을 담을 때 물을 육지의 두 배 정도로 많이 잡아 장이 묽다.

2) 전라도 간장

순창지방은 메주콩 1말에 물 2동이, 소금 6되를 잡는다. 정월 중 말날을 가려 담는다. 또 3월 삼짇날에 담가 7월에 뜨거나 다음 해 4월이나 5월에 떠서 된장과 간장을 가른다.

남원지방은 음력 10월에 메주를 쑨다. 콩이 열 말이면 소금 1가마 반을 잡는다. 장을 담가 다음 해 돌이 되면 메주는 건지고 장을 안달이고 먹을 때 엿을 넣는다. 무주지방은 동짓달에 메주를 쑤어 띄워서 2월에 장을 담는다. 5월에 가서야 뜨거나 돌까지 두었다가 뜬다.

부안지방은 가을에 메주를 일찍 쑤어서 소금물을 삼삼하게 붓는다. 정월에 띄우는 메주는 자그맣게 만들어 빨리 띄운다. 담그는 날은 납평일(臘平日)이나 동짓날에 담는다. 일찍 먹으므로 '햇장'이라고 한다.

지리산에서는 메주를 쓸 때 음력 동지 안에 쑤며 콩 2되가 덩어리 1개, 3되가 2개가 되게 만들어 짚으로 하나씩 묶어 시렁에 매달아 두었다가 가마니에 넣어 따뜻한 곳에 두면 빨리 뜬다. 콩 1말 메주에 물 1동이(2말)을 잡고 호렴 5~6되를 푼다. 장을 말아 빨리 뜨는 장은 40일 안에 묽은 장과 된장을 가른다. 장이 해마다 많이 말리는 집에서는 김장때까지 장을 건드리지 않고 그대로 두기도 한다. 장에 용수를 메주덩이가 뭉그러지지 않게 살짝 박고 묽은 장만 떠다 먹기도 한다. 장을 가른다는 것은 메주덩이를 건져서 따로 작은 항아리에 옮겨 담는다. 이곳의 장 용수는 매우 크고 대나무로 만든 튼튼한 것을 사용한다.

익산지방에서는 장 담그기 25일쯤 앞서 메주를 맹물을 부어 불렸다가, 이 메주를 독에 차곡차곡 담고 묽은 장을 부어 메주가 뜨면 뚜껑을 열어 볕을 보인다. 장이 줄어드는 만큼씩 묽은 장을 보태도록 한다.

임실지방에서는 메주에 따뜻한 물을 부어서 불려 작년 장을 부어 장을 담는다. 장을 뜨고 내리지 않으며 엿을 넣는다. 콩 메주 1말(메주덩이 2~3개)에 간장 1동이를 잡는다. 무주지방에서는 '진미장'이라고도 하는데, 메주를 불려 지난 해 간장을 부어 담그면 빛이 진하고 달다.

3) 경상도 간장

서울 지역에 비해 짜게 담는다. 초겨울 10월경 메주를 쑤어 정월 경에 뜬다. 소금물을 밭쳐 메주를 넣고 고추, 대추, 숯을 넣는다. 담근지 50~60일이면 뜨나 오래두고 먹으려면 용수를 박고 떠서 뜬다. 진간장은 메주를 검정콩으로 쑤어 띄워서 소금 농도를 국간장보다 약하게 하여 장을 담는다. 한 달 후에 진장을 달일 때 다시마, 검정콩을 넣어 색을 검게 한다. 대추를 넣고 달이면 까맣고 향긋하다. 장맛을 좋게 하려면 장물에 다시 메주를 넣는 '덧장'을 한다.

4) 제주도 간장

묵은해에 장을 담는 게 좋다고 하여 동짓달부터 섣달 사이에 담는 게 보통이다. 장 메주는 담기 두 달 전에 쑤어서 잘 띄워 준비한다. 메주콩을 '장콩'이라고도 한다. 중부지방에서 '좀콩'이라고 하는 것이다.

장을 담는 기준 분량은 콩 4되를 단위로 물에 불려서 10월에 메주를 쑤어 덩어리를 만들어 다른 지방과 마찬가지로 가마니에 넣어 띄운다. 12월에 물 1말에 소금 4되를 풀어서 말갛게 가라앉으면 장독에 붓고 메주를 넣는다. 매일 볕을 잘 쏘여서 3월에 장을 뜬다. 즉 된장이 될 메주덩이를 건지고 간장과 나눈다. 장독을 잘못 간수하면 맛이 변한다고 극히 경계한다. 간장을 안 달이는 것이 보통이다.

제주도 시골에서의 장광은 장독에 뚜껑을 덮지 않고 짚으로 용수를 만들어 모자처럼 씌워 놓는 것이다. 그 이유는 볕을 너무 많이 쪼이면 장이 졸아들고, 혹 별안간 소나기가 왔을 때도 비가 들어가지 않으니 아주 편하다. 혹 간장을 맛나게 하려면 쇠고기를 한 덩어리 넣어 둔다고 한다.

5) 평안도 강계장

강계장은 예전부터 유명하다. 강계장이 유명한 이유는 물과 메주 만드는 법이 다르다. 강계의 물은 달고 감촉이 부드럽다. 이 지역의 메주 만드는 법을 보면 다른 지방은 대부분 박통만 하게 빚는데 강계식은 주먹만하게 빚는다. 물기만 가시면 더운 온돌 아랫목에 모아 놓고 섬거적 헌 이불 같은 것으로 위에 수증기가 빠져 나갈 정도의 구멍만 남겨놓고 꼭 덮어둔다. 그러므로 메주가 외부의 바람결을 받아 마르는 것이 아니라 밑에서 치 받치는 더운 기운에 뜨면서 마른다. 메주 뜨는 정도로는 다른 곳은 속이 까만 것을 좋다하나 강계에서는 곰팡이가 희거나 노래야 한다. 강계장을 달이는 냄새는 엿 달이는 냄새가 나며 시기는 일반은 늦가을에 메주를 쑤나 강계는 입춘 무렵에 쑨다.

간장의 농도는 장이 까맣게 되도록 진하게 달인다. 해방 후 월남한 사람들이 강계식으로 장을 담그나 장맛은 본고장 맛보다 못하다고 한다. 그것은 물맛이 이유인 듯하다.

2. 지역별 된장의 특징[37)]

표 2-9 지역별 된장의 특징

지역별 된장	특 징
서울・경기도	음력 10월경에 메주를 쑤는데, 하루 전날 콩을 물에 불렸다가 삶아서 메줏덩이로 빚어 띄운 후 매단다.
강원도	음력 1～2월에 장을 담그면 두 달 정도 뒤에 장을 뜬다. 영동지역 어촌에서는 소금물에 바닷물을 섞어 장을 담그기도 한다.
충청도	음력 8～10월에 쑨 메주를 말려서 매단다. 메주가 뜨면 바로 정월, 2월, 3월의 말 날에 장을 담근다. 물에 불리지 않은 메주콩을 삶아서 찧은 후 네모지게 메줏덩이를 만든 후 충분히 뜨면 씻어서 쪼갠 뒤에 다시 말린다. 장의 숙성기간은 비교적 긴 편이다.
전라도	구례 지방은 음력 10월이나 동지에 쑨 메주를 짚으로 묶어서 메달아 두었다가 정월에 다시 따뜻한 곳에서 띄운다. 음력 정월 그믐날 말 날에 장을 담그고 40일 정도 뒤에 장을 가른다. 부안 지방은 별미장으로 찌금장 또는 찌엄장을 먹는다. 10월에 메주를 쑬 때 메줏가루에 김칫국물을 넣어 익힌다. 순창 된장은 정월 말 날이나 2월 또는 3월 삼짇날(음력3월3일)에 장을 담근다. 나주 된장은 띄운 누룩을 가루 내어 찹쌀 찐 것을 함께 넣고 하루 동안 익힌 다음, 오이와 가지, 고춧잎 등을 넣어 익힌 것이다. 전주 된장은 진 찹쌀밥에 메줏가루와 엿기름가루를 섞은 것에 여러 가지 채소를 넣고 익혀 먹는 것이다.
경상도	10월경에 메주를 쑤고 정월에 장을 담근다. 항아리에 적당한 염도의 소금물을 밭쳐 붓고, 메주와 고추, 숯, 대추를 넣는다. 서울보다 짜게 담그는 편이다. 진양 된장은 불린 콩을 삶은 것에 가루 낸 밀을 얹어 한 번 더 불에 익힌 것을 조그맣게 빚어서 띄운 다음, 이렇게 만든 메주에 찹쌀풀과 삭힌 엿기름을 섞고 가지, 오이 등을 넣어 잿더미 속에서 익히면 맛있게 먹을 수 있다. 밀양 된장은 삶은 콩에 쌀가루와 밀가루를 섞어 뜸을 들인 뒤 꺼내어 작게 빚어서 말린다. 이후 말린 메주를 가루 내어 보관하다가, 먹을 때 고추, 무, 가지, 다시마, 고춧가루, 마늘 등을 넣어 숙성시켜 먹는다.
제주도	메주를 쑤어 2개월가량 띄운 후, 동짓달과 섣달 사이에 장을 담근다. 담근 장에 매일 볕을 잘 쬐어 주다가 3월에 장을 가른다. 가른 간장을 따로 달이지는 않는다. 조피장은 조피나무(초피나무)의 잎을 잘게 썰어서 된장에 섞어 두었다가 며칠간 숙성시켜 먹는 것이다.

3. 지역별 고추장 종류와 특징[38)]

표 2-10 지역별 고추장의 종류와 특징

지역별 고추장	주재료 고추장 종류	특 징
서울 · 경기도	보리고추장, 고구마고추장	보리쌀을 깨끗이 씻어 잘 말린 다음 빻아서 가루로 만든다. 고구마는 삶은 뒤 으깨어 물을 붓고 고운체에 거른다.
강원도	찹쌀고추장, 밀가루고추장,	찹쌀 대신 차좁쌀, 보리쌀 넣기도 한다.
충청도	보리고추장, 찹쌀고추장, 인삼고추장,	충청도 보리고추장에는 엿기름을 사용하지 않는 것이 특징이다. 인삼고추장은 수삼을 물에 넣고 뭉근히 달인다. 수삼 달인 물에 엿기름물을 받아 사용한다.
전라도	찹쌀고추장, 보리고추장, 엿고추장, 고구마고추장	순창의 찹쌀고추장이 특히 유명함. 순창은 고추장용 메주를 쑤고 고추장을 담그는 시기가 다른 지역보다 훨씬 빠르다.
경상도	밀가루고추장, 싸메주고추장, 엿고추장	싸메주는 메줏덩이를 가마니에 싸서 낮에 볕을 쬐고 밤에는 이슬을 맞혀서 가루로 빻는다.
제주도	밀가루고추장	밀가루로 죽을 쑨 곳에다 엿기름가루를 넣고 섞어서 삭힌다. 삭힌 것을 엿 달이듯 달여 엿물을 만든다. 엿물을 부으며 찹쌀로 지은 밥에 메줏가루와 고춧가루를 섞는다. 달고 윤기가 흐르는 고추장이 완성된다.

4. 담뿍장, 뱜장, 시금장, 퉁퉁장, 찌금장과 싱거운 간장[39)]

1) 담뿍장

서울, 경기도 지역의 담뿍장 재료는 메줏가루, 고춧가루, 소금, 간장이다. 메주는 무장 메주 쑤듯 해서 곱게 빻아 고운체로 쳐서 고춧가루만 알맞게 섞어서 물로 풀고 하룻밤 재운다. 간장은 조금만 치고 소금으로 간을 맞춘다. 급하게 먹으려면 따뜻한 곳에다 두고 익혀 삼사일이면 먹을 수 있다.

충청도에서는 늦가을에 담가 겨울에 먹는데, 콩을 쑤어 더운 곳에서 띄워 고춧가루, 소금을 넣고 잘 찧어 항아리에 담아 익히는데, 다 되면 두부의 순물을 넣고 알맞게 푼다.

경상도에서는 듬북장 또는 담뿍장이라고 부르는데, 메주를 굵게 빻아 소금물에 담가 이삼일 간 익힌다. 장물과 메주덩어리를 함께 쪄도 먹고 풋고추 등을 섞어 밥 위에 찐다.

황해도에서는 담뿍장이라고 하는데 봄에 메주를 곱게 찧어서 보리밥을 죽처럼 쑤어서 소금과 함께 섞어서 버무려 띄운다. 고춧가루를 조금 넣는다. 여름에 날로 쌈장으로 먹는다. 먹을 때는 김치나 두부를 넣고 끓여 먹는다.

2) 빰장

경상도에서는 된장만을 목적으로 굵직하게 빻아 소금물을 끓여 식힌 물로 담근다. 경북지방에서는 된장찌개를 이 빰장으로 만든다. 빠개장이라고도 부르는데 메주를 빻았다고 하여 붙여진 이름이다.

3) 시금장

시금장은 여름에 보리 등겨를 반죽한 뒤 모닥불로 서서히 익혀 건조한 뒤 처마밑에 매달아 자연 발효시켜 만든 메주를 모아 두었다가 겨울철에 여러 가지 부재료와 함께 장을 만들어 밑반찬으로 활용되어 온 대표적인 한국 장류로 지역에 따라 막장, 시금장, 겨장, 거름장 등으로 불리어지고 있으며 된장, 고추장, 청국장 등과는 제조방법과 맛에 큰 차이를 갖고 있다.

4) 퉁퉁장

충청도 음식으로 콩을 삶아 따뜻한 방에서 실이 생길 때까지 띄워 마늘, 고춧가루 등으로 양념을 해서 절구에 찧어 독에 꼭꼭 눌러 담아 놓았다가 한 숟가락씩 떠서 북어국물에 감자와 조개를 넣고 끓여 낸 것이다.

5) 찌금장과 싱거운 간장

이른 봄에 입맛을 돋우는 것. 동치미국물에 담근 싱거운 간장과 김칫물로 담그는 찌금장은 곰삭은 맛이 일품이다.

찌금장을 담글 때는 메주를 잘게 쪼개어 냄새도 나가고 마르도록 널었다가 가루로 빻는다. 거친 체에 쳐서 밑으로 빠진 가루에다 쌀죽을 되직하게 쑤어 메줏가루와 섞는다. 여기에 군내 안 나는 김칫국물을 붓고 고춧잎장아찌와 무 김치를 썰어 넣고 고춧가루를 약간 넣고 소금으로 간을 맞추고 뚜껑을 덮어 두었다가 삼일 후에 먹는다. 조금 새콤하면서 있는 듯 없는 듯한 달보드레한 맛이 독특하다.

싱거운 간장은 동치미국물로 담는다. 설날이 지나면 동치미 맛이 떨어진다. 이때 동치미 국물을 끓여 식혀 가라앉힌 맑은 물만 따라내고 빨리 우러나게 메주를 조각내어 물에 담근다. 참깨묵을 베주머니에 넣어 항아리에 담아 양지 쪽에 둔다. 한 주일이 지나면 노리끼리한 색으로 우러난다. 소금대신 묵은 간장으로, 간을 삼삼하게 색은 연한 갈색이 나게 한다. 메주는 된장 만들고 간장을 한 번 끓여 두면 봄에 먹는 싱거운 간장이 된다.

5. 한국요리의 기본 양념류[40)]

표 2-11 한국요리의 기본 양념류

기본 양념류 명칭	재 료	만드는 법
초간장	식초(1/2), 진간장(1)	식초가 들어간 양념장에는 레몬즙을 넣어도 좋다.
개성식 초간장	식초(0.2), 청양고추(0.3), 홍고추(0.3), 마늘편(0.3), 진간장(1)	개성식 초간장은 간장(5) : 식초(1)의 비율로 하여 마늘, 풋·홍고추, 마늘을 굵게 다져 섞어준다.
만든 진간장	국간장(10L), 양파 7개 쇠고기육수(2L)	비율대로 1시간 끓인 다음 체에 밭친다. 구매하는 진간장을 대신해서 사용할 수 있으며, 구매 간장보다 색이 엷으므로 좋다.
친환경 맛간장	마른표고버섯, 느타리버섯, 시골간장(33), 물(100), 양파 굵은 것 2개, 멸치50g, 대파 2뿌리, 마른 고추 2개, 마른 새우10g, 다시마 사방 10cm	㉠ 물1.5L에 간장을 제외하고 다 넣고 물이 반으로 줄어들 때까지 끓인다. ㉡ 낮은 불에서 10분 정도 조린다. ㉢ 건더기를 건져내고 조린 물과 간장을 섞는다. ㉣ ㉢에 꿀로 단 농도를 맞추고 한소끔 더 끓인다. ㉤ 유리병에 담아 냉장고에 보관한다.

기본 양념류 명칭	재 료	만드는 법
초고추장	레몬즙(1), 간생강(1), 정종(5), 백물엿(25), 콜라 · 사이다(25), 간마늘(25), 설탕(25), 식초(50), 고추장(100)	㉠ 초고추장이 너무 묽으면 양조 식초대신 빙초산과 고운 고춧가루를 넣어주면 된다. ㉡ 정종을 대체할 수 있는 것은 소주, 미림이 있다. ㉢ 유자청을 다져 넣으면 별미이다. ㉣ 마늘은 제공하기 직전에 넣는다. 이때 참기름도 같이 제공할 수 있다.
생양념 된장	참기름(8), 고춧가루(10), 간마늘(25), 고추장(25), 된장(100)	준비된 재료들을 비율대로 혼합해 준다. 홍고추, 청고추를 둥글게 썰기하고, 양파를 고추 크기로 썰어, 무침을 하여 제공하면 더욱 좋다. 고추장은 가감하여도 좋고 전혀 넣지 않아도 새롭다.
볶음 된장	통들깨(10), 식용유(10), 멸치가루(10), 마른새우(10), 참기름(20), 간마늘(20), 다진양파(20), 물엿(20), 다진버섯(30), 다진쇠고기(40), 개량된장(100), 재래된장(100), 물, 육수(100)	㉠ 식용유에 간마늘, 양파, 쇠고기, 된장 2종류를 넣고 잘 볶는다. ㉡ 볶은 다음 바닥이 탈 우려가 있기 때문에 육수를 넣어주면서 통들깨가루를 제외하고 남은 재료를 모두 넣고 은근히 끓인다. ㉢ 식힌 다음 제공할 때 통들깨가루를 넣어준다. ㉣ 나물무침에 많이 사용한다.
쌈장	참깨 2C, 사이다 0.5L, 마늘 1kg, 흰콩 4kg, 조선된장 20kg	㉠ 흰콩을 삶은 후 갈아서 된장 등 모든 재료와 혼합한다. ㉡ 콩물을 버리지 말고 첨가한다. ㉢ 모든 양념에 청양고추, 풋 · 홍고추, 대파, 양파를 곱게 다져서 설탕, 참기름과 함께 잘 섞어준다.

Ⅲ
현대 장류산업의 전통장류와 퓨전장류

1. 국가무형문화재 제137호 '장(醬) 담그기'

문화재청은 2018년 12월 27일 장 담그기를 국가무형문화재 제137호로 지정했다.[41] '장 담그기'는 콩을 사용하여 만든 식품인 장(醬) 그 자체의 효능을 넘어, 재료를 직접 준비해서 장을 만들고 발효시키는 전반적인 과정을 포괄하는 개념이다.

두장(豆醬)문화권에 속한 우리나라에서는 삼국시대부터 장을 만들어서 먹은 것으로 알려져 있다. 또한, 조선시대 왕실에서는 장을 따로 보관하는 장고(醬庫)를 두었으며, '장고마마'라 불리는 상궁이 직접 장을 담그고 관리하는 등 전통적으로 우리나라의 장은 식생활에서 중요한 위치를 차지해 왔다.

우리나라의 '장 담그기'는 콩 재배, 메주 만들기, 장 만들기, 장 가르기, 숙성과 발효 등으로 이어지는 과정을 발전시켜 왔다는 점에서 중국이나 일본과 구별되는 독특한 장 제조법을 가지고 있다. 또한, 메주를 띄우는 과정을 거친 후 된장과 간장 두 가지의 장을 만든다는 점, 전년도에 쓰고 남은 씨간장을 이용해 수년 동안 겹장의 형식을 거친다는 점 등은 한국의 장 담그기가 갖는 특징이자 독창적인 대목이다.

'장 담그기'는 고대부터 오랫동안 장을 담가 먹은 유구한 역사를 가지고 있다는 점, 우리나라 음식 조리법이나 식문화에 대한 연구 등 다양한 방향으로 연구될 수 있다는 점, 한국의 주거문화, 세시풍속, 기복신앙, 전통과학적 요소 등을 복합적으로 가지고 있다는 점, 세대 간 전승에 의해 모든 한국인들이 직간접적으로 동참하고 있다는 점이 높이 평가되어 국가무형문화재로 지정할 가치가 높은 것으로 평가받았다. 다만, '장 담그기'는 우리나라 전역에서 각 가정을 중심으로 현재도 자연스럽게 전승되고 있는 생활관습이자 문화라는

점에서, 특정 보유자나 보유단체를 인정하지 않는다.[42)]

〈이하연 김치명인댁 장독대 풍경. 사진제공 김문경〉

2. 장류업계의 새로운 트랜드와 신제품 개발

장류업계는 생존과 사업 확대를 위하여 국내·외 상황을 면밀히 분석하고 소비자의 요구사항 등을 감안하여 신속히 대응하는 양상을 보이고 있다.

전통 방식을 고수하되 최상위 품질의 제품을 개발하고 기능성과 편의성이라는 소비자의 니즈를 반영하고 있으며, 특히 세계화를 통한 새로운 시장 확대를 위한 노력이 돋보인다. 업계에서는 매년 신제품을 개발하여 새로운 소비자를 끌기 위한 노력을 하고 있으며, 특히 새로운 접근, 즉 장류를 이용한 소스류의 개발은 전망 있는 방향으로 여겨진다. 신제품은 대기업들을 중심으로 매년 새로운 제품들이 시장에 출현하고 있다. 이 신제품들은 소비자의 선택을 받기 위해 업체의 홍보력, 복지를 선도하는시대의 상황과도 밀접한 관계가 있을 것이다.[43)]

현재 장류로 분류되는 제품은 법적(「식품위생법」~공전)으로 한식간장, 양조간장, 산분해간장, 효소분해간장, 혼합간장, 한식된장, 된장, 조미된장, 고추

장, 조미고추장, 춘장, 청국장, 혼합장, 기타 장류로 나누고 있다.[44)]

3. 간장의 새로운 개발품들

(1) 고로쇠 간장[45)]

당해 작황이 제일 좋은 햇콩을 매입하여 메주를 만든다. 3년 간수를 뺀 천일염과 고로쇠 수액을 섞어 3번 걸러서 염수를 만든다. 진하고 고소한 저염간장을 만들기 위해 메주의 양을 두 배 사용한다. 자연 건조실과 황토 발효실에서 3차 발효하고, 축사와 농약이 없는 해발 600m 청정 지리산국립공원 내에서 1년 6개월 간 숙성한다.[46)]

(2) 구본일 간장

경기도 파주시 적성면 '구본일 발효'에서 파주 장단콩을 쪄서 최소한의 수분으로 원형메주를 만들고 3년 이상 간수를 뺀 신안군 천일염으로 장을 담가 항아리에서 숙성시킨 한식간장이다.

(3) 구본일 어간장

생멸치를 기장에서 구입하여 바로 소금에 절여 3년 숙성한 액젓을 보자기와 한지로 걸러 최소 2년을 더 숙성했다. 물 한 방울 들어가지 않은 100% 멸치 액젓에 파주 장단콩을 쪄서 최소한의 수분으로 만든 원형 메주를 넣었다. 총 6년 이상의 세월을 거쳐 숙성 발효되어 감칠맛이 아주 깊고 진한 어간장이다.

(4) 대숲맑은 우리콩간장 秀

전라남도 담양군 대덕면 '우리콩 영농조합법인'에서 국내산 유기농 콩을 으깨는 방식으로 빻아 메주를 만들고 2년 이상 간수를 뺀 신안군 천일염으로 전통 항아리에 많은 양의 메주를 넣어 숙성시킨 한식간장이다.

(5) 더 건강한 백말순 간장

경상북도 성주군 초전면 '백말순 등겨장'에서 직접 농사를 지은 콩과 정제소금으로 HACCP시설에서 발효, 상온 숙성, 저온 숙성을 거쳐 출고하는 한식간장이다.

(6) 방주 제주푸른콩간장 농후

제주도 서귀포시 푸른콩방주 영농조합법인에서 소멸위기에 처한 제주 토종 푸른콩과 3년 이상 간수를 뺀 신안군 천일염으로 제주 화산석송이로 지은 발효실에서 메주를 발효하고 전통 옹기에서 숙성시킨 한식간장이다.

(7) 보성 이금숙 전통간장

전라남도 보성군 조성면에서 농사지은 국산 콩을 전통방식 그대로 삶아 찧고 다져서 메주를 짓고 다시 여기에 청정수와 천일염을 더해 온도와 습도에 맞춰 발효한 한식간장이다.

(8) 백이동골 이로운 국간장

홍천군 동면에서 채종한 대원콩을 사용하여 메주를 만든다. 30~35℃ 황토방에서 건조와 발효가 동시에 일어난다. 40~50일 이후 간장, 된장을 분리한 후 20년 된 씨간장에 당해년도 간장을 붓고 24개월 숙성시킨다.

(9) 살래다 한식간장

전라남도 고흥군 포두면 '살래다 된장'에서 국내산 햇콩으로 만든 메주를 습식발효방식을 거쳐 산간마을 석간수와 신안군 천일염으로 전통 항아리에 숙성시킨 한식간장이다.

(10) 솔뫼 전통간장

충청북도 괴산군 청천면 '솔뫼유기농업 영농조합법인'에서 유기인증 콩을 무쇠 가마솥에 삶아 만든 메주와 신안 천일염과 속리산 맑은 물로 전통 옹기에서 숙성시킨 한식간장이다.

(11) 아미산 쑥티간장

충청북도 보은군 회인면 '아미산쑥티된장'에서 마을에서 생산된 로컬 콩과 3년 이상 간수를 뺀 신안군 천일염, 그리고 이상적인 자연환경 속에서 전통 옹기에서 숙성시킨 한식간장이다.

4. 된장의 새로운 개발품들

1) 된장의 깊은 의미

우리 민족의 정체성을 대표할 수 있는 음식은 수천 년 동안 우리 전통을 지켜온 발효음식인 된장이다.

된장에는 우리 삶의 지혜를 일깨워주는 깊은 다섯 가지의 덕(德)이 있다.

첫째는 단심(丹心)이다. 된장은 음식을 조리할 때 다른 음식이나 어떤 식자재와 섞어도 결코 된장의 맛을 잃지 아니한다.

둘째는 항심(恒心)이다. 된장은 세월이 흘러도 변치 않고 오히려 오래 둘수록 그윽하고 깊은 맛을 낸다.

셋째는 무심(無心)이다. 된장은 각종 병을 유발하는 기름기를 제거해준다.

넷째는 선심(善心)이다. 된장은 매운맛이나 독한 음식의 맛도 부드럽게 해준다.

다섯째는 화심(和心)이다. 된장은 어떤 음식과 어울려도 조화를 잘 이루어 낼 줄 안다.

한결같이 변치 않는 참된 마음, 일편단심(一片丹心)과 항상심(恒常心)으로 신뢰를 지키고 이어가기 위해 서로 헐뜯고 흠집을 내지 않는 무심(無心)을 지켜가며 서로 간에 말다툼이나 분쟁이 생기면 언제나 선심(善心)으로 서로를 아끼고 이해해주어 서로 잘 어울려 조화를 이뤄낼 줄 아는 화심(和心)이 된장의 깊은 의미다.[47)]

2) 된장의 변신은 무죄

된장은 그 어떤 음식보다 과학적인 식품이다. 메주를 띄울 때 볏짚을 깔고 온도를 높여 이로운 균을 증식시키는 등 발효 원리를 활용하여 장을 담그기 때문이다.

영양 가치가 높은 콩에 발효 과정이 더해져 만들어진 된장은 뇌를 건강하게 하고, 콜레스테롤을 낮추며 혈관질환을 예방하고 항암효과도 크다는 연구 결과가 나와 있다.

콩과 쌀 등을 섞고 단일(단 하나로 되어 있음) 균을 접종해 제조하는 일본의 미소와는 달리, 된장은 자연 균으로 자연 발효시켜 인체에 유익한 물질이 풍부하다.

문화재청은 이 같은 우리 전통 발효 방식의 우수성에 주목해 된장을 만드는 '장 담그기' 과정 전체를 국가무형문화재 신규 종목으로 지정했다.

최근 대형마트에서 흔히 볼 수 있는 된장의 모습은 과거와는 크게 달라졌다. 주로 네모난 통에 들어있던 기존 제품 외에도 튜브나 파우치 형태의 제품이 많아지고, 다른 양념 없이 음식을 만들 수 있는 조미 된장과 같은 즉석 조리제품으로 종류도 다채로워졌다.

건조 된장, 된장 차, 청국장 음료 등은 물론 염분을 줄이고 자연 발효의 기능성을 강화한 프리미엄 된장도 등장했다. 서구화된 식습관이 확산되고 1~2인 가구가 증가하며 전통장을 찾는 사람이 줄어들자 '고급화'와 '간편화'를 핵심 전략으로 옷을 갈아입은 것이다. 이를 통해 된장은 고추장이나 간장 등의 다른 전통장과 다르게 국내 소매시장 규모를 지속해서 키워나가고 있다.

된장은 '한류'의 흐름을 타고 우리나라에 대한 인지도를 높이며 친근감 있게 다가가고 있는 요즘에 '건강식품'이라는 기존 이미지에 문화를 더한 마케팅으로 외국에서도 존재감을 드러내고 있다.

과거 미국 한인마트 중심으로 판매되던 된장은 최근 중국, 캐나다, 필리핀, 호주 등 세계 각국으로 수출되고 있으며 '된장 파스타'와 같은 퓨전 음식도 등장하고 있다.[48)]

3) 된장, "직접 담가 드시나요?"

'장'은 한국 음식의 뿌리이자 우리 음식 고유의 맛을 살려주는 귀한 양념이다. 크게 분류하면 간장, 된장, 고추장으로 나눌 수 있는데 이 중 유독 공업화율(전체 비중에서 대량 생산된 제품이 차지하는 비율)이 낮은 장이 된장이다.

실제로 고추장의 경우 90% 가까이 공업화율을 보이는 반면, 된장은 30% 수준이다. CJ 해찬들 자료에 따르면 지금도 집 된장을 먹는 비율이 50% 가까이 되고, 집 된장과 시판 된장을 섞어 먹는 경우가 약 30%, 시판 된장만 먹는 경우는 17% 정도(2007년 기준)로 유독 다른 장에 비해 직접 담근 장에 대한 선호도가 높았다. 이는 시판 된장이 집 된장의 맛을 따라오지 못하기 때문으로 해석된다. 그 때문에 장류를 전문적으로 생산, 유통하는 대기업에서는 된장의 품질을 높이기 위해 다각도로 노력하고 있다. 우리 밥상에 꼭 필요한 된장, 직접 담가 먹으면 가장 좋겠지만 바쁘고 실력 없는 사람들을 위해 직접 담근 것만큼 맛있는 시판 된장도 꼭 필요하다.[49)]

4) 현대식 전통된장(중소규모 업체를 중심으로)

(1) 강원도 양양 오색전통장의 '오색약수골 된장'

강원도 설악산 500고지에서 동해의 해풍을 받고 자란 콩과 조상 대대로 이어져 내려오는 무쇠 솥에 참나무와 소나무 장작을 이용하여 쑨 메주를 빚고 자연 발효시켜 장을 담근다. 400년 전 화전민이 먹던 용천수인 오색약수골의 맑은 물을 사용하며, 전통옹기에 담아 2년 이상 숙성시키는 점이 특징이다.

옛 방식 그대로 2대째 이어가고 있다.[50)]

(2) 강원도 홍천 다온사찰 전통장의 '다온된장'

단맛이 뛰어난 강원도산 토종 햇콩만을 사용해 황토방에서 띄운 메주로 계곡의 바람과 햇빛을 받으며 숙성한 된장이다. 강원도 홍천 보리산 자락의 맑은 물로 담가 전통옹기에서 2년 이상 발효 숙성한다.

(3) 까막장[51)]

강원도 사람 중에는 '된장'보다 '막장'을 선호하는 이들이 많다. 막장의 맛이 더 깊고 구수하기 때문이라고 한다. '막장'은 오랜 기간 동안 숙성으로 맛이 더 깊고 구수하기 때문이라고 한다.

소금물에 담갔다가 간장이 다 우러나온 메주로 만드는 '된장'과 달리 '막장'은 메주를 그대로 갈아 다른 재료와 섞어 단기간 발효시켜 먹기 때문에 맛과 영양이 풍부하다는 장점이 있다.[52)]

까막장은 막장을 1년 숙성 후 볶은 서리태 가루를 넣어 고소함을 더해서 만든다. 된장국, 된장찌개, 빡짝장, 쌈장 등 다용도로 사용할 수 있다.[53)]

(4) 경기 양평 '가을향기 유기농된장'

국내 최초로 유기농 인증을 받은 된장이다. 원재료의 90% 이상을 유기농 인증 재료로 사용해야 하는 까다로운 조건을 통과한 장으로 황토방에 유기농으로 재배한 볏짚을 깔고 메주를 숙성시켜 장을 담근다.

(5) 경기 파주 장단콩 마을의 '장단콩된장'

'파주장단콩축제'를 개최하는 장단콩 마을된장이다. 민통선의 맑은 물, 맑은 공기로 재배해 G마크를 승인한 콩으로 메주를 만들고 무농약으로 재배한 볏짚을 이용해 발효시킨 후 전통옹기에 담아 숙성시켰다.[54)]

(6) 경북 울진 참식품의 '드라이된장'

울진 친환경 콩의 유명세는 전국 콩 가공업체를 비롯한 순창 장류생산업체, 대규모 두부 업체로부터 친환경 콩의 우수성을 인정받고 콩 중의 왕 King 콩으로 불리고 있으며 '납데기콩'은 울진이 원산지이다. 울진 친환경 콩으로 생산된 가공품은 특히 찰기가 많아 맛이 좋고 소비자들의 선호도가 매우 우수하다.

울진 참식품의 드라이 된장은 휴대가 불편한 된장을 동결건조기법으로 물기를 제거하고 소형 블록형태로 건조시킨 된장이다. 가볍고 부피가 작아 운반과 보관이 쉽고, 1~2인용 분량의 블록형태로 만들어져 사용이 편리하다. 전용 지퍼백에 보관해 냄새도 나지 않는다. 울진산 콩만으로 만든 메주를 전통 옹기에서 발효시켜 품질도 우수하다.[55]

울진에서 재배한 콩으로 장을 담가 간장을 빼지 않고 전통 옹기에 1년 정도 숙성시킨 후 동결 건조한 된장이다.[56]

(7) 대숲 맑은 '우리콩된장 秀'[57]

콩은 강원도 지역 한살림 생산자들이 지은 유기농 콩을 사용한다. 가마솥에 참나무 장작불을 지펴 콩을 삶아 메주를 만든다. 콩을 으깨고 빻아 메주를 만들고 유기농 짚 위에 4일간 겉 말림을 하고 덕장에서 자연방식으로 발효한다. 3년 이상 간수를 뺀 천일염을 깨끗한 물로 한번 씻어내 사용한다. 전통항아리에 일반의 경우보다 2~3개 많은 메주와 염수를 담아 40~50일 발효시킨 후 된장과 간장을 분리하여 항아리에 담아 18개월 이상 발효·숙성한다.

2021 참발효어워즈 된장부문 대상을 받았는데, 2019년부터 시작한 참발효어워즈는 한국산 원료를 가지고 한국에서 생산한 발효식품을 출품 받아서 맛과 가치가 우수한 제품을 뽑아 대상을 주는 국내 유일 발효식품 전문 시상식이다.

'시민맛평가'와 '전문가관능평가'를 거쳐서 대중적이면서 제품 본래의 맛을 충족시키는 발효식품을 선발한다. 맛의 기준은 자연이다. 화학첨가물로 맛을 낸 제품보다는 좋은 원료와 위생적인 관리, 적절한 발효기술로 재료 본연의 맛, 제품 본래의 맛을 낸 제품을 선발한다.[58)]

참발효어워즈는 국내산 발효식품의 품질 향상을 촉진하고, 우수 브랜드를 선발하기 위해 슬로푸드문화원이 주최, 참발효어워즈 운영위원회가 주관, 국제슬로푸드한국협회와 한국농수산식품유통공사가 후원한다.[59)]

(8) '메주익는마을 된장'[60)]

수자원 보호지역인 보성 주암호 상류에 위치에 있으며, 마을에서 생산하는 콩으로 전통방식 그대로 만든다. 가마솥 장작불로 콩을 삶고 자연 재배한 마른 볏짚을 깔아 놓은 황토방에서 메주를 1차 띄우고 대나무 위에서 2차 발효한다. 3년 간수를 뺀 천일염은 한번 씻어내고 끓인물을 식힌 후 사용한다.

(9) 방주 '제주푸른콩된장'[61)]

제주도 서귀포를 중심으로 자생하던 토종종자인 푸른 콩(푸른 독새기 콩)으로 메주를 만든다. 3년 간수를 뺀 천일염을 사용하고, 화산송이로 지은 발효실에서 30일 동안 발효한다. 제주 전통 옹기에서 강한 햇빛을 피해 실내에서 12개월 이상 숙성한다.[62)]

제주 전통옹기는 색깔, 질감, 두께 등이 확연히 다르다. 제주 옹기는 대부분 유약을 바르지 않는다. 이 옹기에 물을 담아 두면 유약을 바른 다른 옹기에서보다 훨씬 오랫동안 물이 살아 있다. 화산회토로 얇게 빗고 유약을 바르지 않고 구워 낸 다공질의 숨 쉬는 항아리라 그런지 미세한 구멍으로 장이 스며 나오는 경우도 많다.[63)]

예로부터 이 지역 일대서 내려온 토종 콩으로 담근 장이 가장 맛있다고 해서 '장콩'이라고 불렀다. 독특한 푸른 빛을 띠어 '푸른콩', 달걀과 닮은 타원형이라 '달걀콩', 제줏말로 '독새기콩', '푸른독새기콩'이라고도 한다.[64)]

'60년대에 서귀포에서는 일본에서 들여온 귤 농사를 시작했다. 이후 서귀포의 거의 모든 농사가 귤 농사로 바뀌면서 산업화되어 다른 농사는 점점 없어졌다. 그래도 일부 어른들은 장 때문에 밭 한편에 푸른콩을 조금 지었다. 그러나 대량 생산한 큰 식품회사 장을 쉽게 사먹게 되면서, 이렇게 장 담그는 사람도 점점 사라져 가고 있었다.[65)]

제주에서 장은 음식에 간을 더하는 것을 넘어 매우 중요한 음식재료이다. 바닷일과 밭일을 병행하는 거칠고 어려웠던 생활과 사시사철 해산물과 채소를 구할 수 있었던 지리적 조건 때문에 단순한 조리법으로, 더욱 맛있게 먹는 방법이 필요했다. 그 중심에 제주의 장이 있다. 제주의 거의 모든 음식에는 장이 쓰인다.

신선한 해산물로 물회를 만들 때도, 봄 여름 가을 겨울 구분 없이 쉽게 구할 수 있던 채소로 나물을 무칠 때도 장이 쓰였다. 대부분의 국에 사용되었고, 냉국, 죽에도 쓰였다.[66)]

대한민국 식품명인 제75호 양정옥 명인은 1997년부터 제주 푸른콩의 가치를 인식하고 '푸른콩'으로 브랜드화해, 전통 장을 만들어 보급하며 한라산 청정촌을 가꿔왔다. 한라산 청정촌은 농촌진흥청에서 지정한 교육 농장이기도 하다. 지금은 제주 향토음식 장인 박영희 대표가 2대째 그 맛을 이어가고 있다.

숱한 노력으로 토종 종자와 제조방법, 식문화의 고유성을 인정받을 수 있었던 '제주 푸른콩장'은 우리나라 최초로 '맛의 방주'(Ark of Taste)'에 선정되었다.

세계적인 슬로푸드 운동으로 유명한 국제슬로푸드협회가 지난 2013년 8월 26일, 이곳 산하에 있는 생물종 다양성 재단의 '맛의 방주'에 대한민국 제1호 품목으로 등재한 것이다.[67)]

맛의 방주(Ark of Taste)는 1996년부터 이탈리아에서 시작되었고 브라질에 본부를 두고 150여 개국 회원 10만여 명이 활동하고 있는 비영리 국제기구인 슬로푸드 국제본부의 프로젝트이다.

글로벌화로 획일화된 음식이 생산·소비되고 있는 것을 경계하고자 유엔이 교류하는 세계적 운동으로, 전통 먹거리 종자를 보호하고 종 다양성을 지켜나가면서 그 지역의 전통음식과 문화를 보전하기 위해 노력하고 있다. 소멸 위기에 처한 음식문화유산을 찾아 목록을 만들고, 이에 대한 사람들의 관심을 유도해 지역 농업을 활성화하는 사업을 벌인다. 선정 기준은 특징적인 맛을 가지고 있을 것, 특정 지역의 환경・사회・경제・역사와 연결돼 있을 것, 소멸할 위기에 처해 있어야 할 것, 전통적 방식으로 생산될 것 등이다. 각 국가 위원회에서 심사, 후보를 정해 슬로푸드 국제본부에 신청하면 국제본부 산하 생물종다양성재단에서 승인해 최종적으로 선정된다.

1997년 이탈리아에서 '맛의 방주 선언문'을 발표한 이후 우리나라 식품은 2013년 8월 처음 울릉도 칡소와 섬말나리, 진주 앉은뱅이 밀, 연산 오계, 제주 푸른콩장이 등재되었다.[68]

(10) **'방주품 된장'**[69]

울진군의 방주품 된장은 무농약 이상으로 재배한 콩으로 메주를 만든다. 온·습도 제어가 가능한 발효실에서 40일 정도 발효한다. 3년 이상 간수를 뺀 천일염을 넣고 전통 항아리에 담아 금강송숲 청정지역에서 1년 6개월 이상 숙성한다. 유기농 고추씨를 첨가하여 잡균을 억제하고 영양을 더한 것이 특징이다.

(11) **'솔뫼 전통된장'**[70]

솔뫼 전통된장은 모든 원재료가 국산이다. 사람과 자연이 공존하는 생명농업을 기반으로 한 유기농산물을 이용한다. 전통방식으로 가마솥에서 콩을 삶아 분쇄기에 간 후, 손으로 성형하고 황토방에서 유기볏짚을 베고 누워 발효숙성된 자가메주를 사용했다. 신안의 천일염을 사용한 소금물과 바람, 구름, 해, 그리고 송화가루를 먹고 항아리에서 최소 1년 이상 숙성한다.

(12) **전남 해남 '귀빈식품의 한국된장'**

땅끝마을 해남의 황토밭에서 재배한 재래 콩으로 2월 말 날 경에 메주를 빚어 90일 동안 햇볕이 잘 드는 따뜻한 곳에서 발효시킨 뒤 전통옹기 대신 간장이 스며들지 않는 맥반석 항아리에 담그는 것이 특징이다.

(13) 전남 담양 고려전통식품의 '기순도 전통된장'

360여 년을 이어온 10대 종가의 종부 기순도 씨(대한민국 전통식품명인 35호)의 손맛이 담긴 된장이다. 100% 국산 콩과, 이 고장 명물인 3년 이상 자란 왕대로 두 번 구운 죽염, 150m 지하 암반수로 담가 자연발효 숙성시켰다.

(14) 제주도 선돌 물마루 식품의 '물마루 제주 콩된장'

제주에서 친환경으로 재배한 제주 토종 콩을 삶아 손으로 메주를 빚어 원적외선 발효실에서 발효시킨 다음 제주 옹기에 담아서 1년 이상 숙성시킨 된장이다. 제주도의 맑고 깨끗한 공기 속에서 해풍을 맞으며 맛을 낸 재래 된장이다.[71)]

(15) '죽장연 보리 빠개장'

죽장연 빠개장은 '빠개장'이라는 말 그대로 메주를 빠개서 찐보리와 고추씨가루를 섞어 발효시킨 장이다. 비타민 B군이 풍부하게 함유되어 있어 나른한 봄철 식욕과 입맛을 돋우는 건강하고 맛있는 장이다. 찐보리가 된장의 염도를 낮추고, 고추씨가루가 매콤한 맛을 더해 어떤 음식과 함께해도 풍미를 높여주는 만능 된장이다.[72)]

죽장연은 100% 지역에서 생산되는 콩과 고추를 지역 농협을 통해 매입해 원료로 사용하고 있으며, 200m 지하에서 끌어올린 물을 한 번 더 정제하여 장을 담고 있다.[73)]

신라 신문왕 3년(683년) 왕비의 폐백 품목에 '시'를 보냈다는 내용이 『삼국사기』에 전해진다. 시는 콩을 삶아 어두운 곳에서 발효시켜 소금을 섞은 것으로 오늘날의 메주에 해당된다. 소금이 귀했던 시절이니 값어치가 있었을 뿐 아니라 장의 맛을 좌우하는 중요한 요소이기 때문이었을 것이다.

메주를 맛있게 띄우기 위한 첫 단계는 콩을 잘 삶는 것이다. 이곳 죽장원에서는 전통적인 방식 그대로 70kg들이 가마솥에서 삶는다. 콩을 삶는 시간은 모두 다섯 시간이다. 1시간 삶고 나머지 4시간은 뜸을 들인다. 그래야 콩이 누렇게 잘 뜨고 물렁하게 잘 무르기 때문이다. 참나무 장작불에 올려둔 가마솥은 연기가 피어오르며 펄펄 끓는다. 콩이 타지 않도록 솥뚜껑 위로 찬물을 일정 간격으로 붓는다. 콩이 타버리면 그 맛이 온전히 장맛에 배기 때문이다. 온도를 낮춘다고 뚜껑은 절대 열어서는 안 된다. 뚜껑을 열면 콩의 비린 맛이 퍼져버린다. 시간이 지나 참나무의 향이 배어들면서 옅은 황갈색으로 콩이 익으면 뚜껑을 연다. 뜨거울 때 콩을 빻아 네모지게 모양을 잡는다.

메주를 빚은 뒤 짚이 깔린 나무 건조대에서 하루 건조시킨다. 건조시킨 메주를 짚을 손으로 꼬아 각시를 만들어 매달아 말린다. 이 과정에서 '바실루스 서브틸리스'라는 미생물을 만나 발효되고 번식하게 된다. 이 미생물은 짚을 좋아해 몸에 좋은 균이 많이 생긴다. 이러한 과학적 원리에 대한 지식을 체험으로 터득해 전해 내려온 우리 조상들의 지혜를 엿볼 수 있다. 건조시킨 메주를 각시에 매달아 5~10℃ 온도와 30~40%의 습도에서 말린다. 40일이 지나 잘 굳은 메주는 겉은 단단하지만 속은 말랑한 상태가 된다.

잘 굳은 메주를 황토로 만든 발효실로 옮겨 켜켜이 짚을 깔아 3~4단으로 메주를 쌓는다. 이때 발효실의 온도는 25℃이고 습도는 60%이다. 3일마다 메주의 아래위 위치를 바꿔주며, 그렇게 40일이 지나면 메주에 흰 곰팡이가 핀다. 이처럼 흰 곰팡이가 겉으로 나온 것이 좋은 메주이다. 검은색을 띤 것은 잡균이 부패를 일으킨 경우로 장을 담갔을 때 쓰고 짜다. 일반적으로 메주에는 쿰쿰한 냄새가 날 거라고 생각하는데, 이는 잡균이 생겼을 때 나는 냄새다.

죽장연에서는 지하 200m 암반수를 한 번 더 정제한 물과 3년간 간수를 뺀 신안 천일염의 비중을 18보메로 맞춘다. 지역과 계절에 따라 소금의 양이 달라지는데, 보통 18~25보메이며 따뜻할수록 염도를 높인다. 무형문화재 이무남 옹기장이 빚은 항아리에 조각내어 바짝 말린 메주를 채우고 18%의 소금물을 부어 삼베나 모시로 망을 씌어 햇볕이 잘 드는 양지에 둔다. 아침에는 뚜껑을 열어놓고 밤에는 뚜껑을 덮어 약 40~50일간 익힌다. 항아리에 빗물이 들어가면 장이 상하게 되므로 물이 들어가지 않도록 한다.[74)]

장을 담고 60일을 더 기다려 장을 가른 뒤, 2년 이상 긴 시간을 장독대에서 익힌다.

간장을 뜰 때는 메주가 부서지지 않게 용수를 박아 맑은 장국을 떠내고 남은 건더기는 따로 걸러 다시 옹기에 담는다. 맑은 장국은 솥에 부어 달여 간장을 만들고, 옹기에 담긴 된장은 따뜻한 햇볕을 받으며 숙성되면서 제대로 맛이 나기 시작한다. 이때 된장 윗면에 면 포를 깐 뒤 고춧가루로 덮어 세균이 못 들어가게 막는 것이 죽장원의 특징이다. 6개월 발효시킨 햇된장은 먹을 수 있지만 1~2년 정도 묵은 된장이 가장 맛이 좋다.

1천일의 기다림, 3만 시간의 정성, 자연과 세월 외에는 아무것도 넣지 않은 고품격의 죽장연의 '장(醬)'은 이를 고집한다. 2009년 설립했지만, 2011년에야 첫 제품을 판매하기 시작한 이유도 여기에 있다.[75)]

죽장연이 1년간 사용하는 콩은 연간 약 30t. 수요처는 늘고 있지만 생산량보다 차별화한 맛을 구현해 품질을 높이는 데 더 집중하고 있다. 죽장연은 지하 저장고에서 연도별 된장을 비율을 달리해 블렌딩한 뒤 완성품으로 내놓는 연구개발(R&D)을 하고 있다.

죽장연에는 장독 3,000여 개가 있다. 2010년 이후 제조한 된장이 연도별로 늘어서 있다. 죽장연의 된장은 국내뿐만 아니라 해외에서도 통한다. 약 30억 원의 연매출 중 10억 원 가량은 수출에서 나온다.

죽장연은 창업한 뒤, 국내보다 미국 · 일본 · 홍콩 등 해외 유명 셰프들이 선호하는 브랜드로 먼저 자리 잡았다. 미국 뉴욕의 미쉐린 레스토랑 '단지'와 일본 도쿄 '사이카보', 홍콩 '명가' 등에서 죽장연 제품을 쓴다. 2012년 뉴욕 미쉐린가이드 1스타 레스토랑에 이름을 올린 한국인 최초 미쉐린 스타 레스토랑 오너셰프 후니 킴이 오랜 단골이다. 강민구 셰프의 '밍글스'와 '솜씨' 등 파인다이닝 레스토랑에서도 죽장연 된장을 즐겨 찾는다. 프랑스의 인기 셰프인 피에르 상 보이에는 세계적인 음식축제인 'Taste of Paris'에서 죽장연의 장(醬)을 활용한 프랑스 요리를 선보이기도 했다.[76)]

특히 국내 전통발효식품 시장의 규모는 매년 10% 이상의 성장과 함께 수출에서도 꾸준한 증가세를 보이고 있다. 이는 장류 수출증가의 표면적인 경제적 가치보다 우리의 장(醬) 문화가 각국의 식문화에 녹아들면서 그 파급력이 한층 증대될 수 있다는 점에서 더욱 반가운 소식으로 받아들여진다.[77)]

(16) 충북 괴산 '하늘사랑의 재래식 민속된장'

화양계곡의 깨끗한 물과 공기 속에서 숙성한 된장이다. 인근 농가에서 직접 농사지은 100% 토종 콩을 전통방식 그대로 장작불을 때는 가마솥에 삶아 일일이 손으로 메주를 빚어 발효시킨 후 담근 장이다.

(17) 충북 청원 자연주의 '된장예술의 3년숙성 된장'

유기농 국산 콩을 참나무 장작을 땐 가마솥에 삶아 메주를 만들고, 역시 유기농 볏짚으로 엮어 황토방에서 띄운 메주로 담근 된장이다. 오랜 기간 간수를 뺀 국산 천일염을 사용하며 재래식 항아리에서 3년 이상 자연 숙성시킨다.[78)]

(18) '홍주 더덕도라지장'

충청남도 홍성군의 금마면 소재 '홍주발효식품'은 '참발효어워즈 2021'[79)]에서 된장부문 대상을 수상하는 영예를 얻었다.

'홍주 더덕도라지장'은 홍성 지역의 소농이 생산한 토종 콩을 기반으로 더덕, 도라지, 천일염 등 모두 국내산으로 만들어 깊은 맛과 풍미를 자랑한다. 그 우수성을 시상을 통해 입증 받았다.[80)]

홍주발효식품은 2017년 1월 7일 문을 열고 전통장을 만들기 시작했다. 지역을 돌아다니며 그야말로 발품을 통해 판로를 확보했던 첫해를 지나 매년 성장해 지금은 장독대가 100여개까지 늘었고, 된장의 생산량은 연 4톤에 이른다.

주력 상품인 된장은 강된장, 쌈, 소스, 찌개 등 어느 요리에도 어울리는데, 콩으로만 쑨 메주를 발효시켜 만든 순수 된장뿐만 아니라 고서의 내용을 바탕으로 복원해 만든 다양한 된장이 있다. 그 중 하나인 '더덕도라지장'을 예로 들면, 이씨는 '구황촬요(1554)'와 '온주법(1700년대 후반)'의 잡장법에 나온 제조법을 참고했다. '사시찬요(1483)', '조선왕조실록' 등을 보면 본래 더덕도라지장은 우선 더덕과 도라지를 빻아 가루 낸 뒤 쓴맛을 빼기 위해 물에 우려 장을 담갔으나, 구황촬요에서는 '더덕과 도라지를 푹 익혀 머리를 떼어내고 흐드러지게 찧어서 소금을 섞고 사이사이에 메줏가루를 넣어 담근다.'라고 했고, 잡장법에서는 '삶은 뒤 우리라'라며 다른 방법을 제시하고 있다.

이경자 씨의 더덕도라지장은 '구황촬요', '온주법' 등의 문헌에 나온 방법대로 더덕과 도라지를 가루 내지 않은 상태로 익힌 뒤 찧어서 만든다.

그밖에도 주원료가 되는 콩 자체를 달리한 것으로는 약용으로 이름 높은 쥐눈이콩을 활용한 '쥐눈이콩된장'과 당도 높은 서리태콩을 쓴 '청태장'[81]이 있고, 순수된장과 혼합장의 경계를 넘나드는 '상실장'은 '더덕도라지장'과 마찬가지로 상수리열매를 넣어 색다른 맛을 추구했다.[82]

(19) 홍주 팥장

홍주 발효식품의 이경자 씨는 소규모 농가 자립 가공 공방으로 2016년 창업하여 고서에 수록된 팥장을 가공하여 숙성시키는 원천기술을 보유하고 있다. 홍주팥장은 1815년에 간행된 『규합총서』에 장 담그는 법이 수록된 우리나라 고유의 전통 장이다.[83]

이씨는 자신이 만든 발효장의 가치를 각종 특허와 한식대가, 농업기술명인 선정 등 여러 가지로 입증했지만, 아무래도 가장 크고 멋진 간판은 '맛의 방주'일 것이다. 이씨의 팥장은 슬로푸드국제본부가 전 세계를 범위로 진행하고 있는 전통 음식·문화 보전활동 맛의 방주에 지난 2017년 등재되며 본격적으로 이름을 알리기 시작했다. 맛의 방주는 지역과 전승을 기반으로 하는 토종 농산물 및 전통식품 중 우수한 가치를 지닌 것 가운데 여러 가지 이유로 사라질 위험에 놓인 존재를 기억하고 보존하기 위해 작성되고 있는 전통식품 목록이다. 소멸 위기의 전통장을 만드는 이에게 이보다 더 큰 영예가 있을까.

홍주발효식품에서 생산하는 모든 장 제품엔 '전통식품 품질인증' 마크도 2018년부터 붙었다. 전통식품 품질인증은 국산 농산물을 주원료 삼아 우리 고유의 맛과 향을 낸 전통식품임을 보증하는 국가 인증이다. 까다로운 기준 탓에 개인이 얻기에는 쉽지 않은 표식이다.

식품안전관리인증(HACCP)에 비해 일반 소비자들에게 잘 알려져 있지 않지만 HACCP과 마찬가지로 제조설비와 주요공정, 용수 등의 적정성 및 각종 위생에 있어 엄격한 기준을 충족해야 한다. 전통적인 방법대로 장을 만들긴 하지만 발효 과정을 뒷받침할 세척, 분쇄, 건조 등의 각종 공정은 최신식 설비의 도움을 받는다. 이씨는 지역 소농들이 생산한 토종 콩과 팥으로 장을 생산하고 있다.

지역 농민들이 수확한 농산물만을 쓴다는 점도 놀랍지만, 더욱 대단한 건 이들의 기원이 대부분 토종종자라는 점이다. 콩은 '흰밤콩', '나물콩', '흰강낭콩', '겉청태', '풀대콩', 팥은 '예팥', '재팥', '개골팥' 등 이씨 자신도 겉모양을 보고 바로 이름을 대기 어려울 정도로 다양하다. 그가 장을 담그는 이상 전통장을 넘어 가장 바람직한 원재료라 할 수 있는 토종종자의 보존에도 많은 기여를 하고 있다.

토종종자를 키우고 있는 농민을 거주지 인근에서 전부 찾아 수요를 맞추긴 어려우니 택한 방식이 바로 특유의 계약재배다. 전통식품 품질인증을 위해서는 식품에 쓰인 주원료가 국내산임을 입증해야 하는데, 생산자로부터 원료를 직접 공급 받는 경우 재배계약서로 이를 증명한다. '좋은 장'의 핵심은 '좋은 콩'이라고 단언하는 이씨는 그 좋은 콩이란 게 바로 우리가 예전부터 쓰던 토종 콩이자 우리 지역의 콩이라며, 상생의 활동을 바탕으로 전통장 확산에 계속 매진할 것이라고 했다.[84)]

(20) 황칠된장

'햇콩마루 황칠된장'의 특징은 국산콩, 청정 암반수, 5년 이상 간수를 뺀 천일염을 사용한다. 또 황칠 추출액을 배합한 기능성 전통 발효된장이다.

예로부터 황칠은 약재로 쓰였는데 사포닌이 풍부하게 함유되어있어 인삼나무로 불리기도 했다. 또한 비타민 C와 타닌 등이 풍부하게 들어있다.

햇된장과 묵은 된장을 섞는 접장 방식으로 빚어 최적의 감칠맛과 다양한 요리에 활용할 수 있는 적당한 염도를 지니고 있다. 전라남도 도지사 품질인증 상품이다.[85)]

5. 막장

막장[86)] 또한 속성장의 하나로 메주를 빻아서 소금물로 버무려 담가 따뜻한 장소에서 익혀 먹는다. 막장은 제조 시 일반적으로 장 담글 때 쓰는 보통 메주를 쓰기도 하고 메주콩에 곡류를 섞어서 찐 후 조그맣게 메주를 만들어 띄운 막장 전용메주를 사용하기도 하며 막장 메줏가루를 소금물로 버무릴 때 찹쌀밥, 메주밥, 보리밥, 삶은 밀 등을 섞어서 담가 국이나 찌개 등으로 즐겨 먹는 별미장이다.

간장(진강장)을 뜨고 남은 보통 된장과 달리 담가서 빨리 먹을 수 있는 막장은 지역에 따라 메주를 빠개어 가루를 내어 담았다고 하여 '빠개장', 또는 '가루장'이라고도 한다. 장을 담근 지 열흘 정도 지나면 먹을 수 있다. 경상도와 강원도지역에서 많이 담는다.

재래된장은 간장(진간장)을 뽑아내고 남은 것으로 만들지만, 막장은[87)] 메줏가루를 갈아 직접 담그기 때문에 맛도 좋고 영양가도 높다. 쌈장으로 가장 많이 먹고 수육이나 편육을 찍어 먹는 양념장이나 생선회를 물회로 만들 때의 양념으로도 쓰인다.

강원도의 막장은 보리쌀 녁 되에 엿기름 한 되를 삭혀 죽을 쑤어 메줏가루 한 되와 섞고 소금간을 약하게 하며 익힌다. 재래식 된장과는 달리 오래 숙성시키지 않아도 되는 이유는 처음부터 콩으로만 메주를 쑤지 않고 전분질을 섞어 막장용 메주를 따로 쑤어 사용하기 때문이다. 밀이나 멥쌀, 보리 등의 전분질이 들어가면 당분이 발효되어 발효가 빠르고 단맛도 난다.

경상도 지방의 막장[88)]은 간장을 뺀 된장으로 담그지 않는다. 막장 메주는 콩 세발에 멥쌀 한 말을 준비한다. 멥쌀을 흰무리를 쪄서 삶은 메주콩과 함께 찧어 주먹만큼씩 뭉쳐 짚으로 싸매 노랗게 띄운다. 막장은 소금 분량을 적게 한다. 보릿가루를 섞어 하는 법도 있다. 경상도에서는 막장을 엷게 풀어 우거지를 넣어 국을 끓인다. 막장용 메주는 콩과 멥쌀과 보리 등의 전분질을 따로 익혀 합하여 만든다. 쌀을 불려서 가루를 내어 흰무리로 쪄서 쓰고, 보리쌀은 밥을 짓거나 쪄내며, 콩은 무르게 삶는다. 익힌 곡물을 섞어 절구에 찧고 주먹만 하게 메주를 만들어 속이 노랗게 되도록 잘 띄워서 빻는다. 담글 때는 메줏가루에 미지근한 물을 부어 불어나면 소금과 고추씨나 고춧가루를 약간 넣고 버무려서 항아리에 담아 익힌다.(그림 참조)

막장[89)]은 간장을 따로 빼지 않는다. 숙성된 막장은 마치 오래된 된장인지, 오래된 고추장인지, 흑태나 서리태를 이용해 만든 장인지 구분하기 어려울 정도로 어두운 빛깔을 띠기도 한다.

〈막장 담는 날, 사진 제공 김문경〉

6. 고추장

고추장 · 된장 · 쌈장 등이 포함되는 국내 장류 시장은 2012년부터 연평균 4.8%씩 줄어 2018년에는 5,393억 원에 그쳤다.

변화하는 소비 트렌드와 집에서 요리하는 사람이 줄면서 장류 소비가 최근 몇 년간 감소했기 때문에 국내에선 새로운 장류를 선보이고 있다.

1~2인 가구와 간편식 소비가 늘면서 장 하나만으로 맛을 낼 수 있는 혼합장을 찾는 소비자가 늘었으며 식문화 변화에 맞춰 맛이 다양하고, 쉽게 사용할 수 있는 장류 연구개발(R&D)에 주력하고 있다. 대표 상품은 1~2인 가구를 공략한 '편의형 장류' 제품이다.

편의형 장류는 추가 양념 없이 장 하나만으로 다양한 요리를 만들 수 있는 볶음 요리장, 무침 요리장, 조림 요리장 등을 말한다. 첨가물 없이 전통장과 원물만 넣어 만든다. 통에 담는 기존 장류 제품과 달리 소량의 튜브 형태로 만들어 사용이 간편하도록 했다.

CJ제일제당은 중동 시장을 겨냥한 '할랄 고추장'도 개발 중이다. 2015년부터 농림식품기술기획평가원과 함께 '할랄 장류 개발'을 연구해왔다. 할랄 제품에는 알코올이 들어가면 안 되기 때문에 고추장 발효과정에서 자연 발생하는 알코올 성분을 줄이는 연구를 집중적으로 진행 중이다.

고추장이 한국을 대표하는 K소스로 자리매김할 수 있도록 전통 장류 연구를 강화하고 있다.[90)]

1) 전통 고추장(중소규모 업체를 중심으로)

(1) '문옥례 매운 고추장'

순창 고추장은 수많은 고추장 중에서 으뜸으로 친다. 1809년 빙허각(憑虛閣) 이씨(李氏)가 엮은 『규합총서』에는 순창 고추장이 전국 팔도의 명물 중 하나로 꼽혔다고 기록되어 있다. 이보다 앞선 1740년대 이규경이 쓴 『수문사설』에는 순창 고추장의 제조법이 나온다. 순창 고추장은 조선 중기에 이미 특산품으로 인정받고 있었다.

전통 식품명인 1호인 '문옥례' 씨는 볶은 한우와 청양고추를 넣은 매운 고추장도 선보였다.[91)]

농수산식품부는 2010년에 6대째 전통 고추장의 명맥을 잇고 있는 전북 순창의 문옥례(69) 씨를 '전통식품 명인'으로 지정했다.

1950년대부터 가업인 순창 전통고추장을 만들어 온 문씨는 1962년 '순창고추장상회'를 설립해 최초로 전통 고추장을 상품화했으며 2007년에는 1천만 달러어치의 고추장과 소스 고추장, 고춧가루 등 고추장 관련 품목을 미국 대형마트에 납품하기도 했다.

특히 순창 전통고추장의 독특한 맛을 알리기 위해 국내·외의 주요 식품행사에 고추장을 출품해 호평을 받았다. 국내 방송은 물론 일본 NHK, 도쿄 TV, NTV 등에 출연해 고추장 담그기를 시연하는 등 고추장을 적극적으로 홍보하였으며 이런 공로로 1990년에 순창 전통 고추장 제조기능자로 지정받았다.

전북대, 한국식품개발연구원, 농식품부 등과 함께 고추장을 이용한 국제적 소스를 개발하는 데도 성공했다.

이 소스는 순창 전통 고추장과 토마토, 마늘, 양파, 허브 등을 섞어 고추장의 감칠맛과 서구적인 담백함이 조화된 제품으로, 발효식품을 이용한 최초의 소스로 평가받고 있다. 특히 서양인들에게 단점으로 작용한 전통 고추장의 맵고 텁텁한 맛을 제거한 이 소스는 스테이크, 바비큐, 피자, 스파게티, 감자튀김, 햄버거, 떡볶이, 비빔밥, 비빔국수, 꼬치 등 동서양 음식에 두루 사용되고 있다.[92)]

(재)발효미생물산업진흥원과 장류사업소가 공동 개발한 순창 대표소스가 순창기업체에 기술이전 되어 사업화에 성공했다. 면역력이 높은 토마토고추장을 이용한 비빔소스는 순창문옥례식품에 각각 기술이전 되어 '리얼고추발효 순창 핫소스', '순창문옥례비빔소스'로 출시되었다.

출시된 제품들은 시장조사 등을 통해 제품경쟁력이 높다고 평가받았으며, 특히 대표적인 발효소스인 '리얼고추발효 순창 핫소스'는 국내 유통업계에 납품되어 매운맛을 선호하는 소비자들의 입맛을 사로잡고 있다. 순창의 장류산업은 신세대 소비자 트랜드에 맞게 간편 편이식 형태의 소스산업 분야로 눈길을 돌려, 글로벌 시장을 확보하여 100년 먹거리 사업으로 발전하고 있다.

코로나19로 인해 가정에 머무는 시간이 많아지면서 간편 편이식 시장이 급격하게 확대됨에 따라 순창 대표소스 기술의 사업화가 향후 순창 미래 먹거리 사업으로 자리매김 할 것으로 기대하고 있다.[93)]

문옥례식품의 특징은 7대째 전통을 이어온 정성으로 만든 장류로써 옛 순창지방의 독특한 방법으로 제조된 고추장 등 타지방에서는 찾아보기 힘든 우리 민족 고유의 전통음식이다. 검붉은 색깔과 은은한 향기, 뛰어난 감칠맛을 자랑하며 순창에서 생산된 원료와 전통의 손맛이 품질을 보증하는 고추장이다.

순창고추장은 그 맛이 뛰어나 궁중 진상품으로 유명하다. 순창은 옛부터 지명이 옥천(玉川) 고을로 불릴 정도로 물이 좋은 고장이며 순창의 맑은 물과 기름진 토양에서 생산된 고추, 콩, 찹쌀 등의 재료를 사용한다.

고추장은 된장이나 간장에 비해 B1, B2, C 및 folic acid 등이 많이 함유되어 있기 때문에 비타민 공급원으로도 중요한 발효식품이다.

고추장 메주를 띄우는 시기가 다른 지역은 음력 10월에 메주를 쑤어 이듬해 봄에 담그나 순창에서는 음력 7월에 처서 전후(8월 말에서 9월 초순경) 고추장용 메주를 별도로 만든다.

고추장 메주를 띄우는 시기가 늦 여름철로써 곰팡이인 아스페르질러스오리제가 활발히 분해되어 단백질 분해와 당화 효소가 잘 용해되어 있다.

고추장도 음력 동짓달 중순에서 섣달 중순 사이에 담근다. 고추장을 담그는 시기(음력 동짓달 중순에서 섣달 중순)가 추운 겨울이어서 당화 속도가 느리고 유산균 번식이 억제되어 신맛을 내지 않고 감칠맛이 있다.

가장 중요한 것은 고추장을 만든 후 보관방법이다. 마무리 과정에서 깨끗이 씻은 항아리에 고추장을 담고 왕소금을 고추장 윗표면에 넣은 후 간장을 넣어주고 따뜻한 날씨에 뚜껑을 열어주면 윗부분이 증발하여 말랑말랑한 층을 형성하면 잡균이 발생하지 않는다. 햇볕을 쬐어 6~10개월 두면 맛있는 고추장이 된다.

고추장이 아닌 재래간장 만들기의 특징을 보면 항아리에 장을 담고 따뜻한 낮에는 햇볕을 쬐고 장항아리 위에 메주가 뜬 부위에 왕소금을 올려놓고 밤에는 뚜껑을 덮는다. 햇볕을 쬘 때마다 메주 위쪽에 소금이 없으면 다시 소금을 올려놓는 것을 반복한다. 약 40~50일이 지나면 항아리 위에 뜬 숯, 붉은 고추, 대추 등을 건지고 장물만 체에 받쳐 약한 불에서 대추, 검은콩, 엿을 넣고 달인다. 한 김 나간 후 항아리에 붓고 망사를 덮어 햇볕에 쬔다. 간장 담글 시에 염도를 낮게 잡으면 반드시 간장을 달여야 한다.[94)]

(2) '솔뫼 찹쌀고추장'[95)]

솔뫼 찹쌀고추장은 전통방식으로 가마솥에 엿기름과 찹쌀가루를 넣어 손수 저어가며 삭히고, 직접 만든 유기콩 메줏가루와 쌀조청, 고춧가루 등을 넣어 만든 고추장을 전통옹기에서 최소 8개월을 숙성 발효한다. 처음 항아리에 들어가 한 달여 동안 햇빛을 쐬고, 그 다음엔 볕 좋은 날 가끔 하늘과 바람, 구름, 해 그리고 송홧가루를 만나 자연 발효한다.

(3) '아미산 쑥티고추장'[96)]

마을에서 농사지은 찹쌀과 고추를 사용한다. 직접 기른 엿기름에 찹쌀가루를 넣고 5시간 이상 삭힌다. 베보자기로 맑게 거른 엿기름 찹쌀 물에 3년 이상 묵힌 천일염과 고춧가루, 엿기름, 메줏가루를 배합하여 전통 항아리에 담아 6개월 숙성한다. 토질의 특성상 다른 지역에 비해 고추 맛이 매워 고추장 맛이 칼칼한 것이 특징이다.

(4) '콩이랑 상걸리고추장'[97)]

콩을 가마솥에 장작불을 피워 삶고, 메주는 발로 디뎌서 볏짚으로 건조 발효한다. 소양강 주 청정지역의 재료를 직접 구입하여 산으로 둘러싸인 춘천의 상걸리 마을에서 장을 만든다. 처음부터 끝까지 전통방식을 고수하여 깊은 맛과 향을 담은 전통 고추장이다.

7. 장류 활용음식의 실제

(1) 청국장 분말

콩의 효능이 확인되면서 상품화하는 콩 음식이 눈에 띄게 늘고 있다. 청국장을 환이나 가루로 만들어 판매하고 있는 것은 이미 익숙한 풍경이다. 하루 한 끼 이상 콩밥에 두부가 들어간 된장국을 먹고, 두유를 간식으로 먹는 것이 좋다. 청국장 가루를 우유에 타서 먹는 사람들이 있는데 이는 피하는 것이 좋다. 콩 성분은 칼슘, 마그네슘, 철분 등 인체에 필요한 무기물을 결합시켜 흡수를 방해하기 때문에 우유나 치즈 등 칼슘이 많은 식품과 콩은 가능하면 함께 먹지 않는 것이 좋다. 된장은 찌개보다는 맑은장국 형태로 조리하는 것이 좋으며 청국장에도 김치 등 염분을 더 높일 수 있는 부재료를 넣지 않는 것이 좋은 조리법이다.[98)]

(2) **청국장 가루고추장**

미소 된장과 매실원액, 소주, 청국장 가루를 넣고 덩어리가 생기지 않게 풀어준 뒤 고춧가루를 넣고 섞어주면 된다.[99)]

(3) **활용도 높은 쌈장**[100)]

① 기본 쌈장 : 된장, 참기름, 올리고당, 고추장, 다진 양파, 생강즙, 후춧가루, 다진 견과류 약간
채소 쌈을 위한 쌈장은 된장에 고추장, 올리고당, 참기름, 다진 양파 등을 넣고 잘 섞으면 끝이다. 간단하지만 찌개나 무침 등의 양념장으로도 손색이 없다. 다진 버섯이나 마른 새우, 마른 멸치 등을 갈아 넣으면 깊은 맛을 더할 수 있다. 좀 더 고소한 맛의 쌈장을 원한다면 볶은 해바라기씨 등 다진 견과류를 추가한다.

② 찌개용 쌈장 : 된장, 마른 멸치, 말린 버섯가루, 고춧가루, 다진 마늘
육수를 끓이다가 호박이나 감자 등 채소를 썰어 넣고 미리 만들어놓은 쌈장만 풀어 넣으면 바로 된장찌개가 완성된다.

③ 무침용 쌈장 : 된장, 매실청, 들기름, 다진 마늘, 깨소금, 소금 약간
쌉싸름한 나물의 경우 고추장보다는 된장에 무쳐내면 맛의 조화가 좋다. 단맛과 고소한 맛을 내기 위해 매실청과 들기름을 넣었다.

④ 샐러드용 쌈장 : 된장, 올리고당, 식초, 참기름, 다진 마늘, 다진 대파, 통깨
외국인 손님을 위한 초대상에 내어놓기 좋은 소스다. 식초를 넣으면 상큼한 샐러드드레싱으로, 식초를 빼면 된장무침 양념장으로 응용이 가능하다.

⑤ 조림 쌈장 : 된장, 올리고당, 다진 마늘
조림하면 간장을 기본양념으로 쓰는데, 시래기나 생선 등을 조릴 때 쌈장 양념을 쓰면 보다 깊은 맛이 난다. 여기에 올리고당으로 단맛을 살짝 내고 다진 마늘로 향을 더한다.

⑥ 바비큐 쌈장 : 된장, 다진 마늘, 맛술, 올리고당, 설탕, 참기름, 생강가루
고기 잡내를 잡으려면 맛술과 다진 마늘을 넣어준다.

⑦ 강된장쌈장 : 된장, 무, 다진 파, 청양고추, 다진 마늘, 멸치육수
강된장을 떠올리면 짠맛이 입안에 감돈다. 무를 넣으면 짠맛은 누르고 시원한 맛을 더할 수 있다. 나무젓가락 굵기로 채 썬 무와 곱게 다진 청양고추, 된장을 섞어 멸치육수를 붓고 끓인 뒤 파와 마늘을 넣어 걸쭉한 상태로 만든다. 데치거나 찐 숙쌈이나 싱싱한 생쌈 모두에 잘 맞다. 우렁살을 크게 썰어 넣어 강된장을 끓이기도 한다.

⑧ 두부쌈장 : 두부, 된장, 꿀, 대파, 양파, 풋고추, 붉은 고추, 쌀뜨물, 소금
쌈장의 나트륨이 걱정스럽다면 두부를 추가해서 맛을 순화시키는 방법을 이용한다.
냄비에 으깬 두부와 된장, 꿀, 쌀뜨물을 넣고 두부 덩어리 없이 잘 풀어준다. 송송 썬 대파와 양파, 곱게 다진 고추를 넣은 뒤 한소끔 끓여서 바특하게 만든다. 찐 양배추쌈을 싸먹을 때 곁들이면 좋다. 쌈장에 두부를 으깨서 넣으면 짠맛은 줄이고, 고소한 맛은 더할 수 있다.

⑨ 참치마요네즈쌈장 : 통조림 참치, 마요네즈, 된장, 고추냉이 페이스트, 다진 파, 다진 마늘, 깨소금, 다진 홍고추 참치 캔의 기름은 따라내고 참치살만 볼에 담는다. 된장, 마요네즈, 고추냉이 페이스트(와사비), 다진 파와 마늘, 고추를 넣어 잘 섞는다. 생 쌈채소를 먹을 때 쌈장으로 곁들이면 든든한 맛이 난다. 같은 바다 출신인 다시마쌈과도 궁합이 좋다.

⑩ 조갯살청국장쌈장 : 조갯살, 청주, 청국장, 된장, 고춧가루, 다진 마늘, 멸치육수, 다진 양파, 다진 청양고추, 참기름, 깨소금, 식용유
잘 씻은 조갯살은 식용유를 두른 팬에 볶는다. 비린내를 잡고 싶으면 청주를 살짝 넣어준다. 여기에 청국장, 된장, 멸치육수, 다진 채소, 물을 조금 넣고 끓인다. 쌈장이 걸쭉해지면 참기름과 깨소금을 넣고 잘 섞는다. 찐 양배추나 데친 참나물이나 아욱 등과 잘 어울린다. 청국장 대신 두반장을 된장과 같은 양으로 넣으면 매콤한 맛을 낼 수 있다. 고기쌈을 쌀

때 활용하는 것도 좋다.

⑪ 멸치쌈장 : 된장, 잔멸치, 다진 양파, 다진 청양고추, 꿀, 쌀뜨물
뚝배기에 된장과 잔멸치, 다진 양파, 다진 청양고추, 꿀을 넣고 버무린 뒤 쌀뜨물을 붓고 은근하게 끓인다. 상추쌈을 쌀 때 쌈장으로 활용해도 되고, 보리밥에 상추를 넣고 비벼먹을 때도 좋다.

Ⅳ
장류의 산업가공 실태

1. 장류 산업가공 실태

1) 소매시장 기준 간장의 특징[101)]

(1) 조선간장(국간장)

조선간장의 특징은 100% 콩과 소금만을 이용해 한국 전통 방식으로 만드는 간장으로, 염도가 높아 짠맛이 강하지만, 색깔이 옅어 음식 본래의 색을 비교적 그대로 유지한다. 주요 용도로는 국, 탕, 찌개, 각종 나물무침 등이 있다.

(2) 진간장

진간장의 특징은 아미노산 공법을 사용해 아미노산의 시간적, 영양학적 손실을 최소화한다. 감칠맛이 뛰어나고 열을 가해도 맛이 잘 변하지 않는 특성이 있다. 주요 용도로는 조림류, 볶음류 등 열이 가해지는 요리(멸치볶음, 장조림, 갈비찜 등)가 있다.

(3) 양조간장

양조간장의 특징은 탈지 대두와 소맥(밀)을 사용해 장기간 발효・숙성시켜 만든 간장이다. 장기간 발효하는 과정에서 허용되는 맛과 향이 매우 풍부하다. 간장 자체만으로도 맛이 좋아 소스로 권장하기도 한다.

개화기 이후에 들어와 '일본식 간장' 또는 '왜간장'이라고도 불린다. 주요 용도로는 생선회, 부침요리 등을 찍어 먹는 소스, 나물무침, 샐러드드레싱 등이 있다.

(4) 맛간장

맛간장의 특징은 재래식 간장의 강한 짠맛을 완화한 간장이 있다. 짠맛보다는 단맛이 강한 것이 특징이다. 다시마나 멸치 등의 재료를 넣고 육수를 섞어 만들며 달콤한 맛이 필요한 조림이나 볶음요리에 주로 사용한다. 주요 용도로는 조림류, 볶음류, 국, 탕, 찌개 등이 있다.

(5) 어간장

어간장의 특징은 콩이 아닌 생선으로 만드는 간장으로, 물고기의 단백질을 사용해 만든 것이다. 생선을 통째로 또는 머리와 내장을 분리한 후 소금을 넣고 1년 이상 발효시킨다. 짙은 노란색을 띠며 진한 맛과 냄새가 특징이다. 주로 소스류나 기타 장류 등으로 분류된다.

주요 용도로는 양념육소스, 회 간장소스, 조림장, 부침요리, 찍어 먹는 소스로 나눈다.

2) 공장 된장의 제조과정[102)]

(1) 공장 된장의 특징

청정지역과는 관계없이 공장에서 대량 생산한다. 스테인리스 용기에 담아 단기간에 강제로 발효・숙성시킨다. 수입산 콩・밀・탈지대두에 정제염, 방부제, 화학조미료 등을 첨가해 생산한다.

공장 된장의 종류는 콩된장, 쌀된장, 보리된장, 밀된장 등이 있다. 공장 된장은 주로 메주를 만들지 않고 삶은 콩에 밀이나 보리를 섞어 누룩균으로 발효시켜 만든다. 발효・숙성 기간이 대략 5~20일 정도로 매우 짧기 때문에 1년 내내 생산이 가능하다.

전통 된장보다 단맛이 훨씬 강한 것이 특징이다. 내용물은 대두(수입산), 소맥분(밀, 미국, 호주산), 탈지대두분, 개량 메주 된장, 한식 메주 분말, 향미증진제, 정제소금, 밀쌀, 주정, 종국 등이 포함되어 있다.

3) 장류 산업의 발전과정[103)]

표 2-12 장류 산업의 발전과정

연도	발전 내용(지역, 경영자)
1880～1890년대	1886년 산본장유양조장 건립(부산, 일본인 경영) ～ 장류 공장 최초(생산품 : 간장, 된장 생산)
1900～1945년대	간장 공장 102개소, 된장공장 17개소(전국, 일본인 경영)
1945～1950년대	1945년 몽고식품(전 산전장유) 창립 1945년 매일식품(전 김방장유양조장) 창립 1946년 샘표식품(전 삼시장유양조장) 창립 1948년 진미식품(전 대창장유사) 창립 1950년 동양식품(전 삼화식품) 창립 1952년 오복식품(전 대동식품) 창립 1953년 삼화식품공사(전 삼화장유사) 창립
1960년대	1961년 식품위생법 공포 시행 -장류도 법에 따라 감독을 받기 시작함 1962년 한국장류협동조합(전 대한장류공업협동조합) 설립 1967년 식품 등의 규격 기준 공포 시행 - 품질 수준 향상 촉진
1970년대	1970년대 10년간 약 600%의 고성장(광공업통계조사 보고서) ～ 부가 가치(장류 39.2%, 제조업 37.6%, 식료품 31.1%)
1980년대	1985년 8월 간장 파동여파로 장류 업체 수 감소 : 159개→85개 ～ 장류업체의 자기정화 계기, 화영식품, 신송식품, 명가식품, 대경식품 등 신규업체 진출
1990년대	농협 및 농민들의 소규모 장류산업 진출 1994년 장류 제조업의 중소기업 고유 업종 해제 - 대기업의 장류 시장 진입 1996년 2월 산부해간장 유해성분(MCPD) 논란 재발
2000년대	장류 시장의 대기업화 - 상위 10여 개 업체가 전체 시장의 90% 차지 CJ가 '해찬들' 인수, CJ제일제당/대상 2개사가 거의 된장 시장 양분 사조산업, 진미식품, 순창가 등 신규 공장 건립 정부의 식품 정책 방향 변화 - 품질 관리 기준 →식품안전성 기준
2010년대	2011년 장류 중소기업 적합 업종 선정(이행 조치는 권고 사항) ～ 고추장, 간장, 된장 등 장류 정부 조달 및 저가 제품 시장 철수 권고 2014년 장류 판매액 기준 상위 3개 업체가 전체 시장의 63.2% 차지 CJ제일제당(28.1%), 대상(21.3%), 샘표식품(13.9%) 2014년 된장 판매액 기준 상위 3개 업체가 전체 시장의 75.3% 차지 CJ제일제당(49.9%), 대상(25.4%) 프리미엄급 시장을 목표로 품질의 고급화 및 차별화 경향

연도	발전 내용(지역, 경영자)
2020년대	두부 · 장류 제조업 첫 '생계형 적합 업종' 지정, 대기업은 2020년 1월 1일부터 5년간 사업 제한 CJ제일제당, 대상과 같은 식품 대기업은 두부 제조업, 된장, 간장, 고추장, 청국장 등 5개 장류 제조업에서 사업을 시작하거나 기존 사업의 확장이 제한됨 콩 생산 농가에 대한 영향을 고려해 국내산 콩으로 제조하는 두부에 대해서는 대기업의 생산 · 판매를 허용 수출용 제품이나 신기술이 개발될 수 있는 혼합장, 소스류, 가공 두부 등도 적용 대상에서 제외

4) 장류시장 동향[104)]

장류는 원료 및 제조 방법에 따라 다양한 종류가 있지만 산업에서의 분류 및 정의는 식품위생법(식품의 기준 및 규격, 이하 식품공전)에 의해 생산, 판매되고 있다. 식품의 기준 및 규격에 따르면 장류는 '동 · 식물성 원료에 누룩균 등을 배양하거나 메주 등을 주원료로 하여 식염 등을 섞어 발효 · 숙성시킨 것을 제조 · 가공한 것'으로 정의하고 이하 14개 세부 유형으로 구분하고 있다. 14개 유형은 메주 2종, 간장 5종, 된장 2종, 고추장, 춘장, 청국장, 혼합장, 기타 장류이다. 2017년 기준 국내 생산액은 7.229억 원, 국내 판매량은 9,908억 원, 수출액은 약550억 원(4,553만 달러)로 각각 집계되었다. 장류별 국내 판매액을 분류하면 가장 큰 시장을 형성하고 있는 품목은 간장류로 전체시장의 32.0%(3,171억 원)를 차지하였으며, 고추장류 22.3%(2,206억 원), 큰 세부품목은 고추장으로 2,194억 원이 판매되었으며 혼합장(1,845억 원), 혼합간장(1,478억 원), 된장(1,299억 원), 양조간장(1,127억 원)순이다. 혼합장(1,845억 원), 혼합간장(1,478억 원), 된장(1,299억 원), 양조간장 (1,127억 원) 순이다. 수출액이 가장 높은 품목도 역시 고추장으로 2,185만 달러가 수출되어 장류 전체 수출액의 48.0%를 차지했다. 고추장 외에 수출 비중이 높은 품목은 혼합장(626만 달러), 혼합간장(611만 달러), 된장(485만 달러), 양조간장(3,130만 달러)이지만 고추장을 제외하고는 천만 달러를 넘지 못하는 실정이다. 장류시장은 2008년 8,900억 원 시장에서 2012년 1조 원을 넘어선 이래 2016년까지

1조 원대 시장을 유지하다가 2017년 9,908억 원으로 다시 1조 원 미만을 기록하고 있다. 2011년도에는 장류 시장이 전년 대비 7.8% 증가하였으며 이듬해에도 5.4% 증가하는 등 2008년부터 2015년까지는 증가추세를 보이며 시장 규모가 19.4% 증가했다. 장류 시장이 성장을 시작한 이후 연속 감소세를 보인 기간은 없었으나 2016년 이후 2년 연속 감소세를 보이고 있고, 2018년도에도 1조원을 회복하기는 어려울 것으로 예측되므로 장류 시장은 정체 또는 감소세를 이어갈 것으로 전망된다. 간장은 장류 시장에서 가장 큰 비중을 차지하고 있으며, 2016년도에 3,666억 원까지 시장이 성장했다가 2017년에는 2014년도 수준인 3,100억 원 대로 다시 감소했다.

주목할 만한 사항은 산분해간장은 감소하고 양조(발효)간장은 증가하는 경향을 보이고 있다. 고추장은 장류 시장의 22.3%를 차지하고 있으며, 2013년 3,169억 원 시장에서 2017년 2,206억 원으로 무려 시장 규모가 30.4% 감소한 것으로 나타났다. 그러나 고추장의 소비가 소스류로 급격하게 이동하고 있어 전체적인 고추장의 소비는 줄었다고 볼 수 없다.

된장은 장류시장의 15.4%를 차지하고 있으며 2013년 1,644억 원에서 2017년 1,529억 원으로 6.97% 감소한 것으로 집계됐으며 지속적인 감소세를 보이고 있다. 공장식 된장 소비는 2.1% 증가하였으나 한식된장은 감소했다. 혼합장은 2013년 이후 꾸준한 성장세를 보였으며, 식생활의 필수 소스류이기 때문에 2,000억 원의 시장 규모를 유지할 것으로 판단된다. 청국장은 2013년 이후 300억 원대 시장을 유지하다가 2016년 62.4% 급증하여 600억 원대 시장으로 성장했다.

시장 급성장의 주요인은 낫토가 청국장 시장에 진출한 이후 건강식품으로 인식되면서 소비가 늘어난 것이 주요인으로 분석된다. 국내 낫토 시장이 형성된 것은 2006년경으로 당시 25억 원 규모이던 시장이 2017년 기준 325억 원 규모까지 성장한 것으로 업계에서는 추산했다. 현재 시장에서는 낫토와 청국장이 함께 유통되고 있으나 청국장은 소기업 또는 농가에서 제조하여 판매하는 제품이 다수이고 규모를 갖추고 냉장 유통하는 제품은 대부분 낫토로 파악된다.

장류 시장은 장류를 베이스로 한 소스류와 가정 간편식(HMR) 시장의 영향을 받아 장류 자체의 소비는 감소될 것으로 예상된다. 장류의 시장은 2013년 대비 3.1% 감소한 반면 소스류는 33.5%, 복합 조미식품은 47.8% 증가한 것으로 분석되었으며 HMR(가정간편식) 시장 확대와 함께 이러한 추세는 지속될 것으로 예측되었다.

국내 HMR 시장 규모는 2017년 기준 2조 7,421억 원으로 전년 대비 20.9% 증가하였으며 2022년까지 5조 원 시장으로 성장할 것으로 예측되어 HMR 제품에 빠질 수 없는 소스류 시장은 동반 성장할 것으로 전망된다.

5) 장류업체 동향[105)]

2017년 기준 장류 생산기업 수는 2,062개소로 2013년 1,633개소 대비 26.3% 증가했다. 그러나 업체 수는 늘어나는 반면 전체 판매액은 감소하여 업체당 평균 판매액은 2013년 6억2,676만 원에서 2017년 4억8,053만 원으로 23.3% 감소하는 등 장류 업계의 채산성은 나빠지고 있다.

장류 내수 시장 1위 기업은 CJ제일제당㈜로 1,786억 원을 기록했으며 샘표식품㈜과 대상이 1,300억 원대로 근소한 차이의 2, 3위를 차지하고 있다. 장류 기업 중 1천억 원 이상을 판매하는 기업은 1~3위뿐이며 4위부터는 상위 기업 판매액의 30%에도 못 미치는 실적을 보여 기업 간 격차가 심하다. 수출은 ㈜대상이 1,645만 달러로 2위인 샘표식품㈜의 796만 달러에 비해 압도적인 1위를 기록하고 있다. 수출에 있어서도 상위 3개 기업이 전체 수출액의 70.76%를 차지하는 것으로 분석되고 있다.

전통장류의 시장 동향으로는 장류 전체 생산액은 2013년 7,837억 원에서 2017년 7,230억 원으로 7.7% 감소했으며, 가정 내 직접 조리수요가 줄고, 전통장류를 이용하는 요리보다는 간편한 소스류를 활용하는 경우가 늘어나면서 장류 생산 규모는 감소한 것으로 보인다.[106)]

2017년 생산액 기준, 장류 시장에서 가장 큰 비중을 차지하고 있는 것은 간장(27.5%)이며, 고추장(25.4%), 된장(16.2%) 등의 순으로 나타났다. 고추장과 간장과 같은 전통장류의 생산은 감소하는 반면, 전통장류를 활용하여 소스처럼 편하게 이용할 수 있도록 만든 '혼합장' 제품이 늘어나면서 혼합장의 생산 비중은 증가했다. 실제로 고추장도 단순히 일반 고추장이 소스처럼 이용할 수 있는 조미 고추장, 초고추장과 같은 '혼합장' 제품이 늘어났으며, 된장도 일반 된장에 해산물 추출물이나 엑기스를 넣은 조미된장과 이를 포함한 혼합장 제품이 증가 추세를 보이고 있다.

혼합장의 영향으로 고추장은 전체적으로 감소 추세를 보이고 있다. 생산액은 2013년 2,345억 원에서 2017년 1,836억 원으로 21.7% 감소하였고, 생산량은 14만1,027톤에서 13만1,168톤으로 7.0% 감소했다. 출하액도 2013년 대비 2017년 30.4% 감소하였고, 출하량도 13.4% 감소했다. 가정 내에서 장류를 활용한 직접 조리 수요가 감소하고, 대신 간편하게 이용할 수 있는 소스・양념으로 소비를 전환 시키거나 고추장이 들어가 있는 간편식 제품 등의 판매가 영향을 미친 것으로 보인다.[107]

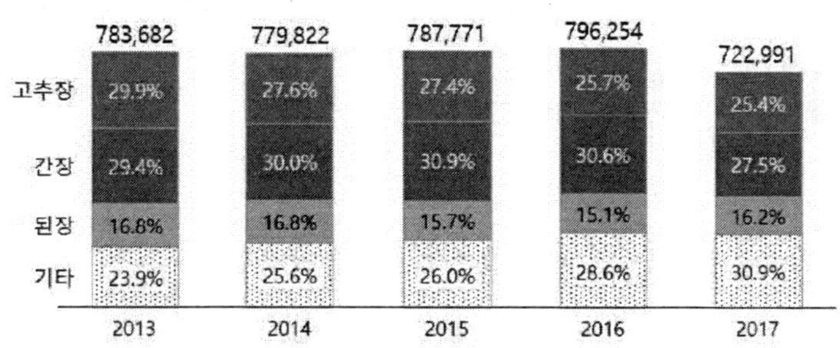

(단위: 톤, 백만 원)

표 2-13 고추장과 간장과 같은 전통장류의 생산 감소 추세

구분	고추장		간장		된장		기타		합계	
	생산량	생산액	생산량	생산액	생산량	생산액	생산량	생산액	생산량	생산액
2013	141,027	234,464	273,181	230,191	96,661	131,947	110,896	187,079	621,764	783,682
2014	136,500	215,402	285,243	234,073	102,278	130,728	108,904	199,619	632,925	779,822
2015	139,830	215,457	295,875	243,789	101,082	123,445	119,599	205,080	656,386	787,771
2016	135,843	204,612	360,010	243,294	99,909	12,317	123,188	228,031	718,951	796,254
2017	131,168	183,626	257,297	198,727	97,929	117,085	133,048	223,553	619,442	722,991

* 식품 및 식품첨가물 생산실적, 식품의약품안전처
1) 고추장은 고추장과 조미고추장의 합계값, 간장은 한식간장, 양조간장, 산분해간장, 효소분해간장, 혼합간장의 합계값, 된장은 한식 된장, 된장, 조미된장의 합계값, 기타는 한식메주, 메주, 춘장, 청국장, 혼합장, 기타장류의 합계값임
2) 백만 원 기준으로 작성한 가운데, 합계값 일의 지릿수에 다소 오차가 발생할 수 있음

청국장의 생산량은 2014년 8,633톤에서 2018년 13,398톤으로 55.2% 증가했으며, 생산액도 2014년 360억 원에서 2018년 465억 원으로 29.2% 증가했다. 출하량은 8,048톤에서 12,824톤으로 59.3% 증가했으며 같은 기간 출하액도 374억 원에서 576억 원으로 54.1% 증가했다. 2016년 이후 출하액이 급격히 증가한 이유는 낫토 생산 및 출하실적이 청국장에 포함되어 실적에 반영되었기 때문이다. 청국장은 건강식품이라는 인식 덕분에 낫토와 함께 소비가 꾸준히 증가할 것으로 보인다.

전통장류 외에 양념장류 소매시장 규모는 2013년(910억 원) 대비 2015년(950억 원) 4.4% 증가한 것으로 나타난다. 쿡방으로 인한 집밥 열풍이 지속되고, 가정식 요리를 할 수 있도록 돕는 양념장 제품들이 간편해지면서 소비가 증가한 것으로 보인다. 이와 더불어 소스 시장은 2019년 기준 1조3,702억 규모로 2024년까지 5%의 성장률을 보일 것으로 전망하고 있다.[108)]

표 2-14 청국장 수출 현황[109)]

연도	수출 실적	
	수출량(톤)	수출액(달러)
2014	40	187,770
2015	39	295,553
2016	19	142,739
2017	43	627,963

2. 장류의 식품영양학적 특징

1) 간장의 효능[110)]

① 항산화 효과 : 양조간장에 들어 있는 멜라노이딘(Melanoidin) 및 페놀(phenol) 성분은 지질의 산화에 대해 강력한 항산화 효과를 발휘한다.

② 항혈전 효과 : 혈관 내의 혈전은 혈관벽에 점착하거나 미세 혈관을 막아 정상적인 혈류를 방해하고 혈액순환계 질환을 초래한다.

③ 항염증 효과 : 간장에 들어 있는 다당류는 알레르기성 염증 반응을 억제시키는 데 효과적이다. 콩의 세포벽에서 유래되는 다당류는 발효가 끝난 후에도 간장에 남아 있는데, 이것을 간장 유래 다당류라 부른다.

④ 항암효과 : 간장에는 항암 효과를 갖는 여러 가지 생리 활성 물질이 들어 있다. 대두 속의 이소플라본, 단백 분해 효소 억제제, 피틴산, 식이성 섬유, 사포닌, 식물성스테롤, 페놀성 물질 등이 항암 작용에 뛰어난 효과를 발휘하는 것으로 나타났다.

⑤ 항고혈압 효과 : 간장에 든 콩의 레시틴 성분은 혈관 벽에 쌓인 콜레스테롤을 제거해 주어 동맥경화를 예방하고 고혈압을 개선하는데 도움을 준다.

⑥ 항노화 효과 : 콩 속의 레시틴이 뇌기능을 향상시키고 사포닌이 기능성 물질로서 혈중 콜레스테롤 수치를 낮추면서 과산화지질의 형성을 억제하여 노화와 노인성 치매를 예방한다.

2) 고추장의 효능[111)]

① 항산화효과 : 고추는 캡산틴, 캡소루빈(Capsorubin), 비타민 C, 크립토캡신(Cryptocapsin)뿐만 아니라 퀘르세틴(Quercetin), 캡사이시노이드(Capsaicinoids) 루테올린(Luteolin)와 같은 페놀화합물을 다량 함유하고 있어 높은 항산화력을 지니고 있다.

② 항암효과 : 한국과학기술한림원은 발효식품 과학과 산업의 종합발전 방향(2014)이라는 논문을 통해 고추장 제조시 발효숙성 기간이 길면 길수록 공장제 고추장보다는 전통적인 방법으로 제조한 고추장일수록 암 예방 효과가 크다는 연구 결과를 발표했다. 이것은 전통적인 방법으로 제조한 고추장이 숙성되는 동안 항암물질이 더욱 많이 생성되어 이런 효과를 극대화 한다고 볼 수 있다.

③ 항혈전 효과 : 홍고추는 뇌와 심장에 형성되는 혈전을 예방하고 혈액이 원활하게 순환하도록 도와준다.

④ 면역효과 : 고추의 매운맛을 내는 캡사이신은 면역력 강화에도 좋다. 오래전부터 고추는 진통, 설사, 감기 기침, 각기 등의 치료에 효과가 있는 것으로 알려져 있다. 또한 괴혈병과 야맹증 치료, 말라리아 등의 감염성 질환의 치료제로 사용되었다는 기록도 있다.

⑤ 항비만 효과 : 고추장에는 고춧가루가 20~30%까지 첨가된다. 고춧가루는 예전부터 에너지 대사증진, 콜레스테롤 저하와 혈중 지질 개선, 지방분해 효과 등이 있다고 보고되었다.

⑥ 항스트레스효과 : 장기간의 고추장 섭취는 스트레스를 조절하고 완화해주어 자율신경 기능을 개선하고 안정화함으로써 관상 동맥 질환을 예방하고 위험을 감소시킬 수 있다고 했으며 캡사이신이 뇌신경 세포를 자극하면서 엔도르핀을 생성시켜 스트레스가 감소된다고도 알려져 있다.

⑦ 눈건강 효과 : 고추에는 비타민 A의 전구물체인 '베타카로틴'이 홍옥사과보다 약 42배나 많이 포함돼 있다. 인체에 베타카로틴 성분이 부족하면 피부가 건조해 각질이 잘 생기며 피부염증이 쉽게 발생한다. 베타카로틴은 밤눈이 어두워지는 야맹증을 비롯해 심장질환·뇌혈관 장애의 예방과 개선에도 효과가 있다. 또한 눈에 인공눈물을 넣는 사람이라면 고추나 고추장을 많이 섭취하는 것이 좋다.

⑧ 노화예방 효과 : 비타민 E는 강력한 산화 작용으로 노화의 원인인 과산화지질의 생성을 방해하는 역할을 한다. 비타민 E는 마른 고추에 100g

당 약 30mg, 고추장의 원료인 메주콩에도 다량 포함돼 있어 우리 건강을 책임지는 역할을 하고 있다. 또한 활성산소의 영향력을 무력화시켜 뇌세포도 보호하므로 치매 예방 효과도 기대할 수 있다.

⑨ 소화촉진 작용효과 : 고추의 매운맛 캡사이신이 침샘을 자극해 식욕을 돋우고 소화액을 많이 분비해 소화를 촉진하기 때문에 소량을 섭취하면 위장을 자극해 위점막을 보호하는 작용을 한다. 고추장에는 탄수화물과 단백질을 소화하는 데 도움을 주는 효소인 아밀라아제와 프로테아제 성분이 포함돼 있어서 소화촉진에 많은 도움을 준다.[112]

3) 된장의 효능[113]

① 항암 효과 및 항 돌연변이 효과 : 한국식품개발연구원 생물공학부 연구팀에서도 한국의 전통 장류에 암을 유발하는 돌연변이를 억제하는 요인이 있다고 발표했다. 한국의 전통 장류 중에서 된장은 70%, 고추장은 50%, 간장은 30%순으로 암을 억제하는 요인이 들어 있었는데 식품 속의 여러 가지 발암물질의 돌연변이력을 떨어뜨려 암을 예방한다고 하였으며 대한암예방협회의 <암예방 수칙 15가지> 중에는 된장국을 매일 먹으라는 항목이 들어 있기도 하다.

② 항산화 효과 및 항노화 효과 : 메주 속의 수용성 갈변 물질과 페놀 화합물은 리놀렌산에 대하여 강한 항산화 효력을 나타낸다. 된장에도 역시 항산화 물질인 이소플라본, 펩타이드, 페놀 물질 등이 풍부하게 들어 있다. 된장은 노인성 치매 예방 등의 항노화 효능도 지니고 있다. 된장은 발효와 숙성 과정을 통해 항산화 기능이 높아지는데 된장 특유의 갈변 현상이 노화 예방에 커다란 작용을 한다.

③ 항고혈압 효과·심혈관 질환 예방 및 혈압 강하 효과 : 대두 단백질의 아미노산 구성, 불포화지방산, 식이섬유, 이소플라본, 사포닌, 식물성 스테롤이 심혈관 질환을 예방한다고 알려져 있다. 이소플라본은 혈관 질환의 원인이 되는 LDL 콜레스테롤을 감소시키고, 현관 질환 예방에 좋은

HDL 콜레스테롤은 증가시키며, 항산화 작용으로 LDL 콜레스테롤의 산화를 억제한다.

④ 항비만 효과 : 된장의 섭취는 체중 감소 효과를 나타냈으며, 이미 항비만 효과로 널리 알려진 고추장보다 더 많은 체중 감소 효과를 보였다.

⑤ 면역 증강 효과 : 된장의 추출물이 특이적으로 면역 증강 물질인 B 임파구의 증식을 증가시키고, 대식 세포와 B 임파구의 사이토카인 생성을 증가시키는 것이 확인이 되었다.

⑥ 해독작용 : 몸 안에 쌓인 노폐물과 독소를 씻어 내어 피를 맑게 해 주는 작용도 한다.

⑦ 필수 아미노산이 많이 함유되어 있다.[114)]

표 2-15 된장에 포함된 아미노산 성분함량 (단위 : 100g당/mg)

필수 아미노산		비필수 아미노산	
라이신	488	글루탐산	1679
류신	861	글리신	335
메티오닌+시스틴	127	세린	443
발린	614	시스테인	56
이소류신	544	아르기닌	577
페닐알라닌+티로신	579	아스파라트산	1029
트레오닌	400	알라닌	539
트립토판	166	티로신	419
히스티딘	400	프롤린	571

위 아홉 가지 필수 아미노산 중에서 단 한 가지라도 부족하면 체내에서 단백질 합성이 제대로 이뤄지지 않으므로 단백질 분해가 합성을 능가하게 돼 건강이 나빠진다. 된장에 포함된 비필수 아미노산 중 '아르기닌'과 '프롤린'은 콜라겐 합성에 필요한 아미노산이다. 이러한 영양소를 많이 섭취할수록 콜라겐합성이 잘되므로 피부미용에 매우 효과적인 영양

소라 할 수 있다.

⑧ 된장에 포함된 주요 영양소가 신체에 작용하는 역할[115)]

표 2-16 된장의 주요 영양소가 신체에 작용하는 역할

주요 영양소	신체에 작용하는 역할
레시틴	치매 예방, 동맥경화 예방, 혈중 콜레스테롤 수치 낮춤
멜라노이딘	변비 예방, 혈압 정상화, 콜레스테롤 수치 조절, 장내 유익균 증강
비타민 E	세포막 항산화 작용
사포닌	간 기능 보호, 과산화지질 생성 예방
이소플라본	갱년기 장애 개선, 여성호르몬 조절 작용, 호르몬 계통의 암 예방
콜린	노화 방지, 지방간 예방

4) 청국장의 효능[116)]

① 소화를 돕는다 : 새끼줄로 메주를 엮어 매다는 이유는 볏짚에 들어 있는 고초균이라는 효소에 의해 메주가 잘 뜨기 때문이다. 장맛을 좋게 하는 이 물질은 유해 물질을 차단하고 유기산을 생성하여 소화를 돕는 역할을 한다.

② 골다공증 예방 : 청국장에는 칼슘이 풍부하고 칼슘의 체내 흡수율을 높여주는 성분 또한 풍부하므로 뼈를 건강하게 만들어 골다공증을 개선하는 데 효과가 있다.

③ 빈혈 예방 : 청국장 속에 들어 있는 미네랄과 철분은 빈혈을 예방한다. 레시틴은 혈관에 달라붙은 콜레스테롤을 씻어 내어 피의 흐름을 좋게 한다.

④ 혈관계질환 개선 : 혈관 내에 콜레스테롤이 점차적으로 쌓이면 고혈압이나 동맥경화, 뇌졸중 등의 각종 혈관 질환을 일으킬 수 있다. 고혈압을 일으키는 주요 인자인 '안지오텐신' 전환효소의 활성을 억제해 혈압을 떨어뜨린다.

⑤ 노화 방지 : 청국장을 꾸준히 섭취하면 활성산소를 효율적으로 배출하여 노화를 막아준다. 청국장에 함유된 레시틴 성분 또한 체내의 독소를 배출시키는 작용을 하여 주름살 발생을 막아준다.

⑥ 항암 작용 : 청국장에 있는 '제니스테인'이라는 물질이 풍부하여 유방암, 결장암, 직장암, 위암, 폐암, 전립선암 등에 효능이 있는 것으로 밝혀졌다.

⑦ 정력 강화 : 청국장에 들어있는 레시틴은 정액의 양을 증가시키는 효과가 있고 아르기닌 성분은 발기력을 증진시킨다.

⑧ 변비 개선 : 청국장 가루에 풍부하게 들어 있는 섬유질은 장을 자극하여 장운동을 촉진하여 변비를 해소하는 데 도움이 된다.

⑨ 당뇨병 예방과 개선 : 청국장에 들어 있는 트립신 성분이 췌장에 영향을 미쳐 인슐린 분비를 촉진한다. 또한 풍부한 섬유질은 당 흡수 속도를 저하시켜 당뇨 환자에게도 도움이 된다.

⑩ 뇌졸중 예방 : 청국장에 들어 있는 레시틴과 단백질 분해 효소 덕분에 혈관을 막고 있는 혈전이나 콜레스테롤을 녹여 내는 효과가 커서 뇌졸중의 치료와 예방에 도움이 된다.

⑪ 안구건조증 해소 : 청국장의 점액성 물질의 주성분인 아미노산 고분자 소재 '폴리감마글루탐산'이 동물 실험 결과 안구건조증과 각막 창상 치료에 효과가 있다.

3. 장류와 관련된 속담과 민간요법[117)118)]

1) 장류와 관련된 속담

된장에 풋고추 박히듯	어린애와 장독은 얼지 않는다.
내 손을 장으로 지진다.	간장독을 깨드리면 집안이 망한다.
뚝배기보다 장맛이다.	콩으로 메주를 쑤어도 믿지 않는다.
장이 단 집에 복이 많다.	장단 집에는 가도 말단 집에는 가지 마라.

말 많은 집 장맛은 쓰다.	며느리가 잘 들어오면 장맛도 좋아진다.
구더기 무서워 장 못 담그랴.	고추장 단지가 열두 개라도 서방님 비위를 못 맞춘다.
똥인지 된장인지 구분 못한다.	아기 낳을 때 담은 간장으로 그 아기 혼례 때 국수 만다.
된장과 사람은 묵은 것이 좋다.	한 고을 정치는 술맛으로 알고, 한 집안의 일은 장맛으로 안다.
망하는 집은 장맛부터 변한다.	한 고을의 정치는 술맛으로 알고, 한 집안의 일은 장맛으로 안다.

2) 장 담그기에 대한 금기 속담[119)]

메주를 짝수로 만들면 불길하다.	2월에 장을 담그면 조상이 제사를 받지 않는다.
장독에 새 솔을 덮으면 나쁘다.	3월에 간장을 담그면 제사를 못 지낸다.
간장독을 깨뜨리면 집안이 망한다.	신일(辛日)에 간장을 담그면 장맛이 변한다.
장독에 쥐가 빠지면 집안에 나쁜 일이 생긴다.	

3) 장류와 관련된 민간요법[120)]

① 가벼운 상처나 화상에 바른다. : 『동의보감』에서도 '장은 모든 어육, 채소, 버섯의 독을 없애고 열상과 화독을 다스린다'라고 했다. 하지만 현대 의학에서는 염증 등의 부작용을 경고하고 있다.

② 무좀이나 두드러기에 바른다. : 무좀에는 밀가루에 간장을 넣고 섞어서 반죽하여 바른다. 두드러기에는 상온의 간장을 바르고, 피부에 염증이 생기면 간장을 끓여서 바른다.

③ 염증 : 급성인후염에는 간장을 물에 타서 마시고, 다래끼가 눈에 생기면 집에서 담근 간장을 바른다. 치통에는 간장을 머금고 있으면 좋다.

④ 감기 : 무즙과 생강즙을 섞은 것에 간장을 조금 떨어뜨려 따뜻한 물을 붓고 마시면 감기가 풀린다.

⑤ 갈증 해소 : 냉수에 간장을 타서 마시면 갈증을 푸는데 좋다.

⑥ 식중독에 의한 설사 : 설사병이 나면 살균 효능이 있는 간장을 먹었다.

4) 된장의 오심(伍)[121]

① 단심(丹心) : 다른 재료의 맛을 돋우며 제 맛을 잃지 않는다.
② 항심(恒心) : 아무리 오래 되어도 맛이 변하지 않는다.
③ 불심(佛心) : 비린내와 기름기를 없애준다.
④ 선심(善心) : 매운맛을 부드럽게 다스려준다.
⑤ 화심(和心) : 어떤 요리와도 잘 어울리는 조화로움이 있다

4. 전통장 만드는 곳으로 유명한 곳[122]

표 2-17 유명 전통장 만드는 곳

지역	유명한 곳	특 징
파주	파주 장단 통일촌 콩 영농조합	궁중 진상품 장단콩으로 만든 명품장
순창	순창 고추장 민속 마을	순창고추장의 본가
안동	안동 제비원 전통식품	안동김씨 예의소승공파 30대 종부가 빚어낸 장맛
광양	나종년 농장	백운산 고로쇠 물로 담근, 몸에 좋은 장
인제	인제 막장	강원도에서 유일하게 전통장 제조 마을로 선정
금산	인삼골 된장	장맛의 비결은 물맛, 좋은 소금, 우리콩
장수	산막골 전통장	절굿공이, 자연 건조, 등 전통적인 방법 고수
칠곡	숭오 된장·간장	특유한 소스로 된장 냄새나지 않으면서 느끼하지 않은 된장 피자 개발
홍성	충남 홍성군 한솔기 농촌 전통 테마 마을	전통 장류 체험 등 다채로운 농촌 문화 체험 연계
세종	세종시 뒤웅박고을	전통 장류 소재 테마 공원 건립
보성	전남 보성군 성원식품	초록빛 차향 담긴 기능성 녹차된장
부여	충남 아미산 샘골 메주	농민 운동가의 올곧은 집념과 시골 아낙의 손맛 담긴 장집
정선	메주와 첼리스트	첼로 선율에 깊어 가는 도완녀의 장맛
괴산	호산 죽염식품	영험한 옻 샘물과 죽염이 녹아든 된장 아저씨네 장맛
양평	수진원	정직한 장인의 장맛

지역	유명한 곳	특 징
논산	충남 맛가마식품	콩 낟알을 메주로 발효시켜 부패의 위험을 줄임
안성	경기도 안성의 서일농원	좋은 재료로 전통방식으로 정성을 담아 만든다.
포항	포항 죽장연	마을주민과 함께하는 전통장
양산	양산 통도사 서운암 (성파스님)	불가의 전래적인 제법에 한약재를 혼합한 장으로 특허 냄

V
장류 대한민국 식품명인

1. 식품명인 제도[123)]

1) 목적 : 우수한 우리식품의 계승·발전을 위하여 식품제조·가공·조리 등 분야를 정하여 식품명인으로 지정 육성한다.
2) 실시 근거 : 「식품산업진흥법」 제14조 및 도업 시행령 제14조 내지 제22조이다.
3) 명인지정 분야 : 전통식품명인, 일반식품명인으로 지정한다.
4) 지정 대상 : 우수한 식품의 계승, 발전을 위해 식품제조· 가공· 조리 등의 분야에서 명인을 지정하여 육성하기 위한 취지로 마련된 식품명인 제도는 20년 이상 한 분야의 식품에 정진하였거나, 전통방식을 원형대로 보존하고 이를 실현할 수 있는 자, 또는 명인으로부터 보유기능에 대한 전수교육을 5년 이상 이수 받고 그 후 10년 이상 그 업체에 종사한 자여야 한다.
5) 명인지정 절차 : 신청자(구비서류) → 시·도지사(접수, 사실조사, 추천 등) → 농림축산식품부(검토 및 사실조사, 전통식품분과위원회 및 식품산업진흥심의회 심의를 거쳐 지정여부 결정) → 명인지정서 교부 및 공고한다.
6) 평가 기준 : 전통성(25점), 정통성(20점), 경력 및 활동사항(20점), 계승·발전 필요성과 보호가치(25점), 산업성(5점), 윤리성(5점), 법령 위반 시 감점(~20점)한다.

2. 장류 대한민국 식품명인 소개

1) 기순도 명인[124)]

기순도 명인은 360년 이상 가까이 대대손손 내려오는 비법으로 해마다 정성스럽게 전통의 맛을 이어가고 있다. 명인은 46년째 늘 같은 시기에 장 담그는 일을 해왔다. 매년 동짓달인 음력 11월에 메주를 쑤고 한 달 정도 발효과정을 거친 후 죽염과 함께 항아리에서 다시 숙성한다. 명인은 그 무엇보다 '기본'을 가장 중시한다.

명인이 관리하는 천여 개의 장독대 중, 종가의 내림장인 '씨간장'이 있는데 다른 곳과 그 맛의 깊이가 다를 수밖에 없는 기본 베이스를 갖춘 것으로 그 누구도 흉내 낼 수 없다. 고추장은 '고추장 단지가 열둘이라도 서방님 비위를 못 맞춘다.'라는 속담처럼 고추장 담그는 일은 까다로워 잡념을 버리고 정성을 다해 만들어야 한다.

(1) 기순도 전통장의 특징

① 간장 : 간장은 우리나라 조미 음식 중에서 가장 으뜸을 차지하며 건강하고 맛 좋은 식단을 만드는 가장 기본이 되는 음식이라고 한다.
청장은 처음 뜨는 맑은 장으로 흐린 황토색을 띄며 맑은 국이나 맑은 색깔의 나물 무침, 볶음, 오이냉국 등에 사용하면 좋다.
중간장은 5년 미만의 간장으로 진한 황토색을 띄며 일반적으로 국간장으로 두루 사용되며, 찜, 조림 요리에 사용하면 좋다.
진장은 5년 이상 된 간장으로 검은색을 띄며 향이 깊고 맛이 짙어 전복초나 약식, 환자들 보양식에 간을 맞추는 간장으로 사용하면 좋다.

② 된장 : 콩이 잘 삶아져 메주가 되고 유익한 균을 통해 발효의 과정을 거치고, 항아리 속에서 재발효, 숙성기간을 거쳐 콩 단백질은 몸에 흡수되기 좋게 더 분해된다. 장기간의 발효와 숙성 과정을 거치는 전통 된장은

슬로우푸드의 대명사이자 힐링푸드라 할 수 있다.

(2) 기순도 전통된장 만드는 법

동짓날 말날(음력 11월 12간지 중 午(오)가 들어간 날) 날을 받아 메주를 만들기 시작한다. 한옥 황토방 발효실에서 유기농 볏짚에 메달아 한 달 정도 발효시킨다. 잘 뜬 메주를 항아리에 넣고 죽염수를 채워 다시 발효시킨다. 잘 발효된 메주 고형분만을 분리해 항아리에 담아 된장을 숙성시킨다.

(3) 기순도 전통 찹쌀고추장 만드는 법

메주를 음력 7월에 준비해 주었다가 찹쌀로 고두밥을 짓는다. 메줏가루에 죽염 간장을 넣어 2~3일 삭힌다. 삭힌 간장을 직접 겉보리를 틔워 만든 엿기름으로 만든 쌀 조청과 고춧가루를 버무려 장독대 항아리에서 수개월 숙성시킨다.

2) 권기옥 명인[125)]

명인은 하늘과 땅과 바다의 기운이 고스란히 배어 든 '궁중어육장'은 삼국시대부터 생선에 소금과 메줏가루를 넣어 조선시대까지 그 명맥이 이어졌으나 현대에는 사라진 귀중한 문화유산으로 어육장으로 명인 보유기능을 갖고 있다.

명인의 큰 외조모 전주이씨 옥희는 조선왕실의 임영대군파의 17대손 이종화의 큰 딸로 태어나 당시 시아버지 백주범(고종 10년 계유식년 시험 병과급제)과 관계를 유지해 오던 흥선대원군의 주선으로 그 아들인 백낙평과 혼인 후 조선왕실의 음식과 장(궁중의 장, 어육장)에 능통하여 이를 대대로 전수하고 있다.

명인 보유기능인 어육된장 만들기는 큰 독을 짚으로 싸서 땅속에 묻고 고기(쇠고기, 닭고기 등)와 생선(대구, 도미, 가자미, 조기 등 크고 좋은 신선한 생선)을 말려 손질해 항아리 안에 메주와 생선을 켜켜 넣고 소금물을 부어 장을 담가 밀봉하여 1년을 땅속에 발효시킨 후 꺼내어 익혀낸다.

옛날 궁중이나 사대부가에서 귀히 여긴 된장이다. 『규합총서』에서 이르기를 '그 맛이 아름답기 그지없다'고 기록될 정도로 귀한 어육장이다.

3) 성명례 명인[126)]

정성으로 전통의 맥(脈)을 이어가는 명인은 대를 이어 전해져 온 시어머니의 노하우와 명인의 노하우로 빚어낸 장맛에는 조상들의 지혜와 30년 이상 하루도 거르지 않고 장을 만들어온 장인의 정신이 녹아있다. 물려받은 24개의 작은 항아리로부터 시작하여 현재 3,200여 개 항아리의 규모로 미국, 캐나다, 영국, 호주, 일본, 중국 등 해외로 수출하고 있다.

명인 장맛의 비결은 첫째, 오랜 숙성의 장맛으로 오로지 부식이라고는 장에 의존했기에 장을 묵혀 먹기가 어려웠던 시절 부농만이 할 수 있었던 12개월 숙성은 시어머님의 원칙을 지키는 것이었다. 둘째, 겹장의 장맛으로 양반가 며느리였던 시어머니로부터 전수 받은 겹장으로 깊이 있는 장맛을 더한다. 셋째, 겹장으로 4~6개월 숙성된 장을 간장과 된장으로 분리시킨 후 다시 된장에 메주를 넣고 염수를 부어 다시 숙성시켜 만드는 방법을 지켜왔다. 넷째, 묵은 항아리의 장맛으로 30년 이상의 오랜 시간을 만들어 온 장을 다시 접장하며 숙성의 장맛을 그대로 이어가고 있다. 현재 보유 하고 있는 항아리는 3,200여 개로 평균 200kg 장이 들어간다. 가장 큰 사이즈는 높이 115cm×지름 60cm×둘레 118cm이다.

4) 최명희 명인[127)]

충주지씨 명문세도가의 자식으로 자라나 안동김씨 문중 며느리로 들어와 가문대대로 전수된 소두장 및 전통장류 비법을 계승, 대한민국 식품명인 제51호 '소두장' 보유기능으로 명인으로 인정받은 명인으로 특히, 안동산 콩으로 재배하여 만든 것에 강한 자부심을 지니며 지역의 전통을 지키고 있다.

(1) 전통된장 간장 제조과정

안동에서 직접 재배한 콩으로 수확한다. 콩을 여러 번 깨끗하게 세척한다. 깨끗이 씻은 콩을 좋은 장을 만들기 위해 좋은 콩들만 선별한다. 우리나라 전통 가마솥에 장작불로 콩을 삶는다. 삶은 콩으로 메주를 쑤고 띄운 후 말린다. 정월달 길일을 택해 장을 담근다. 장 가르기는 60~70일 후에 장 가르기를 한다. 된장, 간장을 1년 6개월 이상 발효·숙성시킨다.

(2) 안동산과 중국산 콩의 기능성 성분함량 비교

표 2-18 안동산과 중국산 콩의 기능성 성분함량 비교

종류	원산지(품종)	이소플라본 (mg%)	안토시아닌 (mg%)	폴리페놀 (mg%)	사포닌 (mg%)	토코페롤 (mg%)
노란콩	안동(대원콩)	129.3		237	1,592	74.1
	안동(태광콩)	87.8		230	1,561	65.0
	중국산	96.6		212	1,292	59.9
검정콩	안동(서리태)	32.2	860	338	2,043	52.1
	안동(청자콩)	32.1	804	313	2,056	50.0
	중국산	26.3	211	214	1,432	54.4

자료 : 경상북도 보건환경연구원 mg% : 콩 100g 중에 들어 있는 기능성 성분함량(mg%)

5) 서분례 명인[128)]

'청국장' 보유기능 명인으로 청국장으로는 유일무이한 전통식품명인 제62호 서분례 명인은 30여 년간 3대째 청국장의 비법을 이어받아 우리나라 전통의 깊은 맛을 알리고 있다. 이끼 긴 돌담, 장승 솟대, 긴 세월을 살아온 소나무들 사이로 무수한 옹기들이 정갈하게 자리하고 있는 곳, 2,000여 개의 장독대와 푸른곰팡이를 머금고 주렁주렁 매달려 있는 메주들과 전통의 친환경적인 방법으로 100% 우리 땅에서 자란 콩으로 쑨 메주, 간수를 뺀 천일염과 암반

수에서 길어 올린 깨끗한 물, 햇살과 바람을 다스려 온습도를 저절로 조절하는 전라도 지방의 옹기들, 이 모든 정성이 어우러져 전통식품의 명맥을 이어오고 있다.

6) 강순옥 명인[129)]

제64호 '순창고추장' 보유기능 명인으로 지형적 특성상 일교차가 좁고 바람이 적어 장류가 숙성되기에 최적의 조건을 가지고 있는 발효 천국 순창의 아미산 자락에 위치하여 전통식품은 순창 지역의 특산품이며 순창 전통고추장의 맥을 이어가고 있다.

강순옥 명인의 체험 순창고추장 만드는 방법으로는 먼저 재료로는 고추장 1kg 기준으로 고춧가루 200g, 메줏가루 15g, 찹쌀가루 50g, 엿기름 50g, 조청 400g이 필요하며 만드는 방법으로 첫째, 엿기름에 물을 넣고 빨아주듯 손으로 치댄 후 고운체에 걸러준다. 이 과정을 2~3차례 반복하여 우윳빛 뽀얀 엿기름물을 만들어 놓는다. 둘째, 찹쌀가루를 채반에 걸러 소금을 넣은 후 물에 잘 개어 둔다. 셋째, 두 개의 팬에 엿기름물과 찹쌀물을 올리고 뭉치거나 눌러 붙지 않게 계속 저으며 끓인다. 넷째, 엿기름물과 찹쌀죽을 혼합한 곳에 조청을 넣고 약한 불에서 끓여준다. 다섯째, 40℃ 이하 온도에서 메줏가루를 넣고 풀어준다. 여섯째, 고춧가루를 넣고 멍울이 없을 때까지 충분히 풀어준다. 마지막으로 그릇에 담아 3개월 발효·숙성 후 먹으면 좋은데 1개월은 실온에서 2개월은 냉장고에서 두었다가 먹으면 더 깔끔한 고추장 맛을 느낄 수 있다.

강순옥 명인의 '조청 고추장 만들기'체험은 고추장에 들어가는 재료가 100% 국산이다. 김명자 명인의 엿기름, 강봉석 명인의 조청을 사용한다는 자부심이 순창고추장의 명성을 유지 발전시키는 원동력인 것이다.

〈사진제공 홍미숙〉

7) 양정옥 명인[130)]

식품명인 제75호 '제주막장' 보유기능자로 1871년생이신 할머니로부터 전수받아 제주 막장의 맥을 이어오고 있다. 제주 푸른콩으로 명인이 만드는 장에는 누룩이 들어가는데 장 제법으로는 특이하다. 그저 본 대로 들은 대로 해오던 명인의 방식은 17세기 말에 지어진 것으로 보이는 규장각본 『주방문(酒方文)』에 소개된 왜장(涴醬, 완장) 제법과 상통하고 있었다. 어느 누구도 이런 제법이 시중에 살아 이어지고 있다고 여기지도 않고 있었다. 그저 하던 대로 유지해온 지역 맛도 자세히 들여다보면 많은 이야깃거리와 의미가 있다는 것을 알게 되었던 것이다.

제주어(語)처럼 지형적・문화적 오지 유산이었던 것이다. 유난히 된장이 중요하고 육지 지역과 쓰임도 다른 된장 중심의 제주 음식 문화와도 하나하나 이어져 있었다. 제주 푸른 콩장이 대표하는 지역의 맛, 제법, 주재료에 얽힌 사연 등으로 제주 푸른 콩장은 소멸 위기에 처한 귀중한 맛 자원을 보호 전승했다.[131)]

막장은 간장(진간장)을 뜨고 남은 보통 된장과는 달리 담가서 빨리 먹을 수 있는데 지역에 따라 메주를 빠개어 가루를 내어 담갔다고 하여 '빠개장' 또는 '가루장'이라고도 부른다. 간장을 뽑아내지 않고 메줏가루를 갈아 직접 담그기 때문에 맛도 좋고 영양가도 높은 것이 특징이다.

명인만의 막장 비법은 '누룩'을 사용하는 것이다. 직접 보리를 발효시켜 누룩을 뜨고, 누룩과 콩 삶은 것을 으깨어 섞어 된장을 제조한다. 된장을 옹기에 발효시켜 통풍이 잘되도록 하고 있다. 예전 방식 그대로 만들던 막장을 조금 더 발전시키고자 발효에 대해 공부도 했다. 매번 좋은 누룩을 뜰 수 있게 되었고 된장 발효도 잘 시킨 것 같다.

막장을 담을 때 중점적으로 생각하는 것은 재료의 질, 그리고 위생이다. 콩 농사부터 거래 농가에 친환경 농약을 재배한 것만 사용하고 콩을 삶아 담그는 과정까지 철저한 위생 시스템을 도입해서 만들고 있다.[132]

3. 역대 장류 대한민국 식품명인[133]

표 2-19 장류 대한민국 식품명인

번호	성명	명인	보유기능	지역	홈페이지
1	기순도	제35호	진장	전남 담양군	www.ksdo.co.kr
2	조종현	제36~가호	순창고추장	전북 순창군	www.koreansauce.com
3	권기옥	제37호	어육장	경기 용인시	www.unmal.co.kr
4	한안자	제40호	동국장	전남 해남군	
5	성명례	제45호	대맥장	경북 청송군	www.koreamac.co.kr
6	윤왕순	제50호	천리장	전북 완주군	www.sannaegol.co.kr
7	최명희	제51호	소두장	경북 안동시	www.andongjebiwon.co.kr
8	서분례	제62호	청국장	경기도 안성시	www.seoilfarm.com
9	강순옥	제64호	순창고추장	전북 순창군	http://jang7437.com
10	백정자	제65호	즙장	전남 강진군	http://gangjinjang.co.kr
11	정승환	제67호	죽염홍된장	경남 하동군	
12	양정옥	제75호	제주막장	제주도 서귀포시	www.greensoy.co.kr
13	조정숙	제78호	된장	충북 청주시	

2장

종가와 사찰의 장류문화

I
종가의 장류문화

1. 종가(宗家)의 의미

종가는 특정 가문의 중시조(中始祖)부터 대대로 적장자(嫡長子)를 중심으로 한 부계 혈통과 정통성이 계승되어 온 집안을 의미한다. 한국에서는 중국에 없는 파종(派種)의 개념에 기초한 파종가(派宗家)가 실제로 일반적인 종가이다. 파종가는 조선시대에 국가적・사회적으로 큰 공적을 쌓았거나 덕망이 높아서 불천위(不遷位)로 추대된 현조(顯祖)로부터 성립한 종가이다. 우리나라에서 종가는 500여 년 이상 한국의 전통문화와 유교문화를 계승하고 역사, 문화의 총체적 산물이다.

종가에서는 봉제사접빈객(奉祭祀接賓客)을 중요하게 생각한다. 조상제사뿐 아니라 수시로 많은 손님이 끊이지 않게 드나들기 때문에 그들을 대접하기 위해 하루에도 여러 번 상을 차려야 했다. 수많은 자손들과 손님들을 접대하는 것 또한 종가의 실천과 의무인 것이다. 창고가 넉넉하지 않아도 유가(儒家)의 유사이든 타향의 과객이든 박대하지 않고 정성을 다해 대접하기 위해 음식은 늘 넉넉히 준비되어 있어야 한다. 집의 평판이 바로 객을 통해 이루어졌기 때문이다.

종가음식을 산해진미 가득한 상차림으로 생각하는 사람들이 많으나, 실제 종가음식은 종부에서 종부로 이어지는 흔히 구할 수 있는 제철 재료로 만들어진 소박한 음식들이 대부분이다. 양반계층이 먹던 반가음식을 중심으로 향토음식, 궁중의 하사품들이 종가로 내려졌던 탓에 궁중음식까지 잘 어우러져 전해 내려오고 있다.

종가의 음식문화는 음식 안에 깃들어 있는 이 땅 종부들의 나눔, 배려, 섬김, 채움의 정신이 담겨 있다. 현대의 우리에게는 낯선 음식으로 시대의 변화와 함께 사라지고 있는 상황이나 한국의 전통 음식문화를 알 수 있는 중요한 보고(寶庫)로써 앞으로 지키고 전승해야 할 가치 있는 소중한 문화유산이다.[134]

2. 우리나라 종가의 장(醬)문화

1) 대전 은진송씨 종가의 장류

대전 은진송씨 종가에서 소장하고 있는 『동춘당 음식법』에 기록된 장류 만드는 법이다.

(1) 진장 만드는 법

메주는 고추장 메주같이 만들어서 까맣게 띄워 바싹 말린 것 한 말이면 물이 소두로 2말, 소금 3되를 넣고 담근다. 그늘에 담가 두었다가 60일 된 후에 맛을 보아 맛이 달고 빛이 붉고 메주가 뜨면 다 익은 것이다. 간장을 떠서 달이는데 한 솥 부으면 솥에 7홉이 되게 달인다. 간장을 달이면 빛이 검어지고 그늘에 두고 덮어두라 했다.

(2) 급히 진장 만드는 법

설탕을 까맣게 볶다가 간장을 부어 끓이면 진장이 된다. 설탕 반근에 간장은 정종 한 병 분량으로 넣는다. 설탕을 타게 볶으면 맛이 좋지 않아 적당히 볶는다.

(3) 청국장 만드는 법

콩을 한 되 가량 볶아 맷돌에 두 쪽으로 타서 물을 붓고 무르게 푹 삶아서 더운 방에 하룻밤 재워두고, 소의 허벅지살, 갈비, 양지, 새끼돼지, 대창, 막창, 해삼, 홍합, 전복, 문어, 건대구 등 고음거리를 준비하고, 무, 홍고추, 전부 반

듯하게 썰어서 한데 넣고 푹 익힌다. 생대구, 도미, 민어 등도 넣으면 더 좋다. 특이한 점은 달걀지단, 은행, 잣, 버섯류를 준비해서 장을 낼 때 고명으로 올려서 상에 올린다.

(4) 즙장 만드는 법

채소와 메줏가루를 넣고 버무린 후 저장하는 방법은 여느 집과 비슷하나 오이와 고추를 따로 간장에 절여두었다가 즙장을 담그면 맛이 더 좋다고 한다.

2) 파평윤씨 명재종가의 '꿀독'

백의정승으로 존경과 흠모를 받은 명재종가는 "제상에 떡을 올려 낭비하지 말 것이며 일거리가 많은 유밀과와 기름이 들어가는 전도 올리지 말라."는 말씀을 남겼다고 한다. 합리적이며 검소한 명재종가의 음식은 270년 묵은 씨간장에 달려 있다. 신년 손님상에 올리는 '떡선'도 간장이 비결이고 간장을 넣어 만드는 '장김치'도 별미 중의 별미라 한다. 드넓은 마당을 가득채운 800여 개의 장독은 종가의 장에 대한 자부심을 말해 주고 있다.

파평윤씨 명재종가의 12대 종녀 윤○남 씨가 장독대로 안내하며 "우리 집 간장은 오래전부터 항아리를 통해 전해진다고 '전독간장'이라고 합니다. 검고 진한 색깔이지만 맛을 보면 단맛이 많이 납니다."라고 명재종가의 간장을 소개했다.

전국적으로 명재 종가의 간장이 유명한 이유는 속이 검불은 빛깔이 나는 잘 숙성 된 메주와 당진 소금밭에서 직접 구입한 질 좋은 천일염 그리고 종가 마당의 우물물로만 장을 만든다고 한다. 만드는 방법에도 차이가 있는데 메주와 물의 양을 1 : 1 비율로 하여 소금물보다는 메주를 두 배 많이 쓰게 되므로 짠맛보다는 단맛이 많이 난다. 보통 장 가르기를 40일 정도면 하는데 6개월 정도 지나 추석 무렵에 뜬다. 장을 가르기 위해 항아리를 열어보면 소금 결정이 새카만 콩처럼 딱딱해져 있다고 한다. 장독대도 한반도 기후 변화를 고려하여 장독 모양도 바꾸어서 사용한다. 신성시 여기는 장독대는 아녀자들이 외출하고 돌아오면 사흘 정도는 장독대 근처도 못 갔다고 한다. 어디서 무엇을 하고 왔는지 확인할 수 없으니 부정 탈까봐 그런 것이다. 어머니가 살아 계실 때는 간장을 담글 때 여자 버선의 본을 그려 한지를 오려 붙이고 그 위에 '꿀독'이라고 쓰곤 했다 한다. 여인네의 발길이 닿는 곳마다 꿀맛 같은 장맛이 나기를 기원하며 장독에 붙인 버선본은 한지가 빛을 많이 반사하여 지네 같은 벌레들이 꼬이지 않는다고 한다. 명재종가의 장맛은 고집과 과학적인 분석이 낳은 결과물이라 할 수 있다.[135)]

3) 충북 보은 외속리의 보성선씨 영흥공 종가

종부 김○옥(49) 씨는 대학에 다니는 둘째 딸 ○정(22)에게 장 담그는 비법과 장독대 간수하는 법을 일러주었다. 안채 대청문을 열면 담을 두른 장독이 보인다. 장독대를 지극하게 치장 한 것은 음식의 기본이 되는 장맛이 행여 변할 것을 염려해서라 했다. 장독 뿐 아니라 제주로 올릴 술독까지 여기에 있어 종가에서 사당 다음으로 신성하게 여기는 곳이다. 종부의 지시 없이는 함부로 드나들 수 없도록 빗장을 단 대문까지 달아 두었다.

장독대는 장독을 놓아두는 구실을 넘어 종부들의 소망을 비는 신전이기도 했다. 동지 때는 팥죽을 쑤어 장독대에 올리고 절하며 일 년을 무사히 넘긴 것을 고마워하고, 정월 보름날은 찰밥을 차려놓고 한 해 소망을 기원했다. 이런 기원은 대물림하여 지금도 종부가 행하고 있다.[136)]

"우리 집은 해묵은 간장이 여러 단지가 있었어요. 오래 된 간장은 색이 까맣게 되어 깊은 맛이 있는데 이런 간장은 조림이나 양념장에 썼어요. 맑은 장국을 끓일 때는 색이 맑은 햇간장을 쓰고요. 우리 집의 특징이라면 제사에 쓰일 간장은 따로 작은 항아리에 떠서 보관하는 거예요. 그 간장을 제사상에 올려 조상이 음식을 잡수실 때 간을 보도록 하고 제사음식을 만들지요. 시어머니께서 제사 음식을 청결하게 준비해야 한다고 늘 말씀하셨기 때문에 간장도 그런 뜻으로 따로 담아두는 것 같았어요."

간장 담는 법은 우선 음력 10월말쯤에 집에서 기른 콩을 하루 이틀 물에 담갔다가 붉은 빛을 띠도록 무쇠솥에 삶는다. 삶은 콩을 절구에 찧어 20cm 정도의 정사각형 모양으로 메주를 빚는다. 이 메주를 짚으로 엮어서 대청마루 위에 매달아 말린다. 날씨에 따라 보름에서 20일쯤 말리는데, 이때 바람에 날리는 각종 곰팡이균들을 메주가 품는다고 한다. 박스에 짚을 깔고 말린 메주를 한 켜 짚 한켜로 놓아 따뜻한 아랫목에 보름 정도 두면 메주는 곰팡이균으로 겉과 속이 까맣게 된다.

보통은 2~3월에 간장을 담는데, 종가는 정월에 장을 담근다고 한다. 정월 중에도 손 없는 날을 택해 메주를 솔로 씻어 물기를 말리고, 장독은 짚을 태워 연기로 소독을 한다.

소쿠리에 소금을 받쳐두고 몇 번이고 물을 부어 간수를 빼는데, 간수에 달걀을 띄워 보아 둥둥 뜨면 간이 맞는 것이다. 메주는 소독한 독에 넣고 소금물을 붓는다. 메주 한 덩이에 소금물 둘 정도로 조절하면 된다. 소금물에 메주가 둥둥 뜨면 그 위에 청정제 구실을 하는 숯, 군내와 균의 번식을 막아주는 붉은 고추, 단맛을 내는 마른 대추를 넣는다.

이후부터 메주가 햇볕을 쬐도록 해가 나면 옹기 뚜껑을 열어두었다가 저녁이면 뚜껑을 덮는 일에 신경을 써야 한다. 60여일이 지나면 메주와 소금물이 서로 섞이면서 초콜릿 색 간장이 장독 안에 가득하게 된다. 이때 용수를 거꾸로 박아 간장을 떠내어 무쇠솥에 넣고 끓여 식힌 뒤 장독에 담아 보관한다. 30여일이 지나면 먹을 수 있다.

간장을 떠낸 메주는 주물러 부수어 옹기에 담아 위에 소금을 뿌려둔다. 된장이 되는 것이다. 이후에도 날씨가 좋은 날은 옹기뚜껑을 열어 햇볕을 쪼여야 장맛이 변하지 않는다.[137)]

4) 담양 장흥고씨 고세태 종가 양진제의 14대 종부 기순도 '죽염장'

종택 근처에서 나는 대나무에 부안에서 나는 천일염을 넣어 소나무 장작에 구우면 죽염에서 단맛이 돈다. 종부 기순도 씨가 남편이 구운 죽염으로 된장을 담가보니 장에서 감칠맛이 났다. '죽염장'이다. 360년 씨간장의 내공과 죽염장이 만나 입소문을 타면서 종부는 한국전통식품 제35호 진장(陳醬)명인으로 지정되었다.[138)]

600여개가 넘는 장독이 햇볕 아래 평화로운 가운데, 장독 뚜껑에 올린 돌멩이들이 반짝거린다. 장독마다 간장인지, 된장인지, 청장(햇간장)인지 묵은 장인지 표시하는 종부만의 노하우이다. "장맛이 좋지 않으면 제 아무리 좋은 채소와 고기가 있어도 좋은 요리를 할 수 없다. 요즘 젊은 사람들은 우리 간장맛이 다 같은 줄 아는데, 사실 간장이라고 부른다고 해서 같은 장이 아니다. 음식에 맞게끔 간장을 다르게 써야하고 그렇게 만들어진 음식이 집안의 내력과 품위를 말해준다."

이 댁의 씨간장은 360년 세월이 담겨 있다. 먹물처럼 새까만 빛에 맛이 진하다. 씨간장은 일상적인 요리에는 쓰지 않고 제사나 명절에만 조금씩 꺼내 쓴다. 일반적으로 씨간장을 쓴 만큼, 또 증발한 양만큼 햇간장을 채워 넣는데, 양진제에서는 2~3년에 한 번씩 진간장까지 넣는다. 변함없는 장맛을 유지하는 것이 쉬운 일이 아니다.

양진제 종가에서는 모든 상차림의 기본에는 간장이 있다. 상을 차릴 때도 간장이 가장 먼저, 그리고 한가운데에 자리한다. 종부가 혹 간장을 빼놓고 상을 차리면, 시어머니께서 "반드시 간장을 제일 먼저 상에 올려야 한다. 종지에 담아오너라."고 말씀하셨다고 한다. 대대로 간장을 얼마나 귀하게 여겨왔는지 잘 알 수 있는 대목이다.[139)]

종가의 굴비 장아찌는 잘 말린 굴비를 고추장에 재운다. 먹을 때 찢어서 참기름, 통깨, 다진 마늘 넣고 무쳐 상에 올린다. 양진제 종가는 10대 선조로부터 내려오는 씨간장을 바탕으로 담양의 대나무를 이용한 죽염을 만들어 죽염장을 개발하여 사람들의 입맛을 사로잡고 있다.[140)]

5) 포천시 가산면 경주이씨 백사공파 백사 이항복 종가의 500년대 이은 서울 양반댁의 장맛

백사 이항복(1556~1618)의 종가댁 장독대엔 항아리 100여개가 줄지어 서 있다. 아름드리 그 독에는 가문의 내림 손맛으로 익어가는 전통 장이 숨 쉬고 있다. 종부 조○희(취재 당시 62세) 씨는 추수가 끝나는 늦가을이면 조상의 묘소에서 시제를 올리고, 집안의 가신들에게 추수의 감사함을 전하는 고사를 지낸다. 배추를 거둬들여 김장을 하고나면, 콩을 삶아 메주를 쑤는 일이 기다린다. 메주를 묶어 매달아두고 한숨 돌릴라치면 어느새 동지차사가 눈앞에 와 있다.

1년에 열여섯 번 제사음식을 직접 준비하는 것도 벅차 보이는데, 가문의 장맛을 보고자하는 사람들을 위해 콩 50가마를 가마솥에 삶는다.

"우리집 장맛이 좀 특별했습니다. 어머니 살아계실 때 우리집에서 된장찌개를 맛본 사람들은 어머니 손맛 같다며 좀 나눠달라고 했지요. 어머니 돌아가시고…장을 담기 시작한 첫 해는 콩 다섯 가마를 삶아 메주를 쑤어 장을 담갔지요. 예쁜 항아리에 된장을 담아 정성껏 포장을 해서 신세진 친지들에게 선물을 했더니 너도나도 맛있다는 인사를 하는 바람에 하나 줄 것 2개 주고, 2개 줄 것 3개씩 주다 보니 해마다 콩 삶는 양이 늘더라고요." 종부는 된장이 조상의 유물관을 짓는데 보탬이 되겠다는 생각에 종가의 장맛을 널리 보급하기 위해 '조○희식품'이라는 상표등록을 했다.

장 맛 내는 비책은 따로 없고 시어머니가 하시던 그대로 따라 할 뿐이다. 콩은 강원도 정선에서 친척 언니가 보내오는 토종 콩을 사용한다. 물은 종가 장독대 부근의 지하 160m 깊이에서 솟는 청정수를 사용하는데 물은 1급수로 판명이 났다. 소금은 전라도 신안에서 천일염을 구해와 2년 동안 묵혀 간수를 뺀 후 사용한다.

장을 담을 때는 먼저 11월 중 길일을 잡는다. 콩을 씻은 뒤 하룻저녁 담갔다가 다음날 아침 가마솥에 장작불을 지펴 콩을 삶는데 무럭무럭 김이 오르면서 구수한 콩냄새가 나면 은근한 불에서 뜸을 들인다. 뜸 들이는 시간은 7시간이나 걸린다. 이때 콩물이 넘치면 단맛이 빠져나가기 때문에 지켜서서 솥뚜껑 위로 찬물을 끼얹어 온도를 조절한다.

이렇게 푹 삶은 콩을 절구에 찧어 메주를 만든 다음 하루 정도 말려 메주의 겉이 굳으면 짚으로 묶어 처마에 매달아 한 달여를 말린다. 그런 다음 볏짚 속에 메주를 묻어 곰팡이가 일도록 메주를 띄우는데 이 과정도 한 달이 걸린다. 띄운 메주는 다시 처마에 매달아 말린 후 음력 정월에 좋은 날을 받아 장을 담근다.

정월 장은 기온 차이로 서서히 맛을 내기 때문에 변질이 없고 장맛이 좋다. 깨끗이 씻어 말린 메주를 항아리에 담고 소금물을 부은 다음 마른 고추, 숯, 대추 등을 띄워 부정한 기운이 들지 않도록 한다. 장을 담근지 40일쯤 지나면 장을 가른다.

장을 가른 후 간장은 가마솥에서 1시간 정도 달여서 뜨거울 때 옹기항아리에 담아 뚜껑을 덮는다. 된장은 간장으로 빠져나간 맛을 보충하기 위해 삶은 콩과 메줏가루를 섞어 만든다. 이렇게 하면 짠맛이 없어지고 구수하고 담백한 된장으로 숙성된다.

우리 전통 항아리는 숨을 쉬기 때문에 오랜 기간 숙성시키면 된장에서 수분이 날아가 짜지는데, 이것을 막기 위해 가을에 콩 삶은 물을 된장 독 위에 가만히 붓는다. 이렇게 하면 콩물이 된장에 서서히 스며들어 제맛이 유지된다.

날이 좋은 날은 항아리 뚜껑을 열어 볕을 쪼이고, 해가 지면 뚜껑을 닫아주는 일을 반복한다. 햇볕을 자주 쬐여야 장맛이 맑다. 종가의 된장은 1년 정도 숙성된 후에 밥상에 오른다.

방부제가 들어가지 않은 종가의 재래식 된장에는 곰팡이가 쉬 생기게 마련인데, 이때는 이를 겁내지 말고 곰팡이 부분만 걷어내면 먹는데 아무 지장이 없다. 간장은 오래된 것이 좋으나, 된장은 햇된장이 맛있다. 숙성이 다 된 된장은 오래되면 떫은맛이 나기 때문이다.[141)]

6) 충북 청원군 문화류씨 북산 종가의 '장맛'

전국 각지에서 사람들이 이 댁을 찾는 이유는 다름 아닌 '장맛' 때문이다. 간장, 된장부터 청국장까지 그 맛이 좋기로 정평이 났다.

문화류씨 북산공 8대 종부 김○희 씨는 시집온 지 30년이 다 되어가지만, 아직 씨간장 항아리를 마음대로 열지 못한다. 늘 시어머니께서 뚜껑을 열었고, 시어머니가 계시지 않을 때는 전화로라도 허락을 받고나서야 뚜껑을 열 수 있었다. 그만큼 이 댁의 장 관리는 유별나다 정도로 엄격하다. 이처럼 장을 보살펴 온 덕에 변함없는 장맛을 유지할 수 있었다.[142)]

씨간장은 켜켜이 쌓인 소금기 아래 검고 투명한 빛깔을 간직한 간장이 고요하다. 대를 이은 아녀자들의 공과 정성을 업은 채 100년이 훌쩍 넘는 시간이 장안에 눌러 앉았다. "보석처럼 반짝이는 소금 결정체가 정말 아름답지요? 이렇게 오래된 간장일수록 조청처럼 끈끈해지지요." 북산종가의 씨간장은 장을 담그는 종부조차도 함부로 열 수 없는 종가의 가장 큰 보물이다.

유기농 식재료에 관심이 많던 종부는 시어머니로부터 장 담그는 법을 제대로 배웠다. 제법 그 맛을 흉내 낼 정도가 되니 시숙께서 장으로 사업을 해보면 어떻겠냐고 제안했다. 주변 사람들이 상품으로서의 장은 좀 달라야 하지 않겠느냐고 해서 여러 방식으로 변형해보기도 했지만, 결국 종부가 선택한 장 제조방법은 시어머니가 전수해주신 집안 대대로의 방법이었다. 순 우리콩을 사용하고, 참나무 장작으로 가마솥에만 콩을 삶는다는 원칙을 고수했다.

메주를 엮을 때도 유기농 벼를 쓰는 등 세심함을 잃지 않았으나 소량으로 가족들이 먹을 만큼 담그는 것과 사업은 엄연히 달랐다.

콩을 쑤고 황토방에서 메주를 띄울 때는 며칠씩 집을 비우지도 못했고, 밖에 나가 있어도 메주 걱정으로 수시로 집을 들락거렸다. "부족하거나 뭔가가 고민일 때마다 어머니께서는 무조건 잘한다. 잘한다. 칭찬하셨습니다. 아무것도 모르는 막내딸로 커서 종가에 시집왔지만 혼내는 법 없이 하나하나 가르쳐 주셨습니다. 잘 하는 것도 없는데 늘 칭찬 받는 며느리이다 보니 잘 해내고 싶었습니다."

장맛을 보존하는 종부의 임무에 사업가로서의 책임이 더해졌으니 공부를 게을리 할 수 없었다. 그리하여 오랜 세월을 이어 온 한결같은 장맛은 단순히 종가 음식을 넘어서 '자연주의 된장예술'이라는 브랜드로 거듭나게 되었다.[143)]

7) 광주이씨 칠곡파 종가 집장

광주이씨 칠곡파 종가 솟을대문에 붙인 춘첩이 설을 알려준다. 온 가족이 한자리에 모이는 설날 특이한 설 준비를 시작한다. 항아리에 쌀겨를 붓고 불을 놓아 계속해서 불을 피워 항아리를 소독한다. 곱게 빻은 메줏가루와 무, 가지, 부추를 섞어서 소독된 항아리에 넣고 '집장'을 만든다. 뜨뜻하게 달구어진 항아리에서 열로 인한 발효 현상이 일어나 함께 넣었던 채소들은 원래의 모양은 사라지고 뭉근하게 으깨진 된장의 모습을 띠게 된다. 장의 고른 숙성을 위해 불을 키워내는 것이 오랜 세월 집장을 담가온 종가의 전통이고 풍습이라 생각한다.[144)]

8) 경북 경주시 현곡면 이천서씨 양경공파 종가 집장

'보리겨떡장' '거름장'이라고도 부르는 '집장'은 이 집안 대대로 내려오는 음식이다. 집장은 충청도, 경상도, 전라도 같은 중부이남 지방에서 즐겨 먹던 별미 장으로 지방마다 들어가는 재료와 만드는 방법이 조금씩 다르다. 보통은 절인 무와 가지 같은 채소에 메줏가루와 고춧가루를 넣고 숙성시킨다. 짧은 시간 빠르게 발효시킨 집장은 쌈장이나 밑반찬 또는 찌개의 양념으로 사용된다. 노종부의 집장은 맛이 좋기로 유명했다고 한다.

해마다 노종부는 가을이면 집장을 가득 담갔다가 서울이며 전국 각지에 있는 식구들에게 보냈다. "집장의 채소를 한 입 깨물면 달착지근한 물이 탁탁 터지면서 맛이 기가 막히게 좋아요. 끼니때마다 반찬으로도 먹고 찌개도 끓여 먹습니다."

집장 만드는 방법

총각무, 고추, 부추, 가지를 깨끗이 손질하여 한데 담고 소금물에 절인다. 총각무 대신 무를 깍둑썰기하여 사용하기도 한다. 절인 채소를 물로 씻어 헹구고 물기를 뺀 후 메줏가루와 찹쌀풀을 넣고 소금으로 간을 하여 잘 버무려준다. 오로지 소금으로만 간을 한다. 메줏가루에 버무린 채소를 전기밥솥에 넣고 하루 이상 삭힌다.(예전에는 항아리에 넣고 밀봉하여 쌓아둔 짚더미 속이나 두엄에 넣고 삭혔지만, 요즘은 전기밥솥을 이용하여 시간도 단축된다고 한다)[145]

9) 안동김씨 노가재공댁의 유와공 종가

'안동김씨 노가재공댁' '유와공 종가 유품'인 『주식방문』은 한글필사본 조리서이며 기록된 장류는 '청장법'과 '고추장법'이다.

(1) 청장법(송도법~송도는 고려 수도)

메주 1말에 물 1동이, 소금 5되씩 담는다. 그늘에 놓아 맛이 덜해지면 위에 뜬 이물질을 건는다. 시루에 받쳐서 간장만 불에 뭉근하게 달이되 ⅓이 되게 달여야 빛이 곱고 두어도 상하지 않는다. 9월과 10월에 담그고 아주 춥거나 더울 때는 못 담근다. 찌꺼기는 소금 섞어서 띄워 먹는다.

(2) 고추장법

메주 1말을 찧어 굵은 체로 친다. 고춧가루 3홉 반을 넣고, 콩가루 3되, 깨소금 3되 넣고 소금 2되를 넣는다. 질고 되기는 평민이 먹는 콩죽만치 하면 된다.[146]

10) 의정부 반남박씨 박세당 종가

(1) 흑보리 고추장

재료 : 흑보리 1말, 엿기름가루 반말, 고운 고춧가루 8kg, 메줏가루 3kg, 소금

흑보리는 깨끗이 씻어서 곱게 빻아 삭힌다. 엿기름가루는 면보에 넣고 물을 부어 주물러서 우린다. 여기에 삭힌 보리를 넣고 끓여서 식힌 후 고운 고춧가루와 메줏가루, 소금을 넣는다. 농도는 끓여 삭힌 엿기름물로 농도를 맞춘다. 항아리에 담고 웃소금을 덮고 망을 씌워 햇볕에 숙성시킨다.

11) 초계정씨 문간공 정온정가 집장과 돔장

(1) 집장

재료 : 콩, 밀, 박, 고추, 부추, 토란대, 가지, 찹쌀풀, 맛국물(겨울 : 배추, 무)

콩 2 : 밀 1 비율로 삶아서 청국장처럼 사흘 정도 띄우고 말려준다. 말린 뒤에 가루를 낸다. 박, 고추, 부추, 토란대, 채소들을 소금 간해서 물기를 빼놓는다. 볼에 찹쌀밥 넣고 집장용 가루, 절인 채소류 넣고 섞어서 보온밥통에 넣고 사흘 정도 삭힌다. 사흘이 지나면 맛내기 국물로 간을 조절해서 냄비에 넣고 푹 끓여준다.

(2) 돔장

돔장은 무를 나박하게 썰고 그 위에 손질한 도미를 얹고 간장, 고춧가루, 설탕, 다진 마늘을 넣은 양념장을 만들어 끼얹는다. 물은 반 정도 잠기게 붓고 메주콩 한 줌을 넣어 돔뼈가 잘 무르도록 자박하게 조려준다.

12) 보성선씨 선영홍 종가의 간장과 대추고추장

종가에는 350년 된 씨간장이 전해온다. 해마다 만드는 햇간장에 씨간장을 더해 한결같은 장맛을 지켜오고 있다. 장에 있는 발효균을 살리기 위해 간장을 불에 달이지 않고 숯, 옻나무를 넣어 균을 잡는다. 대추를 넣어 장맛을 새롭게 하고 있다. 고추장에는 대추를 푹 고아서 앙금을 만들어 고추장 만들 때 넣는다고 한다.

13) 밀양박씨 남파 박재규 종가 나주집장

'나주집장'은 보리밥을 지어서 메줏가루를 넣고 소금으로 간을 해 버무린 다음 고춧가루, 고춧잎, 고추를 넣어 따뜻한 곳에서 두어서 삭힌다.

간장을 만들 때도 대대로 이어져온 씨간장을 넣어 만들며 메주를 맑게 띄우고 간장을 달일 때 갱엿을 넣고 달인다.

14) 배천조씨 휴재공 종가의 두부장

겨울철 부족해지는 단백질을 보충해 주기 위해 만들어 먹는 두부장은 그릇에 두부, 메줏가루, 천일염을 넣고 주물러 준다. 항아리에 다독다독 눌러 담고 보름 정도 그늘에서 숙성시켜 보관한다. 두부장에 고춧가루를 넣고 버무려 숙성시켜서 두부 비빔장으로 먹는다.

15) 여주이씨 문원공 희재 이언적 종가 집장

통밀가루, 콩가루, 보릿가루를 작은 덩어리로 만들어 '따붓대'라고 불리는 쑥 비슷한 풀을 깔고 말려준다. 장이 필요할 때마다 말린 메주를 가루 내어 찹쌀풀과 물엿을 넣고 소금 간을 하여 버무려준다. 무, 가지, 부추, 박, 다시마, 열무, 버섯 등을 넣고 삭혀준다. 옛날에는 두엄에 넣고 삭혔지만, 지금은 전기밥통에 넣어 36시간 정도 발효시킨다. 발효가 다 되면 큰 솥에 옮겨 끓여서 한번 먹을 만큼 나눠서 보관한다.[147)]

16) 경주이씨 백사공파 백사 이항복 종가의 종부가 전하는 장 관리법과 쌈장

종가댁 장독대에는 100여 개의 항아리가 줄지어 있다. 아름드리 그 독에는 가문의 내림 손맛으로 익어가는 전통 장이 숨 쉬고 있다.

김장을 하고 나면 콩을 삶아 메주를 만들며 종부의 특별한 장 담그기가 시작된다. 처음 혼자 장 담그기를 콩 다섯 가마를 삶아 메주를 쑤어 장을 담갔다고 한다. 장맛 내는 비법은 따로 없고 시어머니 하시던 대로 따라 할 뿐이다.

콩은 강원도 정선의 토종 콩을 사용하고 물은 장독대 근처 지하 160m 깊이 솟는 1급수 청정수를 사용하고 소금은 전라도 신안 천일염을 두 해 동안 간수를 빼서 사용한다고 한다.

(1) 종부가 전하는 장을 담가 보관하는 방법

숙성된 된장은 아파트에서는 냉장고에 넣어 두는 것이 좋고 냉장고에 못 넣을 때는 옹기에 넣어 먹을 만큼 담아 눌러주면 제 맛을 유지할 수 있다. 장은 조금만 관리가 소홀히 하면 곰팡이가 피는데 그렇다고 맛이 달라지지는 않는다. 방부제가 들어있지 않기 때문이고 걷어내면 먹는데 지장이 없다고 한다. 간장은 오래된 것이 좋으나 된장은 햇된장을 먹는다. 좋은 된장은 황금색을 띄고 끓으면 구수하고 깔끔한 맛이 난다고 한다. 그런 된장이 명품 된장이라 한다.

(2) 쌈장 만드는 법

풋고추, 쇠고기, 양파, 멸치를 곱게 다지고 된장에 물을 넣어 되직하게 섞어서 준비 한다. 냄비에 재료를 넣고 약 불에 저어가며 끓이다가 마지막에 고춧가루를 섞어준다. 참기름에 우둔살을 다져서 넣고 설탕을 넣고 볶다가 고추장 넣고 약한 불에서 볶아준다. 고소하고 매운맛도 줄여주는 잣을 넣고 마무리한다.[148)]

17) 영월군 김해김씨 안경공파 종가

배추를 수확하고 난 뒤 겨울 들판에 남아 있는 질기고 푸른 배춧잎을 모아 김장 김치가 끝나는 여름에 별미로 먹고 또한, 이웃에게 나누어 주기도 했다.

짠지는 이 가문의 여름철 별미로 전해지는데 말린 배추를 소금에 절여 고추씨, 간장을 넣고 켜켜이 채워 담는다. 하지가 지난 후에 먹는다. 6·25 동란 때는 피난에서 돌아 와보니 장, 김치 등 모든 식량이 없어졌다. 그래서 당시 김장독에 남아있는 김칫국물에 메줏가루를 넣어 급하게 하루 정도 발효시켜 즉석장을 만들어 된장 대신 먹었다.[149)]

18) 청원 문화류씨 류상형 종가 빠금장(빠개장)

종가의 대표 내림 발효음식으로 메주를 빻아서 만든다고 하여 '빠개장'이라고도 한다. 한 달 정도 띄운 메주를 깍두기 국물과 소금을 넣어서 부뚜막에서 발효시켜 만든다.

메주 790kg, 물 670g, 깍두기 100g, 깍두기 국물 265g을 준비한다. 나무절구에 메주를 빻는다. 따듯한 물에 메줏가루를 넣고 개어 하룻밤 둔다. 다음날 개어둔 메줏가루에 깍두기와 깍두기 국물을 넣고 소금으로 간을 한다. 항아리에 담아 꾹꾹 눌러 공기를 빼주고 부뚜막에서 일주일 속성으로 숙성시키는 장이다.[150)]

19) 경주이씨 익제공파 이○빈 종가 묵덕장

겨울철 단백질 공급을 도와주고 봄철 밑반찬으로 좋은 묵덕장을 소개한다. 음력 정월에 장을 담그고 남은 메주를 절구에 빻아서 동치미국물 넣고 김장김치 송송 썰어서 넣는다. 다진 파, 다진 마늘, 깨소금, 소금으로 간한다. 부뚜막에서 하룻밤 묵혀서 먹는다. 따뜻한 밥에 김과 참기름 넣고 묵덕장을 듬뿍 넣어서 비빔장으로 활용한다. 치아가 좋지 않은 노인들에게 맛있고 소화도 잘 되는 봄철 반찬이다.[151)]

20) 강진 해남윤씨 윤동환 가문 약선 된장약선 된장

재료 : 메주 15덩이(콩15되), 천일염 25kg, 물 100L, 전복 껍데기 2.5kg, 청미래 뿌리 1kg

청미래 뿌리를 잘게 썰어서 쌀뜨물에 담가 매일 물을 갈아 주며 담가준다. (뿌리에 변비를 일으키는 성분을 우려내는 작업이다) 전복 껍데기는 숯불에 구워준다.

분량의 물에 소금을 풀어서 소금물을 만든다. 전복 껍데기와 청미래 뿌리는 주머니에 넣어서 준비한다. 항아리에 메주와 나머지 재료들을 넣고 소금물을 부어준다. 숙성시켜 간장과 된장으로 가르고 장독대에서 1년 볕을 쬐고 저온 저장고에서 보관한다.

21) 아산 예안이씨 이정렬 종가 즙장(찜장)

종가의 즙장은 다른 종가와 다르게 소금에 절인 과일을 함께 넣어서 만든다. 절임해서 사용하는 과일과 채소는 제철에 나오는 식재료를 사용한다.

찜장 만드는 법

재료 : 메줏가루 350g, 고춧가루 180g, 소금물 350g, 고추 200g, 절인 채소 300g, 절인 과일 300g

메주를 만들어 띄운 다음 볕에 한 달을 말린다. 말린 메주를 빻아준다. 소금물은 끓여서 식혀준다. 항아리에 메줏가루, 고춧가루, 소금물 넣고 반죽하여 절인 과일과 채소, 고추를 넣고 잘 봉하여 짚동가리에 넣고 숙성시킨다.[152)]

22) 구례군 토지면 문화류씨 류이주(1726~1797) 종가 운조루(雲鳥樓, 99칸의 대저택)의 장

예부터 우리 조상들은 정월 닭날과 말날에 담근 장이 맛있다고 하여 많이 담갔다. '달다, 맛있다'와 발음이 비슷한 닭날과 말날에 담가 주술적인 효과를 얻는다는 이유도 있고, 말이 좋아하는 콩이 장의 원료가 되기 때문에 말의 핏빛처럼 장의 빛깔이 진하고 달게 된다는 설도 있다. 그리고 정월 말날에 담근 장은 정월의 낮은 온도에서 장을 담가 세균 번식이 적고 점차 온도가 상승하면서 익기 때문에 장맛이 좋다고 한다. 달걀을 넣었을 때 동전 크기만큼 물 위로 올라오면 소금물의 농도가 적당한 것이다.

노종부 이○순 씨는 "다른 종가에서는 씨간장이라고 해서 오랫동안 묵힌 장을 최고로 치는데, 우리는 해마다 담그는 햇간장을 씁니다. 어른들 하던 방

식 그대로 해마다 담그는 것이지요."라고 했다.(노종부 이○순)[153]

3. 종가의 장류를 이용한 음식들

1) 파평윤씨 한림 종가의 냉이 된장국

냉이를 뿌리째 다듬고 씻는다. 뿌리째 요리해야 하므로 뿌리와 잎의 연결부분을 깨끗이 다듬어야 흙냄새가 나지 않고 깔끔한 향이 난다. 뿌리를 칼로 긁어주면서 잔뿌리를 다듬고 많이 시든 잎은 떼어낸다.

쌀뜨물에 된장을 푼다. 묵은 된장에 새 된장을 섞은 뒤 쌀뜨물을 부어 손으로 조몰락조몰락 풀어준다.(음식을 할 때는 묵은 된장과 새 된장을 섞어서 사용한다. 그렇게 하면 맛이 늘 일정하게 유지된다. 장이 변하면 옛날 맛이 사라지는 것이나 다름없으니 반반씩 섞어서 매번 같은 맛의 장을 만드는 것이다.)

된장의 콩 알갱이가 국에 들어가지 않도록 체를 받쳐 큰 건더기는 건져낸다. 그렇게 해야 텁텁함이 가시고 국물이 깔끔하다. 멸치와 냉이, 콩가루와 송송 썬 청양고추를 넣어 한소끔 끓인다.[154]

2) 봉화 의성김씨 만회고택의 쑥 된장국

중요 민속문화재 제169호인 해저 만회고택은 조선 말기의 문신 만회 김건수(1790~1854)가 살던 곳인데, 김건수의 6대조가 마을에 살던 여씨로부터 샀다고 전해지긴 하나 정확한 연원은 알지 못한다. 단 만회고택의 사랑채인 명월루는 김건수가 직접 지은 것으로 1850년(철종 1년)에 대규모 수리를 했다.

종가의 쑥 된장국은 대합을 삶아 육수를 만들고, 바지락을 쓸 때도 있지만 귀한 손님이 오시면 대합으로 육수를 내 풍미를 더한다. 체에 거른 된장을 대합 육수에 넣는다. 된장이 끓으면 쑥, 냉이, 달래, 파를 넣는다. 된장국에 밀가루 갠 물을 부어 약간 걸쭉하게 만든 뒤 마늘과 고춧가루를 넣는다.[155]

3) 단양우씨 집의공파 우구정(강원도 문화재 자료 제70호)의 묵은지청국장

콩을 씻어 한나절 불린다. 가마솥에 물을 넉넉히 붓고 콩을 넣어 메주 냄새가 날 정도로 푹 삶는다. 삶은 콩을 체에 받쳐 물기를 뺀다. 물기를 뺀 콩을 담고 면보에 싸서 따뜻한 아랫목에 하룻밤을 두어 청국장을 만든다.

멸치와 다시마를 우려내고 멸치와 다시마는 건진다. 여기에 묵은지와 청국장을 넣어 끓인다. 채 썬 양파와 파, 다진 마늘, 송송 썬 청양고추 등을 넣어 끓인다.[156)]

4) 충남 청양군 평택임씨 참의공파 임동일 고택 와송정사의 된장 깻잎장아찌

청양고추는 청양에서 생산한 청양고추와 매운 맛이 나는 품종인 청양고추로 구분된다. 청양에서 생산하는 청양고추는 고춧가루용 고추인데, 청양은 분지로 일교차가 심한 편이라 지형적 특색 때문에 고추의 과피가 두껍고 단맛이 더 난다.

깨끗하게 씻은 깻잎의 물기를 잘 제거한다. 물기가 있으면 장이 덜 붙고 장맛이 변할 수 있으므로 탈탈 털어서 수분을 없애는 것이 중요하다. 소금물을 끓여 식힌 뒤 된장과 섞어서 묽은 된장을 만든다.

작은 항아리에 깻잎을 항아리에 담고 깻잎 켜켜이 묽은 된장을 바른다. 맨 위에 돌을 얹어 깻잎이 뜨지 않도록 한다. 숙성되는 동안 곰팡이가 생기지 않도록 소주를 부어준 뒤 약 두 달간 숙성시킨다. 한 여름에는 한 달 동안 숙성시킨다.

두 달 동안 숙성시킨 된장 깻잎을 꺼낸다. 흐르는 물로 된장을 씻은 뒤 물기를 꼭 짜서 한 장씩 일일이 다 편다. 설탕과 들기름을 섞은 설탕들기름 양념을 준비하고, 쪽파의 흰 머리 부분과 양파를 잘게 썰어 고명으로 준비한다. 물기를 뺀 깻잎 한 장 한 장마다 설탕들기름 양념을 바른 뒤 양파와 쪽파고명을 얹는다. 이것을 중탕으로 약 15분간 찐다.[157)]

5) 담양 양진제 기순도 종부의 간장 배추 겉절이

연한 배추를 한 잎씩 떼어 칼로 죽죽 잘라서 소금에 절인 뒤 씻어서 물기를 제거한다. 젓갈 대신 진장(진간장)과 고춧가루, 다진 마늘, 설탕, 소금을 넣어 배추와 버무린다.

6) 충북 청원군 문화류씨 북산 종가의 청국장 꽈리고추찜과 청국장 채소 샐러드

(1) 청국장 꽈리고추찜

꼭지를 딴 꽈리고추는 씻은 뒤 간이 잘 배이게 포크나 이쑤시개로 중간중간 구멍을 낸다. 꽈리고추에 물기가 약간 남아 있을 때 비닐주머니에 꽈리고추와 청국장 가루를 함께 넣어 흔들어서 청국장 가루를 묻힌다. 찜기에 5분간 찐 뒤 한 김 식힌다.

간장, 다진 마늘, 다진 파, 고춧가루를 섞은 양념장을 만들어 꽈리고추찜 위에 뿌리고, 청국장 가루를 살짝 뿌린다.[158)]

(2) 청국장 채소 샐러드

양상추, 치커리, 파프리카 등 다양한 채소들을 깨끗이 씻어 적당한 크기로 썬다. 사과식초, 올리브유, 소금, 꿀 또는 매실청, 그리고 생청국장을 섞어 청국장 소스를 만든다. 청국장 소스를 채소에 끼얹는다.[159)]

7) 안동 서후면 진주하씨 단계종가의 도토리묵 장아찌

조선간장과 진간장을 섞고 북어대가리, 다시마, 대추, 감초, 소주, 물엿, 그리고 천연방부제 역할을 하는 구아바잎을 넣어 맛간장을 끓인다. 배를 다시 넣고 끓인다. 도토리묵에 맛간장을 부어 2주에서 한 달간 재우면 탱글탱글하고 짭조름한 도토리묵장아찌가 완성된다.[160)]

8) 경북 청송군 파천면 청송심씨 송소고택의 게바가지(게딱지) 된장찌개

찜솥의 물이 팔팔 끓을 때 영덕대게를 넣어 푹 찐다. 찐 대게의 살을 발라낸다. 게 딱지도 버리지 않고 챙겨둔다. 뚝배기에 물을 붓고 발라낸 게살을 넣은 뒤 된장으로 심심하게 간을 하여 끓인다. 달래와 청홍고추를 썰어 넣어 칼칼한 맛을 더한다. 고춧가루도 조금 넣는다. 한소끔 끓인 게살된장찌개를 게의 등딱지에 옮겨 담는다. 이것을 석쇠에 올려 한 번 더 끓인다. 상에 1인당 한 개씩 게바가지 된장찌개를 놓는다.[161)]

9) 백사 이항복 종가의 서울식 된장찌개, 강된장, 약고추장

(1) 뚝배기 된장찌개

먼저 쇠고기 살코기를 잘게 썰어 뚝배기에 물을 붓고 끓인다. 버섯, 두부, 대파, 풋고추를 먹기 좋은 크기로 썰어 넣고 마지막에 된장을 푼다. 한소끔 끓어오르면 칼칼한 맛을 내기 위해 고춧가루를 넣는다. 마늘은 넣지 않는다. 된장의 담백한 맛을 해치기 때문이다.

(2) 강된장(쌈장)

양파와 풋고추를 곱게 다지고 쇠고기나 멸치도 곱게 다져 된장에 넣고 물을 되직하게 섞는다. 냄비에 재료를 담아 약한 불에 저어가며 끓이다가 마지막에 고춧가루를 섞는다.

(3) 약고추장

기름기 없는 우둔살을 곱게 다져서 참기름과 설탕을 넣고 고기를 먼저 볶은 후 고추장과 설탕, 고기를 한데 섞어 은근한 불에 볶는다. 마지막에 통잣을 넣어 매운맛을 줄인다.[162)]

Ⅱ
사찰의 장류문화

1. 근대 이후 진관사 발우공양의 공양음식

진관스님(1928~2016)은 근대 진관사 불사의 중창주이다.[163] 6·25전쟁으로 폐허가 된 진관사에 1963년 주지로 부임해 곧바로 중창불사를 시작했다. 대웅전 복원을 필두로 도량제반을 재건했다. 당시의 기본 수행은 밥, 국, 간장, 김치에 텃밭 채소로 만든 반찬을 더한 일식삼찬이 주였는데, 계절별로 다양한 채소를 수확할 수 있어 반찬 종류는 푸짐한 편이었다.

서울 근교의 이름난 사대명찰이었으므로 재(齋)가 많아 고사리나물, 두부부침, 전류 등의 반찬도 자주 공양상에 올랐다. 일상적인 식단은 밥, 된장국, 총각김치, 김치찌개, 콩조림, 두부조림, 콩나물무침, 오이지무침이었고, 계절마다 나오는 채소로 만든 시금치무침, 취나물, 호박볶음, 두부찌개, 상추전, 감자조림 등이 상에 올랐다.

철이 되면 인연이 있는 절에서 콩, 마른 고추, 들깨를 비롯해 여러 가지 식재료를 보내주기도 했다. 절에서 담근 된장, 간장, 고추장으로 음식의 간을 맞추고, 채소의 겉절이에 넣거나 음료로도 음용이 가능한 과일식초를 항상 만들어 썼다.

진관사 사찰음식의 구체적인 맛의 특징은[164] 담백하고 슴슴한 맛, 그리고 정갈함이다. 절에서 직접 담근 간장과 된장이 중요하다. 장을 담글 때 필수재료인 소금은 오랜 기간 간수를 빼서 사용하기 때문에 진관사는 1960년 중창불사 이래로 매해 많은 양을 매입해 창고에 쌓아두고 사용하고 있다. 그래서 적어도 10년 이상 묵혀진 소금이 많은데 이렇게 잘 저장한 소금은 눈꽃같이 하얗고 고슬고슬하며 가벼울 뿐만 아니라 단맛이 돈다. 또 일반 소금보다는 아홉 번 구운 죽염을 사용 해 담백하면서 구수한 맛을 낸다.

그밖에도 제철에 나는 신선한 식재료를 공양시간에 맞추어 바로 조리하며, 식재료 자체의 특성을 살리면서도 간단하고 빠른 조리법을 이용한다. 채수의 사용 등이다.

2. 사찰의 장류

사찰음식이 지향하는 것은 단순히 맛있는 음식을 섭취하는데 그치지 않는다. 내 안의 생명성을 인식하고 다른 생명이 나를 통하여 또 다른 생명에게 이로움을 창출함을 의미한다.

음식을 만들 때도 자신의 기운을 느끼고 확장시켜 조리를 함으로써 정성과 기운을 담아야 한다. 그리고 음식에 깃들여진 보이지 않는 노고에 감사하고 화평한 마음으로 먹는 일련의 과정이 다 사찰음식에 들어있다.[165]

사찰음식은 단순한 재료에 맛을 내는 두어 가지 정도의 양념을 첨가해 간단하지만 조화롭게 만드는 영양식이다. 고유한 맛을 간직한 음식, 자연식의 향취가 저마다의 향으로 나타나고 어우러지는 것이 바로 사찰음식이다.

한국의 대표적인 음식인 간장과 된장, 김치는 모두 발효음식이며 저장 음식이다. 이와 마찬가지로 여러 가지 효소, 식초류, 장아찌들도 발효음식이며 저장 음식에 속한다. 이들은 영양분을 흡수하고 몸에 남아있는 찌꺼기들을 잘 배출하도록 도와주는 역할을 하며 항암효과나 성인병, 고지혈증, 동맥경화 등을 일으키는 콜레스테롤 수치도 낮춰주기 때문에 건강식으로 더욱 각광받고 있다.

자연식의 백미가 바로 발효음식이다. 발효는 미생물이 자연환경에서 각종 효소를 분비해 최종 산물을 만드는 것인데, 이것은 소화 흡수에 좋고 화학적 독소도 없애준다. 대표적인 발효음식으로는 김치와 된장, 간장, 청국장, 고추장, 식초, 식혜 등이 있다.

발효음식은 절기에 맞춰 재료를 준비하고 발효되는 순서에 따라 하나하나 만들어가고 또 만들어지는 수행의 음식이다. 한국의 대표 발효음식인 된장을

만드는 것도 예외가 아니다.[166)]

우리의 전통음식은 '기다림의 음식'이라고 할 수 있다. 찌고, 발효하고, 숙성시키는 장류는 기다림의 미학이 절정에 달하는 음식이다. 된장과 간장 모두 제 본성이 우러나올 때까지 기다리는 음식인 것이다.[167)]

중국의 『삼국지』 「위지 동이전」에 "고구려가 장양(醬釀 장 담그기, 술 빚기) 등의 발효성 식품을 잘 만든다."는 기록이 있을 정도로 우리나라는 세계에서 가장 빼어난 발효음식인 장을 가지고 있다.

삼천리 금수강산이라는 말이 있듯이 우리나라는 물 좋고, 소금도 미네랄이 13%나 될 만큼 영양도 풍부하고 맛도 좋다. 또한 콩 맛도 우리 것을 따라갈 것이 없다.

이렇듯 재료가 좋고, 조상들의 지혜가 응축되어 오랜 세월 장 문화를 발전시켜왔다. 특히 사찰음식의 기본은 '장'이다.

채식 위주의 사찰음식에서 장은 단백질을 보충해 주고, 채소의 독소를 해독시키는 가장 중요한 양념이자 식재료이다. 전해오는 이야기에 따르면, 메주를 쑤고 장을 담그는 것도 사찰에서 발달하여 궁궐과 민간에 전해졌다고 한다.

조선시대 때 왕의 평균나이는 40세 정도인데, 스님들의 평균나이는 80세였다. 『동의보감』을 쓴 허준이 스님들의 장수비결이 몹시도 궁금하여 물어보았다.

그러나 조선시대는 숭유억불시대여서 좋은 것은 다 빼앗아가는 시절이었기에 스님들은 난처했다. 하지만 허준은 스님들에게 절대로 그리하지 않겠다고 약속을 하였고, 마침내 그 비결이 장에 있음을 알려주었다.

된장, 고추장, 간장을 사흘에 한 번씩만 먹어도 장수할 수 있다는 스님들의 말을 듣고 궁궐에서도 장을 담그기 시작했다. 절에서 장을 담가주지는 않았지만 메주는 공급해 주었다. 문헌에 절메주라는 용어가 바로 그것이다.

〈일반 가정에서 절메주 크기로 빚은 모습. 사진제공 김문경〉

일본에도 적게 먹는 소식문화와 장문화가 퍼져있다. 그 또한 불교의 영향을 받은 것이다. 임진왜란 당시 조선을 점령해가던 왜군이 승병들 때문에 크게 패했다. 당시 승병들을 이끌던 사명대사와 서산대사에 대한 소문은 왜군을 떨게 만들었다. 도대체 무슨 음식을 먹기에 스님들이 그토록 기운이 세고 지혜로운지 궁금하여 스님들의 음식문화를 연구했다.

연구 결과에 의하면, 장의 발효를 돕는 옹기와 옹기 속에서 잘 익은 장이 그 비결이라는 것을 알고 제주도의 항아리는 모두 가져가버리고 장 담그는 법까지 배웠다. 일본에 장과 두부 음식이 발달한 것도 우리 사찰에서 배워간 것이다.

산삼의 약성이 좋은 것은 오랜 세월 묵으면서 산의 기운을 담았기 때문인 것이다. 이와 같이 장은 묵을수록 몸에도 좋고 풍미도 깊어진다.

사찰에서는 상을 차릴 때 상 가운데에 반드시 간장종지가 놓여있다. 스님들은 음식을 먹을 때 가장 먼저 간장을 약간 찍어 먹었다. 스님들뿐 아니라 우리 조상들은 이런 식습관을 가지고 있었다. 이는 오래된 지혜의 소산이다. 간장을 먹으면 소화가 잘 된다는 것을 몸으로 익힌 것이다.

실제로 간장은 식재료의 독소를 해독하는 기능이 있다. 모든 야채는 독성을 가지고 있는데, 요즘에는 농약과 비료로 키운 야채가 많아서 중금속이 다량 함유되어 있다. 간장으로 중화시키고 해독시키면 탈이 나질 않는다.

간장, 된장, 고추장은 채소의 흡수를 돕는 매개체 역할을 한다. 또한 채소, 나물의 종류에 따라 알맞은 장을 넣어 무치는 것은 맛과 영양을 좋게 하지만 소화를 잘 시키기 위해 장으로 버무리는 것이다.

된장은 간 기능 회복과 간 해독에도 탁월한 효과가 있으며 의약품이 변변치 않은 시절에 민간요법으로도 자주 쓰였다. 또한 피부에 화상을 입거나 곪았을 때도 된장을 바르면 특별한 효능이 있었다.

옛날 스님들은 문둥병 환자가 오면 재를 섞은 된장을 발라주고 기도를 해주었다. 이러한 처방으로 문둥병 환자가 씻은 듯이 나은 사례도 있다.

사찰에 가면 공양간 가까이 장독대에 나란히 줄 맞춰 볕을 쬐고 있는 옹기항아리들을 만나볼 수 있다. 배불뚝이도 있고, 날씬한 것도 있지만 갈색의 옹기항아리들을 보는 것만으로도 푸근하다. 사찰음식은 물론이고 한국인의 삶에서 옹기항아리가 갖는 의미는 남다르다.

우리 음식에서 빼놓을 수 없는 간장, 된장, 고추장, 김치, 젓갈 등 한국의 발효음식이 존재할 수 있었던 것은 숨 쉬는 항아리 '옹기' 덕분이다.

우리 선조들의 삶의 지혜를 그대로 품어 간직하고 있는 옹기항아리는 오래 두고 먹는 저장식, 발효식을 가능하게 해준 일등공신이다. 도심에서는 번거롭고 공간적 효율성이 떨어진다 하여 사라지고 있지만, 사찰에서는 여전히 옹기항아리가 귀한 대접을 받고 있다.

절의 장독대 옆에는 옥잠화 꽃, 맨드라미, 차조기, 봉숭아 꽃을 심어놓기도 한다. 항균력이 강한 옥잠화 꽃향기가 옹기 안의 장맛도 달게 만들고 장이 부패 되지 않도록 도와준다. 맨드라미, 차조기도 마찬가지 이치다. 장독대 옆의 꽃들이 제 역할을 할 수 있었던 것도 옹기가 숨을 쉬기 때문에 가능한 일이다.[168)]

3. 한국사찰 저장발효음식의 특성[169)]

사계절의 변화가 뚜렷한 우리나라에서는 겨울에 식재료를 구하기가 매우 어렵다.

특히 큰 눈이 오면 외부와 고립될 수밖에 없는 산중 사찰에서는 긴 겨울을 나기 위해 음식을 저장하는 방법이 발달했다.

오래도록 두고 먹을 수 있는 대표적인 저장식품으로는 장류, 각종 장아찌, 초절임・소금절임・장절임 등의 절임류와, 미리 말려두었다 쓸 수 있는 튀김류와 부각류, 그리고 김치 등이 있다. 이러한 저장식품은 영양소의 파괴를 줄이면서, 채소에 부족한 영양을 보충해 주기도 했다.

한국 사찰에서는 발효방법을 활용하여 다양한 음식을 만들고 있다. '발효'는 미생물이 각종 효소를 분비해 특유의 최종산물을 만들어내는 현상이다. 대표적인 발효음식으로 서양에는 치즈와 요구르트, 와인 등이 있다면, 한국에는 김치와 간장, 된장, 고추장, 식초와 식혜, 송차 등이 중심을 이루고 있다.

발효음식에서 생겨나는 다양한 영양소는 깊은 맛을 내는 동시에 콜레스테롤 수치를 낮추어 줄 뿐만 아니라, 항암효과를 지니고 있어 각종 성인병으로부터 우리 몸을 지켜준다.

4. 사찰의 장류

1) 정관스님의 간장과 된장

「뉴욕 타임스」 고디니어는 다큐에서 "마늘도 유제품도 고기도 쓰지 않는 사찰요리의 맛의 비밀은 시간"이라며 "수백 년의 지혜인 발효음식 간장·된장·김치가 강렬한 맛을 낸다."고 설명했다.

정관 스님 역시 간장을 중요시한다. 간장만 생각하면 마음이 들뜬다고 고백할 정도다. 심지어 그는 간장에서 자신의 과거와 현재와 미래의 모습을 본다고 말했다.[170)]

삼월삼질이라고 부르는 '삼짇날'은 오늘날 그 명맥이 끊긴 오랜 명절 중 하나다. 고구려에서는 이날 수렵을 하고 신라에서는 불계를 행하고 고려 때는 답청을, 조선시대에는 퇴임한 선비들이 모임을 했다. 비록 이러한 민속 양식은 모두 사라졌지만, 전남 장성군 백암산에 위치한 백양사에서는 삼짇날은 장 담그는 날이다.

예부터 된장 담그는 날은 대개 정월 대보름(음력 1월 15일)부터 삼짇날(음력 3월 3일) 사이로 정했다. 이날을 잘 정하는 것은 무엇보다 중요했다.

한 번 담근 된장은 기본적으로 1년 동안 먹어야 하는 부식이다. 장을 잘못 담그면 1년 양식을 잃는 것과 같기 때문이다.

천진암은 템플스테이를 지내러 방문한 외지인들과 일손을 도우러 온 객들과 함께 장을 담는다. 정관스님은 "장 담그는 일은 사람의 지혜와 노동이 모여야 이룰 수 있는 겁니다. 우리나라의 김장 문화가 유네스코에 등재된 것도 이웃 간 나누는 공동체 의식과 연대감을 높이 샀기 때문이죠. 장 문화 자체가 소중한 유산이에요."라고 말한다.

소금을 거르는 사람, 메주를 씻는 사람, 소금물을 붓는 사람, 대나무 베는 사람, 장독을 소독하는 사람, 새참 겸 점심을 준비하는 사람 등 마치 잔칫날 분위기와 흡사하다.

된장과 간장은 한식의 근간이 되는 음식이다. 장맛을 보면 그 집안을 알 수 있다는 말이 괜히 나온 것이 아니다. 장 담그는 일은 쉽게 말해 소금물에 메주를 띄우는 일이지만 이를 위해 준비해야 할 것이 한두 가지가 아니기 때문이다.

정관 스님은 소금물에 달걀을 넣어 떠오르는 정도를 보고 적정한 염도를 확인했다. 소금의 농도가 아주 중요하기 때문이다. "소금의 양은 기온에 따라

달라집니다. 더울수록 더 많이 넣어요."라고 말하며 달걀이 1백 원 짜리 동전만큼 물 위로 뜨면 소금물을 메주 위로 찰랑찰랑할 정도로 부어준다.

40여 일의 정성을 들인 뒤 한두 달 지나고 장을 가른다. 메주는 된장이 되고 메주가 우러난 소금물은 조선장이 된다. 된장이 잘 숙성되는가는 이제 하늘에 달렸다. 기온, 바람, 일조량, 습도 등 여러 자연 조건들이 복합적으로 된장 맛을 완성시킨다. 정관 스님은 "된장은 오로지 자연의 힘으로 만드는 것입니다. 사람의 역할이란 이를 잘 돌보는 것뿐이지요."라고 말하며 낮에는 장독 뚜껑을 열어 햇빛을 보게 하고, 밤이 되면 뚜껑을 닫아 이슬이 끼는 것을 막는다. 장물이 졸아들면 소금물을 부어주고 골마지가 끼면 수저로 걷어내며 자주 들여다보고 관심을 가진다. 된장은 자연의 기운과 사람의 정성으로 익는 것이다.[171)]

2) 서운암의 약된장

통도사의 말사 중 하나인 서운암에는 절보다 더 큰 규모의 어마어마한 장독대의 풍경이 눈앞에 펼쳐진다. 5천여 개의 장독대라니…서운암은 1985년부터 도자기 부처님 3천불을 5년 동안 조성했고, 1991년에 시작한 십육만 도자대장경은 2000년 9월에 완성했다. 하지만 이곳은 무엇보다도 서운암 전래의 비법으로 만든 전통 된장과 감식초 등이 유명하다.

통도사에는 전통적으로 두부요리가 유명했고, 세편이란 떡과 한과류도 많았다. 이곳 서운암의 된장, 간장독의 규모를 보니, 두부요리와 함께 통도사에서는 콩요리가 발달된 것 같다.

서운암의 약된장은 콩 한말을 기준으로 좋은 콩을 구입하여 씻어서 물기를 뺀다. 오미자, 하수오, 구기자, 산수유, 인삼 등의 약재를 넣어 만든 약물을 준비한다. 콩을 철 솥에 넣고 준비한 약물을 넣어 삶되, 콩의 빛깔이 짙은 갈색을 띠고 물이 자작자작해질 때까지 끓인다.

콩이 식기 전에 절구로 찧어서 고운 반죽을 하여 메주모양으로 빚은 뒤 깨끗한 발 위에서 꾸들꾸들 말린다. 꾸들꾸들 건조된 메주를 건조한 곳에다 짚

풀로 매달아 곰팡이가 발효되도록 숙성시킨다. 이때 습기가 차면 안 되고 추위에 얼어도 맛이 없으니 주의한다.

메주가 건조되면서 벌어진 틈새로 곰팡이가 피어나면 솔로 털어내고, 메주를 차곡차곡 쌓아둔다. 이렇게 두면 메주끼리 서로 열을 내어 발효가 촉진된다. 보자기나 이불로 덮어둔다.

장 담그는 전날에는 직사광선에 메주를 잘게 쪼개어 말려두고, 5월 소금(천일염)을 깨끗한 물에 녹이는데, 콩 한말에 소금 여섯 되, 물 세말이면 이면 간이 적당하다.

미리 닦아 건조시킨 독에다 메주를 넣고 소금물을 붓고 숯, 대추, 고추를 띄우고 망사를 씌운 다음, 잘 봉합하고 3일 후부터는 낮에는 뚜껑을 열어서 햇빛을 쬐게 하고 밤에는 다시 뚜껑을 덮는다. 40~50일 후에 장을 가른다. 간장을 다시 달여 별도의 항아리에 담고 메주를 건져 된장을 담는다.

메주는 보통 늦가을이나 음력 10월 중에 만든다. 그러나 전라도 순창 지역에서는 여름에 메주를 띄운다. 음력 7월 처서를 전후해서 메주를 담그고, 장도 동짓달 중순부터 섣달 중에 담그는 것이 이 지역의 비법이다. 메주를 여름에 띄우니까 곰팡이가 활발히 작용해서 당화효소가 잘 발달하고 한 겨울에 장을 담그니 유산균 번식이 억제되어 아주 담백한 맛의 장을 얻을 수 있다고 한다.[172)]

3) 문경 사불산 대승사의 칠장(옻나무를 넣고 발효시킨 된장)

칠장(漆醬)은 옻나무를 넣고 발효시킨 된장으로, 표고버섯과 송홧가루도 섞고 죽염만 사용한다. 맛도 좋고 영양과 약효도 뛰어나서 선방 스님들의 건강을 지켜주는 보약이다.

육식을 금하는 불가에는 모자란 단백질을 보충할 무언가 특별한 음식이 있다. 된장 하나를 담아도 옻나물에 표고버섯에 송홧가루에 죽염에 정성을 다한다. 물 또한 사불산의 맥반석 암반수다. 영양과 약효는 말할 것도 없고 된장 맛이 참으로 달고 향기롭고 칼칼하다.

대승사의 봄은 된장 담는 일로 시작된다. 음력으로 정월 보름이 되면 대승사 선방의 동안거에 들었던 운수납자(雲水衲子)들은 떠나고 그 유명한 대승사의 '300가마 장 담기' 불사(佛事)가 전개된다.

대승사 '옻나무된장'은 장맛도 뛰어나지만 항암효과와 아토피성 피부질환에 탁월한 효과가 있는 것으로 알려지면서 찾는 사람이 많다고 한다. 옻산에 들어 있는 '우루시올'성분이 항암치료제로 탁월한 효과를 발휘한다는 것은 이미 잘 알려진 사실이며, 콩 속에 함유된 '제니스틴'성분과 함께 발효되는 과정에서 항암성분이 배가된다고 한다.

템플 스테이 사찰인 대승사는 전통문화 체험거리도 다양하여 칠장담기 체험, 찻잎 덖기, 죽염굽기, 도자기체험, 다도체험, 명상체험 등 고급문화체험을 할 수 있다.[173]

4) 불국사 간장

10월 초하루에 중콩 한가마를 푹 익혀 절구에 찧어주고 메주 모양으로 성형하여 바짝 건조시킨다. 30℃ 방바닥에 짚을 깔아 메주를 올리고 짚과 이불을 덮어 한 달 동안 띄운다.

음력 정월 말일 초승에 항아리에 메주 4덩이를 넣고, 물 40리터에 간수 뺀 천일염 소두 3되를 넣어 녹인 물을 붓고 마른 고추와 숯을 넣어 숙성시킨다.

5) 불국사 된장(불국사, 원명심 공양주 외 종무원)

콩을 삶아 500g 정도 크기의 메주를 만들고 24시간 햇빛 건조 후 짚으로 엮어 처마 밑에 30일 매달아 건조시킨다. 말린 메주는 온돌방(25~30℃)에서 25일 정도 발효시킨다.

항아리에 메주와 소금물, 숯, 건고추, 대추를 넣고 뚜껑을 덮지 않고 있다가 저녁에 덮는다. 2~3개월 후에 메주를 건져 메줏가루(항아리 당 2되)와 치대어 항아리에 담고 천일염을 덮은 뒤 면보를 덮고 뚜껑을 덮어준다.(일반적으로 3개월 후 먹을 수 있지만, 불국사 된장은 3년을 숙성시킨다.)

6) 사찰의 고추장과 막장 담그기

고추장은 간장을 담그고 나서 더워지기 전인 3~4월에 담는다. 채식을 하는 절에서 채소를 보다 다양하게 즐기기 위해 발달한 것이 바로 장류이다. 그중에서도 고추장은 식욕을 촉진시키고 소화를 돕는 음식이다.

고추장은 곡식 가루를 익혀서 엿기름과 메줏가루, 고춧가루를 넣고 담근다. 콩 단백질에 들어 있는 아미노산의 구수한 맛, 곡류의 녹말이 분해되어 생성된 당의 단맛, 고춧가루의 매운맛, 소금의 짠맛이 조화롭게 어우러진 양념이자 향신료이다.

고추장 만드는 법은 엿기름가루를 따뜻한 물에 풀어서 우려낸 뒤 윗물만 모아서 찹쌀가루를 넣고 약 불에서 삭힌다. 그다음 메줏가루와 고춧가루를 넣고 섞어주고 하루 지난 뒤에 소금으로 간을 맞추고 항아리에 담아 발효시키고 먹는다.

기호에 따라 매실, 오미자, 유자 발효액 등을 넣으면 맛과 향이 다양한 고추장을 즐길 수 있다.

고추장의 깔끔한 뒷맛을 원하면 고춧가루와 메주의 비율을 늘리고, 걸쭉하고 진한 맛을 원한다면 엿기름과 찹쌀가루의 비율을 늘려준다. 또한 삭힌 찹쌀물에 고춧가루를 넣는 온도에 따라서 매운맛이 달라지는데 따뜻할 때보다 식었을 때 넣어야 더 매운맛이 난다.

스님들은 김장김치 국물을 버리지 않고 두었다가 고추장 담글 때 막장을 함께 담근다. 김치의 국물은 체에 두 번 거르고 여기에 거칠게 빻은 메줏가루를 넣고 촉촉할 정도로 버무려서 소금 간을 한다. 막장은 '막 먹을 수 있다.'고 하여 붙여진 이름에서 알 수 있듯이, 담근 지 열흘 정도면 먹을 수 있는데 쌈장으로 많이 먹는다.[174)175)]

7) 대안스님의 고추장 담기[176)]

절집 밥상에는 각종 양념과 향신료가 들어가지 않는다. 그래서 맛내기 비법도 간단하다. 간장, 된장, 고추장, 소금 등 우리 전통 장류와 제철 재료 몇 가지만 있다면 누구나 자연 그대로의 깊은 맛을 내는 절집 밥상을 차릴 수 있다.

각 재료가 가지고 있는 본연의 맛과 식감을 최대한으로 살린 건강한 절집 밥상을 차리기 위해서는 '장'이 중요하다.

간장, 된장, 고추장, 소금은 주로 짠맛을 낸다고 알려져 있지만 제대로 담가 잘 익힌 절집 부엌의 장에서는 단맛도 함께 난다.

절집에서는 보통 동짓달(음력 11월)에 고추장을 담근다. 잘 익은 고춧가루와 엿기름, 찹쌀가루만 있으면 쉽게 고추장을 만들 수 있다.

우선, 찹쌀가루는 익반죽을 하여 도넛 모양으로 만들어 끓는물에 삶아 건지고 그 물을 넣어가며 방망이로 치대며 으깨어준다. 엿기름물은 체에 거르고 약 불에 올려 끓어오르면 조청, 소금을 넣어 한소끔 끓인 후 식혀준다. 메줏가루를 넣어 잘 섞은 뒤 고춧가루를 넣어 고루 섞어준다.

2일 정도 지나면 장독에 담아 햇볕이 잘 드는 곳에 두고 윗면을 말려준다. 윗면이 완전히 잘 마르면 붉은색이 보이지 않을 만큼 소금을 뿌리고 랩이나 비닐을 덮어 2개월~1년 정도 발효시킨다. 이때 장독을 둘 공간이 마땅하지 않으면 김치냉장고에 넣어서 발효시킨다.

8) 청국장(보탑사 공양주보살)[177)]

콩을 깨끗이 씻어 하루 불려둔다. 가마솥에 넣어 센 불에서 약한 불로 6~7시간 무르게 삶는다. 청국장 발효기계(온도 40, 습도 50)에 넣어 겨울에는 2~3일, 여름에는 28시간 띄운다. 진이 나면 소금을 넣고 거칠게 빻아준다. 콩이 듬성듬성 보이게 빻은 콩을 200g씩 소분하여 냉동고에 보관한다.

9) 사찰의 다양한 활용장[178)]

(1) 강된장(장류 끓이기, 김필녀 공양주보살)

청홍고추는 곱게 다지고, 감자는 잘게 썬다. 뚝배기에 채수를 붓고, 된장, 고추, 감자를 넣고 끓인 뒤 약 불에서 10분 정도 더 끓여 자박자박하게 한다.

(2) 강된장[179)]

표고버섯은 불려서 곱게 다지고, 청홍 고추는 씨도 넣어 다진다. 감자는 강판에 갈아서 준비해둔다. 냄비에 채수를 붓고 표고버섯을 넣고 끓으면 된장, 표고버섯가루를 넣어 끓여준다. 그리고 끓어오르면 청홍고추 다진 것을 넣고 끓으면 불을 줄여 감자 갈은 것을 넣고 잘 저어주면서 끓인다.

(3) 찜된장[180)]

된장을 찌면 맛이 부드럽고 깊은 맛이 어우러져 더운 여름 입맛을 잃었을 때 더없이 좋은 찬이 된다. 또 호박잎의 쌈장이 되기도 하고 상추, 열무와 함께 비벼 먹기도 아주 좋다. 밥솥이나 가마솥에 밥을 할 때 그릇째 양념된장을 넣고 수증기로 찜을 한다. 밥물도 약간씩 들어가면서 더욱 부드러운 맛의 찜된장이 된다.

만드는 방법은 우선 뚝배기에 채수를 담고 건표고버섯을 뚝뚝 잘라서 넣고, 풋고추는 적당한 크기로 잘라 넣는다. 된장을 넣고 표고버섯가루를 약간 넣어준다. 밥솥에 물을 부어 20분 정도 끓이고 보온으로 해둔다. 이것은 쌈장이나 비빔장으로 어울린다.

또 다른 방법은 채수를 진하게 졸이고, 풋고추는 다진다. 된장에 채수를 넣고 치대듯이 섞어서 부드럽고 무르게 만든다. 찜솥이나 밥솥에 물을 끓이며 30분 정도 중탕한다. 중탕한 된장에 버섯가루, 다진 고추와 깨를 넣어준다. 이것은 나물무침이나 장아찌 등을 만들 때 잘 어울리는 양념이다.

(4) 쌈된장(관음행 보살)

냄비에 물과 된장을 풀어 끓인다. 끓어오르면 약불로 줄인다. 미리 불려둔 표고버섯을 곱게 다져서 넣어주고, 고추를 다져서 넣고 깨와 참기름을 넣어준다. 살짝 볶아 약불로 줄여 조금 더 졸여준다. 방아잎을 곱게 채 썰어 넣고 마무리한다.

(5) 쌈 된장찌개[181)]

사찰의 쌈 된장찌개는 뻑뻑하고 짠 일반적인 강된장과 다르게 감자를 갈아서 넣었기 때문에 짜지 않고 맛이 부드러운 것이 특징이다. 입맛에 따라 감자를 더 갈아 넣어도 된다. 찜통에 쪄낸 호박잎이나 우엉 잎, 양배추 잎 위에 밥을 올리고 그 위에 쌈 된장찌개를 한 숟가락 놓아 쌈을 싸 먹으면 더위를 먹어 잃었던 입맛이 금세 돌아온다.

(6) 선재스님의 진간장[182)]

사찰에서는 고유의 진간장을 만들어 장아찌 간장으로 쓰고 양념간장으로도 쓴다. 냄비에 물, 다시마, 표고버섯, 찹쌀을 넣고 푹 삶은 후 다시마와 표고버섯은 건지고 집간장을 부어준다. 간을 보아 간간하면 조청을 넣고, 맛을 봐가며 유기농 황설탕을 첨가하고 식히면 된다.

향을 내고 싶으면 아카시아 잎 말린 것을 넣고 한소끔 끓으면 건져낸다. 조청을 넣고 끓인 간장으로 담근 장아찌는 대부분 담그자마자 먹을 수 있다. 장아찌를 오래 두고 먹고 싶을 때는 조청 대신에 유기농 황설탕을 넣어야 하는데, 그 이유는 조청은 시간이 지나면 삭기 때문이다.

또 다른 방법은 조청 대신에 꿀을 넣는 것이다. 팔팔 끓인 간장을 식혔다가 장아찌 재료와 함께 버무릴 때 꿀을 넣으면 된다.

(7) 진간장(법진 스님, 재호 스님)

가마솥에 물을 끓이고, 검정콩과 찹쌀은 깨끗이 씻어서 면보에 싸서 넣는다. 건표고, 다시마를 넣고 강 불에서 1시간 끓이고 중불에서 끓인 다음 2/3 정도로 내용물이 줄어들 때까지 졸인다. 여기에 조선간장과 조청(엿기름, 쌀, 물을 넣고 끓임)을 넣고 4시간가량 조린다. 약 불에서 1시간 정도 주걱으로 저어가며 끓이고, 2시간 정도 더 끓인 뒤 진간장을 체에 거르고 단지에 담아 식혀둔다.

(8) 맛간장(진간장/승주 스님)

말린 표고버섯을 하룻밤 물에 불린다. 서리태와 찹쌀은 깨끗이 씻어 채반에 건진다. 가마솥에 물, 표고불린 물, 불리 표고, 다시마, 찹쌀, 서리태를 넣고 센 불로 끓이다가 약 불로 6시간 정도 끓이고 건더기를 건진 뒤 간장, 흑설탕, 조청을 넣어 센 불로 한소끔 끓인 뒤 식힌다.

(9) 표고버섯간장(신원사 공양주보살)

표고버섯은 깨끗이 씻어 물기를 뺀다. 냄비에 간장과 물을 넣어 끓이고 표고버섯을 4등분하여 넣은 뒤 2시간 정도 끓인 뒤 식힌다.

(10) 호두고추장

호두는 물에 불려 껍질 벗기고, 표고버섯은 씻고, 청양고추는 씨를 털어내고 각각 0.7cm 크기로 다진다. 팬에 참기름을 두르고 표고버섯, 고추, 호두 순으로 중불에서 5분 볶고 고추장과 꿀을 넣어 약 불에서 볶는다.

(11) 다시마고추장(홍주사 원주스님)

바짝 말린 다시마를 빻아주고, 말린 메주를 곱게 빻는다. 그릇에 소금과 물을 넣어 소금물을 만든다. 큰 용기에 다시마가루, 고춧가루, 메줏가루를 섞고 조청, 소금물을 넣어 섞어준다. 항아리에 넣고 숙성시킨다.

메줏가루 만드는 법은 대두를 씻어 6시간 불리고 푹 삶는다. 온돌방에 펼쳐서 3일간 숙성시키고 건조시켜 빻아준다. 멥쌀은 깨끗이 씻어 고두밥을 짓고 말린다. 콩가루와 고두밥을 섞어 네모지게 만들어 건조시킨 뒤 곱게 빻아준다.

(12) 청국고추장(준용스님)

콩을 6시간 정도 불리고 깨끗이 씻어 소쿠리에서 물기를 뺀다. 대두와 통밀은 깨끗이 씻어 가마솥에 푹 삶고 5시간 뜸을 들인다. 삶은 콩과 통밀을 소쿠리에 담아 수분을 제거하고 햇빛에 바짝 말린 다음 빻아준다. 솥에 물과 조청을 넣고 졸이고, 용기에 식힌 조청 물을 넣고 고춧가루를 넣어 고루 섞어준다. 소금으로 염도를 조절하고 3개월 이상 숙성되면 고추장으로 사용한다. 그릇에 청국고추장과 풋고추, 무 다진 것을 넣고 물을 조금 넣고 섞어서 청국고추장 쌈장을 만든다.

(13) 쌀누룩, 소금 이용한 고추장(리도스님)

물, 천일염을 녹여준 뒤 쌀누룩에 넣고 섞어서 항아리에 넣어둔다. 7일 정도 상온에서 저어주고 냉장고에 옮겨 일주일 정도 숙성시킨다. 김치, 셀러드, 국 등에 이용하고 6개월까지 사용할 수 있다.

고춧가루에 검은콩 청국장가루를 넣고 고추효소, 누룩소금을 넣는다.(고추효소는 청홍고추 아무거나 씨를 제거하지 않고 만든다.) 여기에 생간장, 앵두조청을 넣고 잘 섞어준 뒤 항아리에 담아 냉장 보관한다.

(14) 보리등겨장(여름)

보리등겨가루를 되게 반죽하고 치대어 사발 모양으로 하여 가운데 구멍 뚫고 싸리나무 가지로 꿰어 왕겨 재나 참숯불에 골고루 까맣게 구운 뒤, 바람이 잘 통하는 그늘에 15일 정도 말리고 절구에 찧어 방앗간에서 두 번 갈아준다.

메주콩은 8시간 이상 불리고 삶아 메주콩 삶은 물을 만든다. 흑찹쌀은 식혜를 만들고 말린고춧잎과 무말랭이는 불려서 밑간을 한다.

큰 그릇에 메주콩 삶은 물과 소금, 흑찹쌀 식혜를 넣어 주걱으로 섞어 된장보다 무르게 반죽한다. 무말랭이, 고춧잎, 고춧가루, 고추씨가루, 갱엿, 복분자효소를 넣고 저은 뒤 소금으로 간한다. 실온에서 7일 숙성하여 여름철 보리밥에 비벼 먹거나 쌈장으로 먹는다.

(15) 보리사 찜장(보리사 원주스님)

메주콩은 깨끗이 씻어 하루 정도 불린 후 소쿠리에 건진다. 참밀은 깨끗이 씻어 소쿠리에 건진다. 불린 메주콩과 참밀을 곱게 빻아주고 가마솥에 채반을 깔고 면포를 놓고 가루를 쪄서 인절미 같은 떡을 만든다. 1kg씩 소분하여 황토방에 볏짚을 깔아 메주를 놓고 위에 볏짚을 넉넉히 덮어 30℃ 온도에서 20일간 발효시킨다.

겉면이 곰팡이로 덮이면 메주를 물에 넣고 곰팡이를 깨끗하게 닦아낸다. 다 씻은 뒤 절구에 찧어 말린 다음 곱게 빻아 메줏가루를 만든다.

찹쌀은 고두밥을 짓고, 천일염으로 소금물을 만들어 가마솥에 끓여 식힌다. 큰 그릇에 메줏가루, 고춧가루, 고두밥, 소금물을 넣고 섞은 뒤 항아리에 담는다.

(16) 집장(묘덕행 보살)

보리쌀을 깨끗하게 씻어 밥을 짓고, 무는 나박나박 썰어 소금물에 삭힌다. 고춧잎과 고추는 깨끗이 씻어 소금물에 삭힌다. 그릇에 보리밥, 고춧가루, 메줏가루, 물엿, 무장아찌, 고춧잎장아찌를 넣고 잘 섞어준 뒤 작은 항아리에 담아 그늘에서 3일간 삭힌다. 삭히는 동안 간을 보고 소금을 첨가한다. 잘 삭혀졌으면 냉장 보관한다.

(17) 뚝뚝장(보문사 해인심보살)

메주는 따뜻한 물에 씻은 후 손으로 뚝뚝 떼어 항아리에 담는다. 건고추는 손으로 뜯어 같이 담아준다. 물을 끓여 따뜻한 상태 그대로 항아리에 부어주고 뚜껑을 덮어 따뜻한 곳에서 3일간 보관한다. 그릇에 담은 후 간장으로 양념하여 완성한다.

(18) 신기장(준용스님)

마른 신기를 마른행주로 깨끗하게 닦고 솥에 물, 조청, 소금을 넣고 끓인 뒤 식힌다. 큰 대접에 식힌 조청 물을 넣고 메줏가루, 고춧가루를 넣고 섞어준다. 신기를 넣어 버무리고 항아리에 담는다.

(19) 곤두부장(자우스님)

두부는 도톰하게 자른 뒤 들기름을 두른 팬에 노릇하게 굽는다. 뜨거울 때 그릇에 담아 두부가 잠기도록 간장을 넣어 저온 창고에 저장하고 6개월 뒤에 먹는다. 2년 정도 되면 두부가 흐물흐물 해진다.

(20) 두부장[183]

물기를 제거한 두부를 으깨어 된장 또는 고추장 항아리에 넣고 간이 배게 한 다음 이내 꺼내어 참깨, 참기름, 고춧가루를 혼합하여 베자루로 덮어 발효시킨 후 한 달 후에 먹는다. 사찰음식으로 대흥사의 두부장이 유명하다.

10) 사찰의 다양한 간장

시중에서 판매하는 간장은 양조간장과 산분해간장, 진간장이 있다. 양조간장은 대두, 탈지대두, 밀 등에 메주를 만드는 곰팡이를 접종하여 소금물을 섞고 숙성시켜 만든 간장이다. 산분해간장은 아미노산 간장이라고도 하는데 콩과 같은 곡류를 염산으로 가수분해 한 뒤 알칼리성으로 중화시켜 얻는 간장으로 여러 가지 화학 첨가물을 더한다.

진간장은 양조간장과 산분해간장을 일정한 비율로 혼합하여 만든 간장이다. 전통적으로 발효한 간장을 쓸 수 없다면 양조간장을 사서 쓰는데, 그냥 쓰는 것보다는 집간장과 혼합하여 다시 발효과정을 거쳐서 쓰면 더욱 좋다.[184]

(1) 채소과일 간장[185)]

무, 배추, 당근, 양파 등의 채소를 푹 삶는다. 거기에 검은콩을 듬뿍 넣고 다시 끓여낸다. 기호에 따라 집간장이나 소금으로 간을 맞추고 중간 불에서 끓인 후 식으면 건더기를 건져낸다. 이렇게 만든 채소 간장은 냉장고에 넣어 두었다가 볶음 요리나 조림요리, 이유식 등을 만들 때 사용한다.

채소 간장에 사과, 오렌지, 레몬 등을 첨가하여 끓이면 요리에 감칠맛을 더 해주는 채소과일 간장이 만들어진다.

(2) 절집용 조림 간장[186)]

절집의 기본장은 소금과 된장, 간장, 고추장이다. 절에서는 간을 할 때 화학 간장 대신 직접 담근 집간장이나 조림간장을 쓴다. 조림간장은 다시마와 표고 버섯으로 맛국물을 낸 후 서리태 2컵을 넣어서 끓인 다음 건더기를 건져내면 된다.

신맛이 필요하면 식초나 감식초 등을 넣고, 짠맛이 필요하면 조림간장을 조금 진하게 만들어 놓고 희석해서 쓰는 것이 편리하다. 냉장고에 넣어 두었다가 무침이나 국, 조림요리 등을 할 때 음식의 특성에 맞추어 쓰면 된다.

(3) 검은콩 간장소스[187)]

검은콩 간장소스는 조림이나 구이에 사용하면 좋은데, 먼저 검은콩은 깨끗이 씻은 후 물기를 빼놓는다. 마른 표고버섯은 흐르는 물에 헹구고 다시마도 닦아서 준비해 놓는다. 냄비에 물을 붓고 검은콩을 넣은 후 20분 정도 끓인 다음 나머지 재료를 넣고 7분 정도 더 끓인다. 표고버섯과 다시마를 건져내고 집간장을 넣어 1분 더 끓이면 검은콩 간장소스가 완성된다.

검은콩 간장소스에 조청을 집간장과 같은 분량으로 넣고 끓이면 데리야키 소스가 된다.

(4) 당귀 간장소스[188)]

당귀와 마른 표고버섯을 흐르는 물에 살짝 헹구고 다시마도 마른 수건으로 닦아낸다. 냄비에 물을 붓고 준비해놓은 재료를 넣어 7분 정도 끓인다. 건더기를 건져내고 집간장을 넣어 1분 정도 더 끓이면 된다.

당귀향이 은은하게 배어 있어 두부나 묵요리, 나물요리, 나물전에도 잘 어울린다.

(5) 구기자 간장소스[189)]

솥을 달군 후 구기자와 소주 2큰술을 넣고 중간 세기의 불에서 타지 않도록 유의하며 7분 정도 덖는다. 서늘하고 통풍이 잘되는 곳에 두어 재빠르게 열을 식히는 과정을 아홉 번 반복한다. 냄비에 물을 붓고 손질해놓은 마른 표고버섯과 다시마를 넣은 후 7분 정도 끓인다. 건더기를 건져내고 집간장을 넣어 1분 더 끓여낸다. 이렇게 완성된 구기자 간장소스는 산야초 초밥이나 버섯회, 각종 전이나 김을 먹을 때 함께 곁들이면 음식의 감칠맛을 배가시킨다.

5. 사찰의 장독대 위치

장을 담그기 전에 장을 보관하는 항아리를 놓아야 하는 장독대의 위치가 아주 중요하다. 장독대는 음식을 만드는 공양간과 가까이 두어야 한다. 햇볕이 잘 들고 바람이 적당히 통하면서 먼지가 없이 깨끗한 곳을 선택한다. 그리고 지면에서 20~30cm 정도 올려 자갈과 마사토 등으로 평평하게 다져서 만든다. 만일 시멘트로 만들 경우 여름에는 강한 햇볕의 열기가 축적되어 장의 발효에 영향을 미치기 때문에 항아리 밑에 구들장 돌이나 황토 벽돌 등을 받쳐주어 통풍이 잘되게 한다.[190)]

〈강원도 고성에 있는 건봉사의 장독대 풍경. 사진제공 김문경〉

6. 사찰의 장류 보관

된장은 가을에 수확한 콩으로 메주를 띄워서 소금물에 발효한 것이다. 막장은 간장을 빼지 않고 메주 상태 그대로를 빻아서 엿기름물을 넣고 고두밥으로 보리밥을 지은 뒤, 고추씨 가루와 천일염에 버무려 짧은 시간에 발효시켜 먹는다.

된장은 국, 탕을 끓이고 김치를 담그거나 나물을 무치는 등 양념으로 다양하게 활용하고, 막장은 진하고 고소한 맛이라 찌개나 쌈장으로 먹는다. 된장은 장마철과 더운 여름에 구더기가 생기거나 새까맣게 변할 수 있다. 그래서 면 보자기를 두세 겹 덮고 고무줄로 단단히 동여매어 입구를 막아준다. 새까만 부분은 해로운 곰팡이가 번식한 것이라 골라내어 버리고 간수를 뺀 천일염으로 덮어준다.

항아리용 유리 뚜껑은 여름철에 강한 열기로 인해 된장의 수분이 말라 버릴 수 있기 때문에 봄이나 가을에 햇빛이 좋은 낮 동안에는 잠깐씩 사용하는 것이 좋다. 또 비에 젖은 항아리에는 먼지가 많이 달라붙어 숨구멍을 막기 때문에 한 번씩 닦아주어야 발효가 잘된다.

간장은 소금물에 담근 메주를 건져내고 항아리에서 계속 발효과정을 거치면 된다. 요리할 때 간을 맞추기 위해서 사용하는데 사찰에서는 국간장, 조선간장이라 부르는 '집간장'을 직접 담근다. 집간장은 짠맛이 강하고 깊은 향과 감칠맛이 뛰어나 국, 찌개, 나물 등에 알맞다.

항아리로 습기가 유입되고 온도가 낮아지면 표면에 흰 곰팡이인 '골마지'가 피어오른다. 햇빛 좋은 날에 항아리를 닦아주고 뚜껑을 열어 살균을 해주면 효과적이고, 뚜껑은 유리보다는 천으로 덮어주는 것이 더 효과적이다.[191)]

참고자료

슬로푸드 운동과 「맛의 방주」에 기록된 장류들(2013년)

슬로푸드(slow food)는 '느리게 살기'와 관련, 햄버거나 샌드위치로 대표되는 패스트 푸드(fast food), 속도와 효율성을 최고의 가치로 여기는 현대사회를 상징하는 음식인데 반하여, 슬로푸드는 느린 음식으로 전세계적으로 관심이 높아지고 있다.
슬로푸드 운동은 1986년 맥도널드 햄버거의 로마진출에 반발하여 이탈리아에서 시작되었다. 만드는데 상당한 시간이 걸리는 전통음식을 먹자는 운동으로 단순히 올바른 음식문화를 보급하는 차원을 넘어서 삶의 속도를 늦추려는 시도이다. 전세계로 확산되어 현재 40여개국에 7만 명의 회원을 가지고 있다.

앉은뱅이 밀은[192] 한국 토종 밀로 다른 밀보다 키가 작아(50~80cm) '앉은뱅이 밀'로 불린다. 기원전 300년부터 재배했다. 다른 밀보다 색이 붉고 낱알이 작으며 껍질이 얇아 제분량이 많고 가루가 부드럽다. 단백질 성분인 글루텐 함량이 적어, 쉽게 바스러지고 점성이 적다. 지방 함량은 낮고 당류 함량은 높으며, 열량이 낮다.
10월 말에서 11월 초에 심고, 이듬해 6월 중순에 수확한다. 생육 기간이 짧아 한국에서 콩과 함께 이모작이 가능하며, 병충해에 강해 유기농 재배에 적합하다.
앉은뱅이 밀은 일제강점기 때 '농림10호'로 개량되었다가 미국의 농학자 노먼 볼로그가 다시 '소노라 64호'로 개량해 멕시코 등에 보급했으며, 멕시코는 밀 수입국에서 밀 수출국이 되었다. 볼로그는 세계적인 식량 증산에 기여하여 녹색혁명을 이끈 공로로 1970년에 노벨 평화상을 받았다.

우리나라에서는 60년대부터 값싼 수입 밀이 들어오고, 1982년에 밀 수입 자유화가 이루어지고, 1984년에 정부가 밀 수매를 중단하면서 국내 밀 생산 기반이 급격히 무너지고 밀 농사를 거의 짓지 않게 되었다.
1990년대부터 우리밀 살리기운동으로 개량종 경질밀인 금강밀과 조경밀이 확산하면서, 한국산 밀은 맛이 없다는 인식이 퍼져 연질밀인 앉은뱅이 밀까지 함께 영향을 받기도 했다. 택배가 보급되기 전, 90년대 말까지는 부산에서 90% 이상 소비되었다.

2012년 『토종곡식』의 저자 김석기가 자료조사 과정에서 백관실 진주 금곡정미소 대표를 만나 앉은뱅이 밀을 보존하고 있다는 걸 발견하고, 안완식 전 농촌진흥청 연구관에게 알리면서 대중화 계기가 마련되었다.
2013년 슬로 푸드 '맛의 방주'에 등재된 후 언론의 주목을 받으며 생산량이 2013년 90톤에서 2017년 300톤까지 늘었다.

한국기행 맛의 방주 3부의 '앉은뱅이 밀과 팥장'에서 이경자 씨는 무릇 장아찌도 만들어 먹고, 할머니가 담그던 특별한 장을 복원했다.
『산림경제』에 팥장 담그는 법이 기록되었다. 콩농사가 안되어 메주를 못 쑬 때는 팥으로 메주를 쑤라고 했다. 팥에 밀이나 쌀을 섞어서 팥메주를 만들고 팥메주를 만들어 팥장을 쑤었다. 더 단맛이 있고 부드러운 맛이 있다.

어간장도 ' 맛의 방주' 등재, 충남 논산시 연산면, 김동환 씨는 9년 된 어간장, 〈6시 내고향에서〉(2020년 4월 3일)방송
3년간 간수가 잘 빠진 소금은 단맛이 난다. 소금+멸치를 버무려 멸치액젓을 만든다. 임금이 먹었다고 하여 어간장(漁艮醬)이라고 한다. 멸치액젓을 3년 숙성시킨다. 멸치액젓+메주를 띄워 숙성, 매년 겹장을 해서 농축시킨다. 3년 후, 총 9년이 지나야 어간장 맛을 낼 수 있다. 2014년에 맛의 방주에 올랐다.

맛의 방주~제주도 푸른 콩 된장
제주도 푸른 콩은 토종 콩으로 동글동글 타원형을 띠는 모양과 엷게 푸르스름한 색이 잘 삶은 달걀을 닮아 '독새기 콩'이라고도 불린다.
푸른 콩 된장은 대한민국 식품명인 제75호 양정옥 명인에서 제주 향토음식 장인인 며느리 박영희 대표(2대)로 그 솜씨가 이어지고 있다. 서귀포시 중문동에 위치한 '한라산 청정촌 영농조합법인'은 10여개 농가를 조합원으로 하여 '맑은 섬 제주'라는 브랜드로 제주도 푸른 콩을 재료로 제주도 특유의 푸른 콩 장을 만들고 있다. 농촌진흥청에서 지정한 교육농장이기도 하다. 이곳에서 만드는 된장과 간장은 국제기관인 슬로푸드협회, 맛의 방주에 등재되는 등 국내외의 사람들에게 주목 받는 식재료이다.[193]
2022년 1월 1일 슬로푸드 문화원(이사장 김원일)은 지난 해 10월 제3회 '참발효어워즈 2022'출품 접수를 받아 소비자와 전문가의 관능평가 및 ESG가치 평가를 거쳐 5개 부문에서 총 23점의 발효식품을 대상으로 선정했다. 슬로푸드 문화원이 주최하고 국제슬로푸드 한국협회, 한국농수산식품유통공사, 로컬히어로, 디자인하우스가 후원했다.
대상으로 선정된 제품은 간장 부문에서는 구본일 서리태 간장, 방주 제주 푸른콩 간장 농후, 홍주 조선간장 등 3종, 된장 부문에서는 메주 익는 마을 된장, 방주 제주 푸른콩 된장, 방주품 된장, 해담은 장뜰 된장, 홍두 상실장 등 5종, 고추장 부문에서는 구본일 찹쌀 인절미고추장, 안동제비원 찹쌀고추장 등 2종이다.
막걸리(탁주 부문)에서는 고향춘, 백년향, 소향 탁주, 씨(C) 막걸리 시그미처큐베, 양주골이가 전통주 이화주, 지란지교, 호심 등 7종이다.
국내산 목장 치즈 부문에서는 살루떼 스트링치즈, 썬러브 고다형 자연숙성치즈, 애심목장 숙성치즈, 유레카 목장 크박치즈, 지원목장 자연숙성치즈, 하네뜨 꾼치즈 등 6점이다. 총 5개 부문에서 23점을 대상으로 선정했다.[194]

미주풀이

1) 한복진, 우리생활 100년, 음식, 현암사, 2001, pp.125~128.
2) 특허로 만나는 발효식품, 조식제, 아카데미북, 2016.
3) 식품가공저장학 원리와 응용, 김우정 외 2인, 효일출판사, 2011, p.243
4) 최신 식품가공・저장학, 송재철 외 1인, 효일출판사, 2004, pp.128~129
5) 최신 식품가공・저장학, 송재철 외 1인, 효일출판사, 2004, p.131
6) 3대가 쓴 한국의 전통음식, 황혜성 외 3인, 교문사, 2010, p.251
7) 3대가 쓴 한국의 전통음식, 황혜성 외 3인, 교문사, 2010, p.273
8) 김숙년의 600년 서울음식, 동아일보사, 2001, p.27
9) 한국의 전통음식, 신미혜 외 2명, 백산출판사, 2006, p.189
10) 한국의 전통음식, 신미혜 외 2명, 백산출판사, 2006, pp.276~278
11) 한국의 전통음식, 신미혜 외 2명, 백산출판사, 2006, pp.268~269
12) 조리응용을 위한 식품과 조리과학, 배영희 외 5인, 교문사, 2004. p.127
13) 최신 식품가공저장학, 송재철 외 1인, 효일출판사, 2004, p.207
14) 고급 한국전통음식, 정순여 외 5인, 백산출판사, 2013. p.90
15) 전통장류, 안용근, 교문사, 2015, pp.41~43
16) 조식제, 특허로 만나는 발효식품, 아카데미북, 2016, pp.127~132
17) 고급 한국전통음식, 정순여 외 5인, 백산출판사, 2013, p.89
18) 김숙년의 600년 서울 음식, 동아일보사, 2001, p.295
19) 한국의 전통음식, 신미혜 외 2명, 백산출판사, 2006. pp.52~53
20) 김숙년의 600년 서울음식, 동아일보사, 2001, p.11
21) 김숙년의 600년 서울음식, 동아일보사, 2001,p.143
22) 한국음식의 맛, 천덕상 외 9인, 백산출판사, p.185
23) 한국음식의 맛, 천덕상 외 9인, 백산출판사, p.105
24) 전통장류, 안용근, 교문사, 2015, pp.41~43
25) 특허로 만나는 발효식품, 조식제, 아카데미북, 2016, pp. 218~219
26) 3대가 쓴 한국의 전통음식, 황혜성 외 3인, 교문사, 2010, p.251
27) 3대가 쓴 한국의 전통음식, 황혜성 외 3인, 교문사, 2010, p.251
28) 3대가 쓴 한국의 전통음식, 황혜성 외 3인, 교문사, 2010, p.284
29) 고급한국전통음식, 정순영 외 5인, 백산출판사, 2013, pp.196~197
30) 고급한국전통음식, 정순영 외 5인, 백산출판사, 2013, pp.200~201
31) 한국의 전통음식, 신미혜 외 2명, 백산출판사, 2006, p.140

32) 고급 한국전통음식, 정순여 외 5인, 백산출판사, 2013. p.296~297
33) 콩 발효식품에 숨겨진 비밀, 천정자, 성안당, 2020, p.154
34) 3대가 쓴 한국의 전통음식, 황혜성 외 3인, 교문사, 2010, p.201
35) 김숙년의 600년 서울음식, 동아일보사, 2001, p.189
36) 윤덕인, 전통식품 개발론, 청송출판사, 2006년, pp.135~138
37) 특허로 만나는 발효식품, 조식제, 아카데미북, 2016, pp.124~127
38) 특허로 만나는 발효식품, 조식제, 아카데미북, 2016, pp.127~132
39) 윤덕인, 전통식품개발론, 청송출판사, 2006, pp.143~146
40) 봉 주방장의 실무, 한국요리해법, 봉하원, 효일출판사, 2008, pp.135~143
41) 시사상식사전, 장 담그기
42) 문화재청 국가문화유산포털, www.heritage.go.kr
43) 한국과학기술한림원, 한림연구보고서98, 발효식품과학과 산업의 종합발전 방향, 2015.03. pp.68~69
44) 한국과학기술한림원, 한림연구보고서98, 발효식품과학과 산업의 종합발전 방향, 2015.03. p.64
45) 참발효어워즈, gffa.kr
46) 아미산쑥터 간장 등은 2021 참 발효어워즈 간장부문 대상
47) 영남일보, [권현숙의 전통음식이야기] 된장의 五德, 2017.05.10
48) 어린이동아, '집중 탐구' 된장의 매력, 2018.12.11
49) 행복이 가득한 집, [발효 이야기] 시간의 맛 된장, 디자인하우스, 2010년 1월호
50) 오색전통장, osaekjang.modoo.at
51) 강원도민일보, [맛집 멋집] 24, 강릉 '까막장 이야기', 2017.11.30
52) 윤덕인, 김문경, 조용현, 김세경, 김상희, 강원도 음식문화, 지식인, 2019, p.68
53) 만능까막장~동해식품, www.dhfood.com
54) 행복이 가득한 집, [발효 이야기] 시간의 맛 된장, 디자인하우스, 2010년 1월호
55) 울진군청. www.uljin.go.kr
56) 행복이 가득한 집. [발효 이야기] 시간의 맛 된장, 디자인하우스, 2010년 1월호
57) 2021참발효어워즈, 된장부문 대상
58) 참발효어워즈, gffa.kr
59) 농업경제신문, 홍성군 '홍주발효식품' 참발효어워즈 2021 된장부문 '대상' 수상, 2021.03.16
60) 2021참발효어워즈 된장부문 대상
61) 2021참발효어워즈 된장부문 대상
62) 참발효어워즈, gffa.kr

63) 푸른콩방주, 방주 제주푸른콩 된장 "대한민국 식품명인과 제주 향토음식 장인의 솜씨로 만들어진 된장!", 2020.10.15
64) 미디어제주, "제주토종 '푸른콩', 전통된장 · 고추장 만들어…'맛의 방주 국내1호", 2017.11.14
65) 푸른콩방주, 방주 제주푸른콩 된장 "대한민국 식품 명인과 제주 향토음식 장인의 솜씨로 만들어진 된장!", 2020.10.15
66) 푸른콩방주, 방주 제주푸른콩 된장 "대한민국 식품 명인과 제주 향토음식 장인의 솜씨로 만들어진 된장!", 2020.10.15
67) 미디어제주, "제주토종 '푸른콩', 전통 된장 · 고추장 만들어…'맛의 방주' 국내1호", 2017.11.14
68) 시사상식사전, 맛의 방주
69) 2021 참발효어워즈 된장부문 대상
70) 2021 참발효어워즈 된장부문 대상
71) 행복이 가득한 집, [발효 이야기] 시간의 맛 된장, 디자인하우스, 2010년 1월호
72) www.죽장연.com
73) 죽장연. jookjangyeon.net
74) essen, 포항 죽장연에서 정월 장 담그다, www.smlounge.co.kr
75) 영남일보, 1,000일을 기다린 전통의 우리맛, 경북 포항 죽장연(竹長然), 2020.07.29
76) 한국경제언론사, 와인처럼 블렌딩하는 '빈티지 된장'…최고 셰프들 홀린 죽장연, 2020.10.07
77) 영남일보, 1,000일을 기다린 전통의 우리맛, 경북 포항 죽장연(竹長然), 2020.07.29
78) 행복이 가득한 집, [발효 이야기] 시간의 맛 된장, 디자인하우스, 2010년 1월호
79) 참발효어워즈(www.gffa.kr)는 대한민국 발효식품의 발전과 좋은 먹거리 생태계를 살리기 위해 국내산 재료로 맛있고 안전하게 발효식품을 만드는 생산자와 시민들이 함께 만들어가는 국내 유일의 발효식품 전문 시상식이다.
80) 농업경제신문, 홍성군 '홍주발효식품' 참발효어워즈 2021 된장부문 '대상' 수상, 2021.03.16
81) 두산백과, 가을에 먹는 장으로 우리 문헌에서 장에 대해 본격적으로 기록한 《증보산림경제(增補山林經濟)》에도 청태장에 대한 기록이 남아있다.
82) 한국농정신문, 옛 고서에 수록된 장이 오다, 2021.01.29
83) 홍주발효식품 팥장, smartstore.naver.com
84) 한국농정신문, 옛 고서에 수록된 장이 오다, 2021.01.29
85) 장흥식품 햇콩마루, www.jangheungfood.co.kr
86) 윤덕인, 전통식품개발론, 청송출판사, 2006년, p.141

87) 윤덕인, 김문경, 조용현, 김세경, 김상희, 강원도 음식문화, 지식인, 2019, pp.67~68
88) 윤덕인, 앞의 책, p.142
89) 윤덕인, 김세경, 조용현, 산촌음식문화1, 강원연구원 강원학연구센터, 2020, pp.78~79
90) 조선비즈, 줄어드는 국내 장류 소비…CJ제일제당 1인용 제품·할랄 시장 공략, 2018.09.09
91) 경향신문, '5색5미' 맛과 깊이가 다른 순창 고추장…맛있게 익어가는 가을, 2015.10.28
92) 연합뉴스, 순창고추장 문옥례 씨 식품명인 지정, 2010.01.06
93) 전라일보, 순창 대표소스기술 사업화 박차, 2020.09.24
94) 농업회사법인 순창문옥례식품, www.koreansauce.com
95) 2021 참발효어워즈 고추장부문 대상
96) 2021 참발효어워즈 고추장부문 대상
97) 2021 참발효어워즈 고추장부문 대상
98) 경향신문, 청국장가루 우유에 타먹지 마라… 칼슘섭취 방해, 2009.12.16
99) 메뉴판닷컴, www.menupan.com
100) 경향신문, 외국인이 사랑하는 마법의 한국소스는?, 2017.10.29
101) 농림축산식품부·한국농수산식품유통공사, 가공식품 세분시장 현황(간장시장), 2018, p.117
102) 콩 발효식품에 숨겨진 비밀, 천정자, 성안당, 2020, pp.98~103
103) 장류산업의 현황과 향후 발전 방안, 나혜진 외 2인, 식품환경연구센터, 재단법인 발효미생물산업진흥원, 식품과학과 산업 6월호, 2020, pp.181~182
104) 장류산업의 현황과 향후발전 방안, 나혜진 외 2인, 식품환경연구센터, 재단법인 발효미생물산업진흥원, 식품과학과 산업 6월호, 2020, p.185
105) 장류산업의 현황과 향후 발전방안, 나혜진 외 2인, 식품환경연구센터, 재단법인 발효미생물산업진흥원, 식품과학과 산업 6월호, 2020, p.189
106) IPA 기법을 활용한 전통장류의 구매특성, 고하은, 전주대학교, 2020
107) 2018 가공식품 세분시장 현황~된장, 한국농수산식품유통공사 한국농수산식품유통공사 식품기획부 FIS식품산업통계 정보, 2018
108) 국내동향 트렌드픽 국내편~소스, 한국농수산식품유통공사 식품기획부 FIS식품산업통계 정보, 2020
109) 청국장 수출현황, 한국농수산식품유통공사, 2018, p.178
110) 특허로 만나는 발효식품, 조식제, 아카데미북, 2016, pp.62~64
111) 특허로 만나는 발효식품, 조식제, 아카데미북, 2016, pp.227~230
112) 콩 발효식품에 숨겨진 비밀, 천정자, 성안당, 2020, pp.133~142

113) 특허로 만나는 발효식품, 조식제, 아카데미북, 2016, pp.134~138
114) 콩 발효식품에 숨겨진 비밀, 천정자, 성안당, 2020, pp.73~74
115) 콩 발효식품에 숨겨진 비밀, 천정자, 성안당, 2020, p.75
116) 콩 발효식품에 숨겨진 비밀, 천정자, 성안당, 2020, pp.310~315
117) 특허로 만나는 발효식품, 조식제, 아카데미북, 2016, p.17
118) 전통장류, 안용근, 교문사, 2015, pp.15~17
119) 한국인에게 장(醬)은 무엇인가, 정혜경 외 1인, 효일출판사, 2013, p.169
120) 특허로 만나는 발효식품, 조식제, 아카데미북, 2016, pp.66~67
121) 특허로 만나는 발효식품, 조식제, 아카데미북, 2016, p.123
122) 한국인에게 장은 무엇인가, 정혜경 외 1인, 효일출판사, 2013, pp.238~248
123) (사)한국전통식품명인협회, http://kfgm.co.kr
124) www.ksdo.co.kr
125) www.unmal.co.kr
126) www.koreamac.co.kr
127) www.andongjebiwon.co.kr
128) www.seoilfarm.com
129) http://jang7437.com
130) www.greensoy.co.kr
131) https://blog.naver.com/kfmcenter/221059783648
132) https://blog.naver.com/gr22nade/221155079195
133) (사)한국전통식품명인협회, http://kfgm.co.kr
134) 윤덕인, 김문경, 조용현, 김세경, 김상희, 강원인의 지혜와 맛 강원도 음식문화. 지식인, 2019, p.171
135) KBS「종부의 손맛」 제작팀 이윤희, 종가를 지켜온 종부의 손맛, 오픈하우스,2014, pp.237~240
136) 이연자, 명문종가를 찾아서, 컬처라인, 2003, p.115
137) 이연자, 위의 책, pp.116~118
138) 이윤희, 종가를 지켜온 종부의 손맛, 오픈하우스, 2014, p.98
139) 이윤희, 위의 책, p.102
140) 영남일보, 종가의 술과 음식 이야기, 2015
141) 이연자, 종가의 삶에는 지혜가 있다, RHK, 2012, pp.308~316
142) 이윤희, 앞의 책, p.144
143) 이윤희, 앞의 책, pp.146~147
144) KBS 한국인의밥상 제작팀, 한국인의 밥상, ㈜씨드페이퍼, 2011, p.205

145) 이윤희, 앞의 책, pp.201~202
146) 이효지 외 7인, 주식방문, 교문사, 2017, pp.192~193
147) 권용석, 김영, 이진영, 김행란, 김양숙, 종가의 손님맞이 음식에 대한 탐색적 연구, 『한국식생활문화학회지』, 28(1), 2013, pp.20~26
148) 이연자, 종가의 삶에는 지혜가 있다, ㈜알에이치코리아, 2012, pp.310~317
149) 윤덕인, 김세경, 조용현, 이야기가 있는 산촌음식문화1, 강원연구원 강원학연구센터, 2020. p.77
150) 세계김치연구소, 위의 책, pp.108~115
151) 이연자, 명문종가2, 21세기북스, 2018, p.647
152) 세계김치연구소, 위의 책. p.91
153) 이윤희, 종가를 지켜온 종가의 손맛, 오픈 하우스, 2014년, pp.32~33
154) 이윤희, 종가를 지켜온 종부의 손맛, 오픈하우스, 2014, p.26
155) 이윤희, 위의 책, p.60
156) 이윤희, 위의 책, p.76
157) 이윤희, 앞의 책, p.88
158) 이윤희, 앞의 책, p.149
159) 이윤희, 앞의 책, p.150
160) 이윤희, 앞의 책, p.221
161) 이윤희, 앞의 책, p.274
162) 이연자, 종가의 삶에는 지혜가 있다. RHK, 2012, p.316
163) 진관사 진관사산사음식연구소, 서울 진관사 사찰음식, 2018, pp.144~145
164) 진관사 진관사사찰음식연구소, 위의 책, pp.154~155
165) 우관스님, 우관스님의 손맛 깃든 사찰음식, 스타일북스, 2013, p.11
166) 대안스님, 대안스님의 마음 설레는 레시피, 김영사, 2012, pp.122~124
167) 대안스님, 위의 책, 김영사, 2012, p.209
168) 선재 스님의 이야기로 버무린 사찰음식, 불광출판사, 2011, pp.192~205
169) 한국불교문화사업단, 사찰음식
170) 한겨레, 깨달음의 70%는 음식입니다, 2017.03.10
171) 행복이 가득한 집 정관 스님과 함께한 사찰의 봄, 2019.05.23
172) 정세체 지음, 산사에 가면 특별한 식단이 있다 모색, 2002, pp.160~165
173) 장인성, 절집의 건강비결, 청미디어, 2008, pp.35~41
174) 선재스님의 사찰음식, 디자인하우스, 2000, p.71
175) 우관스님의 손맛 깃든 사찰음식, 스타일북스, 2013, pp.27~28
176) 열두달 절집 밥상, 웅진 리빙하우스, 2014, pp.24~25

177) 대한불교조계종 한국불교문화사업단, 사찰음식(kbuddhism.com)
178) 대한불교조계종 한국불교문화사업단, 사찰음식(kbuddhism.com)
179) 묵신스님·김덕희·강시화, 사찰음식 이야기, 백산출판사, 2018, p.299
180) 일운, 불영이 감춘 스님의 비밀레시피, 담앤북스, 2011, p.235
181) 선재스님의 사찰음식, 디자인하우스, 2000, p.80
182) 선재스님의 사찰음식, 디자인하우스, 2000, p.166
183) 이춘자 외, 장(醬), 대원사, 2003, p.55
184) 우관스님의 손맛 깃든 사찰음식, 스타일북스, 2013, p.27
185) 대안스님의 마음 설레는 레시피, 김영사, 2012, pp.159~160
186) 대안스님의 마음 설레는 레시피, 김영사, 2012, p.160
187) 대안스님의 마음 설레는 레시피, 김영사, 2012, p.164
188) 대안스님의 마음 설레는 레시피, 김영사, 2012, p.165
189) 대안스님의 마음 설레는 레시피, 김영사, 2012, p.165
190) 우관스님의 손맛 깃든 사찰음식, 스타일북스, 2013, p.26
191) 우관스님의 손맛 깃든 사찰음식, 스타일북스, 2013, pp.26~27
192) 네이버 지식백과
193) 서귀포신문, 2012년 6월 21일자
194) Cook & Chef 2022년 1월 1일자

3부

1장

장(醬)을 침장원으로 하는 장아찌문화

I
장아찌의 역사적 변천

우리나라는 농사를 짓기 시작한 상고시대부터 삼국시대, 고려시대에 이르기까지 봄, 여름 가을, 겨울, 계절에 따라, 된장, 고추장, 간장, 소금, 식초, 술, 젓갈, 등의 발효식품이 발달하면서 저장식품의 필요가 생활에 저장식품이 필요했다. 이를 미루어 볼 때 채소를 소금에 절이고 건조시킨 저장법은 겨울철을 대비한 식용 식품으로 오래전부터 이용했을 것이라고 짐작할 수 있다.

장아찌는 절임으로 분류되는데, 절임은[1] 『삼국사기』신문왕 3년의 기록에 해(醢, 물고기 절임 해, 젓갈 해)가 장(醬), 시(豉), 포(脯) 등과 같이 사용기본 식품임을 알게 하는데, 이 해는 어패류, 수조육류, 채소류 또는 이러한 식품을 섞어서 절인 것 등을 총칭하는 것으로 해석한다. 절임은 물론 소금이 있던 시기에 실시했다고 생각된다. 다만 고대 생활에서는 소금보다 술이 얻기 쉬운 식품이었으므로 여러 가지 해를 가공할 때 소금과 술 또는 소금과 술지게미 등을 섞어서 절였을 것이다. 혹은 현재도 동해안 일부지역에서 배추를 바닷물에 절여서 김치를 담그듯이 바닷물에 절이는 일도 있었을 것이다.

삼국시대 절임법의 기본은 첫째, 소금에만 절인 것, 둘째, 소금과 밥이나 죽을 섞은 것에 절인 것, 셋째, 소금과 메줏가루를 섞은 것에 절인 것 등이 추정된다. 이러한 절임법으로 어패류, 수조육류, 산나물, 들나물, 밭채소 중에서 소금물에 견딜 수 있는 것(염지)을 모두 절였을 것이다. 그 중에서 어패류를 소금에만 절인 것이 오늘날에 젓갈로 이어져오고, 쌀밥을 섞어서 절인 것은 동해안 지역의 생선식해로 이어져오고 있으며, 메줏가루를 섞어 절인 것은 어육장 등으로 이어져왔다. 채소를 절인 것은 오늘날의 김치와 장아찌로 이어져오고 있다.

따라서 삼국시대 채소절임은 첫째, 소금에만 절인 것, 둘째, 소금과 밥이나 죽을 섞은 것에 절인 것, 셋째, 소금과 술지게미를 섞은 것에 절인 것, 넷째,

소금과 식초를 섞어서 절인 것, 다섯째, 장에 절인 것으로 구분할 수 있다.[2)]

본고에서는 장류를 침장원으로 하는 장아찌들을 주로 다루었다.

문헌상 장아찌의 기록은 고려 중엽 이규보(1168~1241)가 지은 『동국이상국집(東國 李相國集)』(1241)의 시(詩) '가포육영(家圃六泳)'에서 외(瓜), 가지, 아욱, 파, 순무, 박 등의 채소를 소금에 절여 겨울철을 대비하고, 무청을 장속에 박아 넣고 여름철에 먹는다고 표현하여 옛 김치나 장아찌에 대해 말한 것임을 알 수 있다. 이 기록으로 보아 장아찌는 이미 『동국이상국집』기록 이전부터 이용되고 있었다고 추측할 수 있다.

조선 초기의 문헌인 『농가집성』에 기록된 『사시찬요초(四時纂要抄)』(1655)에는 8월과 9월에 먹는 '가지장아찌', '오이장아찌'에 대한 내용이 있고 1670년경 좋은 음식 맛을 내는 방문(方文)을 최초 한글로 기록한 고조리서 『음식디미방(飮食知味方)』에는 '생치짠지법'에 대한 설명이 있다. 여기서 말하는 '생치지'는 오이지를 이용한 음식으로 생각된다.

생치침채법(生雉沈菜法)은[3)] "꿩고기 김치법으로 간이 든 오이지의 껍질을 벗겨 속은 가늘게 한치 길이만큼씩 도독도독하게 썰어 물에 우려내고 꿩고기를 삶아서 오이지같이 썰어서 따뜻한 물과 소금을 알맞게 넣어 나박김치같이 담가 삭혀서 쓴다."고 했다.

조선중기 『증보산림경제(增補山林經濟』(1766)에는 반찬 만들기(治膳) 세목 중 채소의 다양한 제품, 즉 가지, 동아, 무, 순무, 배추, 파, 부추 등을 장류와 소금, 식초에 섞어 만든 장아찌 종류가 많이 기재되어 있다. 기존의 소금 외에도 여러 가지 침장법과 식초 만드는 법, 술 만드는 법도 상세히 기록되어 있어 장아찌의 절이는 재료와 방법이 다양해졌음을 알 수 있다.

조선시대 후기 가정생활의 필요한 지침서로 『규합총서(閨閤叢書)(1815)의 권지 일, 술과 음식 「주식의(酒食義)」 중 금지이법에는 공과, 오이, 가지, 풋고추를 소금에 절여 장에 넣어 곰삭게 만드는 방법이 실려 있는데, 이때는 오이를 통으로 사용하기도 하고 속을 내고 사용하기도 한다. 가지는 꼭지만 떼고 동과는 긁어서 소금에 절여서 물기 제거 후 콩과 보리가 들어간 장에 담근다고 설명하고 있다. 이는 소금 이외에도 곡물이 들어간 장도 장아찌에 이용되었음을 알 수 있다.

1800년 말엽의 찬자 미상의 『시의전서(是醫全書)』에는 배추속대, 미나리, 가지, 고춧잎 등의 장아찌가 기록되어 있다.

서유구의 『임원십육지(林園十六志)』(1827)는 농업 위주의 백과전서로서 식품류가 서양하고 장아찌도 소금에 절인 것 외에 된장에 박은 것도 기록되어 있으며, 엄장저(醃醬菹)와 자채(鮓菜) 등 김치무리 같은 장아찌도 많이 소개되어 있다.[4] 엄법(醃法)으로 오이의 배를 갈라 씨와 속은 버리고 소금에 2~3일을 절인다. 볕에 말려 장에 넣고 10여 일을 절인다. 어린 누런 오이를 절이면 더욱 맛이 좋으며 가지도 같은 방법으로 한다.[5]

방신영의 『조선요리법』(1917)에는 장짠지, 무짠지, 젓국지 등이 기록되어 있고 개정증보 『조선요리제법』(1942)에서는 장아찌 종류로 마늘, 감자, 미나리, 파, 홍합, 두부 등 그 수와 종류가 늘어났음을 알 수 있다.

손정규의 『우리음식』(1948)에서는 장아찌 종류로 가지, 고춧잎, 우엉, 파, 씀바귀, 달래, 오이, 마늘, 마늘잎, 오이 등의 채소요리가 소개되고 있고 된장, 간장, 고추장을 이용하여 장아찌를 소개하고 있다.

『이조궁중요리통고(李朝宮廷料理通考)』(1957)는 임금님께 바치는 진상(進上)과 신하에게 내리는 하사(下賜), 반사(頒賜)를 통해 궁중음식이나 양반가와 중인 백성에게까지 전해지며 우리 전통 음식문화에 영향을 끼쳤다.

버섯, 채소, 해조류로 만드는 요리 중에 배추속대장과, 미나리장과, 무갑장과, 무장아찌, 송이장과, 열무장과, 마늘장과, 오이장과는[6] 소금에 절여서 햇볕에 말리고 물기를 제거한 후 쇠고기와 함께 볶아서 만든 장과와 간장, 설탕, 소금, 식초 등을 넣고 만들어 숙성시켜 먹는 장과도 있다.[7]

장아찌류는 소금과 갖가지 장으로 가공하는 것으로 이차적인 조리법이라 할 수 있다. 또 그 장아찌를 상에 올릴 때 참기름, 깨소금, 설탕 등으로 무쳐서 맛이 더 있도록 조미해서 먹는다. 마치 젓갈을 직접 먹는 어리굴젓이나 진석화젓같은 것이고 꼴뚜기젓처럼 소금에 절여서 삭혀두고 먹을 때 꺼내서 잘 손질하여 무쳐서 먹는 법이 있는 것과 같다.

장아찌감이라는 것은 전국적으로 거의 똑같은 것을 쓰고 있으나 그 재료의 취급에서 볼 때 날로 쓰는 법과 소금에 일차 절였다가 또는 말렸다가 쓰는 것 등 여러 가지 방법이 있다. 또 간을 무엇을 하느냐에 따라 장아찌의 이름이 달라진다. 된장장아찌, 간장장아찌, 고추장장아찌 등으로 나누어진다.

장아찌에 쓰는 간은 원칙적으로 먹는 간장, 된장, 고추장 항아리에 여러 가지 재료를 넣으면 장맛이 변하게 되므로 반드시 큰 항아리에서 작은 항아리에 덜어서 별도로 장아찌항아리를 만들고 갈무리를 잘해야 한다.

장아찌는 짠 반찬의 큰 종류이나 양을 많이 먹는 찬이 아니므로 장아찌로 담는 양은 조금씩 여러 가지를 자가용(自家用)으로 마련한다. 해마다 담그는데 해를 묵히는 일도 있지만 대게는 그해에 먹고 다시 또 담근다. 그 재료가 새로 나오면 담가서 이어서 먹는다.

서울, 경기, 충청도 등 중부지방은 무 동치미로 담갔던 것을 겉 표면에 물기만 말려서 무장아찌로 박고, 오이는 오이지로 담갔던 것을 겉 물기만 말려서 돌로 눌렀다가 배들배들 한 것을 장아찌로 박는다. 된장에 박았다가 다시 고추장에 옮겨 담기도 한다. 고춧잎이나 무말랭이는 단독으로 담기도 하고 두 가지를 합하여 간장을 부어 저장해 두고 먹을 때 조금씩 꺼내서 참기름, 깨소금, 설탕, 고춧가루 등으로 무쳐서 반찬으로 상에 올리는 법이 보편적이다. 황해도, 평안도에서는 생 무를 통으로 쓰고, 가을에 넝쿨 걸이 애호박을 생으로 쓰고, 풋고추는 꼭지를 떼지 말고 끝만 잘라 버리고 생으로 된장에 박기도 한다.

특별한 장아찌감으로는 충청, 전라, 경상북도 등 땡감이 많은 고장에서 풋감, 떫은 감을 고추장 장아찌로 담는 것이 유명하다. 더덕은 어느 지방이나 장아찌감 중 상으로 친다. 또 서울 대가집들은 전복을 고추장장아찌로 박고 명태나 굴비도 잘 손질하여 고추장에 잠깐 박았다가 사용한다. 또 평안도에서 담는 두부장은 두부를 물기를 빼서 줌치(주머니의 방언)에 넣어 고추장에 박으면 삭아서 특별한 맛이 난다. 마치 치즈같이 된다. 이것을 상추쌈에 싸서 먹으면 각별한 맛이 난다. 이 두부장은 사찰에서 잘 만들고 있다. 대흥사에서도 만드는데 간만 밸 정도가 아니고 발효를 시켜서 특별한 맛이 나게 하는 것도 있다. 북어나 굴비는 장에 오래 두면 윤기가 사라지므로 잠깐 담갔다 먹는 것이고 오이, 무, 고추 등은 오래 두어도 관계없는 장아찌이다.

숙장아찌는 서울에서 잘 만들었는데 궁중에서는 갑장아찌(=갑장과)라 하여 갑자기 급히 장아찌 모양으로 만들었다는 뜻이다. 숙장아찌는 잠깐 볶는 것으로 익혔기 때문에 숙(孰)자를 붙인 것이다. 무숙 장아찌는 무, 열무를 진간장으로, 오이는 소금으로 잠깐 절였다가 짜서 볶은 고기와 섞어서 합쳐 잠깐 볶아 아작아작하게 만들어 차게 식힌 다음 참기름, 깨소금, 실고추를 넣고 무쳐서 만든 것이다. 오이 숙장아찌도 오이로 같은 방법으로 만든다. 이러한 숙장아찌는 저장 해두는 용도는 아니다. 궁중에서는 된장, 고추장, 간장 등에 담는 장아찌는 없다.[8)]

Ⅱ
장아찌류 가공 실태

1. 장아찌류의 특징

우리나라는 사계절의 구분이 뚜렷하고 지역적·풍토적 다양성을 갖춘 덕분에 저장 식품이 발달했다. 그중 하나가 장아찌로 채소가 자랄 수 없는 겨울철에 채소를 먹기 위한 방편이었다. 이렇게 철따라 나오는 여러 가지 채소를 장아찌로 만들어 저장해두고 식탁에 채소가 부족해지지 않도록 대비한 것이다. 기온의 차이가 심하고 제철에 생산되는 산물이 다른 자연환경에서 채소를 꾸준히 섭취할 수 있고 원재료의 맛을 가장 잘 지키면서 익히지 않고 먹을 수 있는 방법을 찾은 조상들의 지혜였다.[9)]

『임원십육지(林園十六志)』에 의하면 김치 버무리를 소금절이김치, 초절이김치, 장아찌, 식혜형 김치 등으로 부르며, 장아찌를 제채(齊菜)라 하며, 『아언각비(雅言覺非)』에서는 가늘게 썬 것을 초와 장에 섞어 마늘과 생강을 가늘게 썬 양념에 버무린 것이라고 기록되어 있으며, 전해 내려오는 장아찌 재료의 종류는 수없이 많고 다양하다고 알려져 있다.[10)]

장아찌는 식품의 장기간 보존을 위한 방법이며 가장 오래되고 기본적인 절임 저장법이다. 장아찌의 절임원으로 간장, 고추장, 된장, 식초가 가장 많이 이용되고, 그 외에도 젓갈, 술이나 술지게미, 소금 등이 있다. 각각의 재료를 절임원에 담가두면 침투액의 삼투와 효소의 작용으로 숙성과정 중에 독특한 풍미와 질감을 얻을 수 있는 발효식품이다.[11)]

절임류는 과실류, 향신료와 채소류 등의 식재료를 염류, 초류, 당류, 또는 장류 등에 절이거나 다른 식품을 첨가하여 가공 저장하여 우리 식탁에 밑반찬으로 사용된 많은 음식 중 하나이다.[12)]

2. 장아찌의 영양학적 특징

장아찌는 여러 가지 채소를 소금, 식초, 장류 등에 저장했다가 먹기 때문에 종류에 따라 그 영양성분들이 다르다. 장아찌의 재료로 이용되는 채소에는 비타민 A, B, C와 칼슘, 철분 등의 무기질이 많다.

또한 색소 성분인 안토시아닌(anthocyanin), 베타카로틴(beta-carotene), 클로로필(chloroohyll) 등과 생리 활성성분인 피토케미칼(phytochemical) 등이 다양하게 함유하고 있으며, 이런 성분들은 강한 항산화 작용으로 암 예방, 노화방지, 성인병 예방과 함께 칼로리가 높지 않아 다이어트에도 효과적이다.[13)]

3. 장아찌의 종류[14)]

장아찌는 제철에 많이 나는 채소류를 이용하여 소금에 절이거나 고추장에 넣었다가 오랜 시간이 지난 후에 먹는 저장 식품의 진수라고 할 수 있다. 장아찌는 저장을 위해 일부러 짭짤하게 간을 했지만 잃었던 입맛을 되살리는 꼭 필요한 밥반찬이다. 각 지방에서 만드는 장아찌 종류만 해도 200여 가지가 넘는다고 한다.

궁중에서는 장아찌를 '장과(醬果)'라고 하였는데 오래 저장하기 위해 만든 '숙장과'와 즉석에서 만드는 '갑장과'가 있었다. 장아찌는 된장, 간장, 고추장 등에 박아 두었다가 알맞게 삭혔다가 꺼내 참기름이나 설탕 등으로 무쳐 먹는 것이 일반적이다.

장아찌의 조리법은 대략 5가지로 구분할 수 있는데, 간장, 된장, 고추장, 소금, 식초를 이용한 장아찌 등이다. 간장 장아찌의 대표적인 것은 오이장아찌라 할 수 있는데 오이를 깨끗이 씻어 말린 후에 간장을 펄펄 끓여 식혀 단지에 붓고 잘 봉해 두었다가 먹거나, 소금물로 절였다가 먹을 때 조미하여 먹는 방법도 있다.

고추장 장아찌 만들 때 주의할 점은 고추장에 다른 물질을 넣으면 고추장

고유의 맛을 버리므로 재료가 충분히 담길만한 막 고추장을 따로 준비해야 한다. 그리고 간장이나 소금물에 절일 때도 재료가 충분히 잠기도록 해야 하며 단지의 보관을 잘해야 한다.

(1) 고추장 장아찌의 종류

고추장 장아찌 종류		
가지 고추장 장아찌	마늘종 고추장 장아찌	어성초 고추장 장아찌
감(단감) 고추장 장아찌	매실 고추장 장아찌	엄나무 순 고추장 장아찌
감태 고추장 장아찌	무채 고추장 장아찌	오이 고추장 장아찌
갓 고추장 장아찌	미역 고추장 장아찌	우엉 고추장 장아찌
고구마 줄기 고추장 장아찌	민들레 잎 고추장 장아찌	인삼 고추장 장아찌
고들빼기 고추장 장아찌	방아 잎 고추장 장아찌	여주 고추장 장아찌
고춧잎 고추장 장아찌	배 고추장 장아찌	자두 고추장 장아찌
곤드레나물 고추장 장아찌	복숭아 고추장 장아찌	죽순 고추장 장아찌
굴비 고추장 장아찌	천도복숭아 고추장 장아찌	질경이 고추장 장아찌
녹차잎 고추장 장아찌	뽕잎 고추장 장아찌	참외 고추장 장아찌
냉이 고추장 장아찌	사과 고추장 장아찌	취나물 고추장 장아찌
눈개승마 고추장 장아찌	살구 고추장 장아찌	토마토 고추장 장아찌
다래 순 고추장 장아찌	새송이 고추장 장아찌	방울토마토 고추장 장아찌
다시마 고추장 장아찌	생강 고추장 장아찌	톳 고추장 장아찌
당귀 잎 고추장 장아찌	쑥 고추장 장아찌	팽이버섯 고추장 장아찌
더덕 고추장 장아찌	씀바귀 고추장 장아찌	황태 고추장 장아찌
도라지 고추장 장아찌	양파 고추장 장아찌	대추 고추장 장아찌

(2) 간장 장아찌

간장 장아찌 종류		
고들빼기 간장 장아찌	마늘 간장 장아찌	산나물(명이나물) 간장 장아찌
갓 간장 장아찌	풋마늘 대 간장 장아찌	새싹인삼 간장 장아찌
고추 간장 장아찌	마늘종 간장 장아찌	산초 열매 간장 장아찌
곰취 간장 장아찌	무 간장 장아찌	양파 간장 장아찌
김 간장 장아찌	머위 잎 간장 장아찌	여주 간장 장아찌
깻잎 간장 장아찌	무청 간장 장아찌	연근 간장 장아찌
냉이 간장 장아찌	무채 간장 장아찌	우엉 간장 장아찌
달래 간장 장아찌	미나리 간장 장아찌	전복 간장 장아찌
돼지감자 간장 장아찌	방울양배추 간장 장아찌	지누아리 간장 장아찌
두릅 간장 장아찌	버섯 간장 장아찌	질경이 간장 장아찌
땅두릅나물 간장 장아찌	부추 간장 장아찌	쪽파 알뿌리(종자) 간장 장아찌
당귀 잎 간장 장아찌	브로콜리 간장 장아찌	초석잠 간장 장아찌
매생이 간장 장아찌	뽕잎 간장 장아찌	콜라비 간장 장아찌
톳 간장 장아찌	파래 간장 장아찌	

(3) 된장 장아찌

된장 장아찌 종류		
가지 된장 장아찌	머위 줄기 된장 장아찌	참외 된장 장아찌
고추 된장 장아찌	머위 잎 된장 장아찌	칡 잎 된장 장아찌
고춧잎 된장 장아찌	무청 된장 장아찌	콩잎 된장 장아찌
곰취 된장 장아찌	미역 줄기 된장 장아찌	톳 된장 장아찌
깻잎 된장 장아찌	배추잎 된장 장아찌	청노각 된장 장아찌
냉이 된장 장아찌	야콘 된장 장아찌	달래 된장 장아찌
연근 된장 장아찌	참나물 된장 장아찌	

4. 장류별 장아찌를 이용한 전통음식

1) 간장

(1) 매생이 간장 장아찌

재료와 분량 : 매생이 1kg
양념장 : 진간장 1컵, 맛술 1컵, 물엿 1컵, 고추장 2큰술, 생강즙 3큰술, 청주 1/2컵

매생이는 재빨리 씻어 물기를 꼭 짠다.(너무 오래 씻거나 물에 담가놓으면 상한다.) 채반에 널어 바람이 잘 통하는 곳에 두거나 식품건조기(온도 38~40℃)에 넣어 잘 말린다. 엉긴 부분이 없도록 손질한 다음 5cm 길이로 자른다.

양념장 재료를 넣어 바글바글 끓인다. 용기에 매생이를 담고, 양념장을 식혀서 매생이 사이사이에 붓는다. 냉장 보관하며 숙성시킨다.

(2) 브로콜리 간장 장아찌

재료와 분량 : 브로콜리 2송이, 홍고추 3개, 마늘 50g, 생강즙 2큰술
데치기 : 물 2L, 소금 1큰술
양념장 : 소금 3큰술, 진간장 3큰술, 물 3컵, 설탕 1.5컵, 식초 1.5컵

브로콜리는 작은 송이로 잘라주고, 기둥은 잘 씻어 얇게 저민다. 끓는 소금물에 브로콜리를 넣었다가 건져 찬물에 헹구고 물기를 제거한다. 마늘은 편으로 썰고 홍고추, 청양고추도 썬다. 양념장 재료를 끓여 양념장을 만든다.

용기에 브로콜리, 홍고추, 청양고추, 마늘, 생강즙을 담고 식힌 양념장을 부은 다음, 건더기가 양념장 위로 뜨지 않도록 눌러 놓는다. 3일, 7일, 15일 후에 양념장만 따라내어 끓인 다음 식혀서 붓는다. 냉장 보관하며 숙성시킨다.

(3) 산마늘(명이나물) 간장 장아찌

재료와 분량 : 산마늘 500g

맛국물 : 멸치 10g, 다시마 10×10cm 1장, 건표고버섯 2개, 건고추 2개, 건고추 2개, 생강 5g, 물 4컵

양념장 : 맛국물 2컵, 진간장 2/3컵, 국간장 1/2컵, 설탕 1/2컵, 식초 1/2컵, 청주 1/2컵, 매실 발효액 1/2컵

산마늘은 깨끗이 씻어 물기를 제거한다. 맛국물 재료를 중불에서 끓여 맛국물 2컵을 만든다. 맛국물에 진간장, 국간장, 설탕을 넣고 끓으면 식초, 청주, 매실 발효액을 넣고 1분 정도 더 끓여 양념장을 만든다.

용기에 산마늘을 담고 뜨거운 양념장을 부은 다음, 산마늘이 양념장 위로 뜨지 않도록 눌러 놓는다. 3일, 7일, 10일 후에 양념장만 따라내어 끓인 다음 식혀서 붓는다. 냉장 보관하며 숙성시킨다.

2) 된장

(1) 가지된장 장아찌

재료와 분량 : 가지 1kg

맛국물 : 멸치 10g, 다시마 10×10cm 1장, 양파 50g, 건고추 2개, 마늘 20g, 생강 5g, 물 3컵

양념장 : 맛국물 1컵, 다진 마늘 1/2컵, 생강즙 3큰술, 물엿 1컵, 청주 1/2컵, 된장 2컵

가지는 가늘고 작은 것으로 골라 3~4cm 길이로 자른 다음 나무젓가락 굵기로 썬다. 기름을 두르지 않은 팬에 가지를 구운 다음 채반에 널어 물기를 제거한다.

맛국물 재료를 중불에서 끓여 맛국물 1컵을 만든다. 맛국물에 된장을 제외한 양념장 재료를 모두 넣고 중불에서 4~5분 끓인 다음 불을 끈다. 된장을 넣고 잘 섞어 다시 1~2분 끓인다. 식힌 양념장을 가지와 버무리고 용기에 담는다. 양념장을 조금 남겨 위에 덮은 다음, 냉장 보관하며 숙성시킨다.

(2) 미역 줄기 된장 장아찌

재료와 분량 : 염장 미역 줄기 1kg

맛국물 : 멸치 20g, 양파 200g(중 1개), 생강 1톨, 다시마 10×10cm 1장, 마늘 30g, 건고추 2개, 통후추 1작은술, 건표고버섯 2장, 물 7컵

절임액 맛국물 2컵

양념장 : 맛국물 2컵, 다진 마늘 3큰술, 된장 1/2컵, 식초 5큰술, 통후추 1작은술, 물엿 1.5컵, 간장 1큰술

미역 줄기를 잘 씻는다. 맛국물 재료를 중불에서 끓여 맛국물 4컵을 만든다. 절임액에 미역 줄기를 담그고 냉장고에 하루 정도 두어 짠맛을 제거한다. 채반에 널어 꾸덕꾸덕해질 때까지 말린다.

맛국물 2컵에 양념장 재료를 모두 넣고 중불에서 7~8분 끓인다. 뜨거운 양념장을 미역 줄기에 부어 버무리고 용기에 담아 냉장 보관하며 숙성시킨다.

(3) 야콘 된장 장아찌

재료와 분량 : 야콘 1kg

1차 절임액 : 된장 1.5컵, 물엿 1.5컵, 2차 절임액 : 물엿 1컵

양념장 : 생강즙 3큰술, 청주 1/2컵

야콘은 깨끗이 씻고 반으로 갈라 6cm 길이로 썬다. 된장과 물엿을 섞어 만든 1차 절임액에 야콘을 버무려 절인다. 야콘에서 물이 나오면 무거운 것으로

눌러 2일 정도 둔다. 체에 밭쳐 야콘을 분리하고, 1차 절인 물은 냉장고에 보관한다. 2차 절임액인 물엿 1컵을 야콘에 버무린 뒤 무거운 것으로 눌러 2일 정도두면 물이 생기고 수분과 짠맛이 빠진다.

야콘을 건져서 물기를 꼭 짜고 채반에 널어 바람이 잘 통하는 곳에 두거나 식품건조기(온도 38~40℃)에 넣어 꾸덕꾸덕해질 때까지 말린다. 1차 절인 물에 양념장 재료를 7~8분 이상 끓인다. 식은 양념장을 말린 야콘과 버무리고 용기에 담는다. 양념장을 조금 남겨 위에 덮은 다음, 냉장 보관하며 숙성시킨다.

(4) 참외된장 장아찌

재료와 분량 : 참외 5개

절임액 : 설탕 60g, 굵은소금 60g, 물엿 1컵

양념장 : 된장 2컵, 조청 1/2컵, 마늘 1/2컵, 생강즙 3큰술, 청주 1/2컵, 건표고버섯 가루 2큰술

참외는 단단하고 과육이 두꺼운 것으로 준비해서 깨끗이 씻는다. 껍질째 반으로 가르고 속의 씨를 깨끗이 제거한다. 절임액용 소금과 설탕을 섞어 참외에 넣고 참외가 숨이 죽으면 무거운 것을 올려 하루를 둔 뒤 물엿을 넣어 버무린다. 여기에 무거운 것을 눌러 1~2일 더 둔다.

물엿을 넣어 버무리고 무거운 것으로 눌러 하루 정도 더 둔다. 참외에서 수분과 짠맛이 빠지면 참외는 건지고 물은 버린다.

채반에 널어 그늘에 두거나 식품건조기(온도 38~40℃)에 넣어 꾸덕꾸덕해질 때까지 말린다.

된장과 건표고버섯 가루를 제외한 양념장 재료를 중불에서 5분 정도 끓인 후 불을 끈다. 된장과 건표고버섯 가루를 넣고 잘 섞어 다시 1~2분 끓인다. 식힌 양념장을 말린 참외와 버무리고 용기에 담는다. 양념장을 조금 남겨 위

에 덮은 다음, 냉장 보관하며 숙성시킨다.

3) 고추장

(1) 굴비고추장 장아찌

재료와 분량 : 말린 조기(굴비)살 500g

양념장 : 고추장 3컵, 소주 1컵, 다진 마늘 1/2컵, 생강즙 5큰술, 물엿 1.5컵, 간장 2큰술

굴비는 깨끗이 씻은 다음 머리를 잘라내고 몸통은 포를 뜬다. 채반에 널어 바람이 잘 통하는 곳에서 3~4일 정도 뒤집으며 말리거나, 식품건조기(온도 38~40℃)에 넣어 뒤집으며 말린다. 말린 굴비는 껍질을 벗기고 살만 발라내어 찢어서 사용한다.

고추장을 제외한 양념장 재료를 중불에서 7~8분 끓인 다음 불을 끈다. 고추장을 넣고 잘 섞어 다시 1분 정도 끓인다. 양념장을 말린 굴비 살과 버무리고 용기에 담는다. 양념장을 조금 남겨 위에 덮은 다음, 냉장 보관하며 5~6개월 동안 숙성시킨다.

(2) 녹차 잎 고추장 장아찌

재료와 분량 : 녹차 잎 100g

양념장 : 맛술 1컵, 국간장 1큰술, 고추장 1.5컵, 생강즙 3큰술, 조청 1컵

녹차 잎은 뜨거운 물로 한 번 우려낸다. 채반에 널어 바람이 잘 통하는 곳에서 꾸덕꾸덕해질 때까지 말린다. 고추장을 제외한 양념장 재료를 중불에서 3~4분 끓인 후 불을 끈다. 고추장을 넣고 잘 섞어 다시 1~2분 끓여서 부어준다.

(3) 대추고추장 장아찌

재료와 분량 : 풋대추 500g

양념장 : 청주 1/2컵, 물엿 1컵, 생강즙 1큰술, 고추장 1컵

풋대추는 크고 통통한 것으로 준비해 깨끗이 씻는다. 대추를 과도로 돌려 깎아 3등분한다. 채반에 널어 바람이 잘 통하는 곳에 두거나 식품 건조기(38~40℃)에 넣어 꾸덕꾸덕해질 때까지 말린다. 고추장을 제외한 양념장 재료를 중불에서 3~4분 끓인 후 불을 끈다. 고추장을 넣고 잘 섞어 다시 1~2분 끓인다.

식힌 양념장을 말린 대추와 버무리고 용기에 담는다. 양념장을 조금 남겨 위에 덮은 다음, 냉장 보관하며 숙성시킨다.

(4) 미역고추장 장아찌

재료와 분량 : 마른미역 100g

절임액 : 물 3컵, 물엿 3컵

양념장 : 맛술 1/2컵, 조청 1컵, 다진 마늘 3큰술, 간장 3큰술, 생강즙 3큰술, 식초 3큰술, 고추장 1.5컵

마른미역을 잘게 잘라 준비한다. 절임액에 미역을 담가 냉장고에 30분 정도 뒀다가 건져내어 물기를 짠다. 고추장을 제외한 양념장 재료를 모두 넣어 3분 정도 끓인 뒤 불을 끈다. 고추장을 넣고 잘 섞어 다시 1~2분 끓인다.

뜨거운 양념장을 미역에 부어 버무리고 용기에 담는다. 양념장을 조금 남겨 위에 덮은 다음, 냉장 보관하며 숙성시킨다. 미역을 된장에 박아 두거나 간장을 부어 간이 배면 무쳐 먹는 방법도 있다.

(5) 사과고추장 장아찌

재료와 분량 : 사과 1kg

절임액 : 물 5컵, 소금 2큰술, 설탕 3큰술

양념장 : 고추장 1.5컵, 청주 또는 매실주 3큰술, 물엿 1컵, 생강즙 1큰술

사과는 깨끗이 씻은 뒤 껍질째로 4등분해 씨를 제거한 후 1.2cm 두께로 썬다. 절임액에 사과를 1시간 정도 담가 절인다. 채반에 널어 바람이 잘 통하는 곳에 두거나 식품건조기(38~40℃)에 넣어 꾸덕꾸덕해질 때까지 말린다.

양념장 재료를 모두 넣고 2~3분간 끓인다. 식힌 양념장을 말린 사과와 버무리고 용기에 담는다. 양념장을 조금 남겨 위에 덮은 다음, 냉장 보관하며 숙성시킨다. 돼지고기와 맛이 잘 어울리므로 돼지고기 볶음이나 편육 먹을 때 같이 먹으면 좋다.

(6) 인삼고추장 장아찌

재료와 분량 : 수삼 500g, 꿀 3큰술

절임액 : 소금 1/2큰술, 설탕 1큰술, 배즙 3큰술

양념장 : 고추장 1.5컵, 조청 1컵, 청주 1/2컵

수삼은 잔뿌리를 제거한 다음 껍질은 벗기지 않고 물로 흙을 씻는다. 0.7cm 정도 두께로 편으로 썬 후 절임액에 인삼을 버무려 1시간 절인다. 이때 인삼에서 나온 물은 버리지 않는다. 면보 위에 인삼 편을 놓고 밀대로 민다. 채반에 널어 바람이 잘 통하는 곳에서 꾸덕꾸덕해질 때까지 말린다.

인삼 절인 물에 청주와 조청을 넣어 3~4분 끓인 후 불을 끈다. 고추장을 넣고 잘 섞어 다시 1~2분 끓인다. 식힌 양념장을 말린 인삼과 버무리고 용기에 담는다. 그 위에 꿀을 골고루 뿌려 보관한다.

(7) 토마토고추장 장아찌

재료와 분량 : 토마토 1kg
절임액 : 소금 2큰술, 물엿 1/2컵
양념장 : 고추장 1컵, 청주 3큰술, 조청 1/2컵, 생강즙 1큰술, 고운 고춧가루 1큰술

토마토는 빨갛게 익지 않은 것을 준비해 깨끗이 씻은 다음 가운데에 칼로 열십자를 낸다. 끓는물에 토마토를 30초 정도 넣었다가 건져서 얼음물에 30초 정도 담그고 다시 건져서 껍질을 벗긴다. 껍질을 벗긴 토마토를 4쪽으로 갈라 안의 씨를 제거한다. 절임액에 토마토를 버무린 뒤 12시간 정도 무거운 것으로 눌러 물기를 뺀다. 토마토를 건져 채반에 널고 꾸덕꾸덕해질 때까지 말린다. 양념장을 바글바글 끓인다.

식힌 양념장을 말린 토마토와 버무리고 용기에 담아 냉장 보관하며 숙성시킨다.

(8) 황태고추장 장아찌

재료와 분량 : 황태포 300g, 꿀 2큰술
절임액 : 청주 2큰술, 국간장 2큰술, 국간장 2큰술, 고운 고춧가루 2큰술
양념장 : 맛술 1/2컵, 다진 마늘 3큰술, 생강즙 2큰술, 조청 1컵, 설탕 3큰술, 고추장 2컵

말려서 판매하는 황태포를 찬물에 재빨리 씻고 3~4cm 길이로 자른다. 절임액에 황태를 버무려 하루 정도 냉장고에 둔다. 고추장을 제외한 양념장 재료를 3~4분 끓인 후 불을 끈다. 고추장을 넣고 잘 섞어 다시 1~2분 끓인다. 식힌 양념장을 황태와 버무리고 용기에 담은 후 위에 꿀을 골고루 뿌린 후 냉장 보관하며 숙성시킨다.

Ⅲ
계절별 장아찌 담그기

1. 봄 장아찌

봄소식을 전하는 달래는 뿌리와 줄기를 모두 먹을 수 있어서 통째로 소금이나 간장에 절였다가 초절임을 하거나 고추장에 넣기만 하면 된다. 더덕과 도라지는 잘 말린 다음 된장이나 고추장에 넣어야 물이 생기지 않는다. 먹을 때는 결대로 쭉쭉 찢어 참기름과 깨소금 양념을 넣고 무쳐서 먹는다.

죽순은 4월에 잠깐 나오기 때문에 간장에 절여 두었다가 상에 내면 짭조름하면서도 아삭한 맛을 즐길 수 있다. 죽순 장아찌는 간장을 끓여 두세 번 반복해서 끓여 식혀서 부어주어야 맛이 변하지 않고 보관할 수 있다.

마늘장아찌용 마늘은 덜 여물어서 쪽이 붙어 있고 대가 약간 푸르며 껍질이 불그레한 육 쪽 마늘이 좋다. 간장에 담그려면 식초에 일주일 정도 아린 맛을 빼주고 간장과 설탕을 물을 넣고 끓여서 부어준다. 적당한 간격을 두고 간장물을 끓여서 식혀서 부어주어야 한다.[15)]

2. 여름 장아찌

장아찌를 담는 시기는 다양한 재료가 많이 나오는 계절이 좋다. 대개는 햇장이 익을 즈음이나 지난해 먹다가 남은 묵은장을 이용해 담는다. 여름 장아찌의 재료는 오이, 가지, 호박, 깻잎, 참외 등이 적당하다. 장아찌는 간이 짭짤하기 때문에 오래도록 두고 먹어도 맛이 변하지 않아 술안주나 밑반찬으로 아주 요긴하게 쓰인다.

깻잎은 된장이나 간장에 넣어 삭혀 먹는다. 깻잎을 소금물에 넣고 담가두면 노란색으로 변하면서 연해지는데, 이것을 씻어서 물기를 제거한 다음 양념을 넣고 찜기에 쪄서 상에 내기도 한다. 이렇게 하면 잎이 얇아져 질감이 부드러워진다. 오이장아찌를 담글 때는 오이가 상처가 없는 통 오이를 사용해야 아삭하면서도 무르지 않는다.

3. 가을 장아찌

가을에는 주로 잎사귀가 억세지는 채소를 주재료로 하며, 대개 소금물에 삭혀서 재료를 연하게 만든 뒤 다시 장에 담가 만든다. 고추장, 된장, 간장은 발효된 식품인 만큼 여기에 다시 넣고 삭히면 채소의 결이 더 연해지고 감칠맛도 더 풍성해진다. 콩잎은 푸른색을 잃을 때는 까칠까칠해서 먹을 수 없지만 노랗게 단풍이 든 것을 걷어서 삭히면 감칠맛 나는 장아찌가 된다. 물에 세척한 후 물기를 제거해 된장이나 젓국을 넣은 양념에 버무려도 별미다.

가을걷이로 거둬들인 끝물 풋고추는 소금물에 삭혔다가 건져서 씻어 소금기를 빼고 간장물을 끓여서 부어준다. 또는 소금물에 삭혔다가 건져서 소금물을 우려서 망에 넣고 무거운 물건을 올려 물기를 빼준다. 간장물을 끓여서 부어준다. 껍질이 두꺼운 고추도 위에 과정을 거치면 아삭한 식감으로 변한다.

말린 고춧잎과 무말랭이장아찌는 길이 4cm, 두께 1cm 길이로 썰어서 바싹 말린 것을 물에 불려서 물기 제거한 다음 밀폐용기에 넣고 간장물을 부어준다. 여러 달 두었다가 소량 꺼내서 참기름과 깨소금을 넣고 무쳐서 상에 올린다.

4. 겨울 장아찌

고추장이나 된장에 박아 두었다가 먹는 감장아찌는 담백한 맛이 일품이다. 잘 말린 곶감으로 고추장장아찌를 담아도 겨울철 별미다. 장아찌를 담을 때 여러 개의 베주머니에 각각 다른 재료를 넣고 담가서 먹으면 다양한 장아찌를 즐길 수 있다.[16)]

Ⅳ 장아찌 만들기의 실제

(1) **두부장아찌.**

재료 : 두부 1모, 된장 4컵, 소금 약간

두부를 면 보자기에 싸서 물기를 꼭 짜서 무거운 돌로 눌러준다. 항아리에 된장을 깔고 면 보에 싼 두부를 올리고 된장으로 덮고 손으로 눌러서 공기를 빼준 다음 소금을 살짝 뿌려준다. 서너 달쯤 지나서 두부를 꺼내서 참기름, 깨소금 양념해서 먹는다.

(2) **고추장아찌**

재료 : 고추 1kg, 물 3컵, 소금 $\frac{1}{4}$컵, 상수리 잎, 간장 4컵, 설탕 2컵, 2배 식초 1컵

매운맛이 나는 고추를 준비하여 꼭지를 따지 않고 세척한 후 물기 제거하여 항아리에 넣고 소금물을 넣어 13일 정도 삭혀준다. 누렇게 삭은 고추는 씻어서 면 보에 싸 물기를 짜낸 후 통에 담고 간장물을 부어준다. 상수리 잎으로 덮고 돌을 올려서 눌러 절인다. 일주일이 지나면 간장물을 냄비에 옮겨서 물을 조금 넣고 끓여 식혀서 부어준다. 2~3회 반복한다.

(3) **무말랭이장아찌**

재료 : 무 1개, 설탕 1큰술, 소금 1큰술
절임장 : 간장 1컵, 물 1$\frac{1}{2}$컵, 설탕 $\frac{1}{2}$컵, 마늘 10쪽, 생강 3쪽, 마른 고추 5개

무는 세척 후 5cm 길이로 1cm 두께로 썰어서 소금, 설탕을 넣고 고루 섞은

뒤 채반에 널어 햇볕에 말려준다. 냄비에 물, 간장, 마늘, 생강, 고추를 넣고 한소끔 끓여 식힌다. 말린 무를 통에 담고 절임장을 부어준다. 냉장 보관 후 10일이 지나면 간장을 분리해서 끓여 식혀서 부어준다.

(4) 깻잎장아찌

재료 : 깻잎 100장, 간장 ½컵, 참치 액젓 1큰술, 설탕 ½컵, 물 ½컵, 통깨, 실고추, 고춧가루 약간

절이는 물 : 소금 1큰술, 물 10컵

깻잎을 소금물에 20분간 절인다. 깻잎줄기는 적당히 잘라주고 면보를 이용하여 물기를 제거한다. 간장과 설탕과 물을 냄비에 넣고 끓여 한 김 식혀서 액젓과 통깨, 실고추, 고춧가루를 넣고 절임장을 만든다. 깻잎 10장 정도씩 사이사이 양념을 넣고 항아리에 담는다. 먹기 전에 찜기에 5~10분 정도 쪄서 먹는다.[17)]

(5) 침궐(沈蕨, 고사리장아찌)

재료 : 생고사리 1kg, 소금 1½컵

어린 생고사리는 줄기의 수분이 절반 정도가 되도록 말린다. 말린 고사리는 세척 후 항아리에 넣고 소금을 켜켜이 뿌려주고 고사리가 보이지 않도록 윗소금을 뿌려준다. 한 달 정도 지나면 꺼내서 물에 불려 사용한다.[18)]

(6) 소루쟁이장아찌

재료 : 소루쟁이 250g, 간장 ½컵, 물 ½컵, 식초 ¼컵, 설탕 ¼컵, 마늘 2쪽, 대파 10cm, 마른 고추 2개

소루쟁이는 소금물에 10분 정도 절였다가 물기를 짜서 채반에 널어 말려준다. 냄비에 간장, 설탕, 물, 마늘, 대파를 넣고 끓으면 불을 끄고 식초를 넣는다. 밀폐용기에 담고 10일 간격으로 간장만 따라내어 끓여 식혀서 붓기를 3회 반복한다. 먹을 때는 다진 파, 마늘, 깨소금, 참기름을 넣고 양념에 무쳐서 상에 올린다.

(7) 쇠비름장아찌

재료 : 연한 잎과 줄기쇠비름 500g, 간장 1컵, 설탕, 식초, 물 ½컵
고추장 양념 : 고추장 2컵, 조청, 설탕 ½컵, 고춧가루 2큰술

쇠비름은 소금물에 넣고 살짝 데쳐서 헹군 뒤 채반에 꾸덕하게 말린다. 간장물을 달이고 밀폐용기에 쇠비름을 넣고 부어준다. 일주일 뒤에 쇠비름을 간장물에 건져서 다시 꾸덕하게 말린다. 고추장 양념에 쇠비름을 섞고 양념을 두껍게 올려준다. 밀폐하여 서늘한 곳에 보관한다.

(8) 쑥장아찌

재료 : 쑥 1kg, 소금 1컵, 물 1.8리터, 간장 4컵, 설탕, 물, 식초 각 1컵, 다시마 1쪽, 마늘 10쪽, 대파 1대, 마른 고추 5개

쑥은 깨끗이 씻어서 소금물에 넣고 쓴맛을 10일 정도 우려 준다. 쓴맛을 우린 쑥을 물기를 짜서 채반에 널어 그늘에서 말린다. 달임장을 끓여서 붓고 돌로 눌러 저장한다. 먹을 때 꺼내서 갖은양념에 무친다.

(9) 쑥부쟁이장아찌

재료 : 어린순 쑥부쟁이 250g, 물, 간장 1컵, 조청, 설탕, 식초, 매실액 ¼컵, 청주 30ml, 마늘 3쪽, 다시마 1쪽, 대파

털이 없고 윤기가 나는 쑥부쟁이는 소금물에 넣고 일주일 쓴맛을 우려 준다. 깨끗이 씻어서 물기 제거 후 채반에 말린다. 항아리에 쑥부쟁이 넣고 달인 간장물을 부어준다. 15일에 한 번 달임장을 꺼내서 끓여 식혀서 부어준다.[19]

(10) 장밑장아찌

연변조선족 장아찌로 간장과 된장을 담고 남은 것에 소금을 넣고 치대서 만든 장을 이용한다.
재료 : 양배추 1kg, 당근 $\frac{1}{4}$개, 고추 5개, 물 10컵, 소금 120g, 간장 1컵, 된장 1컵

양배추, 당근, 고추는 씻어서 물기를 제거한 후 썰어준다. 항아리에 채소류를 넣고 소금을 켜켜이 뿌리고 물을 부어준다. 이틀 정도 지나면 간장을 부어준다. 절인 채소 위에 된장을 넣은 베주머니를 평평하게 올리고 돌을 올리고 서늘한 곳에 보관한다. 된장물이 밑으로 내려와 간이 배고 한 달간 숙성시키면 꺼내 먹는다.[20]

(11) 매실장아찌

재료 : 매실 1kg, 설탕 400g, 소금 약간

청매실을 세척한 후 물기를 제거해 쪽을 내어 과육을 벗긴다. 채반에 펴서 반나절 말려준다. 과육에 설탕을 동량을 넣고 약간의 소금으로 밑간을 한다. 밀폐용기에 넣어서 냉장 보관한다. 먹을 때 고추장에 버무려 먹거나 그냥 먹어도 아삭아삭한 식감을 내며 맛이 좋다.[21]

(12) 망개 잎장아찌

재료 : 망개 잎 30g, 간장 $\frac{1}{2}$컵, 물 60ml, 소금 40g, 식초 300g, 설탕 300g

봄에 연한 망개잎을 채취하여 씻어서 물기를 제거한다. 간장물을 끓여서 항아리에 망개잎을 넣고 부어준다. 2주 후에 망개잎과 간장물을 분리하여 끓여 식혀서 부어준다.[22)]

(13) 김, 간장장아찌

재료 : 파래김 30장, 간장 1컵, 조청 ½컵, 청주 ½컵, 고추장 1큰술, 대추채 3개, 생강 ½톨, 통깨 1큰술

김은 길게 반으로 접어서 자르고 다시 한 입 크기로 잘라준다. 냄비에 간장, 조청, 청주, 고추장을 넣고 끓여서 식혀준다. 대추는 씨를 제거하고 돌려 깎아서 채 썰고, 생강도 얇게 저며 썰어서 곱게 채 썬다. 밀폐용기에 김을 3장씩 겹쳐놓고 간장 양념을 바르고 대추채와 생강 채, 통깨를 올리는 과정을 반복한다.

(14) 머윗대장아찌

재료 : 머윗대 500g, 간장 1컵, 물 1컵, 설탕 ¾컵, 식초 1컵, 천일염 1큰술, 건고추 2개, 생강 1쪽

머윗대는 껍질을 벗겨 끓는 소금물에 데친다. 찬물에 1시간 담가 쓴맛을 우려낸다. 물기를 제거한 후 한 입 크기로 썰어 밀폐용기에 담는다. 간장 양념물을 끓여서 부어준다. 일주일 후 머윗대와 간장물을 분리하여 끓여서 식혀서 다시 부어준다. 2~3회 반복한다.

(15) 죽순장아찌

재료 : 죽순 3대, 간장 1컵, 청장 ⅓컵, 식초 1컵, 매실청 1컵, 물 1½컵

죽순은 겉껍질을 벗기고 쌀뜨물에 넣고 1시간동안 삶아 식혀서 하룻밤을 지낸다. 죽순을 반으로 갈라 깨끗이 세척한 후 물기를 제거하고 밀폐용기에 담는다. 간장, 청장, 물, 식초를 넣고 끓으면 매실청을 섞는다. 죽순이 담긴 용기에 간장물을 부어주고 10일 후 간장물을 다시 끓여 식혀서 부어준다.

(16) 두릅장아찌

재료 : 참두릅 500g, 간장 200ml, 식초 200ml, 청주 100ml, 설탕 $\frac{3}{4}$컵, 건고추 1개, 마늘 2톨

참두릅 밑동과 가시를 제거하고 칼집을 넣고 찬물에 헹구어서 물기를 제거한 후 밀폐용기에 담는다. 간장 절임물을 끓여서 뜨거울 때 부어준다. 무거운 것으로 눌러주고 10일 후 간장물을 다시 끓여 식혀서 부어준다.[23)]

(17) 마늘장아찌

재료 : 통마늘 50개, 식초 2컵, 소금 $\frac{1}{2}$컵, 물 10컵, 간장 5컵, 식초 $\frac{1}{2}$컵, 설탕 $\frac{1}{2}$컵

장아찌용 통마늘을 겉껍질을 한 켜 벗기고, 항아리에 담아서 식초, 소금, 물 섞어서 일주일 정도 삭혀준다. 삭힌 마늘을 건져서 물기를 제거한 후 항아리에 넣는다. 간장, 식초, 설탕을 끓여서 식혀서 붓고 무거운 것을 올려 눌러준다. 열흘마다 국물을 따라내어 끓여서 식혀 부어준다. 2~3회 반복한다.

(18) 마늘쫑장아찌

재료 : 마늘쫑 100g, 물 4컵, 소금 $\frac{1}{2}$컵, 식초 1컵, 설탕 $\frac{1}{2}$컵, 소금 2큰술, 물 3컵

연한 마늘쫑을 준비하여 억센 부분은 잘라내고 물 4컵에 소금 $\frac{1}{2}$컵 풀어서 절인다. 마늘쫑은 4~5cm 길이로 썰어서 밀폐용기에 넣어준다. 물, 설탕, 식

초, 소금을 넣고 끓여서 한 김 식히고 부어준다. 2주 후 노랗게 삭으면 꺼내서 채반에 널어 꾸덕하게 말린 후 갖은양념을 넣어 무쳐서 먹는다.[24)]

(19) 마늘, 소금장아찌

재료 : 6쪽마늘 1접, 현미식초 1,800cc, 설탕 1kg, 물 5컵, 소금 ⅔컵

마늘을 겉껍질과 속껍질을 제거하고 깨끗이 씻어 채반에 건져 물기를 제거해 준다. 항아리에 마늘을 담고 식초를 부어 봉하여 서늘한 곳에서 10일 정도 삭힌다. 마늘과 식초를 분리하여 설탕에 버무려 24시간 재운다. 소금물을 만들어서 끓여서 식혀서 마늘에 부어준다. 10일이 경과한 후 국물을 따라서 끓여 식혀서 부어준다.

(20) 마농지(마늘대장아찌~제주방언)

재료 : 풋마늘대 3단, 불린 무말랭이 1컵, 간장 5컵, 물 2컵, 식초 2컵, 매실액 2컵

풋마늘대는 뿌리와 잎을 잘라내고 씻어서 물기를 제거한다. 한 입 크기로 잘라서 밀폐용기에 담는다. 냄비에 물과 간장을 넣고 끓으면 식초와 매실액을 넣는다. 풋마늘대와 무말랭이에 간장물을 부어준다. 서늘한 곳에서 일주일간 숙성 후 간장물을 따라내어 한 번 더 끓여서 식힌 후 다시 부어준다.[25)]

(21) 달래장아찌

재료 : 달래 1kg, 맛간장 2컵
맛간장 : 간장 3컵, 쌀뜨물 1½컵, 조청 1컵, 청주 ½컵, 감식초 1컵, 건고추 2개, 통후추 5g, 다시마 1조각, 대파 1대, 월계수 잎

달래는 씻어서 물기 제거한 후 용기에 담는다. 맛간장을 끓여서 식혀서 부

어 접시로 눌러준다. 일주일 지나면 맛간장을 냄비에 부어서 끓여 식혀서 다시 부어준다.[26)]

(22) 산마늘장아찌

재료 : 산마늘 1kg, 맛간장 3컵, 소금 1컵, 물 10컵

간장물 : 쌀뜨물 1½컵, 간장 4컵, 조청 1컵, 청주 ½컵, 마른 고추 3개, 청양고추 2개, 통후추 1작은술, 다시마 1조각, 대파 1대, 월계수잎

깨끗이 세척한 후 물기를 제거한 명이는 그릇에 담아 소금물에 30분간 절인다.[27)] 절인 명이나물은 씻어서 채반에 널어 그늘에서 말려준다. 냄비에 간장물을 끓이고 건더기를 건져준다. 밀폐용기에 명이를 넣고 간장물을 부어준다. 2~3일에 한 번 10일째 되는 날 간장을 분리해서 끓여 식혀서 부어준다.

(23) 오이방아잎장아찌

재료 : 백오이 5개, 방아잎 30장, 굵은 소금 3큰술

간장물 : 물 ½컵, 간장 1컵, 식초 1커브, 설탕 ½컵, 청주 ¼컵

백오이는 4쪽으로 길게 잘라서 씨를 제거하고 4cm 길이로 썰어 소금에 3시간 재운다. 방아잎은 세척 후 물기 제거한다. 밀폐용기에 오이와 방아잎을 넣고 끓인 간장물을 끓여서 한 김 식혀 부어준다. 10일 지나면 장아찌 간장물을 다시 끓여서 식혀 부어준다. 2회 반복한다.[28)]

(24) 당귀장아찌

재료 : 당귀 300g

간장물 : 청장 ½컵, 청주 ½컵, 물 1컵, 설탕 ¼컵, 매실청 2큰술, 양파즙 50ml

당귀는 굵은 줄기를 제거하고 씻어서 물기를 제거한다. 용기에 당귀잎을 넣고 간장물을 끓여 뜨거울 때 부어준다.[29)]

(25) **간편 깻잎장아찌**

재료 : 깻잎 50장, 멸치액젓 1.5큰술, 식초 1큰술, 올리고당 1큰술, 매실청 $\frac{1}{4}$컵, 간장 30ml, 청양고추 3개

깻잎은 씻어서 물기를 제거한다. 청양고추는 송송 썰고, 간장 양념은 살짝 끓인다. 깻잎을 용기에 돌려 담고 간장물을 부어 무거운 그릇으로 눌러준다. 냉장고에서 일주일간 숙성시켜서 먹는다.

(26) **새송이버섯장아찌**

재료 : 새송이버섯 1kg, 황태채 40g, 설탕 $\frac{1}{2}$컵, 물 3컵, 간장 3컵, 청주 1컵, 식초 2큰술, 다시마 1조각, 건고추 3개

새송이버섯을 볼에 담고 물을 끓여 부어준다. 물기를 제거하여 채반에 널어 말려준다. 간장양념을 냄비에 넣고 끓여서 체에 걸러준다. 밀폐용기에 버섯을 넣고 간장물을 부어준다. 일주일 후 간장물만 따라내서 끓여 식혀서 다시 부어준다.[30)]

(27) **오이장아찌**

재료 : 백오이(씨 제거) 500g, 설탕 100g, 청양고추 3개, 홍고추 2개, 오이절인물, 간장, 식초

오이는 반으로 갈라서 티스푼으로 씨를 긁어 낸 뒤 한 입 크기로 썰어준다. 손질된 오이에 설탕을 넣고 하룻밤 재운다. 채반에 받쳐 꼬들하게 말려준다.

오이절임물 2 : 간장 1 : 식초 1로 끓여서 넣어준다. 홍고추, 청양고추를 송송 썰어 오이에 넣어준다.[31)]

(28) 곰취장아찌

재료 : 곰취 500g, 매실 ½컵, 현미식초 1¼컵

장아찌 육수 : 사과 ½개, 무 200g, 배 1개, 대파 10cm, 양파 ½개, 건고추 1개, 다시마 1장, 통마늘 20g, 물 2.5 ℓ, 간장 500ml, 조청 250g 등의 모든 재료를 넣고 ⅔ 정도가 될 때까지 끓인다.

곰취는 잎과 연한 줄기 부분으로 준비한다. 끓는 소금물에 살짝 데쳐서 찬물에 헹군다. 채반에 펼쳐서 물기를 말린다. 밀폐용기에 담고 장아찌육수와 매실, 식초를 혼합하여 부어준다. 일주일, 보름 간격으로 간장물을 끓이고 식혀서 다시 붓는다.

(29) 고추장아찌

재료 : 고추 400g, 청양고추 100g, 매실액 ½컵, 현미식초 1¼컵, 장아찌 육수 2½컵

고추는 깨끗이 씻어 물기를 제거하고 꼭지는 1cm 남기고 고추 끝은 살짝 잘라준다. 밀폐용기에 고추를 담고 장아찌 육수와 매실액, 현미식초를 부어준다. 일주일, 보름 간격으로 간장물을 끓여 식혀서 부어준다.[32)]

(30) 깻잎 멸치젓장아찌

재료 : 깻잎 50장, 멸치액젓 ¼컵, 파 1뿌리, 생강즙 1작은술, 홍고추 2개, 마늘 1큰술, 간장 1큰술, 물 2큰술

깻잎을 깨끗이 씻어서 채반에 물기를 빼준다. 멸치액젓, 간장, 물을 넣고 끓

여준다. 홍고추, 파, 마늘, 생강즙을 (2)에 넣는다. 깻잎 2장씩 펴놓고 양념을 바르고 밀폐용기에 보관한다.[33)]

(31) 통가지장아찌

재료 : 가지 5개, 쇠고기 100g, 표고버섯 4장, 청·홍고추 3개씩, 생강 1톨, 마늘 5톨, 물 6 큰술, 소금, 식용유
양념장 : 간장 6큰술, 설탕 4큰술, 깨소금 2큰술, 참기름 1큰술, 후추

가지는 반으로 잘라서 세 갈래로 칼집을 내서 소금물에 절인 다음 씻어서 물기를 제거한다. 쇠고기는 다지고 표고버섯은 얇게 채 썬다. 청·홍고추를 채 썰고, 마늘, 생강을 편 썬다. 양념장에 버무려 가지 속을 채워준다. 팬에 식용유를 두르고 가지를 익혀준다. 용기에 담고 양념장을 부어준다.[34)]

(32) 표고장아찌

재료 : 마른 표고 50g, 간장 ⅓컵, 설탕 2큰술, 조청 3큰술
채소육수 : 황태 ½마리, 마늘 2톨, 생강 1톨, 양파 ½개, 건고추 1개, 다시마 1쪽, 물 3컵

표고버섯은 미지근한 물에 설탕 1큰술 넣고 불려준다. 채소육수 재료를 냄비에 넣고 중불로 끓여준다. 표고버섯은 면보를 이용하여 물기를 제거한다. 밀폐용기에 버섯을 넣고 간장, 설탕, 조청, 채소육수를 넣고 끓여서 부어준다.[35)]

(33) 통오이 소금장아찌

재료 : 피클용 오이 8개, 건고추 1개, 다시마 1조각, 소금 1큰술, 물 2컵

오이는 반으로 잘라 속을 파낸다. 물, 소금, 다시마 끓여서 식혀서 오이에 붓는다.[36)]

(34) 풋고추 된장장아찌

재료 : 풋고추 40개, 소금 2큰술, 물 3컵, 된장 4컵, 청장 6큰술, 대파 1대, 고춧가루 1큰술, 표고버섯 가루 3큰술

풋고추는 씻은 후 꼭지 제거하고 바늘로 구멍을 여러 곳 뚫어준다. 고추를 소금물에 2시간 정도 절인다. 된장에 청장, 대파, 고춧가루, 표고버섯 가루를 섞어준다. 절인 고추는 면보에 물기를 제거하고 된장 양념에 버무려서 밀폐용기에 담아준다.[37)]

(35) 오이 고추장장아찌

재료 : 오이 20개, 물 10컵, 천일염 1컵, 고추장 5kg

오이는 길이가 짧고 씨가 적은 재래종 오이를 고른다. 소금으로 문질러 씻어서 항아리에 넣고 소금물을 끓여서 부어준다. 일주일이 지나면 건져서 물기를 제거하고 채반에 널어 꾸덕하게 말린다. 말린 오이는 고추장에 박아둔다. 간이 밴 오이는 꺼내서 여분의 고추장을 훑어내고 썰어서 다진 파, 마늘, 설탕, 참기름, 통깨를 넣고 무쳐서 상에 올린다.[38)]

(36) 양파 레디시장아찌

재료 : 레디쉬 15개, 미니양파 15개, 소금 2작은술, 물 1컵, 식초 1컵, 설탕 6큰술, 통후추 1작은술

레디쉬와 미니양파는 씻은 후 반으로 자른다. 밀폐용기에 재료를 넣고 장아

찌 물을 끓여서 부어준다. 일주일 후에 국물을 따라서 끓여 식혀서 부어준다.[39)]

(37) **부추 양파 간장장아찌**

재료 : 부추 150g, 양파 1개, 간장 1½컵, 설탕 1컵, 레몬슬라이스 ½개, 생강 1쪽, 다시마 1조각

부추는 먹기 좋게 타래과 모양으로 말아준다. 양파는 손질 후 채 썬다. 간장물을 끓여서 한 김 식힌다. 용기에 부추와 양파를 넣고 간장물을 부어준다. 열흘 후에 간장물을 따라내어 다시 끓여 식혀서 다시 부어준다.

(38) **애호박된장장아찌**

재료 : 애호박 2개, 천일염 3큰술, 된장 1kg

애호박은 길게 반으로 잘라서 소금을 뿌려 절여서 채반에 널어 하루 정도 말린다. 말린 애호박을 된장에 버무려 용기에 담고 꾹꾹 눌러준다.(호박고지를 불려서 된장에 넣어도 된다)[40)]

(39) **송이버섯장아찌**

재료 : 송이버섯 3개, 고추장 1kg

송이버섯은 흙과 먼지를 털어내고 그늘에서 살짝 말린다. 고추장에 송이를 넣어준다. (고추장에서 송이 향이 배어나서 장맛이 좋다)

(40) **지누아리장아찌**

재료 : 지누아리 600g, 간장 1컵, 고추장 2컵, 다진파 1작은술, 마늘 ½큰술, 조청 1큰

술, 통깨 1큰술

지누아리는 손질 후 씻어서 채반에 말려준다. 간장에 지누아리를 담갔다가 꺼내서 고추장에 양념을 넣고 버무려 용기에 담아준다.[41)]

(41) 호두장아찌

재료 : 호두 1½컵, 물 3컵, 소금 1큰술, 표고버섯 2개, 양파 ½개, 마늘 1쪽, 다시마 1쪽, 간장 1컵, 조청 ½컵, 물 2컵

호두는 소금물에 넣고 하룻밤 담근 뒤 물기를 제거하고 팬에 볶아준다. 냄비에 간장과 꿀을 넣고 다시마, 양파, 마늘을 넣고 끓여준다. 끓으면 조청을 넣고 다시 끓인다. 용기에 호두를 넣고 양념장을 부어 밀봉한다.[42)]

(42) 술게지미장아찌

재료 : 울외 3kg, 술지게미 10kg, 청주 ⅓컵, 설탕 1½컵, 소금 2컵

울외는 깨끗이 씻어 씨를 제거하고 그릇에 담아 소금을 뿌려 24시간동안 절인다. 용기에 술지게미와 설탕, 청주를 넣고 절인 울외를 넣는다. 항아리에 울외를 넣고 꼭꼭 눌러주고 돌을 올리고 밀봉한다. 상온에서 20일간 숙성시킨다. 울외를 꺼내 깨끗이 씻고 썰어서 고춧가루, 마늘, 깨, 참기름에 버무려 상에 올린다.[43)]

(43) 풋사과장아찌

재료 : 풋사과 3개, 오이 1개, 청 · 홍고추 3개씩, 양파 ½개, 간장 1컵, 설탕 ½컵, 미림 ½컵, 식초 ½컵, 다시마물 ½컵, 매실청 ¼컵, 청양고추 2개

풋사과는 씻어서 씨를 제거하고 8등분한다. 오이는 소금으로 문질러 씻어서 씨를 제거 후 한 입 크기로 썬다. 양파는 굵게 채를 썰고 청・홍고추, 청양고추를 썰어준다. 다시마물에 간장, 미림, 설탕을 넣고 끓으면, 식초를 넣고 용기에 사과, 오이, 고추, 양파를 넣고 부어준다. 일주일 후에 간장물을 분리해서 끓여 식혀서 부어준다.[44)]

(44) 쇠미역장아찌

재료 : 쇠미역 250g, 간장 $\frac{1}{2}$컵, 설탕 $\frac{1}{4}$컵, 물 1컵, 조청 $\frac{1}{4}$컵, 청주 2큰술, 식초 2큰술

쇠미역은 주물주물 하여 거품이 나게 주물러서 세척 후 물기를 꼭 짜준다. 간장물을 끓여서 차갑게 식혀준다. 용기에 쇠미역을 담고 간장물을 부어 냉장 보관한다. 일주일이 지나면 간장물을 따라내어 끓여 식혀서 다시 부어준다.[45)]

(45) 무말랭이장아찌

재료 : 무말랭이 200g, 고춧잎 말린 것 100g, 청양고추 5개, 간장 1컵, 물 1컵, 식초 1컵, 설탕 1/2컵

무말랭이와 고춧잎은 물에 담가 불려서 깨끗이 씻어 물기를 꼭 짜준다. 간장물을 끓여서 한 김 식힌다. 밀폐용기에 무말랭이, 고춧잎, 청양고추를 넣고 간장물을 부어준다. 일주일 뒤 간장물을 분리하여 끓여 다시 부어준다.

(46) 감장아찌

푸른빛이 돌고 단단한 감을 골라서 4등분하여 소금물에 3~4일 정도 담가둔다. 채반에 건져서 말린 후 고추장에 박아둔다. 2~3개월 숙성시켜 간이 배어서 쪼글해지면 꺼내서 얇게 썰어 참기름, 설탕, 깨로 무쳐서 상에 올린다.[46)]

(47) 곶감장아찌

재료 : 곶감 500g, 고추장 600g, 조청 40g

잘 건조된 곶감은 꼭지를 떼고 반으로 잘라서 씨를 제거한다. 고추장과 조청을 잘 섞어 곶감에 버무린다. 밀폐용기에 담고 공기를 빼준다. 냉장고에서 1개월간 숙성 후에 꺼내서 참기름, 통깨를 넣고 버무려 상에 올린다.[47)]

(48) 초피장아찌

재료 : 초피 300g, 간장 2컵, 식초 1컵, 설탕 ½컵

초피는 세척 후에 물기를 제거해준다. 냄비에 간장, 설탕, 식초를 끓여서 붓는다. 무거운 것으로 눌러주고 간장물을 끓여서 식혀 붓기를 3회 반복한다.[48)]

(49) 말린 가죽나물장아찌

재료 : 참죽나무순 3단, 천일염 1컵, 간장 1컵, 조청 1컵, 고추장 2컵, 꽃게멸치액젓 ⅓컵, 청주 ½컵, 마늘 45g, 고춧가루 ⅓컵

참죽나물은 굵은 줄기를 제거하고 부드러운 잎으로 골라 소금물에 1시간동안 절인다. 절여진 가죽나물을 씻어서 헹궈 채반에 펼쳐서 하루 동안 말린다. 냄비에 간장, 조청, 고추장, 액젓, 청주를 넣고 끓여 식혀서 마늘, 고춧가루를 넣고 양념장을 만들어 참죽나물을 넣고 버무려준다. 밀폐용기에 넣고 냉장고에 보관한다.[49)]

(50) 황태 고추장장아찌

재료 : 황태 채 500g, 청주 150ml, 간장 ½컵, 매실청 1컵, 고추장 2½컵, 조청 ½컵, 고춧가루 ½컵, 다진 마늘 40g, 생강 10g, 참치 액젓 1큰술

황태 채는 5cm 길이로 잘라 볼에 담아서 청주를 분무기에 넣고 뿌려준다. 볼에 양념을 모두 넣고 섞어준다. 청주에 절여진 황태 채를 넣고 잘 버무려준다. 밀폐용기에 담고 냉장고에 넣고 숙성시켜서 먹는다.[50)]

(51) 말린 묵은 김치장아찌

재료 : 김치 ½포기, 간장 1컵, 물 2컵, 설탕 1컵, 생강 1쪽, 마늘 2톨, 마른 고추 4개, 실고추, 깨

묵은 김치는 소를 털어내고 씻어 2cm 길이로 썰어 채반에 펼쳐서 꾸덕꾸덕하게 말린다. 냄비에 양념 간장을 끓여서 식혀서 건지는 건져내고 말린 김치를 담은 용기에 부어준다. 일주일간 숙성 후에 상에 올린다.[51)]

(52) 녹차장아찌

재료 : 우린찻잎 50g

간장 양념 : 녹차 물 1컵, 간장 ½컵, 조청 ½컵, 말린표고 1장, 마늘 5개, 다시마 1장

고추장 양념 : 고추장 1큰술, 설탕 1큰술

냄비에 간장 양념을 넣고 약 불에서 20분 정도 끓여서 식혀 찻잎을 넣어준다. 간장양념에 고추장과 설탕을 넣고 찻잎을 넣어서 고추장장아찌로 만든다.[52)]

(53) 옥잠화장아찌

재료 : 옥잠화 400g, 물 5컵, 천일염 2컵, 청장 2큰술, 간장 4큰술, 다시마육수 4큰술, 마늘 2개, 들기름, 깨소금, 고춧가루

옥잠화는 센 것으로 물에 씻어서 항아리에 담는다. 소금물을 끓여서 식혀 부

어준다. 노랗게 삭으면 꺼내어 물에 우려서 양념장에 사이사이에 뿌려 먹는다.

(54) 원추리장아찌

재료 : 원추리 500g, 물 2컵, 소금 3큰술

달임장 : 다시마육수 3컵, 간장 ½컵, 청장 ½컵, 설탕 ⅓컵, 조청 ½컵, 건고추 3개, 대추 10개

원추리는 씻어서 소금물에 절여준다. 냄비에 양념장을 끓여서 한 컵 분량이 나오면 절인 원추리에 부어준다. 일주일이 지나면 꺼내서 참기름, 통깨를 뿌려서 상에 올린다.[53)]

(55) 미나리장아찌

재료 : 미나리 1단, 청양고추 5개, 다시마육수 1½컵, 간장 1컵, 식초 ½컵, 설탕 ¼컵

미나리는 잎을 떼고 줄기만 준비하여 물로 세척한 후 식촛물에 10분간 담근다. 냄비에 육수, 간장, 설탕을 넣고 끓여서 식초를 넣는다. 용기에 미나리와 송송 썰은 고추를 넣고 간장물을 넣고 냉장 숙성시킨다.[54)]

(56) 느타리버섯장아찌

재료 : 느타리버섯 500g, 물 4컵, 다시마 한 조각, 양파 1개, 건고추 2개, 설탕 ½컵, 간장 1컵, 식초 ½컵

느타리버섯은 적당한 굵기로 찢어놓는다. 냄비에 간장과 물에 채소가 충분히 우러나도록 끓여준다. 항아리에 버섯을 넣고 뜨거운 간장물을 부어준다. 3~4일이 지나면 간장물을 따라서 끓여서 식혀 다시 부어준다. 수분이 많이 나와 냉장고에 넣고 숙성시킨다.[55)]

V
종가의 장아찌

1) 대전 은진송씨 종가의 장아찌

(1) 통마늘장아찌

식초를 물에 싱겁게 타서 마늘을 하루 정도 담가주고 건져서 진간장을 부어 일주일을 둔다. 그 간장을 떠서 설탕 혹은 꿀을 넣어 끓여서 마늘에 붓는다. 며칠 후에 간장을 따라서 또 끓여 부어준다. 오래도록 두고 먹을수록 맛이 좋다. 동글동글 썰어놓으면 국화꽃 같아서 보기도 좋다.

(2) 풋고추장아찌

9월에 풋고추를 씻어서 항아리에 새우젓 1켜 넣고, 고추 1켜 넣고 켜켜이 넣어 단지 입구를 봉하여 땅에 묻어두었다가 5~6월에 꺼내어 다진 마늘, 파를 넣고 먹으면 맛있다.

(3) 들깻잎장아찌

8월에 들깻잎을 따서 슬쩍 삶아 삭혀준다. 물을 부어 눌렀다가 김장할 때 꺼내서 설탕, 깨소금, 파, 마늘, 실고추를 넣어 양념을 켜켜이 넣는다. 또는 맛있는 간장을 끓여 붓고 두었다가 먹어도 좋다. 생당귀도 껍질을 벗겨 씻어 고추장에 넣어 숙성시키면 맛이 일품이다.[56)]

2) 청주 지역의 진주강씨 북어장아찌

종가에 전해 내려오는 요리책 『반찬등속』에 실린 음식이다.
재료 : 북어포 2마리, 간장 2컵, 쪽파 30g, 통깨 2큰술

꿀물 : 물 4컵, 꿀 ½컵

소금물 : 물 2컵, 소금 2큰술

북어의 머리와 뼈를 제거하고 두드려서 3~4cm로 잘라준다. 토막을 낸 북어를 소금물에 담갔다가 물기를 짠다. 꿀물에 다시 담갔다가 다시 짠다. 쪽파 머리 부분만 소금물에 살짝 절이고, 꿀물에 진간장을 넣고 끓여서 식힌다. 항아리에 북어 한 켜, 파를 넣고 통깨 순으로 반복해서 넣는다. 돌로 눌러주고 간장물을 부어서 일주일 정도 숙성시킨다.[57)]

3) 의정부 반남박씨 박세당 종가 오가피장아찌

재료 : 오가피 450g, 물 1L, 간장 1L, 물엿 200g

오가피를 씻어서 물기를 제거한다. 냄비에 1년 묵은 간장과 물엿을 넣고 끓인다. 항아리에 오가피를 넣고 뜨거울 때 간장을 붓는다. 식으면 냉장 보관하며 일주일 정도 숙성되면 먹는다.[58)]

4) 배천조씨 휴재공 종가 무채장아찌, 무릇장아찌

무채장아찌는 무를 씻어 껍질을 벗기고 굵게 채 썰어 배추 소처럼 만들어 꼴뚜기와 미나리, 쪽파를 넣는 것이 일반적인 장아찌와 다르다 할 수 있다. 봄에 무릇 새순을 따서 끓는물에 데쳐서 물기를 말려 고추장에 식초를 넣은 양념에 버무려 숙성시킨다.

5) 재령이씨 사정공파 중추공 이이 종가 두릅, 머위, 가죽나물장아찌

봄나물의 어린 순으로 향이 좋고 부드럽다. 어린 두릅을 채취해서 다듬어 소금에 2시간동안 절여 채반에 받쳐 그늘에서 말려준다. 진간장과 고추장, 물엿을 적당히 섞어 두릅이 잠길 정도로 양념을 덮어준다. 열흘 정도 숙성시켜서 냉장고에 넣고 먹으면 1년 내내 향긋한 장아찌를 맛볼 수 있다.

가시가 있는 두릅을 먹으면 무서운 산짐승이나 귀신을 만났을 때 두릅 가시 때문에 접근하지 못한다는 주술적인 이야기가 있어, '귀신 쫓는 나물'이라 하여 꼭 먹고 밤길을 다녔기 때문에 집집마다 두릅장아찌가 떨어지지 않았다고 한다.

머위장아찌도 머위 잎을 씻어서 물기를 제거하여 진간장에 담가 따라내서 다시 끓여 붓기를 3번 정도 하면 쌉싸래하고 짭조름한 장아찌가 된다. 더운 여름날 보리밥에 물 말아 같이 먹는 최고의 반찬이다.

가죽 나물은 씻지 않고 소금 간을 해서 씻어 물기를 제거하고 살짝 말려서 고추장에 박아놓으면 아삭아삭한 식감과 가죽의 독특한 향이 어우러져 손님상에 오르는 고급 장아찌가 된다.[59]

6) 강릉 창녕조씨 조옥현 종가 참지누아리, 동치미 무 막장장아찌

참지누아리는 동해안에서 자라는 진한 붉은색을 띄는 식물이다. 마른 참지누아리를 잘 손질하여 깨끗이 씻어 물기를 빼준다. 고추장에 박아서 한 달 이상 숙성시킨다. 참지누아리가 부드럽고 쫀득해지면 조금씩 꺼내서 참기름과 통깨를 넣고 무쳐서 먹는다.

무장아찌는 동치미무 1kg과 막장 2kg을 준비한다. 겨우내 먹었던 동치미무를 항아리에서 꺼내어 크기가 큰 무는 반으로 잘라서 채반에 널어 며칠을 말린다. 수들수들 해진 무를 막장에 박아둔다. 여름이 지나고 무속까지 색이 까매지면 꺼내서 썰어 들기름에 통깨를 넣고 무쳐서 먹는다.[60]

7) 평택임씨 와송정사 종가 깻잎장아찌

깻잎은 깨끗이 씻어 물기를 제거한다. 끓여 식힌 소금물에 된장을 풀어준다. 항아리에 깻잎을 넣고 된장물을 바르고 켜켜이 담는다. 맨 위에 돌로 눌러주고, 곰팡이를 방지하기 위해 소주를 부어서 여름에는 30일, 겨울에는 60일 동안 삭혀준다. 잘 삭혀진 깻잎을 꺼내서 물로 헹구어 물기를 짜 주고 한 장씩 펴준다. 쪽파는 흰 대, 양파는 고명으로 사용하고 들기름을 넉넉히 하고 설탕을 넣어 깻잎에 정성껏 발라준다. 김 오른 찜기에 20분 정도 중탕으로 쪄준다.[61)]

8) 밀양박씨 승지공 박뢰 종가 감장아찌

구술로 내려오는 감장아찌는 감이 많은 지역적 특성이 반영된 종가의 음식이다. 흠이 없고 붉은색이 살짝 나는 감 5kg을 준비하여 씻어 꼭지를 제거한다. 냄비에 물을 넣고 소금 300g과 신성당 1작은술을 넣고 끓으면 감식초 300ml를 넣는다. 항아리에 물기를 제거한 감을 넣고 감에 시럽을 잠기도록 부어준다. 3개월 정도 숙성시키면 떫은맛은 사라지고 황금색이 빛깔의 장아찌가 된다. 꺼내서 껍질을 벗겨내고 얇게 썰어 상에 올리면 여름철 밑반찬으로 그만이다. 숙성시킨 감 1,500g을 준비하여 된장 1kg과 물엿 ½컵을 섞어서 박아놓으면 된장 감장아찌가 된다.[62)]

9) 장흥위씨 반계공 위정명 종가 파초장아찌

상큼하고 아삭하며 향이 좋은 장아찌다. 늦가을 파초를 잘라서 껍질을 벗기고 하얀 속대가 나오면 채반에 펴서 그늘에 하루 정도 말려준다. 항아리에 넣고 멸치젓갈에 6개월 정도 숙성시킨다. 파초를 꺼내서 다진 마늘, 다진 파, 통깨를 넣고 조물조물 무쳐서 상에 올린다. 시원한 물에 싱건지를 썰어 간장으로 간하고 김을 풀고 식초를 뿌려서 여름에 먹는 별미 음식이다.[63)]

10) 강진 해남윤씨 가문의 볶음고추장, 전복장아찌, 여주장아찌

다산 정약용 제자의 후손인 해남윤씨 가문의 아내는 다산의 의서인『마과회통(麻科會通)』에 근거하여 약초가루를 이용하여 장류와 장아찌를 만든다.

(1) 볶음 고추장

재료 : 고추장 500g, 전복, 쇠고기, 잔멸치, 꼬막, 굴비 각각 30g

해산물은 잘게 다져준다. 팬에 참기름을 넣고 전복, 쇠고기, 굴비, 꼬막, 잔멸치를 넣고 볶아준다. 고추장을 넣고 볶으면서 전복 우린 물과 매실 청을 넣어준다.

(2) 전복장아찌

재료 : 전복 6마리, 간장 200g
영양수(전복 껍데기, 청미래 뿌리, 약초 달인 물) 300g

생전복을 손질하여 용기에 담고 간장과 영양수를 넣고 끓여 식혀서 붓고 4시간동안 절인다. 전복에서 물이 나오면 간장을 따라내서 끓여 식혀서 부어 냉장 보관한다.

(3) 여주장아찌

재료 : 여주 450g, 소금 1작은술, 물 500ml, 간장 5컵
절임 간장 : 간장, 물, 식초, 설탕, 약초가루 1 : 1 : 1 : 1 : 0.2 비율

여주는 반으로 잘라서 씨와 속살을 제거하고 썰어준다. 여주를 소금물에 넣고 절여서 물기를 빼준다. 절임 간장을 여주에 부어준다. 5일 정도 지나면 간

장을 걸러내서 다시 끓여서 식혀 부어준다. 위의 과정을 4~5회 반복하고 냉장고에 넣어 1년 이상을 숙성시킨다.[64)]

11) 진안 광산김씨 김중정 종가 무, 마늘, 양파, 북어장아찌

진안 광산김씨의 종가는 장아찌를 담을 때 묽은 된장에 박아 숙성시킨다. 무는 된장에 박아서 2년 정도 숙성시키면 검은 빛깔과 함께 윤기가 돌며 짜지 않으면서 구수한 맛을 낸다. 마늘장아찌도 된장에 넣어 마늘에 알싸한 맛을 중화시키고, 양파는 간장이 아닌 소금과 설탕과 직접 담근 감식초를 넣어서 담는데 무르지 않고 깔끔한 맛을 낸다.[65)] 북어장아찌는 말린 북어를 나무방망이로 두드려서 껍질과 살과 뼈를 발라준다. 손질한 북어살은 양파즙에 절여서 부드럽게 해준다. 냄비에 마늘과 양파즙을 넣고 고추장, 고춧가루를 넣어 절임장을 만든다. 마지막에 꿀을 넣고 북어살을 넣고 무쳐준다. 통깨를 뿌려서 상에 올린다.[66)]

Ⅵ
사찰의 다양한 계절별 장아찌67)

1) 봄

(1) 가죽장아찌

가죽순은 굵은 소금을 뿌려 1시간 정도 절이고 헹군다. 채반에 잘 펼쳐서 가죽순이 꾸들꾸들해질 때까지 햇볕에 반나절 정도 말린다. 고춧가루, 고추장, 조청, 간장, 채수를 섞어 양념장을 만든다. 말린 가죽순에 양념장을 넣고 버무려 저장용기에 담아둔다. 상온에서 하룻밤을 보관하고 냉장고에서 3개월 동안 숙성시킨다.

(2) 가죽순 장아찌(운법 스님)

가죽순은 다듬고 씻어 물기를 뺀다. 냄비에 진간장, 조청, 생강즙, 고춧가루, 잣을 넣고 잘 섞어둔다. 이 양념장에 가죽순을 넣고 오랫동안 버무린다. 그릇에 담아 다진 잣과 깨를 뿌린다.

(3) 갯방풍 나물장아찌(봄)

갯방풍 나물은 줄기가 이어져 있는 굵고 억센 줄기를 가위로 잘라 제거한다. 깨끗이 씻어서 물기를 제거한다. 생강은 씻어서 편 썰기하고, 냄비에 진간장, 간장, 물, 매실효소, 설탕, 식초, 생강을 넣고 끓인다. 갯방풍에 간장물을 붓고 1주일 정도 숙성시킨다. 중간에 한 번 뒤집어준다.

(4) 고사리장아찌(불일암 주지스님)

고사리는 끓는물에 30분 정도 삶고 찬물에 헹구어 채반에 담아 물기를 뺀다. 냄비에 채수를 넣고 끓이다가 간장을 넣고 20분 정도 중불에서 끓인다. 진간장을 넣고 한소끔 더 끓인 뒤 황설탕과 식초를 넣고 다시 한 번 끓여서 식힌다. 항아리에 고사리를 넣고 끓인 간장물을 부어준 다음 하루 정도 숙성시키고 냉장고에 보관한다.

채수 만드는 법은 냄비에 표고버섯, 다시마, 청양고추, 대추, 물을 넣고 20분 정도 끓인 다음 체에 걸러서 식힌다.

(5) 곰취장아찌

곰취는 깨끗이 씻어 물기를 뺀다. 냄비에 간장, 물, 조청을 넣고 끓여서 간장물을 만든다. 저장용기에 곰취를 담고 완전히 식힌 간장물을 부어준다. 다음날 간장물을 따라내어 끓여 식힌다. 이 과정을 3회 정도 반복한다.

(6) 곰취잎 양념장장아찌(정우 스님)

곰취잎을 깨끗하게 씻어서 끓는물에 살짝 데치고 찬물에 헹구어 물기를 뺀다. 물에 불린 표고버섯은 곱게 다지고, 홍고추와 당근도 곱게 다진다. 팬에 표고버섯, 홍고추, 당근을 넣고 볶은 다음 간장, 조림간장, 고춧가루, 깨 등을 넣고 약 불에서 끓인 다음 식혀준다. 곰취 잎 한 장 한 장에 양념장을 바르고 숙성시켜 냉장고에 넣어 보관한다.

(7) 더덕장아찌

더덕은 껍질을 벗기고 흐르는 물에 씻는다. 채반에 담아 햇볕에 2일 정도 꾸덕꾸덕하게 말린다. 말린 더덕을 고추장에 박아 공기가 들어가지 않도록 입구를 봉하고 3개월간 숙성시킨다. 더덕을 꺼내 먹을 때 참기름과 깨를 뿌린다.

(8) 두릅 숙장아찌

두릅은 손질하여 깨끗하게 씻는다. 냄비에 물이 끓으면 소금을 넣어 녹이고 손질한 두릅을 넣어 2분 정도 데쳐서 찬물에 헹궈 물기를 제거한다. 냄비에 진간장, 간장, 물, 매실효소를 넣고 끓인 뒤 완전히 식힌다. 용기에 두릅을 넣고 간장물을 부어 3~4일 정도 숙성시킨다.

(9) 매실 고추장장아찌(개심사 원주스님)

매실은 깨끗하게 씻어 채반에 담아 물기를 뺀다. 매실을 4등분하여 씨를 제거하고 설탕과 1 : 1 비율로 재워둔다. 일주일 정도 재워두고 그 사이에 가라앉은 설탕을 녹여준다. 100일 후 매실과 매실액을 분리하고 용기에 담아둔다. 매실에 고추장, 참기름, 깨를 넣어 버무린다.

(10) 머위장아찌 1

냄비에 물, 건표고, 건다시마를 넣고 7분간 끓여서 채수를 만든다. 머위는 줄기가 달려있는 어린순으로 준비한다. 끓는물에 소금을 녹여 머위를 넣고 살짝 데쳐 찬물에 헹궈 물기를 짠다. 채수, 간장, 조청을 섞어서 장아찌 양념을 만든다. 저장용기에 머위를 차곡차곡 담고 양념장을 넉넉하게 부어준다. 3개월이 지나면 먹을 수 있다.

(11) 머위장아찌 2(자비행 보살)

냄비에 간장, 물, 설탕을 넣어 끓이고 식혀둔다. 머위는 씻어서 잎을 떼고 물이 끓을 때 넣어 5분간 삶아준다. 삶은 머윗대는 찬물에 담가 머윗대를 꺾어 겉껍질과 실을 빼준다. 저장용기에 머윗대를 담고 끓인 간장을 부어준다. 3일에 한 번씩 걸러 장을 달여서 식힌 뒤 부어주는 과정을 4회 정도 반복한다. 보름 후부터 먹는다.

(12) 머위대장아찌(정우 스님)

머위대를 끓는물에 데치고 찬물에 헹구어 물기를 뺀 뒤 5cm 길이로 자른다.

볼에 간장, 고춧가루, 효소, 매실액, 깨, 참기름을 넣고 섞어준다. 여기에 잘라 놓은 머위대를 넣고 골고루 섞어 간이 배이도록 한다.

(13) 민들레장아찌(무진 스님)

민들레는 밑동과 뿌리 사이의 흙을 칼로 긁어내고 잔뿌리를 제거한 뒤 물에 여러 번 헹구어 물기를 뺀다. 민들레와 설탕을 1대 1 비율로 섞어 항아리에 담아 서늘한 곳에 둔다. 100일 후 민들레를 체에 거르고 항아리 속에 있는 효소는 냉장고에서 숙성시킨다. 민들레에 고추장을 넣어 무치고 깨를 뿌려준다.

(14) 방아잎 간장장아찌

방아는 어린잎으로 준비하여 깨끗이 씻어 물기를 제거한다. 냄비에 간장, 물, 조청, 건고추를 넣고 끓여서 식힌다. 용기에 방아잎을 담고 식힌 간장물을 부어 3일간 보관한다. 간장물만 따라내어 팔팔 끓여서 식힌 뒤 다시 부어준다.

(15) 산초잎 장아찌(박간난 보살)

산초잎은 깨끗이 씻어 물기를 뺀다.(봄에 새순 날 때에 바로 먹는다. 여름에는 질기다.) 고추장, 미숫가루, 매실효소를 섞고 산초잎을 넣어 버무린다. 용기에 담아 서늘한 곳에 보관한다. 산초잎 장아찌는 오래두고 먹을수록 좋다.(3년 정도) 먹을 때는 참기름, 깨를 넣어 양념을 하여 상추에 싸먹는다.

(16) 양송이 간장장아찌[68)]

양송이버섯은 단단한 것을 골라 흐르는 물에 씻어서 물기를 뺀다. 채수에 조림간장, 편 생강, 말린 홍고추를 넣어 양념장을 만들고 양송이에 부어 끓인다. 양송이에서 수분이 빠져나와 졸아들면 불을 꺼서 식힌다.

(17) 엉개나무(개두릅)장아찌

엉개나무는 밑동 부분을 칼로 잘라주고 붙어있는 껍질 등 지저분한 것들을 제거한 뒤 깨끗이 씻어 물기를 뺀다. 냄비에 진간장, 간장, 물, 식초, 설탕을 넣어 끓여서 식힌다. 엉개나무에 부어주고 보름 정도 냉장고에서 숙성시킨다.

(18) 인삼·더덕 고추장장아찌(무량사 자비행 보살)

인삼은 뿌리만 준비하여 깨끗이 씻어 물기를 뺀다. 더덕은 껍질을 벗겨 깨끗이 씻어 물기를 뺀다. 인삼과 더덕을 고추장에 버무린다. 항아리에 담고 고추장을 재료가 보이지 않을 만큼 덮어주고 뚜껑을 닫는다. 한 달 동안 숙성시킨다.

(19) 재피잎장아찌

재피잎은 가시 없이 잘 다듬어서 깨끗이 씻어 물기를 뺀다. 냄비에 표고버섯 우린 물, 간장, 조청을 넣고 끓인 다음 식힌다. 여기에 매실효소, 조청, 고운 고춧가루, 참깨를 넣고 간을 맞추어 조물조물 무친 뒤 통에 담아 실온에서 3일간 숙성하여 냉장 보관한다.

(20) 적양배추장아찌

적양배추는 식물성 생리활성 물질이 들어있어 암을 예방하며 노화를 억제한다.

만드는 방법은 적양배추를 한 잎씩 떼어서 물에 씻어 건져 한 입 크기로 썰어 용기에 담는다. 냄비에 간장, 매실농축액, 다시마 버섯물, 식초, 소금, 물엿을 끓여서 뜨거울 때 양배추에 부어 뚜껑을 덮어둔 뒤 2~3일 후 간이 배면 먹는다.

(21) 죽순장아찌(정법화 보살)

죽순을 물에 씻어 채반에 담고 수분을 제거한 뒤 반으로 잘라준다. 냄비에 간장, 설탕, 식초를 넣어 20분간 중불에서 끓인다. 용기에 죽순을 넣고 끓인 간장물을 부어준다. 하루 정도 지난 다음 냉장고에 넣어 보관한다.

(22) 질경이장아찌(보탑사 공양주보살)

질경이는 깨끗하게 씻어서 끓는물에 데치고 그늘에서 꾸들꾸들하게 말린다. 생강, 고춧가루, 찹쌀죽, 맛간장을 섞어 양념을 만들고 말린 질경이를 넣어 무친다.

(23) 취장아찌(봉덕림 보살)

취나물은 깨끗이 씻어서 물기를 말린다. 설탕을 켜켜이 뿌려서 일주일간 재워 숨을 죽인다. 냄비에 간장, 물, 식초, 매실액, 배, 대추, 마른표고버섯, 밤, 무를 넣어 30분간 중불에서 끓인 다음 식혀준다. 취나물을 용기에 담고 식은 간장을 부어준다. 3일 간격으로 장을 걸러 끓여 식혀서 부어주기를 3회 반복한다. 3개월 정도 숙성시켜서 먹는다.

2) 여름

(1) 가지장아찌(법농스님)

가지는 깨끗이 씻은 후 꼭지를 제거한다. 용기에 가지를 넣고 고추씨를 담은 주머니와 건고추를 담아 누름돌로 눌러준다. 냄비에 물, 식초, 간장, 설탕, 매실효소를 끓여서 바로 부어준다. 3일 간격으로 간장을 따라내어 끓여 식힌 다음 부어주기를 3회 이상 반복한다. 완성되면 냉장고에 보관한다.

(2) 고추장아찌(보현정사 공양주보살)

청고추는 깨끗하게 씻어서 채반에 담아 물기를 빼준다. 용기에 고추와 간장, 설탕, 식초를 부어준다. 냉장고에 넣어 2~3주 숙성시킨다.

(3) 깻잎 된장장아찌(자성월보살)

다시마, 건표고버섯, 무, 고추씨, 물을 넣고 끓여서 채수를 만들고 된장을 넣고 풀어준다. 풀어진 된장물을 씻어놓은 깻잎 사이사이에 부어준다. 10일 정도 지난 후 꺼내어 먹는다.

(4) 매실 고추장장아찌

매실은 깨끗이 씻어 물기를 뺀다. 매실 한 켜, 설탕 한 켜 순으로 재운다. 3개월 후에 매실만 건져서 씨를 제거하고 과육만 남긴다. 이것을 고추장 양념(고추장, 설탕, 참기름, 깨)에 박아 보관한다.

(5) 복분자 무장아찌

무를 솔로 깨끗이 씻는다. 무를 소금에 굴린 다음 항아리에 담고 소금을 부어준다. 1주일 후 국물이 생기면 무가 잠길 정도로 물을 붓고 5월까지 보관한다. 5월에 무를 건져서 한나절 그늘에서 꾸덕하게 말린다. 복분자, 된장, 진간장, 설탕을 버무리고 여기에 무를 버무려 재워둔다.

(6) 복숭아장아찌[69)]

생과일은 대중공양을 올리고 작고 단단한 복숭아는 간장, 소금, 설탕을 이용해 장아찌를 담갔다. 복숭아는 효소액, 주스, 샐러드로 활용하거나 깍두기를 담그기도 한다.

복숭아는 손톱으로 눌러도 단단한 것을 준비한다. 먹기 좋은 크기로 잘라

설탕에 하루 재워둔다. 복숭아만 건져 통에 담고 조림간장, 소금, 식초를 넣고 끓인 후 부어준다. 시원한 곳에 저장한다. 또는 고추장에 물엿, 깨를 넣어 버무리고 차갑고 시원한 곳에 저장하기도 한다.

(7) 생채소 간장장아찌

오이, 가지는 깨끗이 씻어서 썰어주고, 양배추는 굵은 줄기부분은 떼어내고 먹기 좋은 크기로 자른다. 홍고추, 청고추는 어슷하게 썬다. 청장에 물을 섞어 간을 맞추고 끓이면서 설탕을 넣어 먼저 녹인 후 식초를 넣어 새콤달콤하게 간을 맞춘다. 준비한 채소를 용기에 담고 끓인 청장을 한 김 식힌 후 부어준다.

(8) 수박장아찌(법농스님)

수박은 잘라서 겉껍질과 붉은 과육을 제거하여 준비한다. 용기에 수박껍질을 차곡차곡 담고 고추씨를 담은 주머니와 건고추를 넣고 돌로 눌러준다. 냄비에 물, 식초, 간장, 설탕, 매실효소를 넣고 끓여서 바로 부어준다. 3일 간격으로 간장을 따라내어 끓여 식힌 다음 부어주기를 3회 이상 반복한다. 완성되면 냉장고에 보관한다.

(9) 아삭고추장아찌(안심사 공양주보살)

아삭고추는 깨끗하게 씻어 물기를 뺀다. 진간장, 사과식초, 설탕을 섞어 냄비에 끓인다. 아삭고추를 항아리에 담고 식힌 간장물을 부어준다. 간장을 3회 반복하여 부어준다.

(10) 오가피장아찌(묘덕행 보살)

오가피 잎을 씻어서 체에 담아 물기를 뺀다. 간장과 물을 1 : 1 비율로 섞어 끓여서 식힌다. 항아리에 오가피 잎을 넣고, 간장물을 붓고 돌로 눌러준다. 3~4일 간격으로 간장물 달이기를 3번 반복한다.

(11) 오이장아찌(보현정사 공양주보살)

오이는 깨끗하게 씻어서 5cm 크기로 자르고, 고추는 길이로 반을 자른다. 셀러리는 섬유질을 제거하고 5cm 길이로 자른다. 냄비에 간장, 물, 설탕, 식초를 넣어 강 불에서 5분 정도 끓인다. 용기에 오이, 고추, 셀러리를 넣고 끓인 간장물을 부어 뚜껑을 닫아 김이 빠져나가지 않도록 한다. 식으면 냉장고에 넣어 일주일간 숙성시킨다.

(12) 오이 풋고추 간장장아찌(여름)

오이는 소금으로 문질러 씻고 길이로 4등분한 뒤 자른다. 청고추는 약간 매운맛으로 고르고 자르지 말고 깨끗하게 씻어두고, 생강은 깨끗이 씻어 껍질을 벗기고 편썰기 한다. 간장, 진간장, 식초, 설탕, 생강, 조청, 물을 넣고 팔팔 끓여 뜨거울 때 부어준다. 하루가 지나면 간이 배이면서 물이 생겨 싱거워지기 때문에 간장물만 따라내어 팔팔 끓여 식힌 후 부은 다음 바로 먹는다.

(13) 콩잎 간장장아찌(산청 대원사 도행스님)

연한 콩잎을 깨끗이 씻어 채반에 담아 물기를 뺀다. 간장과 매실청을 2 : 1 비율로 섞어두고 콩잎에 간장양념을 켜켜이 발라준다. 항아리에 넣고 1주일에 한 번씩 항아리 속 간장을 끓여서 식힌 다음 부어주기를 3회 반복한다.

(14) 콩잎 된장장아찌(산청 대원사 도행스님)

연한 콩잎을 깨끗이 씻어 채반에 담아 물기를 뺀다. 된장과 매실청을 넣고 골고루 섞은 뒤 콩잎 한 장 한 장에 된장양념을 바른다. 항아리에 담아서 3일간 숙성시키고 상태를 봐가며 3회 정도 반복하여 된장을 발라 보관한다.

(15) 토마토장아찌

토마토는 깨끗이 씻어 크기에 따라 4~6등분하여 소금에 절인다. 오이는 소금으로 문질러 깨끗이 씻어 반으로 갈라 손가락 길이로 썰어 소금에 절인다. 건고추는 마른 행주로 닦고 잘게 자른다. 설탕, 식초, 물, 월계수잎을 넣고 끓인 다음 식혀둔다. 절여진 토마토와 오이는 물기를 제거하고 잘라놓은 고추와 유리병에 담고 끓여서 식힌 물을 부어 서늘한 곳에 보관하여 2~3일 정도 지나면 먹을 수 있다.

3) 가을

(1) 감고지장아찌(보현행 보살)

감고지는 작게 자른다. 팬에 참기름을 두르고 고추장과 감고지를 넣어 살짝 볶고 물엿을 넣어 맛을 낸다. 항아리에 보관하고 먹을 때는 깨를 뿌려준다.

(2) 깻잎 된장장아찌

깻잎은 잘 씻어서 물기를 뺀다. 된장에 매실효소, 간장, 조청을 넣고 고루 섞어준다. 깻잎에 된장양념을 발라 저장용기에 담아준다. 일주일 후부터 먹을 수 있다.

(3) 능이지[70)]

가을에 채취되는 능이버섯은 매우 강한 향으로 '향이'라고도 불린다. 떫은 맛이 강하고 날것은 중독성이 있으므로 데쳐서 조리하거나 건조시켜서 볶음, 밥, 국, 튀김 등에 사용한다. 재배가 되지 않으므로 제철에 구입하여 장아찌를 만들거나 말려서 국, 차로 음용한다. 능이버섯은 적당한 크기로 찢어서 말린다. 다음날에 버섯을 깨끗이 씻어서 찜통에 찐 다음 꾸들하게 말린다. 고추장이나 간장을 이용해서 양념장을 만들어 버무린다.

(4) 대추장아찌[71]

대추는 불안증, 우울증, 스트레스, 불면증 해소에 효과적이고 천연신경안정제 역할을 한다. 따뜻한 성질을 가지고 있어 몸과 장을 따뜻하게 하며 수족냉증이 있는 사람에게 좋다. 대추를 깨끗이 씻어서 물기를 빼고, 돌려 깎기를 하여 씨를 제거하고 돌돌 말아서 손으로 꼭꼭 쥔다. 조림간장, 조청, 생강가루를 넣고 은근하게 달인 다음 고추장을 섞어 식힌다. 그런 다음 대추를 넣고 고루 버무린다.

(5) 돼지감자장아찌

돼지감자는 깨끗이 씻어서 흙을 완전히 제거한다. 생강은 껍질을 벗겨 얇게 편 썬다. 건고추는 마른행주로 닦아서 2등분한다. 냄비에 간장, 진간장, 건 고추, 생강, 설탕, 물을 넣고 끓인다. 용기에 돼지감자를 넣고 끓인 양념을 부어 숙성시킨다.

(6) 마장아찌 1(운람사 공양주보살)

마를 깨끗하게 씻어 껍질을 벗기고 4cm 두께로 자른다. 냄비에 진간장과 물을 동량으로 넣고, 깨끗하게 씻은 당귀를 넣어서 강 불에서 5분 정도 끓이다가 약 불에서 30분 정도 끓여준다. 매실 효소와 감식초를 넣어 한소끔 더 끓여준다. 항아리에 잘라놓은 마를 넣고 끓여놓은 간장물을 부어 냉장고에 넣어 3~4일 정도 숙성시킨다.

(7) 마장아찌 2(박간난보살)

마는 껍질을 벗기고 1cm 두께로 썰어준다. 설탕과 간장을 섞어 녹인 후 식초를 넣고 섞는다. 용기에 썰어둔 마를 담고 간장 양념을 부어준다. 일주일

후에 먹는다.(이때 마의 점액이 없어진다)

(8) 무 된장장아찌

무는 깨끗이 씻어 세로로 반을 자르고 소금을 뿌려 하룻밤 절인 후 물에 여러 번 씻어준다. 채반에 널어 이틀 정도 꾸덕꾸덕 말린다. 된장에 설탕을 섞고 말린 무를 박아두고 위에 된장을 덮어주고 3개월 이상 숙성하여 먹는다. 먹을 때는 된장을 덜어내고 무만 꺼내어 물에 씻은 뒤 썰어서 그대로 먹거나 참기름과 깨를 넣어 무쳐 먹는다.

(9) 무말랭이 간장장아찌

무말랭이는 깨끗이 씻어 그 물에 불려둔다. 생강은 깨끗이 씻어 껍질을 벗기고 편 썰기 한다. 생강, 간장, 물, 건고추, 다시마를 넣고 팔팔 끓여서 건더기를 건져내고 식힌다. 불린 무말랭이를 통에 담고 간장물을 부어 누름돌로 눌러서 3~4일 후 간장물만 따라내어 끓여 식힌 뒤 부어준다.(먹을 때는 그대로 먹기도 하고 참기름과 깨를 넣고 무쳐 먹는다)

(10) 무 주박장아찌[72)]

무는 길이로 반 갈라 천일염을 뿌리고 하룻밤 재운다. 다음날 무를 씻어 2일 정도 꾸덕하게 말린다. 술지게미에 설탕을 섞고 말린 무를 버무린 뒤 술지게미로 잘 덮어둔다. 먹을 때는 술지게미를 걷어내고 무를 꺼내어 잘 헹구고 얇게 썰어 그대로 먹거나 참기름과 깨를 넣어 무쳐서 먹는다. 숙성 후 무가 주박(술지게미)과 어우러져 속까지 투명해져야 맛이 좋고 잘 밴 것이다. 김밥을 쌀 때 단무지 대신 넣기도 하고 주먹밥을 만들 때 잘게 썰어 넣으면 소화기능까지 도와주는 별미 재료가 된다.

(11) 박 가시오이장아찌(보살사 원주스님)

박은 씻어서 반으로 자르고 씨를 제거하여 썰어주고 채반에 담아 바짝 건조시킨다. 가시오이는 반으로 자르고 씨를 제거하여 썰어주고 4시간 정도 건조시킨다. 된장과 쌀겨를 1 : 2 비율로 버무려 건조시킨 박과 가시오이를 넣고 숙성시킨다. 이것을 흐르는 물에 헹구고 면포에 놓고 꾹꾹 주물러서 수분과 염분을 제거한다. 절인 박과 가시오이를 채 썰어 참기름, 깨, 잣을 넣고 무친다.

(12) 산초 열매장아찌[73)]

톡 쏘는 매운맛과 향이 나는 산초는 사찰음식에서 향신료로 즐겨 쓰는 재료이다. 열매는 통째로 장아찌를 담고, 남은 산초간장은 전과 부침을 찍어 먹는다. 산초는 소화불량, 설사, 신경 쇠약, 기침, 구충 등을 완화한다.[74)]

산초 열매를 따서 딱딱한 줄기는 제거하고 깨끗하게 씻어 물기를 뺀다. 냄비에 간장, 물, 조청, 설탕을 넣어 팔팔 끓인 후 매실효소를 넣고 불을 끄고 한 김 식힌다. 통에 산초와 끓여 식힌 간장을 넣어 누름돌로 눌러준다. 3~4일 후 간장물만 따라내어 다시 한 번 끓인 후 식혀서 부어준다. 이 과정을 한 번 더 한 뒤 보관한다.

(13) 새송이버섯장아찌

새송이버섯은 밑동을 다듬고 흐르는 물에 씻어 물기를 뺀다. 생강은 깨끗이 씻어 껍질을 벗기고 편 썰기 한다. 채수에 간장, 건 고추, 생강, 조청을 넣고 끓인다. 새송이버섯에 간장을 부어 2~3일 후에 간장만 따라내어 끓여 식힌 후 다시 부어 냉장고에 보관한다.

(14) 송이버섯장아찌

송이버섯은 밑 부분의 흙을 털어내고 흐르는 물에 살짝 씻어 이물질을 제거하고, 생강은 깨끗이 씻어 껍질을 벗기고 편 썰기 한다. 간장, 물, 건 고추,

다시마, 생강을 팔팔 끓여 체에 걸러 국물을 식힌다. 손질한 송이를 통에 담고 간장물을 부어 3~4일 후 간장물만 따라내어 다시 한 번 끓여 식힌 후 송이에 부어준다. 이 과정을 두 번 더 해준다.

(15) 송이장아찌(용담사 주지스님)

송이버섯은 물에 살짝 씻고, 김 오른 냄비에 넣고 살짝 찐 후 채반에 담아 식힌다. 냄비에 간장, 진간장, 사이다를 넣고 끓여서 식힌다. 항아리에 송이버섯을 넣고 간장을 부어준다. 깨끗하게 씻은 솔잎을 물기를 제거하고 항아리에 넣어 뚜껑을 덮어 숙성시킨다.

(16) 양하장아찌(양애깐지, 약천사 공덕심 보살)

양하는 겉잎을 벗기고 소금과 식초에 하룻밤 정도 절여두고 채반에 건져 물기를 뺀다. 냄비에 간장을 넣어 한소끔 끓인 뒤 고춧가루를 섞어준다. 양하는 항아리에 담아 무거운 돌로 누르고 끓인 간장물을 부어준다. 일주일 후에 간장물을 따라내어 끓여서 식힌 후 다시 붓기를 2~3회 반복한다.

4) 겨울

(1) 감태장아찌

감태는 엉킨 부분이 없도록 손질해서 반으로 자른다. 냄비에 간장과 물을 넣어 끓여서 식힌다. 식힌 간장물에 된장, 조청, 설탕을 넣고 골고루 섞어서 양념장을 만든다. 용기에 양념장 1/3을 넣고 감태를 반 넣고, 다시 양념장을 1/3 정도 넣어 남은 감태를 넣고 위에 나머지 양념장을 덮는다. 무거운 돌로 눌러 실온에서 7일 정도 숙성하여 먹는다.

(2) 김장아찌

김은 먹기 좋게 자르고 밤과 생강은 껍질을 벗기고 곱게 채를 썬다. 냄비에 청장, 조청을 넣어 끓여서 식히고 고추장, 밤채, 생강채, 통깨를 넣어 양념장을 만든다. 김 2~3장 사이사이에 양념장을 바르고 재워둔다.

(3) 고춧잎장아찌

끝물 고춧잎을 따서 억센 줄기는 골라내고 끓는물에 살짝 데쳐 냉수에 헹구어 물기를 꼭 짜고 말린다. 잘 마르면 고춧잎을 항아리에 담고 간장을 넉넉히 부어주고 누름돌로 눌러준다. 7일 후에 간장을 따라내어 끓여 식혀서 부어준다. 이 과정을 2~3회 반복한다.

(4) 두부장아찌 1

두부는 썰어서 소금을 뿌려 수분을 빼준다. 수분이 빠지면 겉에 있는 수분을 마른행주로 닦아준다. 팬에 기름을 두르고 두부를 노릇하게 지져서 식힌다. 냄비에 건표고, 다시마, 물을 넣고 끓여서 채수를 만든다. 여기에 간장, 조청을 넣어 끓여서 장아찌 양념장을 만든다. 용기에 두부를 담고 뜨거운 양념장을 부어 식힌다.

(5) 두부장아찌 2 (불영사 여몽스님)

두부는 1cm 두께로 자른 다음 기름 두른 팬에 노릇하게 양면을 구워준다. 채반에 담아 기름기를 뺀다. 냄비에 간장, 물을 넣고 끓인다. 용기에 구운 두부를 가지런히 넣고 간장물을 부어 접시로 누른 뒤 냉장고에 넣어 숙성시킨다.

(6) 두부장아찌 3

두부는 잘라서 기름에 지진다. 냄비에 물, 다시마를 넣어 끓여서 다시마물을 만든다. 청장에 다시마물을 넣고 섞은 뒤 지져놓은 두부에 부어준다.

(7) 무장아찌(태을암 공양주보살)

무는 껍질째 깨끗하게 씻어서 2cm 두께로 자르고 채반에 담아 소금을 뿌려 2시간 정도 절인다. 무가 부드러워지면 물에 헹구어서 햇볕에 4시간 정도 꾸들꾸들하게 말린다. 용기에 무를 차곡차곡 넣고 간장을 부어 5일 후에 간장만 따라내어 팔팔 끓인 후 식혀서 부어준 다음 숙성시킨다. 무장아찌를 채 썰어서 깨와 참기름을 넣고 무친다.

(8) 야콘장아찌(공양주 보살)

야콘을 물에 씻어 수분을 제거하고 얇게 썰어준다. 냄비에 간장, 설탕, 식초를 넣고 20분 정도 중불에 끓여준다. 그릇에 야콘을 담고 간장물을 부어준다. 하루 정도 숙성시키고 냉장고에 넣어 보관한다.

(9) 파래장아찌(명천스님)

건 파래는 깨끗하게 손질하여 수분을 제거한다. 된장항아리 속에 손질한 파래를 박아두고 파래가 보이지 않게 된장으로 덮고 간장을 조금 뿌려 촉촉하게 한다. 2개월 정도 숙성시켜 반찬으로 사용한다.

(10) 화장사 고추장아찌(무진 스님)

청고추를 씻어 채반에 담아 물기를 빼준다. 고추 속까지 간장이 배이도록 바늘로 고추 끝을 찔러준다. 냄비에 소주, 진간장, 매실효소를 넣고 끓여서 식힌다. 항아리에 고추를 차곡차곡 담고 제피잎을 위에 덮는다. 고추가 뜨지 않도록 돌로 눌러준다. 일주일 후에 간장물을 따라내어 끓여서 식힌 후 다시 부어준다. 이 과정을 한 번 더 반복하고 냉장고에 보관했다가 3~4일 지나서 꺼내 먹는다.

Ⅶ
북한, 연변 조선족의 장아찌

북한에서 담그는 장아찌는[75] 대략 다음과 같다.

풋고추장아찌는 풋고추에 구멍을 내어 식초와 당분을 탄 간장물에 담근 것, 풋고추젓장아찌는 풋고추에 젓갈을 두고 절인 장아찌로 젓국은 건뎅이젓(곤쟁이젓), 멸치젓, 새우젓 등을 사용한다. 풋고추된장 절임은 풋고추에 된장과 소금을 넣고 절인 음식, 고춧잎장아찌는 고춧잎을 간장에 넣어 짭짤하게 만든 밑반찬의 하나이다.

파장아찌는 파에 간장과 새우젓국 또는 멸치젓국을 섞어 버무리고 고춧가루, 깨소금, 기름, 당분 등을 두어 장아찌를 만든 것으로 낙지젓이나 명태알젓 같은 것을 마늘, 고춧가루, 생강으로 양념하여 조금씩 섞어도 좋다.

마늘장아찌는 풋마늘을 식초와 당분, 소금, 간장 등을 섞어서 두고 절여서 만든 장아찌로, 식초에 재웠다가 담근 이 마늘장아찌는 간장빛이 돌고 새큼하고 단맛이 나며 아삭아삭하고 뒷맛이 매우 산뜻하다.

둥글파장아찌는 둥글파(양파)를 간장에 절여서 만든 음식이다. 색은 검붉고 맛은 달큰하면서도 간간하며 아삭아삭 씹히는 것이 특징이다.

부추장아찌는 부추를 간장으로 약간 숨죽인 다음 갖은 양념을 두고 짭짤하게 무쳐먹는 음식이다. 만들어서 곧 먹을 수 있다. 부추를 약간 시들려서 돌돌 말아 된장이나 고추장에 푹 박아두었다가 간이 배면 꺼내서 양념에 무쳐먹어도 좋다.

토마토장아찌는 막물에 걷어들인 채 익지 않은 토마토를 소금에 절였다가 시들시들하게 말리어 된장에 박아 넣어 간간하게 만든 밑반찬의 하나이다. 토마토장아찌를 담을 때 토마토를 된장단지에 넣은 다음 맨 위에 된장이 보이지 않을 정도로 소금을 많이 뿌려야 곰팡이가 생기지 않는다. 기름양념장에 무쳐먹어야 맛있다.

들깻잎장아찌는 들깻잎에 풋고추양념장을 두고 끓여서 식혀두고 먹는 밑반찬이다. 들깻잎 장절임은 들깻잎을 간장에 절여서 만든 밑반찬이다. 송송 썰어서 그대로 먹어도 좋지만, 기름에 볶아 먹어도 좋고 쌈을 싸 먹어도 좋다. 들깻잎을 절였던 간장이나 된장을 지지개나 볶음을 할 때 쓰면 음식 맛이 좋아진다.

더덕장아찌는 더덕을 기름에 볶다가 간장으로 간을 맞춘 것과 쇠고기 볶은 것을 섞어두고 갖은 양념으로 버무려서 만든 음식이다. 더덕장절임은 생더덕을 된장에 절인 밑반찬이다. 2~3개월 후에 다 익은 더덕을 몇 개씩 꺼내어 가늘게 찢은 다음 마늘, 파, 기름, 깨소금, 고춧가루 등을 두고 무쳐 먹으면 맛이 매우 좋다.

산마늘장아찌는 데친 산마늘에 기름양념장을 두고 무친 음식이다. 산마늘 장절임은 산마늘을 된장에 넣어 짠맛을 들인 밑반찬이다. 한 달 쯤 지나면 먹게 된다. 먹을 때에는 된장을 훑어내고 3~4cm 길이로 썰어 졸인 기름과 깨소금을 넣고 무쳐서 밥반찬으로 한다.

원추리장아찌는 원추리를 살짝 데쳐서 간장에 담갔다가 양념에 무친 음식이다. 달래장아찌는 달래를 양념장에 담가두고 먹는 밑반찬이다. 달래장절임은 달래를 시들려서 된장과 소금을 두고 절인 밑반찬이다.

송이장아찌는 송이버섯을 양념에 재웠다가 볶은 것과 쇠고기 볶은 것을 섞어서 간장, 당분, 기름, 실고추 등을 두고 짭짤한 맛이 나게 버무린 음식이다.

연변에서는 고추절임을 만들 때 통고추를 바늘로 찍어 구멍을 내고 독에 넣고 소금물을 넣는다. 이어 된장과 토간장(조선간장)을 섞어 버무리고 천주머니에 싸서 고추 위에 덮는다. 그러면 장물이 점차 배어들어가 고추가 맛이 든다. 어떤 때에는 양배추도 함께 넣는다. 된장이 5, 6년 지나면 위에 딱지가 앉는데, 그것을 꺼내 위의 방법대로 간장을 섞어 절임 위에 덮으면 더 깊은 맛이 난다. 이런 방법으로 만든 절임을 연변지역에서는 장독밑김치라고 부른다.

연변지역에서 주로 양배추, 마늘, 더덕, 깻잎 등을 장아찌로 담근다. 우선 양배추를 소금물에 초절이하고 물기를 짜서 햇볕에 쫀득하게 말리고 그것을 된장 밑에 박아 넣는다. 고추장 밑에 넣기도 하는데, 시간이 지나면 고추양념이 빨갛게 물들어 보기만 해도 군침 돌게 한다. 마늘도 소금물에 절인 후 물기를 빼고 잎을 타래 쳐서 통째로 장속에 박아 넣는다. 더덕 역시 겉절이를 해서 물기를 제거한 뒤 햇볕에 조금 말렸다가 넣는다. 이렇게 하면 장맛이 변하지 않는다. 예전에는 8월이 되어야 깻잎이 나오는데, 이 역시 위의 방법으로 장 밑에 담갔다. 연변 사람들은 예로부터 콩잎을 먹지 않았기 때문에 당연히 콩잎장아찌가 없었다.[76)]

(1) 장밑장아찌(된장밑장아찌) - 초겨울의 별미[77)]

연변에서는 양배추를 구하기 쉬워 양배추를 이용한 음식이 많다. 양배추 장밑장아찌는 한국과 교류가 잦아지면서 전해진 음식이다. 보통 10월경에 담아 11월부터 먹으며 한겨울에는 김치굴에 보관하기도 한다.

장밑장아찌의 된장은 간장을 만들고 남은 것에 소금을 조금 넣고 치대서 만든 장을 사용한다. 베주머니에 된장을 담아 채소 위에 덮어두었다가 그냥 먹기도 하고 '미추로'라는 약한 식초를 넣거나 물에 불렸다가 물기를 꼭 짜서 먹기도 했다. 장아찌는 양배추, 고추, 가지 등과 함께 볶으면 별미반찬이 된다. 항아리는 고추장항아리 정도의 너무 크지 않은 항아리를 이용하고, 양배추나 고추는 꺼내어 올리브유에 볶아먹기도 한다.

재료와 분량(4인분)

양배추 1kg, 고추 60g(4개), 당근 50g, 물 2kg(10컵), 소금 125g($\frac{3}{4}$컵), 간장 240g(1컵), 된장 231g(1컵)

양배추는 잎을 떼어 손질한 후 깨끗이 씻어 물기를 뺀다. 당근과 고추는 깨끗이 씻어 채반에 올려 물기를 뺀다. 항아리에 양배추, 당근, 고추를 소금을 뿌려가며 켜켜이 넣는다. 소금을 뿌린 채소에 물을 붓고 채소가 뜨지 않도록 하여 뚜껑을 덮고 서늘한 곳에 이틀 정도 둔다. 여기에 간장을 붓는다.

베주머니에 된장을 넣고 절인 채소 위에 올려 평평히 펴 놓은 후 깨끗이 씻은 돌을 올리고 항아리 뚜껑을 닫아 서늘한 곳에 보관한다. 된장물이 내려와 간이 배면 15~30일 후에 꺼내 먹는다.

(2) **마늘장아찌**[78)]

연변 조선족은 마늘장아찌를 담글 때 반년 정도 먹을 양을 한꺼번에 담근다. 연변의 마늘 수확 시기는 7월 말부터 8월 초여서 이때 담은 마늘장아찌가 제일 맛있다. 그래서 중국의 대학 입시 시험이 있는 7월을 주부들은 '마늘장아찌 담는 때'라고 생각하기도 한다.

한국에서는 마늘장아찌를 만들 때 껍질을 알알이 벗겨서 담거나 통마늘을 가로로 반을 잘라 먹을 때 마늘이 반쪽씩 나오도록 하는데 연변은 통으로 담가서 한 알씩 마늘 껍질을 벗겨가며 먹는다.

재료와 분량(4인분)

통마늘 700g, 식초 100g(½컵), 물 1kg(5컵), 간장 480g(2컵), 설탕 160g(1컵), 소금 8g(2작은 술)

통마늘은 뿌리와 줄기 부분을 자른 후 겉껍질을 두 겹 정도 벗겨 깨끗이 씻어 채반에 밭쳐 2시간 정도 물기를 뺀다. 용기에 통마늘을 담고 식초를 부어 서늘한 곳에 3일 정도 두었다가 식초를 다시 따라낸다. 냄비에 따라 낸 식초와 물, 간장, 설탕, 소금을 넣고 약 불에 올려 천천히 저어 설탕과 소금이 완전히 녹으면 불을 끈다. 달인 간장이 완전히 식으면 마늘을 담은 병에 부어 2~3주 정도 서늘한 곳에서 익힌다.

2장

장류와 장아찌 담그기의 인문학

1. 홍○숙의 친정 장 담그기와 추억의 그리움

그 옛날 어릴 적 오로지 논과 밭을 일구어 사계절을 보내야 했던 어린 시절은 그래도 논과 밭이 많아 집안일을 도와주시는 아저씨를 둘 만큼 조금은 부농이라 했던 집에서, 1차 산업에 맞게 온 가족이 노동을 보태어 봄에는 감자 심고 여름에 캐서 그 감자밭 가장자리에 콩을 심어 가을에 수확하여 넓은 마당에 멍석 깔아놓고 그 위에 콩 터는 도구인 도리깨로 내리치면 우두둑 콩껍질이 바사삭 부서지면서 콩알이 여기저기 흩어지는데 흩어지지 않도록 힘 조절을 잘하여 콩을 알뜰히 털어야 손으로 덜 털어진 콩을 까지 않아도 된다. 그 옛날 놀이 삼아 부모님과 함께했던 추억은 주로 노동을 하면서 했던 것은 조금은 씁쓸한 추억이지만, 그래도 지금 기억해보면 그런 날도 없었으면 어린 시절의 추억거리가 하나 사라질 뻔하지 않았을까 생각한다.

잘 털어진 콩은 하룻밤 불린 후 큰 가마솥에 넣어 솔방울과 잔가지 장작 등을 섞어 아궁이에 불을 지펴 삶는다. 대형 무쇠솥에 한 번에 콩을 다 삶아야 하므로 콩을 최대치로 넣고 삶다보면 콩물이 넘쳐 부뚜막을 흠뻑 적실 만큼 삶는다. 이때 크고 긴 주걱으로 콩을 젓고 저어서 콩물이 넘치지 않고 콩이 타지 않도록 바닥을 긁어가며 왼손 엄지와 검지로 비벼서 부드럽게 으깨지면 그제서야 콩 삶기가 끝났음을 손끝의 감각으로 판가름한다.(나중에 배우면서 알게 된 내용은 '메주의 발효는 콩 단백질이 충분한 열을 받아 무르게 삶아졌을 때 효소의 분해가 활발해진다. 덜 삶아진 콩으로 메주로 만들면 효소의 분해가 방해를 받아 장맛이 떨어진다. 가열시간이 너무 길면 오히려 단백질 분해에 장애가 되므로 고온에서 단시간 익히는 것이 바람직하다'였다)

그 오랜 시간이 지나도 어제같이 생생한 기억은 어린 시절부터 엄마와 함께 초겨울이면 김장과 함께 해마다 반복되던 일상으로 오래도록 기억에 남는다. 김이 펄펄 나는 콩은 얼른 플라스틱 빨간 바가지에 담거나 표주박에 담아서 쌀 포대자루에 담아 뜨거울 때 콩을 으깨어야 잘 으깨지므로 두꺼운 면양말을 신고 그 위에서 콩이 으깨지도록 골고루 밟는 작업을 놀이처럼 해내곤 했다.

콩을 잘 삶아야 콩 밟는 수고로움이 덜해진다. 골고루 다 밟아 으깼다고 하면 이번에는 쌀을 계량하는 말에 두꺼운 비닐을 깔고 발로 밟은 콩을 꺼내어 주걱으로 담고 다시 꼼꼼하게 다시 밟아 네모지게 담는다.

이것이 바로 간장, 된장을 만들 메주인데, 방에 네모나게 만든 메주를 나란히 줄 맞추어 꾸덕꾸덕하게 잘 굳어질 때까지 두었다가(서적을 찾아보면서 이유를 알게 된 것~ '메주를 띄울 때 겉을 꾸덕꾸덕하게 말리는 것은 유해 곰팡이의 번식을 막기 위한 것으로 아랫목 등의 고온의 열에 의해 1~2일 동안 말리면서 내부는 수분이 보유되도록 하고 표면은 굳힘으로써 균의 생식조건을 맞추어 주는 것이다.'[79]) 짚으로 여러 겹의 새끼를 꼬아 얽어매어 지붕 밑 서까래에 묶어 메주 곰팡이가 잘 뜨도록 했다. 메주콩을 삶는 날이면 밥의 양도 많이 줄어들었던 기억은 수시로 콩을 지금의 과자 먹듯이 먹었던 기억이 난다. 농사일이 많아 콩을 수확해서 메주가 되기까지 수작업으로 모든 것들을 해내던 시절엔 잔손질이 참 많이도 간다.

감자농사와 벼농사를 주로 지어서 학비와 식구들 생계 살림살이에 고된 노동을 하시던 부모님이 문뜩 떠올라 눈시울이 붉어진다. 겨우내 앞마당 처마 밑에서 자연 숙성되어 곰팡이가 잘 자란 메주는 봄에 통째로 깨끗이 씻어 큼직하게 망치로 깨어 햇볕에 잘 말렸다가 간장을 만들 때 사용했다.

지금은 아무도 살지 않는 빈집이지만, 그래도 부모님과 형제자매가 오래도록 살던 집을 가끔은 오고 가며 관리하는 덕분에 잘 보존되고 있는 시골집 뒤뜰 담장 아래에 햇볕이 잘 드는 장독대의 모습은 아련한 그리움이다.

해가 세 번 바뀌고 네 번째 해인 일곱 번 만에 조리기능장 합격의 기쁨을 누린지도 시간이 꽤 여러 해 흐르고 있는 지금, 장류와 장아찌에 관한 책 만들기에 동참하면서 조리기능장이란 도전에는 이론과 실기를 겸비해야 하는데 한국전통음식에 관련된 모든 책들을 섭렵하면서 한식은 우리민족의 희로애락의 삶이 고스란히 담겨 있음에 감탄과 경이로움으로 자랑스러움을 느낀다. 지금은 음식의 간을 맞추기에 다양한 가공재료가 나오고 있지만, 그 옛날엔 오로지 소금과 장류였음은 나물 하나, 찌개 하나, 약식에 조차도 간장을 빼놓지 않고 의지했던 장류는 조상 대대로 음식의 근본이고 힘이었음을 기능장 공부를 하기 전에는 절절히 느끼지 못했다.

앞에서 소개했던 요리 만드는 법은 일반적이면서도 한국음식을 이야기할 때 빠져서는 안 되는 메뉴와 일반인들이 요리 용어를 잘 모르는, 그러나 알아야 할 것들을 제시해 보았다. 장류를 활용하는 메뉴는 지역마다 지리적 특성에 따라 많이 다르고 다양하다.

나이 듦에 따라 옛것에 향수를 느끼며 햄, 베이컨, 참치캔 등 가공식품을 좋아하던 식성은 잠깐 신나게 먹었던 스파게티, 피자는 어느새 나물과 된장, 청국장으로 유명한 한정식집을 선호하게 됨은 인간의 윤회, 회귀현상이랄까 그립고 그리운 음식으로 되었다.

기능장 공부를 하면서 알게 된 귀한 '양파장아찌'와 '마늘장아찌' 만드는 방법 두 개를 공유해 보고자 한다. 장류의 활용도에 비해 장아찌는 짜다는 인식으로 부식의 한가지로만 극히 적은 양으로 먹어야 한다는 생각을 갖고 있지만, 여기 소개하는 양파장아찌와 마늘장아찌는 육류의 구이와 아주 잘 어울리는 만드는 방법이다. 이 책을 만나는 모든 분들이 아주 간단하면서 오래도록 건강하게 맛을 느끼며 행복한 밥상으로 귀한 먹거리 장아찌가 되기를 희망한다.

(1) 양파장아찌의 황금비율

재료로는 양파 8～10개, 청양고추 200g, 소주(작은병 1개, 2컵), 간장(4.5C), 식초 2C, 설탕 1.5～2C을 모두 넣고 팔팔 끓으면 설탕이 녹은 것을 확인한다. 먹기 좋은 크기로 잘라 놓은 양파, 청양고추에 95℃ 이상의 온도면 부어준다. 만든 후 양념장이 식은 후 바로 먹어도 되고, 냉장고에 차게 두었다 먹으면 더 맛있다.

양파나 청양고추를 다 먹은 후 양념장은 생깻잎에 끼얹어 먹어도 좋고, 각종 새콤달콤 요리소스를 만들 때 사용해도 좋다.

무엇이든 처음 만드는 일에는 너무 욕심내서 한꺼번에 많이 만들지 말고 조금씩 정량으로 만들어보는 것이 좋다.

(2) **마늘장아찌의 황금비율**

재료로는 햇마늘 50통, 식초, 설탕, 물, 간장

먼저 햇마늘(잎이 초록색으로 봄에 첫 수확하는 마늘)은 껍질 한 켜만 남기고 상처가 나지 않도록 벗긴다. 담을 통에 식초 6 : 물 3의 비율로 희석하여 마늘을 넣고 5~6일간 삭힌다. 삭힌 촛물은 버리고 물 3 : 진간장 6 : 설탕 2의 비율로 끓여서 식힌 후 삭힌 마늘통에 붓는다. 1개월 이후부터 먹을 수 있지만, 매운맛이 햇마늘의 크기에 따라 조금씩 다르므로 오래 묵힐수록 맛있다.

〈남원 월매집의 장독대, 사진제공 홍미숙〉

2. 김○경의 조사, '콩 심은데 콩 나고, 팥 심은데 팥 난다'

'콩 심은데 콩 나고, 팥 심은데 팥 난다.', '집안이 망하려면 장맛부터 바뀐다.'

콩을 고르며 하시던 할머니의 말씀! 그때는 할머니의 그런 말씀이 이해되질 않고 그저 콩을 고르는 일만이 귀찮았을 뿐이었다. 엄마의 엄마 그리고 나. 나의 엄마는 딸에게는 이러한 일들이 대물림되는 것을 원치 않았는지 할머니가 콩을 고르실 때면 할머니에게 "내 딸은 시키지 마세요!" 하면서 내 편을 들어주셨다. 아마도 그런 소소한 일들이 나에게는 행복한 추억의 시간으로 기억에 남아 있어서였을까? 할머니가 끓여 주시던 된장국도, 엄마가 끓여 주던 된장국 냄새도 이제는 구수한 장과 달달한 간장의 맛도 그리움에 담겨 있을 뿐이다.

지금 생각해보면 할머니의 손맛은 장에서부터 남다르셨다. 콩을 삶으실 때도 꼭 북어 한 마리를 넣어 삶으셨고, 메주를 만드실 때면 뭔가 하얀 가루를 넣으셨다. 그 하얀 가루가 뭐였는지는 한참이 지난 후에야 알 수 있었다.

할머니는 술을 잘 담그셨다. 술을 거르고 가라앉혀 윗술만 따로 청주를 만드시고 바닥에 남은 고운 찌꺼기를 잘 말려두고 그것을 가루 내어 메주를 만들 때 쓰셨다. 그때는 그렇게 메주가 만들어지는 줄 알았다. 지금 생각해 봐도 할머니는 어떻게 그런 메주를 만드셨는지 살아계시면 꼭 물어보고 싶다. 할머니의 장 만들기는 메주를 만들기에서부터 장을 가르고 치댈 때에도 남다르셨다. 장을 치댈 때에도 꼭 막걸리를 부어 같이 치대었다. 할머니는 어떻게 알고 그것을 넣어 메주를 만드셨는데, 누구에게 배우신 것일까 몹시도 궁금하지만 지금은 물어볼 길이 없다.

내가 발효음식을 하는 사람으로 살아갈 줄 몰랐으니 할머니의 그 많은 비법들을 물려받지 못하고 도시에서 바쁘게 생활하였고, 결혼을 하고 아이를 키우며 장은 사서 먹는 것으로 여기며 살았다. 그러던 어느 날 남편이 지방으로 발령을 받아 친정 근처에 살게 되었다. 하지만 그때는 엄마도, 할머니도 이미 안 계셨으니 누구에게도 장 담그는 것을 배울 수가 없었다. 누가 장을 잘 담는다고 하면 좇아가 열심히 일하고 배우고, 그러면서 할머니의 장을 기억하며 추억 여행을 했다.

그 무렵 남편의 퇴임 후 무엇을 하며 어떻게 살아갈까를 고민하면서 장을 만들어 사업을 해보자는 생각으로 이곳저곳으로 장을 배우러 돌아다녔다. 그렇게 3년 정도를 나름 열심히 배웠다. 이제는 시작해도 되겠다는 생각이 들었을 때 친정아버지께서 지어놓으시고 빈집으로 남겨져 있던 시골집을 수리하기 시작했다. 한동안 빈집이었던 집안은 거의 폐가였다. 포크레인을 불러 마당을 고르고 자갈을 부어 장독대를 만들고 창고를 짓고 가마솥을 앉힐 부뚜막을 만들며 거의 새집 수준으로 일을 벌여 놓았다.

친정아버지께 부뚜막을 만들어 달라고 부탁을 드렸더니, 아버지는 그런 일들을 벌인다고 핀잔을 주시면서도 열심히 만드셨다. 딸이 고생을 사서 한다는 생각이셨을 거다. 그렇게 내 놀이터가 완성되고 항아리를 사러 여기저기를 돌아다녔다. 옛날 항아리들을 사면서 그저 크고 좋은 것으로 산다며 항아리에도 아낌없이 투자했다. 하지만 이 투자가 얼마나 무지한 짓인지도 모르며 많은 항아리들을 그림 좋게 장독대에 모으기 시작했고, 나중에야 장을 담가 숙성을 하면서 잘못된 점들을 알고 내 무지함에 반성을 했다.

장을 담금에 항아리의 역할이 얼마나 중요한지를 그전에는 그 누구도 나에게 조언해 주지 않았으니 아무리 깨끗하게 소독을 해도 장맛은 항아리마다 모두 달랐다. 그 후로 나는 항아리들을 크기에 맞추어 새로 장만했다. 지금도 옛날 항아리들은 병풍 역할을 하면서 그 자리를 지키고 있다.

항아리에 소금까지 준비를 다 하고 콩을 사러 농가에 갔다. 호기롭게도 800kg의 메주콩을 사서 콩을 삶기 시작했다. 장을 담가 판매를 하는 목적으로 아침부터 저녁까지 주변에 아무도 살지 않는 시골집에서 무서움도 모르고 메주 만드는 재미에 남편에게 핀잔을 들어가며 그렇게 메주를 만들었다.

새벽이면 일어나 불을 지피려 1시간을 운전해 시골집에 달려갔고, 저녁이면 온몸에 불 냄새를 풍기며 돌아왔다. 하지만 메주는 내가 생각지 않았던 방향으로 발효되어가고 있었다. 아니 발효가 아닌 부패로 메주로서의 제 역할을 할 수가 없었다. 수분율 조절에 실패하여 파란 곰팡이의 천국이 되었고, 온갖 잡균의 번식으로 장을 담그기 전에 폐기할 수밖에 없었다. 버리기에도 부끄러웠다. 행여나 남편을 비롯해 누구라도 볼까봐 사촌오빠한테 구덩이를 파달라고 해 묻기도 하고, 산에 가져다 버리기도 하며 제대로 만들어진 메주는 30% 정도도 되질 않았다. 그리고 벌써 15년이 흘렀다. 정말 그동안 큰 공부를 했다.

버려진 메주만큼이나 나의 무지함도 채워졌다. 메주를 만드는 발효의 조건들을 몸으로 체험하며 공부하게 되었고, 그 후로도 나는 무지함에서 벗어나기 위해 공부를 시작했다. 남편의 퇴임을 준비하며 시작한 일들이 아직도 완성되지 못하고 남편의 지원을 받으며 아직도 공부만 하고 있는 나를 남편은 뭐라고 생각할까? 참 이기적이지 않을 수 없다.

늘 내편에서 나를 지지해주는 남편을 생각하며 남편의 퇴임 전 자리를 잡고 싶었다. 하지만 난 여전히 남편의 지원을 받으며 오늘도 학교 연구실에 나와 논문을 정리하며 공부 중이고 사업을 하며 돈을 버는 일들과는 거리가 멀어지고 있다. 발효식품학을 공부하고 외식조리학부를 마치고 다시 식품생명공학 석사과정까지 참 열심히도 걸어왔다.

발효라는 것은 눈에 보이지 않는 것들과의 아름다운 만남일 것이다. 특히 된장은 탄수화물을 주식으로 하는 우리민족의 식문화에 단백질과 지방의 공급원으로 음식의 맛과 영양을 공급하는 소중한 식재료로 부식 또는 조미료로서 모든 음식의 기본이었고, 장을 담그는 일들은 집집마다 정성을 다했으며 미생물에 대한 지식이 없었던 이유로 장 담그는 일들이 일종의 성사였다. 장에 관련된 속담도 다양한 것을 보면 우리 조상들이 얼마나 많이 장을 신성시했는지 알 수 있음이다.

이처럼 된장은 우리 식문화에 없어서는 안 될 매우 중요한 발효식품이다. 요즘 우리가 말하는 유익한 내장 세균인 프로바이오틱스의 먹잇감인 프리바이오틱스가 풍부한 식품이 된장이기도 하다. 된장의 쓰임새를 어찌 말로 다 할 수 있을까.

예로부터 된장에는 독특한 성질과 관련된 오덕이 있는데 그중에 내가 가장 좋아하는 것이 있다. 다른 맛과 섞여도 고유의 제 맛을 잃지 않는 '단심', 어떤 음식과도 조화가 잘 이루어진다는 '화심' 나는 이 두 가지에서 사람과 사람 간의 예를 생각하기도 했다. 장도 묵을수록 좋고 또한 친구도 묵을수록 좋다고 장에 비유하며 말한다. 깊은 장맛만큼이나 그 쓰임새가 조화로우며 누군가에게 좋은 영향을 주었으면 한다. 장맛 좋은 집은 복도 많다고 하였으니 나는 복 많은 사람이 분명하다.

할머니를 대신하여, 엄마를 대신하여 나는 해마다 콩을 삶아 메주를 만들고 띄우고 좋은날 장을 담아 동생들과 나누며 엄마를 대신한다. 할머니와 엄마의 마음을 담아 그리움을 채우며 왁자지껄 깔깔대며 어여쁜 내 동생들과 깨끗하게 소독한 항아리에, 비록 정안수는 아니지만 맑은 물 받아 정성을 다한 우리집 장은 올해도 계속될 것이다.(정○경, 52세, 전북 익산)

3. 김○경의 조사, '강릉 송정의 햇살이 좋아 막장 담기 좋은 날'

12월 어느 날 강릉 송정에 전통방식으로 장을 담는 집이 있다는 소리에 열 일을 제치고 달려갔다. 100년 넘은 전통한옥에 들어서니 방 안에서는 마침 메주를 만들어 건조 중이었고, 엿질금 싹 틔운 것은 평상에 펼쳐서 해 좋은 날이라 바짝 말리는 중이었다.

메주가 일반 메주보다는 크기가 커서 절 메주의 형태를 하고 있었는데 이것을 건조하고 한 달간 띄운다고 했다. 상냥하신 안주인께 이것저것 궁금한 것을 물어보고, 장은 언제 담그냐며 구경을 와도 되겠는지 물어보니 한 번도 그런 적은 없었지만 궁금하면 오라고 승낙했다.

2021년 3월 초, 음력으로 1월 말날에 막장 담는 것을 구경만 하러 갔다가 힘을 보태드리고파 조심스레 물어본 뒤 소매를 걷어부치고 도왔다. 동네 지인분과 가족분이 말씀하시길 외부인이 온 것은 처음이라며 신기해했는데, 아마도 엄청 정성을 들이고 집중하며 장을 담아서 그런 듯하다. 그리고 동네에서는 유별스럽게 좋은 재료를 준비하여 장을 담그기 때문에, 맛이 좋기로 유명한 집이라고 하여 더욱 궁금했다. 사실 방문할 때마다 장독들이 항상 깨끗하여 안주인의 부지런함과 정성을 알 수가 있었다.

막장을 만들기에 앞서 재료준비를 해야 하는데 우선 간장 이야기를 살짝 하자면, 메주를 한 달 띄우고 장을 담아 일주일 뒤에 장 가르기를 하는데, 장독 뚜껑을 열어보면 특이하게도 색이 무척이나 까맣다. 이것은 메주를 상당히 잘 띄워야만 한단다.

이렇게 발효한 간장에 60년 넘은 씨간장을 간장 담을 때마다 계속 섞어주니 그 맛과 깊이는 상상 이상이다. 또 꺼낸 메주덩어리에 소금, 고춧가루, 메줏가루를 넣어 치대어 된장을 만드니 그 맛 또한 일품이었다.

그리고 소금은 소금 항아리에서 어찌나 오랫동안 간수가 빠졌던지 손에 묻어나는 게 없이 보송보송 그 자체였다. 동해안엔 소금이 귀하다보니 바닷물을 많이 사용하지만, 이 댁은 할아버지와 작은할아버지들이 쌀장사, 소금장사를 하는 덕에 소금을 풍부히 썼다고 한다. 또 찰보리는 봄에 준비해서 장독이나 김치냉장고에 넣어 보관해두고 보리죽을 만들 때 사용한다. 그리고 11월이나 12월 즈음 시루에 넣은 질금이를 4~5일 지나서 눈이 틔면 10일 정도 후 촉이 나온다. 그것을 평상에 널어 바짝 말린 뒤 방앗간에서 70~80% 갈아서 물에 담가 질금물을 만들어 찰보리에 넣어 가마솥에서 푹 끓여 준비한다.

이제 막장 담그는 이야기를 하자면, 우선 다시마와 콩이 궁합이 잘 맞아서 채수 낼 때 사용하는데, 장 담기 전날에 먼저 다시마, 표고 등을 넣어 4시간 이상 끓여서 채수를 준비한다. 다음날 메줏가루에 채수를 넣어 반나절 불려주고 7~8년 된 씨앗장, 몇 년 묵은 막장, 푹 끓인 찰보리죽, 100% 국산 태양초 고춧가루, 채수에 풀어놓은 소금물을 넣어 정성껏 섞어주고 다 섞으면 장독에 밑소금을 조금 뿌리고 막장을 담아 저장 발효한다. 13년 이상 장 담그는 일을 하셨는데 계량할 때 막 넣는 줄 알고 깜짝 놀랐던 기억에 지금도 웃음이 절로 나온다. 그리고 동네에서 해가 잘 드는 덕인지, 이 댁이 솜씨가 좋은 것인지 장맛이 너무나도 달큰하고 풍부한 맛이 난다. 70년 이상 농사를 지은 대농이자 장손댁이라 집안에 식구들이 참 많았지만, 솜씨 좋은 어머님 덕에 5형제는 계절별로 입 호사를 누리며 살고 있단다. 지금의 안주인은 그런 어머니의 장 솜씨를 물려받아 13년 전부터 장 담기에 정성을 다하고 있다.

가을엔 고추를 말리는데 씨가 달랑달랑하게 보일 정도로 투명하게 말리고, 표고도 말리고, 질금 만들어 빻아오고, 겨울엔 메주를 쑤어야 하는 등 정말 분주한 시간들을 보낸다고 한다. 메주를 띄우고 꺼내는 날엔 잘 떴을까 하는 생각에 지금도 마음이 설렌다고 말하며 소녀 같은 미소를 짓는다.

100년 넘은 전통가옥 툇마루에 앉아 장독들과 예쁜 꽃들을 바라보며 안주인이 내어준 차를 마시니, 음식에 대한 마음이 통한 것인지 차 맛 또한 그윽하니 좋았다. 장맛은 더더욱 좋았다. “음식은 마음을 담지 않으면 맛이 없어요. 절대로 대충하면 안 되거든요.” 이 댁 안주인의 말이 너무나도 와 닿는 이유를 알 것 같다.

4. 박○금의 조사, '이번이 마지막 장이다'

설 명절이 지나고 나면 우리 집은 연중행사로 장을 담근다. 나는 3남 1녀의 장남과 결혼하여 맏며느리 직함을 가지고 있고 동서들은 멀리 살거나 해외에 있어 장은 거의 시어머니와 내 담당이 되어버렸다. 딸아이가 스물여섯이니 벌써 25번이나 장을 담근 셈이다.

우리 집 고추장은 보리를 넣어 담그는 보리고추장이다. 고추장을 담그려면 우선 엿기름을 만들어야 되는데 그 과정은 꽤나 정성스럽다.

겉보리를 이틀 정도 불린 후 하루 정도 물기를 완전히 제거하고 자루에 담아 일주일에서 열흘 정도 콩나물 물 주듯이 하면 겉보리에서 파릇한 싹이 난다. 싹이 나기 시작하면 서로 엉겨 붙지 않도록 풀어주고 다시 물을 주고 물기를 빼주고 풀어주는 작업을 반복한다. 겉보리의 발아가 완성되면 펼쳐서 말려주고 잘 건조시킨 고추와 함께 잘 빻아 가루로 준비해둔다. 1차 과정 끝이다.

다음은 보리쌀을 잘 빻아서 찜기에 찐 후 보리쌀을 띄워야 한다. 요즘은 아랫목이라는 게 없으니 보일러를 많이 돌려서 방 온도를 올리고 3일 정도 두꺼운 이불 같은걸 덮어두면 보리쌀이 끈적하게 실이 나고 검은색으로 변하게 된다. 그러면 고추장 담그기 적당한 발효 상태가 된 것이다.

1, 2차 준비과정이 끝나고 장을 담그는 날은 아침부터 분주하다. 면보에 엿기름(6되)을 넣고 물(20L)을 넣어 손으로 조물조물 주물러 주면 뽀얀 물이 우러난다. 이 물을 큰 냄비에 넣고 2시간 정도 계속 저으면서 끓여 주면, 묽은 조청의 농도가 나온다. 끓인 조청은 식혀야 하는데, 이때 소금을 넣어주면 소금도 잘 녹고 조청의 온도도 쉽게 떨어지게 된다. 소금의 농도는 달걀을 띄워서 500원짜리 동전 크기로 떠 있으면 된다고 시어머님이 노하우를 전수해 주셨는데 내게는 지금도 여전히 어려운 부분이기도 하다.

다음은 조청 소금물에 삭힌 보리쌀 1말과 메줏가루 6kg, 고운 고춧가루 10kg을 넣고 긴 나무주걱과 업소용 거품기로 덩어리지지 않게 세심히 풀어준다. 잘 풀어주지 않으면 숙성시켜 먹을 때 가루들이 뭉쳐있을 수가 있다.

보리고추장 담그기가 끝나면 아들, 딸 몫으로 한 통씩 담아 내어놓고 나머지는 장단지에 담가 장독대로 옮겨 놓는다. 햇볕을 수시로 받아가며 잘 숙성시키고 숙성 후에는 김치냉장고에 보관하여 먹는다.

시어머니는 장 담그기 전에 장이 떨어지면 이렇게 막 담근 고추장에 시판고추장을 섞어 먹으면 메주냄새도 나지 않고 단맛도 적당해서 숙성 전에 응급으로 먹을 수 있다고 팁을 주셨다.

다음은 간장 담그기이다. 도시에서 사시는 어머니는 서산에 사시는 이모님이 메주를 보내셔서 메주를 직접 만들지는 않으신다. 덕분에 내 일거리는 한 가지는 줄어든 셈이다. 짚을 태워 깨끗이 소독된 항아리에 세척된 메주를 넣고 체에 받쳐가며 소금물을 부어준다. 그다음에 대추와 고추 3개, 숯덩이 3개를 넣고 면보를 덮어 봉하면 간장 담그기는 끝이다.

사실 시어머니와는 사사로운 대화를 나누기는 쉽지 않다. 그런데 장을 담글 때면 오랜 시간 공동 작업을 하면서 동지애가 느껴져서인지 이런저런 이야기를 나누게 된다. 장 담그면서 시어머니는 어릴 적 드시던 '쩜장'이 그립다고 하셨다. '쩜장'은 조금 만들어서 빨리 먹는 장이다.

뚝배기에 메주 한 덩이를 빻아서 넣고, 김칫국물을 넣고, 동치미무를 얇게 썰어 넣어 가마솥 옆 부뚜막에 올려 하룻밤 재우고 먹는 장이다. 새콤한 맛이 나고 무가 숙성되어 흐물거려서 밥에 비벼먹기도 하고 두부를 넣고 찌개로 끓여먹기도 하는데, 시어머니는 밥에 비벼먹는 것이 훨씬 더 맛이 있다고 하셨다.

그 맛이 그리워 만들어 보셨는데, 어째 옛날 그 맛이 아니라며 씁쓸하게 웃으셨다. 장을 담그고 나면 몇 해 전부터는 "에미야! 장 담그고 나니 맘이 편하다. 이번이 내가 담그는 마지막 장이다. 힘들어서 이제 그만 해야겠어"라고 하신다. 그러면서도 놓지 못하시는 마음이 느껴져 울컥해진다.

내가 결혼할 때 60대셨던 시어머니는 벌써 팔순을 넘기셨고, 힘들다 하시면서도 시어머니는 손끝으로 장만은 꼭 해먹이고 싶은 마음이신게다. 나는 속으로 외쳤다 "어머니 건강관리 잘하셔서 앞으로 꼭 20번만 더 저랑 장담기로 해요."

5. 박○금의 조사, '속초어머니의 막장'

내가 강릉에 터를 잡은 지 벌써 20년이 되어간다. 이곳에 와서 음식이나 요리에 관해 공부하면서 알게 된 사실은 강릉처럼 오랫동안 전해 내려오면서 지역 음식으로 자리 잡은 음식이 있는가 하면, 강릉과 가까운 속초는 이북에서 내려온 실향민들이 정착하면서 함경도나 평안도 음식이 지역 음식이 된 것이 많다는 점이다. 내가 강릉에 정착한 후 알게 된 지인의 어머니는 동네에서 음식솜씨가 제법 있다고 소문이 났는데, 경기도가 고향이신 어머니는 함경도 남편을 만나 60년을 속초에 살면서 함경도 아마이(어머니의 함경도 사투리)가 다 되셨다고 한다.

오늘은 82세 속초어머니가 새댁이셨을 때부터 담가오시던 장 이야기를 해보려고 한다. 속초는 예전엔 70～80%의 시민들이 실향민이었던지라 친인척이나 혈연관계보다는 6·25전쟁 후 피난 온 사람들끼리 서로 의지하며 맺어진 사이가 많다. 그래서 시어머니나 친정엄마에게 장 담그는 것을 전수받거나 배우기가 어려웠다. 보통 이웃이나 고향 사람들끼리 모여 장을 담그거나, 집집마다 돌아가며 장을 담그고 장 담그는 집에 모여 품앗이도 하고 고향 음식도 해먹으며 친목을 다지고 고향의 향수를 달래기도 했다.

예전에 장을 담그던 어른들의 레시피는 용량이 정확하지 않아서 거의 한 종지, 한 되박, 아님 대충 적당히 뭐 그렇게들 담았다고 하는데도 맛을 정확히 낸 걸 보면 참 신기하기도 하다. 장은 보통 김장철이 지나고 구정이 지나기 전인 12, 1월에 담그며 장을 담그려면 11월에는 메주콩을 사서 메주를 띄워 준비해야 한다.

메주콩을 연탄불에 무르도록 삶을 때면, 삶는 냄새가 온 동네 진동을 하고 아이들은 실컷 콩을 퍼먹어 배탈이 나기도 했다. 무르도록 삶아진 콩은 돌절구에 팔이 떨어져 나갈 정도로 찧어서 부드러워지게 한다. 그 후 판판한 판에 치대어 네모 난 모양으로 만들고 짚을 엮어 통풍이 잘되는 곳에 널어 말린다. 20일에서 1달 정도 지나 잘 건조된 메주는 간장 담글 것을 빼고 가루로 준비해둔다. 속초에서는 된장, 고추장, 간장 이외에 반드시 막장을 담근다.

막장은 물 한 양동이(대충 20L 정도일 것 같다) 소금 한 되 반(1.5kg 정도)을 넣고 끓인 후 식혀 소금물을 만든다. 싱거우면 상하기 때문에 싱겁지 않은지 맛을 본다. 속초어머니는 간을 맞추는 원초적인 감각을 이용하신 것 같다. 메줏가루(메주콩으로 10kg)와 보리쌀가루를 1 : 1로 준비하여 소금물에 잘 개어 항아리에 넣고 2개월 정도 숙성시킨 후 먹는다. 막장의 매콤함과 감칠맛을 더하기 위해 고추씨를 갈아서 넣거나 고춧가루를 넣어도 좋다.

고추장은 고운고춧가루와 메줏가루 2 : 1, 찹쌀가루 1/2, 질금가루 1/2, 물엿이나 조청, 굵은소금을 준비한다. 찹쌀가루는 반죽하여 납작하게 만들어 물에 삶아 건져내어 으깨어 놓는다. 찹쌀반죽 삶은 물에는 질금가루를 끓여 식힌다. 식힌 국물에 고춧가루, 메줏가루, 조청, 으깨놓은 찹쌀반죽을 넣고 굵은소금으로 간을 맞춘다. 이것 역시 2개월 정도 숙성한 후 먹는다.

간장은 물 한 동이(약 20L 정도)에 소금 한 되(1kg 정도)를 넣고 끓여 식힌다. 식힌 후 메주 5덩이를 넣는다. 소금물이 싱거우면 메주가 가라앉고 농도가 맞으면 뜬다. 40~45일 후 메주가 우러나면 건져내고 간장을 달인다. 건져낸 메주는 잘 치대어 소금을 넣고 한 달쯤 지나면 된장이 된다. 장은 해 뜨면 장독 뚜껑을 열고 해가 지면 뚜껑을 닫아두어야 한다.

속초에서는 된장이나 고추장보다 막장을 즐겨 먹는다. 된장찌개나 빡짝장, 쌈장으로 막장을 사용하기 때문에 된장찌개가 색이 진하고 깊은 맛이 있다. 내가 처음 속초 된장찌개를 먹고 색 때문에 한 번, 맛 때문에 두 번 놀란 이유이기도 하다.

다섯 자녀를 키우느라 한때는 장독대가 그득했다던 속초어머니는 지금은 자녀들이 모두 출가하고 장도 예전처럼 많이 먹지 않아 서너 해에 한 번, 한 동이 정도 장을 담근다며 어째 섭섭해 하셨다. 예나 지금이나 해가 좋은 날이면 장독을 닦고 뚜껑을 열어 햇볕을 쏘이는 일은 꼭 하신다. 지인의 말에 의하면 진실 여부는 모르지만 막 담가서 막장이란다. 이 장에 당면을 듬뿍 넣어 찌개를 끓여놓으면 '둘이 먹다 하나가 죽어도 모를 맛'이라고 너스레를 떨며 친정엄마의 막장을 자랑한다. 어려서 먹고 자란 맛이라서 마트서 사는 장은 엄마 장맛을 못 따라 온다고 하였다.

김장으로 한겨울을 준비하던 우리네 어머니처럼 장 담그기로 한해를 준비하던 어머니들의 정성과 사랑이, 장 속에 깊이 우러나기 때문에 집장의 깊음을 다른 것들이 따라가지 못하는 게 아닐까 한다.

된장찌개 한 냄비에 밥 한 그릇 뚝딱 해치우는 자녀를 바라보는 어머니의 미소가 떠올려지니 내가 절로 행복해지며 입가에 침이 고인다.

6. [문헌조사] 충남 논산 윤증 선생 종가의 장 담그기

충남 논산시 교촌리에 있는 윤증 선생 종가는[80] 간장 맛이 하도 좋아 간장 독을 '꿀독'이라고 부르며, 63년째 종가 안주인으로 있는 윤증 선생의 11대 종부 양창호(82) 할머니와 차종부 신정숙(56) 씨가 지키고 있다.

윤증(1629~1714) 선생은 조선 숙종 때 학자였으며 소론의 영수였다. 노론과의 치열한 당쟁으로 권력에 혐오를 느낀 그는 벼슬을 마다하고 고향에서 후학 양성에만 힘을 쓴 선비였다.

"우리집 간장[81]은 이 지구상에서 최고의 맛일 게야. 갓 지은 고슬고슬한 쌀밥에 우리집 '진덕간장'을 넣고 쓱쓱 비벼 먹으면 다른 반찬이 없어도 맛나게 밥 한 그릇을 먹을 수 있거든!"

노종부가 내세우는 감장 맛은 일품이었다. 간장색은 검었지만 탁하지가 않았다. 짜지 않고 달콤했다. 잘 만든 게장 맛 같았다. 종가의 간장 담그는 비법은 음력 10월에 메주콩을 삶아 메주를 만든다. 메주콩은 반듯이 우리 콩이어야 제 맛이 난다고 했다. 메주의 크기는 가로 15cm, 세로 20cm 직사각형으로 만든다.

마루에 짚을 깔고 메주를 늘어놓아 일주일 정도 말린다. 다음은 짚으로 동여매어 40일 정도 처마 밑에 매달아두었다가 메주를 내려 마루 한켠에 짚 한 켜, 메주 한 켜씩 놓고 비닐을 덮는다. 비닐에는 공기구멍을 만들어야 습기가 생기지 않는다. 한 달 정도 지나서 열어보면 메주 전체에 곰팡이가 피어 있다. 이것을 다시 딱딱할 정도로 햇볕에 말린다. 말려진 메주는 물에 씻지 않고 솔로 박박 닦는다.

항아리에 메주를 차곡차곡 담고서 물과 소금을 1 : 1로 잡아 소금이 녹으면 메주가 잠길 정도로만 붓는다. 메주를 넣은 항아리 속에 빈공간은 메주를 잘게 쪼개서 메꾼다. 메주 위 맨 위에도 웃소금을 덮는다. 까만 비닐로 항아리를 덮은 다음 그 위에 뚜껑을 덮는다. 간장이 뜰 때까지는 절대 열어보지 말아야 한다.

일반적으로 장을 담근 다음에는 햇볕을 쬔다. 바람이 장항아리와 통해야 하고 곰팡이가 바람을 타고 들어와야 하는데, 종가의 간장독은 담은 이후 장을 뜰 때까지 열지 않는 게 특징이다.

보통은 장을 담근 지 40일 정도면 장을 뜬다. 파평윤씨 종가의 전덕 간장은 6개월 정도가 지난 추석 무렵에 간장을 뜬다. 항아리를 열어보면 소금이 새까만 강정처럼 딱딱해져 있다. 이 소금은 꺼내 버리고 메주를 한쪽으로 치우면 간장이 술처럼 올라온다. 용수를 박아 속 간장을 퍼내 팔팔 끓여 뜨거울 때 다시 항아리에 붓는다. 간장을 뜨고 난 후에 메주는 버린다. 단맛이 간장으로 다 빠져나와 된장은 맛이 없기 때문이다.

종가에서는 지금도 메주콩을 3가마니씩 삶는다. 종가의 간장은 음식 간을 맞추는 양념의 역할을 넘어 배탈이 나거나 소화가 안 될 때 약으로 먹기도 한다. 시집 간 딸들은 물론 소문을 듣고 간장을 얻으러 오는 사람이 많아 한 해도 거르지 않고 지금도 메주콩을 삶는다.

7. [문헌조사] 전남 영광 입석리 영월신씨 종가의 장 담그기

전남 영광군 영광읍 입석리 영월신씨 종가는 해마다 기제사와 가을에 지내는 시제 등 40번이나 되는 그 많은 제사를 18대 종손은 신○준(65), 종부는 안○순(64) 씨이다.

이 댁에서는 밥상에 올리는 반찬인 집장도 제수음식으로 제상에 올리는데, 제사음식을 먹을 때 집장을 곁들이면 상큼한 맛을 느끼게 한다. 집장 만드는 법도 특이하다. 집장은 먼저 메주콩을 불려 물을 넉넉히 부어 삶는다. 가을에 메주 끓일 때 그 물을 쓰면 맛이 특별하다고 한다. 하지만 메주를 쓰지 않을 때는 콩을 삶아 콩물을 만든다. 찹쌀을 빻아 가루를 만들어 되직하게 풀을 쑨다. 무를 납작납작하게 깍둑썰어 소금으로 간을 해 잠깐 절인다. 고춧잎도 소금으로 간을 해 절인다.

메줏가루에 찹쌀풀과 콩 삶은 물을 섞어 되직하게 만든 다음 물기를 뺀 무, 고춧잎도 넣는다. 고춧가루는 붉은 빛이 돌도록 넣어 고루 섞는다. 저어가면 소금으로 간 한 다음 봉해두었다가 4, 5일 동안 따뜻한 곳에서 삭히면 새콤한 맛이 난다.[82)]

8. [문헌조사] 경북 상주시 풍양조씨 입재공 조대윤 종가의 장 담그기

경북 상주시 낙동면 승곡리에 있는 풍양조씨 입재공 조대윤(1638~1705) 선생의 400년 된 종가에서는[83] 2003년 2월 14일 말날, 따스한 햇살이 내리쬐이는 오작당 안채 장독대에서는 종가 음식의 맛을 내는 장을 담느라 분주하다. 이 날은 장을 담기 좋은 길일로 시집 간 두 딸도 모처럼 친정 나들이를 왔고, 이웃에 사는 문중부인도 품앗이를 한다.

오작당 종가는 후손들이 살고 있지만, 양진당은 비어 있다. 그러나 해마다 8월 10일에서 15일까지는 전국의 풍양조씨 후손들이 뿌리교육장으로 20년째 쓰인다. 양진당(養眞堂)은 풍산류씨의 대종가로 보물306호이다. 입암 류중영 선생의 호를 따서 입암고택이라 부르며, 양진당이라고 부르기도 한다. 사랑채는 고려 건축양식이고, 안채는 조선 건축양식으로 고려양식과 조선양식이 공존하는 고택이다. 하회마을에서는 드물게 정남향의 집이며 99칸으로 전해오지만 지금은 53칸만이 남아 있다.

보물414호인 충효당(忠孝堂)은 서애 류성룡 선생의 종택이다. 양진당, 충효당, 영모당 등은 유네스코 세계무형유산으로 지정되었다.

안채 부엌 앞 오른쪽에는 우물터와 장독대가 있다. 우물은 상수도가 18년 전에 들어오면서 메워졌지만, 종가 건물과 터 잡은 장독대는 긴 세월 동안 수많은 종가 사람들의 입맛을 챙겨주고 건강을 지켜주고 있다. 수백 년을 더 살아 온 장독대의 독들은 비바람을 맞고 태연하게 서 있지만 옹기를 연구하는 사람들의 눈으로 보면 박물관에 모셔져야 할 귀한 독들이다.

나이를 가늠할 수 없는 다섯 개의 장독은 장을 담은 햇수에 따라 묵장, 햇장의 서열을 지키며 줄지어 서있다.

"예부터 묵장과 햇장을 함께 섞으면 집안에 우환이 생긴다는 속설이 있지요. 간장은 묵힐수록 단맛이 좋아요. 첫 아들 낳았을 때 시어머니께서 끓여준 미역국은 묵장으로 간을 맞춰 끓여 주셨는데 보약 같은 느낌이었습니다."

그래서 5년씩이나 된 장이 지금도 있다고 한다. 종부는 수많은 제사에 쓰여

질 간장도 따로 떠서 작은 항아리에 정갈하게 보관한다고 했다.

된장도 오래된 된장, 햇된장을 구별해 두었는데, 해묵은 된장은 약이 없던 시절에는 상비약이 되기도 했다. 상처에 된장을 붙여두면 지혈이 되고 상처가 빨리 아물었다.

장독뿐 아니라 고추장 항아리, 막장 항아리, 집장 항아리 등이 옹기종기 모여 있고 각종 씨앗을 보관하던 씨앗독도 장독대에 있다. 또 제사 때와 손님 접대용으로 담았던 가양주 술독도 여럿 있다. 크고 작은 떡 시루도 장독대에 놓여 있다. 키 작은 각종 젓동이도 키 큰 독들 사이에서 조화를 이룬다.[84)]

400년 장맛을 내는 장 담그기를 보면, 콩 2말로 메주를 쑨다. 길이 15cm, 두께 10cm 정도의 메주가 열 덩이 정도 된다. 굵은 소금 대두 12되를 준비하고, 물은 6동이를 준비한다. 식구가 많을 때는 콩 2말이면 물 10동이를 잡는데, 지금은 장맛을 위해 물을 적게 잡는다.

늦가을에 쑤어 겨우내 말린 메주는 흐르는 물에 담가 지푸라기로 솔을 만들어 문질러 씻는데 재빨리 씻어야 메주가 불지 않는다. 광주리에 담아 물기를 빼고 햇볕에 이틀 정도 말린다.

종가에서는 해마다 정월에 장을 담근다.

"시어머니께서는 신일(辛日)과 오행의 수일(水日)은 피해야 한다고 했어요. 신일은 장맛이 시다하여 피하고, 수일은 장이 묽어진다고 해서 피한다는 것이지요. 가장 무난한 날은 말날인 오일(午日)을 택하라고 했어요."

종부 채춘식(68) 씨의 말이다. 11대 종손 조정희(70) 씨가 함께 장을 담는다.

소금물은 넓은 그릇에 소쿠리를 놓고 소금을 조금씩 넣으면서 준비한 물을 붓고 소금을 휘저어 녹이며 하룻밤을 재운다. 간은 달걀을 간수에 집어넣어 달걀이 수면 위에 반 정도 떠올라 있으면 염도가 알맞은 것으로 친다. 간이 짜면 달걀이 더 위로 뜨고, 싱거우면 가라앉는다.

장독은 짚에 불을 붙여 연기로 독안을 소독하고 마른 행주로 깨끗이 닦아낸다. 장독에 메주를 차곡차곡 넣고 가라앉힌 소금물을 붓는다. 소금물을 다 붓고 나면 메주가 둥둥 뜬다. 그 위에 숯, 붉은 고추, 대추를 띄운다. 그리고 짚으로 꼰 새끼줄에 숯과 조추를 끼워 독 입구에 느슨하게 감아둔다.

해가 나면 장독 뚜껑을 열어두어 햇볕을 쬐게 하고, 저녁이면 뚜껑을 덮는 일에 신경을 써야 한다. 60여 일이 지나면 메주와 소금물이 섞이면서 까므스레한 간장이 장독 안에 가득하게 된다. 용수를 박아 간장을 떠내거나 메주를 들어내고 장을 소쿠리에 밭치기도 한다.

간장은 무쇠솥에 달여 장독에 담아 보관했다가 30여일이 지나면 먹을 수 있다. 또 진장을 만들고 싶으면 따로 떠내 달일 때 검은 콩과 검은 설탕을 조금 넣으면 달콤하고 고소한 진간장이 된다.

메주는 부수어 단지에 담고 그 위에 소금을 뿌려두면 된장이 된다. 이후에는 날씨가 좋은 날은 옹기뚜껑을 열어 햇볕을 쪼여야 장맛이 변하지 않는다.

종가의 장 맛 비결은 수입콩을 쓰지 않고 수입소금도 쓰지 않는데 있으며, 볕이 잘 드는 장독대에서 장이 잘 익도록 정성을 다하는 것이 비결이라고 한다. 종가에서는 식구가 적다고 장을 적게 담을 수는 없다. 장독이 큰 것밖에 없기도 하려니와 넉넉하게 담아야 아파트 생활하는 아들네 집과 친척들 집에 나누어 줄 수가 있다. 그런데 딸들에게는 절대 간장이나 된장을 주지 않는다. 친정에서 장을 가져다 먹으면 딸네가 못산다는 속설 때문이다.[85)]

9. 내가 경험한 한국의 장류문화 '된장 made in Netherlands' 박○진

2021년 초 코로나 바이러스가 네덜란드에도 도착했다. 전 세계가 코로나 바이러스 때문에 극심한 공포에 휩싸여 있을 때, 네덜란드 우리 집 먹거리에 2가지 큰 문제가 생겨났다. 해외생활 8년째 엄마의 김치와 된장을 받아먹던 호사를 누리던 나에게는 심각한 위기가 아닐 수 없었다. 김치는 그래도 한두 포기씩 만들어 봤지만, 팍팍 줄어가는 된장을 보면서 나는 마음이 조급해 지기 시작했다. 엄마와 통화를 할 때마다 매번 된장이야기가 가장 큰 화두였다. 네덜란드가 전면 녹다운을 선택해서 어차피 집에만 있는데, 이참에 한 번 만들어 보지 않겠냐 하셨다. 나는 그게 무슨 소리냐며 "청국장도 잘 못 만드는데"라며 고개를 설레설레 저었다.

1) 된장 양 불리기

그러던 어느 날 어떤 블로그에서 '된장에 청국장을 섞어서 양을 불릴 수 있다.'라는 포스팅을 보게 되었다. 메주 없이도 된장을 만들 수 있다는 말인가? 매년 엄마의 된장을 한국에서 여기로 이고지고 오는 그 일에서 해방된다는 말이 아닌가? 그건 정말 신박한 일, 상상만으로도 즐거운 일이었다.

된장과 청국장을 섞어서 된장을 만드는 것이 잘 이해가 되지 않았다. 된장이라면 메주를 쑤어서 말려서 띄워서 소금물에 담가 몇 달을 기다리고 또 기다려야 완성이 되는 것인데 이게 말이 되는 소리인가? 너무 쉬운 거 아닌가? 바쁜 엄마를 영상통화로 붙잡고 여쭈어보니 둘 다 '발효음식'이라서 그리해도 된다는 말씀이다. 무슨 말인지 그 문장이 체험해 보기 전에는 쉽게 이해되질 않았다.

때마침 지난번 만들었다가 반쯤 성공한 청국장 1kg이 냉동실 한켠에 있었다. 청국장 냄새는 났지만, 실이 하나도 나오지 않은 청국장이었다. 그리고 네덜란드로 이사 오던 2013년, 어떤 절의 보살님께서 선물로 주신 '씨간장'이

3리터가 있었다. 색이 너무나도 시커매서 어떻게 쓸 지를 몰라 한 번도 쓴 적이 없는 간장이었다. 엄마의 된장 1kg에 냉동실에서 잠자던 청국장 1kg, 냉동해 두었던 콩 삶은 물, 그리고 보살님의 씨간장 한 컵을 섞었다. 희한하게도 그것이 정말 된장이 되었다. 꿀맛이 날 정도로 맛있었다. 이렇게 쉽게 된장 부자가 되었고, 앞으로 된장을 네덜란드에서 만들어 먹게 된 새로운 세상이 열렸다며 그때의 흥분을 SNS에 자랑하고 난리도 아니었다. 해외에 사는 친구들은 다들 시판 된장을 사먹는다면서 엄청 부러워했고, 한국에 사는 내 친구들도 된장 만들기는 특히 전혀 관심 분야가 아니었기에 이런 나를 호기심 어린 눈으로 바라보았다.

2) 메주 만들기

된장의 양 불리기에 성공한 나는 유튜브에서 된장 양 불리기, 짠 된장 살리기, 15년 된 엄마 된장 살리기 등 동영상을 보다가 장에 푹 빠져버렸다. 이럴게 아니라 장에 대한 전문적 지식과 유래를 공부하고 싶어져서 보게 된 '아시아 음식의 비밀, 장' 다큐멘터리를 보며 중국, 한국, 일본에서 만들어 먹는 된장의 기원이 우리나라였다는 것을 알게 되고 얼마나 어깨가 으쓱했는지 모른다. 그리고 이어 '동북아 두장문화의 가치와 한국의 전통 장문화'를 '유네스코 문화유산에 등재' 하려고 하는 유튜브 세미나까지 어느새 경청하고 있었다. 내가 네덜란드에서 된장을 만든다면 이것이 참 가치 있는 우리의 문화유산을 이어받는 일이구나, 엄마가 언제까지 계속 해주실 수는 없으니 이제는 배워야 할 때가 된 것이다. 우리 가족을 위해서 내가 스스로 도전해 보고 싶은 과제가 되었다. 된장도 떨어져 가는 마당에, 코로나 때문에 한국 방문도 힘든 이 시국에 엄마에게 영상통화로 조언을 들으며 배워봐야지 하는 결심이 들었다.

엄마와의 영상통화는 모두 메주 만들기로 가득 찼다. 엄마의 아이디어는 요즘 신식으로 만드는 황국균으로 만드는 개량메주라는 게 있는데, 너는 그 대신 청국장을 만들어서 그걸 건조기에 말려 말린 알알이 청국장을 메주로 생각하고 그것으로 된장을 담가보라는 것이었다.

무료한 록다운 일상에 몰두할 과제가 생기니 재미있을 것 같아 겁도 없이 인터넷으로 유기농 대두를 15kg, 병아리콩 5kg을 주문했다. 그것은 무료배송이 50유로(한화로 68,000원) 이상이었기 때문이었던 것이다.

<된장용 메주>

그렇게 콩이 도착했고 메주프로젝트가 시작되었다. 외국에 살면서 한국문화에 점점 빠져들게 된 것은 물론이요 나이가 들면서 된장, 청국장을 먹으면 속이 참 편했기에 올해는 아이들에게 직접 메주를 만들어 보는 체험을 하게 해주고 싶은 포부도 함께였다.

4kg의 콩을 24시간 동안 불렸다. 불린 콩은 부피가 서너 배로 늘어났다. 그 양의 콩 값은 대략 10유로(13,000원 상당), 이때까지는 망해도 10유로 잃으면 그만이라는 생각이었다. 나의 시간과 정성과 노력을 계산하지 않은 것이다. 우리집에 6.5리터짜리 압력솥이 있는데 거기에는 콩이 딱 1kg만 삶아진다. 그래서 나는 아래의 과정을 하루 동안 4회 반복했다. 압력솥에 센 불로 추가 모두 올라오면, 인덕션 불을 중(4 정도)으로 줄여 40분을 계속 끓이고, 불을 끈 후에도 한 시간 정도 뜸을 들이라 한다. 이렇게 하면 콩이 갈색 비스무레한 색이 돌고 손가락으로 눌렀을 때 아주 잘 뭉그러진다. 이 상태가 되어야 메주를 만들었을 때 균들이 잘 서식할 환경을 만들어준다. 중간에 압력솥의 추 부위를 잘 닦지 않아서 콩물이 사방으로 뿜어져 나오고 난리도 아니었지만 재미가 있어서 힘든 줄도 몰랐다. 큰 솥에 4kg를 한 번에 4시간 동안 삶는 것이 나은 선택이었을 거라는 생각이 이제야 든다.

처음 시도이기 때문에 네모 모양의 큰 전통 메주(1kg의 무게)를 만들고 띄울 자신이 없어서 주먹보다 조금 큰 도너츠 모양의 메주(250~300g 정도)를 만들었다. 도너츠 메주들을 선풍기 앞에서 말리기 시작했다. 밖에서 말리기에는 네덜란드가 습도가 높고, 양파망도 없어 파리가 알을 까지 않을까 두려웠다. 신생아만큼 소중한 나의 메주들이 어디로 가야 하는지 엄마에게 보내는 메시지 창에 불이 났다. 엄마는 "일단 말려라."라고만 하셨다. 잃어봐야 10유로라던 호기 있던 마음과는 달리, 매일 들여다보며 애지중지했다. 식품 건조기도 있었지만 "열에 말리면 좋지 않다."해서 선풍기로만 말렸는데, 그때부터 집에서 메주냄새가 났다. 동네 사는 언니가 와서 어릴 때 시골에서 맡아본 메주 냄새가 맞다며 메주가 잘 된 거 같다고 인증해 주었다.

매일 메주를 들고 부엌 남향 창가로 갔다가, 시원한 아래층으로 갔다가 여기저기 방황을 하다가 실외 베란다에 발효실을 만들었다. 남편이 사용하던 작은 온실을 나의 발효실로 깨끗이 닦아서 마련했다. 두 개의 층이 있는데 아래층에서는 매일 전기방석 위에서 청국장을 띄워 속성장을 만들 메줏가루를 생산하고, 위층에서는 메주를 넣은 종이박스 아래에 전기방석을 두고 온도를 1에 맞춰두고 메주를 띄우기 시작했다. 2주가 왜 이렇게 긴지 매일 아침에 일어나서 들여다보고 이 곰팡이가 맞는지 아닌지, 엄마에게 사진을 찍어서 보냈다. 그래도 곰팡이가 생기긴 생겨서 신기하고 어릴 적 할머니 집에서 나는 냄새를 맡으며 푸근한 마음도 들었다. 이렇게 메주를 띄워야 된장에서 깊은 맛이 난다고 하시는데 도대체 겁 없이 시작한 이 메주, 된장 프로젝트는 언제 끝나는 걸까?

<보리+오트밀로 만든 고추장용 메주>

구수한 맛이 일품이라는 보리등겨 메주도 만들고 싶어졌다. 물론 보리등겨도 없어 보리를 분쇄기에 가루로 빻고, 여기서 구하기 쉬운 오트밀가루를 (귀리를 익혀서 납작하게 눌러 둔 것) 1 : 1로 섞어서 익반죽을 한 후에 도너츠 모양의 메주를 만들었다. 이것 역시 된장용 메주와 함께 박스 안에서 띄워서 두었다가 가을에 보리식혜 고추장을 만들었다.

3) 속성장

한국의 장에 푹 빠진 나는 겨울이 끝날 무렵 된장이 부족해서 부뚜막에서

2주 정도 발효를 해 만들어 먹었다는 속성장을 만들어 보고 싶었다. 거기의 주재료가 메줏가루인데, 네덜란드에서 메줏가루는 구할 수가 없으니 나는 청국장을 말려서 가루로 만들어 속성장을 만들어보기로 했다.

아침에 일어나 하루에 1kg의 콩을 불리고, 어제 불린 콩을 삶고, 이틀 전에 발효를 시작한 청국장을 다시 건조기로 옮기고, 건조기에서는 청국장 균이 죽을까 40도로 48시간을 건조했다. 암스테르담에 차려진 메주공장이 따로 없었다. 전국의 속성장을 찾아다니는 TV 프로그램을 유튜브로 시청하며 이것저것 다 만들어 보았다.

- 지레장 : 청국장가루(여기서는 메줏가루 대용으로)와 동치미국물 그리고 메줏가루를 섞고, 동치미 무, 말린 가지, 표고버섯 등을 넣어 만든 시래장과 동치미국물의 유산균이 활성화되어 장을 넣어둔 잼 유리뚜껑이 열리기까지 했다. 장은 정말 살아있다는 사실을 눈으로 보았다.
- 김칫국물 지레장 : 김칫국물에 신김치를 넣고 콩가루와 메줏가루를 섞어 발효한 것이다.
- 뜸북장(담북장) : 발효한 청국장과 절구에 찧은 마늘, 고춧가루 그리고 집간장을 넣어 부뚜막(우리집은 인덕션) 근처에서 일주일을 발효하는 것인데, 네덜란드 사람이지만 한국에 유명 청국장 집을 따라다닌 남편도, 옆 동네 요리 고수 언니도 뜸북장에 밥 한 그릇을 싹싹 비벼 먹으며 엄지를 척척 올려 주었다.
- 보리막장 : 엄마에게서 온 메시지에서 "보리로 밥을 해서, 보리밥을 식혜로 삭히고, 거기에 말린 청국장가루와 소금, 고추씨가루를 넣어서 15일 정도 숙성해서 먹는다." 이 보리막장을 만들고 나서 나와 남편은 눈이 똥그래질 정도로 놀랐다. 이것을 정말 내가 만든 것인지! 보리의 풍미와 식혜, 여러 가지 맛이 어우러져서 감칠맛과 꿀맛이 났다. 이 보리막장에 마늘, 참기름, 깨, 견과류를 넣고 삼겹살파티의 쌈장으로 내었는데 외국 손님들도 정말 좋아했다.
- 병아리콩청국장 : 병아리콩으로 청국장을 만들면 청국장을 끓였을 때 입

자가 곱게 국물에 스며들면서 전체적으로 수프 느낌이 나는데, 이건 안 먹어 본 사람은 있어도 한 번만 먹어본 사람은 없을 정도로 맛이 참 오묘하며 청국장 냄새도 조금 덜 나는 편이었다.

- 저염된장 : 단호박을 푹 쪄서 된장과 1 : 1로 섞은 후 냉장고에 보관하면 한 달간 먹을 수 있다. 호박의 풍미 덕분에 염도를 낮춘 된장찌개를 즐길 수 있다.

4) 옹기항아리와 소금 구하기

메주를 띄우는 동안 항아리 걱정이 시작되었다. 나의 소중한 메주를 디자인도 아름답고 숨 쉬는 항아리에 담아 나만의 장독대를 꾸미고 싶은 욕심이 생겼다. 마침 프랑스에서 된장을 담근 분의 글을 인터넷에서 보고 프랑스 오이피클 항아리가 우리나라 항아리와 비슷하다는 것을 알게 되었다. 네덜란드의 온라인 중고마트를 뒤져서 전국에 흩어져 인테리어 소품으로 사용되던 프랑스, 독일의 피클 항아리를 사 모았다.

30리터는 될 것 같은 항아리를 두 개 씻는데 정말 보통일이 아니었다. 이 항아리는 정말 숨을 쉬는 항아리가 맞았던 것이다. 항아리 숨구멍 사이사이에서 묵은 피클 때가 항아리 밖으로 나왔다.

이제는 소금이다. 나는 프랑스의 게란데 소금을 골랐다. 미네랄이 풍부하다고 하고, 물에 잘 녹는 것이 우리나라 천일염과 비슷했다. 한국산 천일염 보다 가격은 저렴했고, 품질은 레스토랑 셰프들이 쓰는 세계 최상품이다. 네덜란드에서 장을 담그는데, 콩은 유기농이지만 한국산이 아니고, 항아리는 프랑스, 독일의 피클 항아리, 소금은 프랑스 것, 고추씨앗은 중국 가게에서 발견했다. 한국 음식 재료를 구하기가 어려워 점점 현지의 재료로 대안을 찾아가는, 이민자로 살아가는 나의 삶과 닮아 있는 우리 집 장독대를 보면서 피식 웃음이 났다.

5) 장 담그기 & 장 가르기

공대 출신 남편과 소금의 양, 물의 양, 메주의 양을 계산하여 잘 소독한 항아리에 담은 지 석 달이 지나고 장 가르기를 했다. 중간 중간 항아리 뚜껑을 열어 냄새를 맡아보았는데 정말 된장 냄새가 나는 것이 아닌가? 전통 방법으로 만든 나의 도너츠메주를 소금물에 담근 것과 개량메주(청국장 말린 것)을 소금물에 담근 두 개의 항아리에 따로 만들어 보았는데 확연히 풍미가 전통메주 쪽이 강했다. 소금물이 발효된 메주의 풍미를 가득 갖게 되며 감칠 맛이 생기고, 메주도 풍부한 미네랄 듬뿍 소금물을 머금었다. 이것이 바로 한국문화라며 아이 셋과 장 가르기를 하고 메주 사이에 색이 좀 안 좋아 보이는 곰팡이를 하나하나 골라서 버리고, 메주를 건진 소금물(맑은 갈색 느낌의 청장)으로 점도를 맞추며 도깨비 방망이로 으깨어 개량메주 항아리와 전통메주 항아리의 된장을 합쳐 다시 담았다.

메주를 건진 청장도 두 항아리를 하나로 합쳤다. 아쉽게도 이 청장을 유리뚜껑으로 덮지 않아서 그랬는지 곰팡이가 나서 항아리를 다시 소독하고, 간장을 한 번씩 팔팔 끓여서 보관했더니 더 이상 곰팡이는 생기지 않았다. 끓여서 유익균이 죽은 건지 좀 아쉬웠다.

-장 가르기 후 숙성

장 가르기 후 그냥 뚜껑만 닫아두면 숙성이 되는 줄 알았는데, 6개월 후 열어본 된장은 숙성이 덜되었다. 내가 항아리를 둔 야외 베란다가 해가 잘 들어오지 않아서 그랬는지, 아니면 내가 항아리를 매일 열고 해를 쐬어주지 않아서 그랬는지 그것은 짠 메주 정도의 맛이었고 발효가 잘 된 엄마의 된장과는 다른 맛이었다.

다시 엄마와 통화를 했다. 엄마는 “네덜란드의 기온이 추어 항아리속의 장이 해를 받아 끓었다가, 밤에는 식었다가를 반복하지 않아서 발효가 덜 된 것 같다. 하지만 장이 짜서 상하지는 않을 테니 햇빛 좋은 곳으로 옮겨서 일 년 더 묵혀보자."라는 의견이셨다. 나는 "우리집 부엌 쪽 창이 남향인데, 실내지만 거기에 두면 어떠냐?"고 말씀드렸다. 거기는 겨울에도 해가 간간히 든다. 엄마는 바람이 불지 않아서 안 된다는 의견이다. 그래도 부엌에 옮겼다가 또 바람이 불지 않아 곰팡이가 날까봐 전전긍긍 하니, 엄마는 "걱정하지 말고, 아파트에 사는 사람들은 김치냉장고 안에서 된장 발효를 한다 하니 그렇게 해보라"고 하셨다.

그래도 처음부터 모든 과정을 전통적으로 따라가며 만들어 본 나의 첫 된장을 나는 장독대에서 제대로 발효시켜보고 싶어서 항아리 안에 10kg도 넘는 덜 숙성된 된장을 모두 퍼내어, 무거운 항아리를 먼저 두개 층을 내려가야 있는 우리 집 정원에서 가장 해가 잘 드는 곳으로 옮긴 후에, 된장을 다시 들고가 항아리에 채웠다. 그래도 빛이 들어가지 않는 뚜껑이 아무래도 석연치 않아, 다음 남편의 한국 출장길에 투명하고 옆에는 바람구멍까지 있는 그 항아리 뚜껑을 사와서 발효를 계속 이어보려 한다.

6) 내가 된장에 열광하는 이유

나는 국제 결혼가정, 세 아이의 엄마로 네덜란드에 거주하고 있다. 여기에서도 7월이 되면 오이지가 먹고 싶고, 겨울이 되면 굴 겉절이와 곰국, 다시 봄이 되면 산나물들이 먹고 싶었다. 처음엔 고향이 그리워 그러나 했지만, 아이들을 낳고 무엇을 건강하게 먹일까를 생각하다보니 그 제철음식들 안에 엄마가 우리를 건강하게 키운 모든 노하우가 들어있다는 깨달음을 얻었다. 내가 내 아이들에게 가장 영양소가 풍부한 제철 해산물, 제철 야채를 먹이고 된장, 청국장의 발효음식과 친숙하게 하면 그 아이들의 식습관과 더불어 장 건강이 좋아질 수밖에 없다. 내 가족의 건강한 신체가 바로 우리가족 행복의 필수조건이다. 그렇기 때문에 발효음식인 '한국의 장류문화'를 내 아이들에게 꼭 전해주고 싶은 것이다. 그것은 엄마인 내가 체험으로 아는, 내가 제일 잘 아는 한국의 건강밥상 문화이다. 발효가 된 된장 청국장은 소화도 잘되고 맛도 있을 뿐만 아니라 식물성 단백질도 풍부한 건강 밥상의 시작이다.

'된장 made in Netherlands' 박O진

3장

맺음말

2022년 베이징 동계올림픽 개회식장에 중국 소수민족인 조선족이 한복을 입고 등장하여 논란을 빚었다. 한복은 우리의 전통문화라고 생각하고 있는데… 언론에서는 계속 보도가 나왔다.

이런 일이 있고 며칠 후, 우리의 전통문화인 '한복'이 문화재청에 의해 올해(2022년) 한국문화를 소개하는 대표 홍보 문화유산으로 선정되었다. 문화재청은 '올해의 대표 홍보 문화유산'으로 '한복'을 포함하여 '경복궁', '팔만대장경', '백제역사 유적지구', '조선왕조 궁중음식'과 '떡' 등 5개를 선정했다고 밝혔다.

'한복'은 우리 고유의 옷이고, '경복궁'은 조선시대의 중심 궁궐이다. '팔만대장경'이라고도 불리는 '합천 해인사 대장경판'은 고려가 외적의 침입을 막기 위해 조성한 불교경전 목판이며, 유네스코 세계유산 '백제역사 유적지구'는 공주, 부여, 익산에 있는 유적들을 뜻한다. '조선왕실의 궁중음식'과 '떡만들기'는 각각 무형문화재로 지정되어 있다.

대표 문화유산은 지난해 9~12월 국내 거주 외국인과 내국인 각각 1,000여 명을 대상으로 한 선호도 설문조사를 통해 결정되었다. 외국인이 57개 후보 가운데 10개를 추렸고, 내국인이 10개 중 5개를 뽑았다. 내국인 조사결과 한복이 28.8%로 1위였고, 경복궁이 15.3%로 2위였다.

올해의 대표홍보 문화유산 선정은 한국문화를 외국인들에게 알리기 위해 지난해 시작되었다. 지난해에는 '김치 만들기', '수원 화성', '창덕궁', '제주 화산섬'과 '용암동굴' 등 4건이 선정되었다. 이들 선정된 문화유산 중 음식과 관련 있는 항목은 '김치 만들기', '조선왕실 궁중음식'과 '떡 만들기' 등 3종이다. '김치만들기와 김장문화'는 국가무형문화재와 유네스코 세계인류무형유산에 등재되었고, '조선왕실 궁중음식'과 '떡 만들기'는 국가무형문화재로 지정되었다. '들어가면서'에서도 언급하였지만, 유네스코 세계인류무형유산에 등재하려면 그 나라의 국가무형문화재로 먼저 지정되어야만 한다. 선정된 문화유산 외에도 '장 만들기', '제다', '소금', '막걸리 빚기' 등도 국가무형문화재로 지정되었고, 앞으로 유네스코 세계인류무형문화유산 등재를 앞두고 있다.

2022년에는 '장 만들기와 장 문화'가 유네스코 세계인류무형문화 유산에 등재를 준비 중이다. 좋은 소식을 기다리면서 다시 한 번 장 만들기와 장류문화를 살펴본다.

맺음말에서는 장류문화 중에서도 장류 만들기 및 한・중・일 장류문화의 교류 등은 본문에서 충분히 다루었으므로 간단히 다루고, '장 만들기 및 장류문화'의 유네스코 인류무형문화유산 등재를 고려하여 본고의 제1부에 해당되는 내용이기도 한 2020년 11월 12일 한식진흥원 주최의 '동북아 두장(豆醬)문화의 가치와 한국의 전통 장문화' 국제 학술포럼(유튜브 한식진흥원 검색)에서 부족하게 다루어졌던 북한과 중국 연변 조선족의 장류를 보충하면서 중점적으로 살펴본다.

대두는 야생종인 들콩(덩굴콩)을 재배한 것으로, 문헌에 콩이 처음 등장한 것은 기원전 6세기에 저술된 중국 『시경』에 숙(菽)이라는 글자로 나타나면서부터이다. 숙은 그 모양 때문에 나중에는 두(豆)로 표기되었다.

『시경』에서 '서직숙맥음식지상(黍稷菽麥飮食之常)'이라고 하였는데, '임숙(荏菽)'은 중국 최초의 사전인 『이아(爾雅)』에 '융숙위지임숙(戎菽謂之荏菽)'이라 하여 "서주의 콩(菽)은 '융숙'에서 비롯된 것이다."라고 하였으며, 이것이 대두라는 것이다.

『제민요술』(540)대두 편에 '융숙'과 관련하여 황고려두, 흑고려두라는 명칭이 등장한다. 황두, 흑두에 고려(=고구려) 지역의 이름이 사용되는 것을 보면 고구려 지역이 대두의 기원지이거나 가장 많은 대두의 소비지이거나 아니면 질이 우수한 고구려 대두가 생산된 지역임을 알 수 있다.

일반적으로 어떤 식물의 양생종, 중간종, 재배종이 가장 많은 곳을 식물의 발상지로 삼는데, 이 조건에 맞는 콩의 원산지는 중국의 동북부, 곧 만주라고 보는 것이 통설이다. 중국의 동북부는 고대의 부여, 고구려, 예맥의 영토이므로 대두의 재배화 기원지는 바로 우리 고대의 영토를 중심으로 한 일대이다. 이러한 환경에서 우리는 일찍부터 콩을 재배하고 콩을 전용한 장류를 개발하였으며, 콩밥, 콩떡 등을 단백질 급원으로 삼았다.

고고학적으로는 1959년 출토된 함경북도 회녕 오동의 청동기 유물인 토기의 밑바닥에서 팥, 조와 더불어 탄화된 콩이 출토되었는데, 오늘날 재배종과 비슷하여 콩의 재배 역사가 오래되었음을 시사한 바 있다. 1972년 경기도 양평군 팔당 수몰지구에서 밑바닥에 콩의 압문(壓紋)이 있는 무문토기가 출토되어 우리나라 콩 재배의 역사를 실물로 말해주게 되었다.

두장의 기원에 대해서 콩의 원산지가 만주지역인 것, 고구려인들이 발효식품을 잘 만들었으며, 시(豉)가 발해(渤海)산이라 한 점 등을 생각할 때 시(豉)는 우리나라 북부 지역에서 싹터 중국으로 건너간 것으로 추정된다고 했다. 또한 3세기 진대(晋代) 장화(張華, 232~300)의 『박물지(博物志)』에는 "외국에 시가 있다"고 하였으며, 시의 냄새를 고려취(高麗臭, 고려=고구려)라고 적고 있어 시가 한반도에서 건너온 것임을 짐작하게 한다. 처음부터 중국에 있었던 것이 아니고 외국에서 전래된 것이라고 볼 수 있다.

우리나라에서 중국에 전래된 시(豉, 메주 시)는 현재 중국에는 없고, 다른 형태인 두시(豆豉)로 존재하며, 한국에서는 청국장, 일본에서는 낫또(納豆) 형태로 생식을 하고 있다. 우리나라의 경우 콩+쌀 등이 섞인 중국식 두장 제조법은 구황장이나 고추장에 적용되고 있다. 우리나라는 삼국 중 유일하게 콩단용장이 주류를 이루고 있다.

말장(末醬)은 예전부터 있던 시를 부르는 다른 이름으로, 한국은 메주로 신문왕 폐백품목에 등장하였고, 중국은 2세기 후한시대 『사민월령』에서 말도(末都), 『제민요술』에는 두장(豆醬)으로, 일본은 미소(말장, 8세기 문헌에 등장, 10세기에는 고려장으로 기록)로 현재까지 miso(된장)를 의미하며, 한·중·일 삼국 장류의 교류를 짐작할 수 있다.

한국의 장 담그기는 고대부터 오랫동안 장을 담가먹은 유구한 역사를 지닌 점, 한국 식문화를 다양하게 연구할 수 있다는 점, 세대 간에 전승되며 모든 한국인이 직·간접적으로 동참하고 있다는 점에서 그 가치를 인정받아 2018년에 국가무형문화재 제137호로 종목 지정되었다.

'장 담그기'는 콩 재배, 메주 만들기, 장 만들기, 숙성과 발효 등으로 이어지는 과정으로 발전시켜왔는데, 이는 중국이나 일본과는 구별되는 독특한 제조법이다. 또 메주를 띄우는 과정을 거친 뒤 간장과 된장 두 가지의 장을 만든다는 점, 전년도에 쓰고 남은 '씨간장'을 이용해 '겹장'의 형식을 거친다는 점 등은 한국 장 담그기의 독창적인 방법이다. 우리나라 전역에서 전승되고 있는 생활관습이자 문화라는 점에서 특정 보유자나 보유단체를 인정하지 않고 무형문화재로 종목 지정을 했다.

문화재청에서는 2018년부터 한반도 전역에서 전승되고 있는 생활습관이자 문화라는 점에서 특정 보유자나 보유단체를 인정하지 않고 무형문화재로 종목 지정했다. 이러한 무형문화재 지정제도의 변화는 유네스코 세계인류무형문화유산의 등재조건에 잘 나타나 있다.

우리나라의 경우 가정에서 장을 담글 때 택일을 하고 고사를 지냈다. 만일 장맛이 변하면 집안에 불길한 일이 생길 징조라 여겨, 주부들은 장독대 관리에 정성을 다했다. 장독에 금줄을 치고 버선을 거꾸로 붙이기도 하였고, 붉은 고추나 숯을 장위에 띄우기도 했다. 고추와 숯의 살균 및 흡착의 효과를 노리는 동시에 주술적 효과를 기대하는 것이었다. 또 장 담그는 여인의 입을 창호지로 봉하고 작업을 시켰다. 여성의 음기(陰氣)가 간장에 좋지 않다는 속설 때문이었다. 장맛이 좋게 숙성되는 데에는 미생물이 관여하는 영역이므로, 장 담그는 행위 자체를 신성시했다고 볼 수 있다.

그러나 장 담그기는 품앗이로 이루어지는 김장과 달리 대문을 걸어 잠그고 창호지로 입을 봉하고 장을 담았던 일부 장 담그기 풍습은 그 집안만의 장맛을 유지하는 비법과 정성을 다해 장을 담그고 관리하는 행위로써 비개방성을 가지고 있었지만, 넓은 의미로 보면 집집마다 다양성 혹은 다원성(多元性 : 사물이나 현상이 많은 근원을 가지고 있는 성질)을 지닌 문화를 창조했다고 여겨진다. 다원성의 결과로 집집마다 독특한 맛을 지닌 채 장을 담그고 갈무리를 잘 해 맛이 독특한 맛있는 '씨간장'을 대대로 남겨 줄 수 있음을 자랑으로 여기는 가양문화(家釀文化)를 탄생하게 된 것이라 여겨진다. "아기를 가졌을 때 담근 간장으로 그 아기가 결혼할 때 국수를 말면 잘 산다"라는 속담에서 보듯이, 맛이 변하지 않고 잘 관리했던 장으로 잔칫날 국수를 말아 손님 대접을 할 정도이니 장에 기울여야 하는 정성을 짐작할 만하다.

유네스코 인류무형문화유산 중 음식문화는 2010년의 '프랑스 미식문화(Gastronomic meal of the French, 2010)'를 시작으로, 2013년 '일본의 와쇼쿠(和食, 특히 신년축하를 위한 일본의 전통 식문화)', '한국의 김치 만들기와 김장문화(Kimjang, making and sharing Kimchi, 2013)' 등 총 11개가 등재되었다. 유네스코는 스파게티, 피자, 스시 등 특정음식을 등재할 경우 상업화 될 것을 우려해 철저히 음식문화라는 관점에서 심사를 하고 있다

유네스코에 등재된 무형문화유산의 음식 종목의 공통점으로는 '첫째, 등재된 음식문화는 국가, 지역, 공동체의 집단적 문화 정체성으로 확인된 것이며, 둘째, 전통적이면서도 살아있는 문화이어야 한다. 살아있는 문화를 강조하면서 한편 대대로 전승되고 있다는 점에 주목한다. 각 나라의 음식문화가 전통에 뿌리를 두면서도 현재까지도 활발하게 지속하고 있는 문화라는 것을 보여주고 있다. 셋째, 사회적 결속과 협동이 두드러진 점을 강조하고 있다. 넷째, 음식이 생태 친화적이어야 한다. 음식을 만드는 사람들이 인근지역에서 생산되는 신선한 식재료를 수급 받을 수 있고, 이를 통해서 지역의 식재료를 생산하는 사람들과 음식을 통한 협동체를 만들 수 있게 되면서 지역경제에도 이바지하게 된다. 지역의 소단위 생산업에 종사하는 사람들에게도 혜택이 주어진다. 나아가서는 지역에서 오래전부터 전승되는 생산기술, 지식 등의 전승이 이어지는 구조를 유지하게 된다. 다섯째, 음식을 만드는 과정과 식사하기 의례 또는 전통적인 의식과 깊은 연관을 가진다. 신년축하식, 결혼식, 가족모임, 조상숭배 등과 같이 세시의례나 일생의례를 통해서 오랫동안 전승되어 온 것

이고, 향후 지속될 그런 문화이다. 여섯째, 글로벌 커뮤니티를 위해서 지속 가능한 발전에 기여한다. 건강한 식재료로 만들어진다는 점에서 건강식이나 웰빙문화 구축에도 기여한다.' 등이다.

따라서 유네스코 세계인류무형문화유산에 먼저 등재된 '김치만들기와 김장문화'에 이어 등재를 준비하고 있는 국가무형문화재로 지정된 '장 담그기', '막걸리 빚기', '떡 만들기' 그리고 '제다', '염전' 등은 위의 고려사항을 참고해야 한다.

이러한 점을 고려하여 '국제학술포럼(2020)'에서 살펴본 '김장문화 민속지'를 만들었던 '김치 만들기와 김장문화' 등재 과정으로 미루어 생각해보면, 장문화가 우리 한국인에게 어떤 의미를 갖느냐를 먼저 생각해보고, 첫째, 동북아시아 공동체의 일원으로서의 한국인의 민족 및 문화적 정체성, 둘째, 한국의 김장문화와 동일한 보살핌, 나눔 그리고 정(情)의 음식문화, 셋째, 장 자체가 지닌 높은 저장성과 발효 과학성, 한국에서는 전통적으로 장을 담글 때 일부 대문을 걸어 잠그는 비개방적인 형태를 보일뿐만 아니라, 여러 금기사항을 지키면서 장을 만든다. 그 결과 넷째, 자기 집안만의 장맛을 가지게 된다는 현상에서 발생하는 한국문화 특유의 가족주의, 이른바 '가문(집안) 중심주의'의 형성과 매개, 다섯째, 이와 관련하여 발생하는 장의 맛과 문화의 다양성과 다원성의 가치 등을 살펴볼 수 있다고 하였으며, 이러한 문화적 특이성을 고려한다면, 앞선 김장문화와 마찬가지로 '장의 민속지'를 만들어야 할 것이라고 했다.

민속지를 통해 우리 장 문화가 지니는 보편적 가치와 특이성을 세계에 알린다는 전제 아래, 국민 전체가 행하거나 경험하고 있는 두장문화의 원형 또는 전형(典型)과 정체성 및 한국인이라는 공동체와 집단, 개인의 보편적 가치 등을 염두에 두고 동북아 두장문화의 가치와 한국 전통 장문화의 대표적인 무형문화유산의 가치를 살펴보아야 할 듯하다.

‘장 만들기’의 유네스코 세계무형문화유산 등재는 우리나라 단독으로 할 경우, 2018년도에 등재된 씨름처럼 북한과 연계하여 남북한 공동으로 등재할 경우, 그리고 두장문화(豆醬文化)의 영역에 있는 한·중·일 동북아 삼국이 연계하여 등재를 할 수도 있다.

씨름의 경우 한국은 2016년, 북한은 2015년 각각 유네스코에 씨름 인류무형문화유산 등재 신청서를 제출했다. 그러자 유네스코는 무형유산위원회 긴급 안건으로 남북 씨름 공동등재 안건을 상정한 뒤 24개 위원국 만장일치로 등재를 결정했다. 유네스코는 “남북한 씨름이 전승 양상과 공동체에 대한 사회문화적 의미에 공통점이 있다”며 “평가기구가 남북 씨름을 모두 등재 권고한 점을 고려해 볼 때 전례에 없던 개별 신청 유산의 공동등재를 결정했다.”고 밝혔다. 특히 이번 결정이 ‘평화와 화해를 위한’ 차원이라고 설명했다. 이로써 한국은 20번째, 북한은 3번째 인류무형문화유산을 갖게 되었다.

지난 2020년 11월 12일 유네스코 인류무형문화유산 등재를 위한 한식진흥원 주관의 국제학술포럼(동북아 두장문화의 가치와 한국의 전통 장문화)에서 부족했던 북한의 장류 현황을 이번 책에 보충했다. 북한과 연계하여 등재를 고려한다면 전통적인 방법으로 장을 만드는 것을 중심으로 살펴야 할 것이다.

북한에서는 옛날 선조들이 써온 전통적인 장 담그기 법을 그대로 살려 만든 북한 대동강식료품공장의 ‘평양 메주장’이 수요가 계속 늘어나고 있다고 한다. “선조들은 11월 입동 때 콩을 삶아 만든 메주를 두 석 달 지나 부스러뜨려 햇볕에 쪼인 다음 소금과 물 1 : 3의 비율로 타서 독에 넣고 그것이 다 익은 다음 주로 음력 2월 중에 장을 담갔다.”며 계절상으로 이 시기에 장을 담그면 변질되지 않고 잘 익었기 때문이었다고 전통적인 장 담그는 법을 설명했다. 평안도, 황해도 지역에서는 이런 방법을 흔히 사용한다.

양강도[86]에서는 간장보다 된장을 주로 많이 사용하기 때문에 간장을 민간에서 만들기보다 장마당에서 조금씩 구매해 먹기도 하는데, 보통 양강도에는 지역별로 간장공장이 따로 있거나 식료공장에서 간장을 생산하기도 한다.

하지만 식료공장에서 생산되는 간장은 일반인들에게까지 공급되기 어려운 처지이다. 그 원인으로는 식료공장 원료기지에서 생산되는 콩으로는 1년에 3번 어린이들에게 공급되는 간식선물에 들어가는 '콩사탕' 등을 마련하고 간부들의 고추장을 담그는데 사용되기 때문이다. 그래서 전통적인 방법으로 간장을 담그는 대신에 '맛내기 간장', '봇나무(자작나무)버섯 간장' 등을 만들어 먹는다.

'맛내기 간장'은 설탕 200g이면 10리터의 간장을 생산할 수 있다. 뜨겁게 달군 무쇠가마에 설탕을 넣고 짙은 갈색이 나도록 볶고 찬물을 부어서 다시 물이 끓으면 소금을 넣고, 거의 끓었을 때 미원을 넣는데, 미원을 10리터에 5g을 넣는다. 이렇게 다 만들어진 간장은 장마당에서 맛내기 간장으로 판매한다.

봇나무(자작나무)버섯 간장은 약재용으로 중국에 무역을 하던 봇나무버섯으로 간장을 만든다. 봇나무(자작나무)버섯 간장은 '90년대에 만들었던 간장과는 다른 방법이라고 한다. 큰 독에 봇나무(자작나무)버섯을 넣고 미지근한 물을 부어 2~3일 우려낸다. 그리고 우려낸 버섯물을 천으로 걸러 찌꺼기를 걸러내고 소금을 넣고 끓여주면 된다. 가마에 넣고 끓일 때 약간의 설탕을 넣어서 저어주면 간장이 한결 맛나다고 한다. 산에서 자란 자연산을 그대로 먹는 것이기 때문에 건강에도 좋다고 믿는다. 단 양강도에서는 된장을 주로 많이 사용하기 때문에 간장 제조자들이 많지 않다.

이러한 북한의 장류 사정과는 달리 중국 소수민족의 하나인 연변 조선족은 북한보다 활발하게 전통적인 방법으로 장을 담그고, 장 담그기 체험축제('중국 조선족(연길) 생태 된장 오덕문화절') 등을 열고 있다.

연변의 음식문화는 중국 길림성(吉林省) 연변 조선 자치주에 있는 조선족들의 음식문화이다. 조선족의 음식문화는 남한과 북한을 포함한 한민족의 선명하고도 풍부한 특색을 바탕으로 중국의 식문화 속에서 독자적인 지위를 확보하고 있으며, 동북부 지역의 각 민족에게도 큰 영향을 끼치고 있다. 전통의 계승을 소중히 여기는 한민족의 민족성을 생각할 때 전통생활 풍습과 관습이 잘 보존 계승되어오고 있는 것은 어떻게 보면 자연스러운 현상일 수 있다.

연변 조선족의 구성원은 초기 이주 시기에는 지리적·정치적인 상황으로 두만강, 압록강 유역에 살았던 함경도, 평안도 이주민들이었다. 이후 황해도, 경상도, 전라도, 충청도, 강원도 등 한반도 중부, 남부지역의 이주민들이 정착하게 되었다. 이주 당시에는 교통이 불편하고 언어가 서로 통하지 않아 다른 민족과의 왕래가 적었고, 이러한 환경은 조선족이 한반도에서 가져온 식생활 풍습을 유지시키는데 많은 영향을 미쳤다. 조선족은 고유한 전통 음식문화를 계승하는 반면, 한족을 비롯한 중국의 여러 민족들과 교류하면서 타민족의 식문화를 적절히 수용했다.

연변 조선족은 중국 동북지역에 살면서 한민족(韓民族)의 혼을 이어오며 조선족 고유의 전통음식과 식문화 유산을 계승 발전시켜 왔다. '조선족이 사는 곳엔 김치, 고추장이 꼭 따라 간다'는 이야기가 있다. 또 연변에서 주로 사용하는 양념은 소금, 간장, 된장, 고추장, 기름, 당류(설탕), 식초, 고춧가루, 후춧가루, 마늘, 생강, 파, 깨 등이다.

연변지역은 11월부터 3월까지 아주 춥고 4월부터 따뜻해져서 콩을 기르기에 아주 좋은 곳으로 꼽힌다. 그래서 중국 내에서 이곳의 콩 수확량은 꽤 많은 편이다. 게다가 이곳에선 전통된장 담는 법이 각 가정마다 고스란히 전해지고 있다. 각 가정은 콩으로 메주를 만들어서 된장을 담가먹는다.

이곳의 된장 생산은 우선 각 집이 농약을 치지 않은 콩을 따서 각각 메주를 담그고 조선족 마을이 예로부터 이어온 된장생산 방식을 고스란히 유지하는 것이다. 문제는 고른 맛의 유지인데, 이를 해결한 게 공동 미생물 배양실을 운영한다. 각 집에서 만든 메주는 유한회사가 운영하는 창고에서 6개월간 성숙화 과정을 거치는데, 이 과정에서 각기 다른 사람이 만든 메주가 똑같은 맛의 된장이 된다. 된장이 만들어지기까지 오로지 수작업으로만 작업을 한다. 생산 효율성을 높일 수 있는 '기업농' 대신 '소농'을 선택했다. '소농'이어야만 각 가정의 고유한 삶의 방식이 유지될 수 있다고 믿기 때문이다. 또한 '소농'이야말로 가장 생태적인 농업방식이라고 생각한다.

의란된장(구룡천)은 100여 년의 피와 불의 세례 속에서도 우리민족 전통문화의 명맥을 이어오면서 1993년부터 오늘날까지 조선족 전통 된장 생산기지로 그 규모화를 실현해가고 있다. 구룡촌 하면 이제는 연변에서 '의란된장'이라는 비공식적인 브랜드로 통한다. 그만큼 구룡촌에는 여러 세대의 농민들이 전문으로 된장 생산을 하고 있으며, 이들이 연간 생산해 낸 100만 근이 넘는 맛좋은 된장이 연변은 물론 북경, 상해 등 중국 대도시들과 한국, 일본 등 해외에까지 널리 퍼져나가고 있다.

땅이 적어 농사 수입이 낮은 구룡촌 같은 반 산간농촌의 경우, 밭에서 나는 농산물을 재가공 혹은 정밀가공해서 농산물 부가가치를 높이는 것이 농민 수입증가에 아주 필요하고 절박하다. 구룡촌 농민들이 장을 빚는 시기는 매년 11월부터 이듬해 4월경까지 반년가량의 시간이다. 생산된 순콩과 질 좋은 소금, 구룡촌 바위틈에서 나오는 청정샘물로 장을 빚다보니 장맛이 좋을 수밖에 없다고 자부한다. 된장생산 전문가들로 의란진 구룡촌 토장협회가 설립되었으며 '두만강(豆滿江)'표 장류제품 공동브랜드도 적극 추진 중이다.

연변 조선족의 고추장 담그기를 보면, 가을에 콩을 수확하여 메주를 만들고 정월에는 장을 담갔다. 특히 연변은 고추농사가 잘되는 지리적 환경 덕분에 고추장 제조방법이 매우 다양하게 발전했고 보관하는 데도 정성을 기울였다.

조선족은 예전에는 엿이 귀해서 고추장에 넣지 않았지만, 지금은 물엿을 넣어 윤기가 나게 하고 달콤하게 담그기도 하는데 엿을 많이 넣으면 곰팡이가 덜 생겨서 좋다고 한다.

고추씨 고추장(씨고추장)은 찹쌀에 물을 넣어 찹쌀풀을 쑤고 고춧가루와 메줏가루를 넣고 잘 섞는다. 갱엿과 물을 냄비에 넣고 중불에 올려 엿을 녹인다. 마른 팬을 약한 불에 올려 달군 후 고추씨를 넣고 볶아 식힌다. 찹쌀풀이 따뜻할 때 준비한 재료를 모두 넣고 잘 섞이도록 버무린다. 소독해 둔 항아리에 담는다.

오누비장(오누이장)은 묵은 된장(토장)에 흰콩(대두)을 삶아 넣어 담근 혼합장이다. 된장보다 싱겁기 때문에 쉽게 상할 염려가 있어 예전에는 추운 겨울에만 먹었다. '비슷하게 닮은 두 가지를 섞는다'는 뜻과 '장과 콩은 닮았으면서도 다르다'는 의미로 '오누이'라고 표현한 것으로 오누이장 또는 오누비장이라고 한다. 된장찌개처럼 끓여 먹기도 하고, 돼지고기 보쌈이나 시라지(시래기)쌈, 양배추쌈과 같이 쌔미(쌈)를 먹을 때 쌈장으로도 훌륭하다. 밥 위에 두툼하게 지진 두부와 오누비장, 고춧가루를 얹어 먹으면 별미다.

오누비장을 만들 때는 콩은 여름에는 5시간, 일반적으로 7시간 정도 불린다. 채반에 밭쳐 10분 정도 물기를 뺀다. 냄비에 불린 콩과 물을 넣고 센 불에 15분 정도 올려 끓으면, 약 불로 낮추어 30분 정도 삶아 불을 끄고 1시간 정도 뜸을 들인다. 삶은 콩은 절구에 보드랍게 쳐서 묵은 장과 섞어 둥근 모양으로 빚는다.

썩장은 '썩은 장'이라는 함경도 사투리로 청국장을 뜻한다. 늦가을부터 초겨울까지 메주를 쑬 때 오누비장과 썩장을 함께 담는다. 냄비에 불린 콩, 묵은 장, 물을 붓고 센 불에서 끓으면 중불로 낮추어 30분 정도 삶은 후 약 불로 낮추어 1시간 정도 더 삶는다. 광주리에 볏짚을 깔고 삶아낸 콩을 펴 놓은 후 물기를 꼭 짠 면보를 덮어 35~40℃의 온도에서 48시간 정도 놓아두면 흰 진액이 생긴다.

'중국 조선족(연길) 생태된장 오덕문화절'은 2004년 농사꾼 2명이 깊은 두메산골에서 시작해 2017년부터는 연길시 정부 차원으로 승격시켜 행사를 치른다. '인간의 근본이 무엇인가. 인간의 덕을 근본으로 해야 하며, 덕은 선량함을 근본으로 해야 한다. 또 선량은 진실을 근본으로 해야 하고, 진실은 바로 자연을 근본으로 해야 한다'며 된장의 오덕을 되새기면서 해마다 5월 5일(음력) 단오절에 연길시에서 행사가 개최된다.

이날은 조선족을 비롯한 한족 등 여러 민족 5천여 명이 참여해 '민족은 다르지만 상대방을 서로 존중하고 사랑하는 것이야말로 인간이 갖추어야 할 기본'이라며 행사를 성대히 치렀다.

2010년 제6회 연변 민들레 생태문화 예술절은 '연변 조선족 전통 된장절'이 아닌 '전통된장 오덕 문화절'과 함께 개최되었다.

연변 민들레 전통된장은 2004년 '민들레마을(民德來村)'은 '연변 민들레생태산업연구 유한회사'의 리동춘이 만들었다. 1990년대 초반 흑룡강성 촌장을 맡고 있던 그는 한·중 수교 이후 사람들이 농촌을 떠나는 현실을 해결하기 위해 버려진 촌을 묶어서 '신합촌'을 만들었고, 여기서 산·학 협동의 생태공동체를 만들었다.

전통식품 문화를 고양하고 전승하기 위하여 6월 9일을 '전통된장의 날'로 정하고 1,000 가족이 동시에 참여하는 전통된장 담그기 체험행사를 해마다 개최해오고 있다. 특히 체험행사는 민족을 가리지 않아 한족 참가자들이 70% 이상을 차지하고 있다.

된장은 연변 조선족자치주의 전통음식 문화의 영혼이며 조선민족의 명맥을 이어가는데 있어서 없어서는 안 될 기초적인 민족음식이다.

조선민족의 전통된장은 영양과 기능, 문화를 모두 갖추었으며 민족의 영혼이 담겨져 있다. 2009년도에 연변주 및 길림성 비물질문화유산에 등재되기도 했다.

조선족 전통된장을 빚는 전통기술의 명맥을 세세대대로 전해 내려가기 위하여 1,000세대가 동시에 전통된장을 담근 체험행사는 세계적으로 최초의 행사이며 조선족 전통된장 산업을 전승하고 전통문화를 선도해 나가는데 적극적인 작용이 있을 것이라는 역사적인 견증을 받았다.

이번 북경올림픽에서 논란이 되었던 '한푸'를 입은 연변 조선족을 보고 우리나라와 갈등을 빚은 사례에서 보듯이, 중국은 '동북공정'의 일환으로 발해를 부인하고 발해 문왕 황후묘의 발굴도 공개를 하지 않고 있으며, 유네스코 인류무형문화유산 등재를 위해서 많은 노력을 하고 있기도 하다.

따라서 우리나라는 국가무형문화재로 지정된 '장 만들기와 장류문화'를 유네스코 인류무형문화유산 등재를 준비하면서, 동시에 등재 여건에 따라 씨름(2018년 등재)처럼 북한과 연계하여 공동등재하거나, 부득이한 경우에는 두장문화를 이루고 있는 우리나라와 중국, 일본과도 연계해서 '프랑스 미식문화', '멕시코 음식문화', '지중해식 식문화(Mediterranean Diet, 2013년 등재)'의 경우처럼 '동북아 두장문화'로서 한·중·일 삼국의 두장문화를 공동등재 준비도 고려해 볼 수 있다. 이렇게까지 생각하는 것은 유네스코 등재가 그만큼 쉽지 않기 때문이다.

'지중해식 식문화'의 참여 국가는 키프로스(Cyprus), 크로아티아(Croatia), 스페인(Spain), 그리스(Greece), 이탈리아(Italy), 모로코(Morocco), 포르투갈(Portugal)로 5년 동안 두 번의 도전 끝에 등재되었다. 이후 2013년 포르투갈, 사이프러스, 크로아티아 등의 신청도 받아들여 7개국으로 확대되었다.

이처럼 온 세계가 '음식문화' 전쟁이다. 나라마다 고유의 음식문화를 무형문화유산으로 지정해 보호하고 그 가치를 높이기 위해 고군분투하고 있다. 특히 전통 음식문화는 공동체 내에서 소통하는 집단적 특징을 지니고 있으며, 집단구성원들 사이에 오랜 기간을 거쳐 식문화가 형성된 것이므로 그 보존과 계승의 의의와 가치가 크다고 할 수 있다.

끝으로, 『유네스코 세계 인류무형유산과 동북아시아 장류문화와 장아찌문화』의 공동저자들이 전공에 따라 집필한 부분을 적어보면 아래와 같다.

윤덕인은 제1부 제1장 유네스코 세계인류무형유산과 동북아시아 장류문화, 제2장 동북아시아 장류문화와 한국의 전통 장류문화에 대하여 역사적 변천과 교류, 들어가는 말, 맺음말을 집필하였으며, 김문경은 제1부 중 Ⅱ. 해외동포들의 장류문화, 그리고 제2부의 제1장 Ⅲ. 현대 장류산업의 전통장류와 퓨전장류, 제2장 2. 사찰의 장류문화, 제3부 제1장 장아찌문화 Ⅵ.~Ⅶ.을 집필하였다.

홍미숙은 제2부의 제1장 Ⅰ., Ⅱ. 21세기의 전통장류와 지역별 특별장류, Ⅳ. 장류의 산업 가공실태, Ⅴ. 장류 대한민국 식품명인을 집필하였다. 박수금은 제2부의 제2장 종가의 장류문화, 제3부의 제1장 장(醬)을 침장원으로 하는 장아찌문화 Ⅰ.~Ⅴ.를 집필하였다. 장아찌문화 중 장아찌 조리법 등은 공동으로 집필하였다.

제3부 제2장 장류와 장아찌 담그기의 인문학은 공동으로 집필했는데, 특히 가톨릭관동대학교 이희현 명예교수의 추천으로 먼 이국땅 네덜란드에서 화가로 활동하며, 세 아이를 키우는 엄마이기도 한 박유진 씨는 바쁜 중에도 우리 메주와 간장, 된장을 담아먹으며 사는 진솔한 글을 보내주어, 지면을 빌어 감사한 마음을 전한다.

또한 출판사 지식인의 모든 분들께도 책 출간의 감사한 마음을 전하면서 이상 맺음말을 끝낸다.

미주풀이

1) 윤서석, 우리나라 식생활문화의 역사, 신광출판사, 1999, pp.226~227
2) 윤서석, 위의 책, p.226
3) 음식디미방, 경북대학교출판부, 2005, p.143
4) 전희정 외 1인, 전통저장음식, 교문사, 2009, pp.150~151
5) 이효지 외 3인, 임원십육지, 교문사, 2007, pp.273~274
6) 한복려 외 2인, 음식고전, 현암사, 2016. p.284
7) 전희정 외 1인, 전통저장음식, 교문사, 2009. p.152
8) 윤덕인, 전통식품개발론, 청송출판사, 2006, pp.163~164
9) 자연의 깊은 맛 장아찌, 김정숙 외 1명, 아카데미북, 2011, p.14
10) 김은실, 한국의 발효음식, MJ미디어, 2011, p.71
11) 윤숙자, 한국의 저장 발효음식, 신광출판사, 2007. p.29
12) Korea Food and Drug Administration, Korea Food Code, Moonyoungsa, Seoul, Korea, 2005, p.465
13) 윤숙자, 한국의 저장 발효음식, 신광출판사, 2007, p.29
14) 집밥엔 장아찌, 이선미, 헬스레터, 2018에 있는 장아찌
15) 김정숙, 한도연, 자연의 깊은 맛 장아찌, 아카데미북, 2010, p.23
16) 김정숙, 한도연, 자연의 깊은 맛 장아찌, 아카데미북, 2010, pp.23~25
17) 김숙년의 600년 서울음식, 동아일보사, 2001, pp.288~295
18) 윤숙자, 1600년대 도문대작 식재료 전통음식조리서, 2017, p.77
19) 김정숙, 한도연, 자연의 깊은 맛 장아찌, 아카데미북, 2010, pp.135~143
20) 한식진흥원, 연변 조선족 전통음식을 담다, 2016, p.121
21) 김덕희, 발효저장음식, 백산출판사, 2016, p.135
22) 김태숙, 짜지 않고 달지 않은 약초 장아찌 69선, 하남출판사, 2014, pp.76~77
23) 김영빈, 열두달 저장음식, 원타임즈, 2014, pp.70~79
24) 한복려 외 1인, 종가집 시어머니장 담그는 법, 출판등지, pp.214~216
25) 하미현, 입말한식, 디자인하우스, 2018, pp.22~23
26) 이영순 외 1인, 산야초장아찌와 샐러드 만들기, 예신북스, 2012, p.31
27) 이영순 외 1인, 위의 책, p.69
28) 김영빈, It's 피클 장아찌, 원타임즈, 2015, pp.102~103
29) 박상혜, 마술부엌공양간쿠킹클래스
30) 이혜원, 명랑쌤 비법밑반찬, 레시피 팩토리, 2020, pp.89~94

31) 최정화, 다정선생님의 반찬수업, 중앙북스, 2013, pp.194~195
32) 힐리언스 선마을 푸드팀, 내몸에 선하고 건강에 이롭다, 힐리언스 선마을, 2016, pp.171~173
33) 한복려 외 7인, 매일 맛있게 먹는 반찬 밑반찬, 삼성출판사, 1998, p.107
34) 김숙년, 맛깔난 서울반찬, 서울문화사, 2001, p.25
35) 윤숙자, 윤숙자교수의 건강밥상 300선, 질시루, 2010, p.155
36) 주부의 친구사, 반찬에 가까운 보존식 샐러드, 안테나, 2014, p.155
37) 박상혜, 5,000원으로 집에서 만들어 먹는 사찰음식, 영진닷컴, 2005, pp.108~109
38) 한복려 외 1인, 종가집 시어머니 장 담그는 법, 둥지, 1995, p.218
39) 김수경 외 1인, 피클, 도서출판도도, 2014, pp.104~105
40) 김영빈, 열두달 저장음식, 원타임즈, 2015, pp.179~183
41) 황재희, 향토음식문화, 강원미디어, 1998, p. 71
42) 하미현, 입말한식, 디자인하우스. 2018, pp.132~133
43) 하미현, 위의 책, pp.162~163
44) 박상혜, 청정밥상 차리기, 강릉시농업기술센터, 2015. p.5
45) 정재덕, 채식이 맛있어지는 우리집 사찰음식, 레시피 팩토리, 2013, pp.244~245
46) 한복려 1인, 종가집시어머니 장 담그는 법, 둥지, 1995, p.233
47) 김정숙, 사계절 깊은 맛 장아찌&피클, 아카데미북, 2016, p.121
48) 농촌진흥청 농업과학기술원 농촌자원개발연구소, 한국의 전통향토음식4 충청북도, 2008, p.206
49) 비바리 정영옥, 우리 집은 친환경 반찬을 먹는다, 경향미디어, 2011, p.146
50) 명랑샘 이혜원, 집밥이 편해지는 명랑샘 비법 밑반찬, 레시피 팩토리, 2020, p.108
51) 김숙년 외 2인, 김치, 동아일보사, 2003, p.173
52) 윤숙자 외 2인, 한국전통음식연구소의 아름다운 우리차, 질시루, 2007, p.193
53) 강순의, 김치명인 강순의의 계절김치, 중앙북스, 2011, p.251
54) 임성근, 김치장아찌, 팬 앤 펜 출판사, 2021, p.159
55) 농촌진흥청 농업과학기술원 농촌자원개발연구소, 한국의 전통향토음식3 강원도, 교문사, 2008, p. 288
56) 권용민, 박채린, 은진송씨 종가소장 동춘당 음식법의 내용과 특징, 「한국식생활문화학회지」, 31(5), 2016, pp.419~423
57) 한복려, 한복진, 이소영, 음식고전, 현암사, 2016, pp.147~179
58) 김치연구소, 한국종가의 내림 발효음식, ㈜미디어컴퍼니 쿠켄, 2015, pp.18~19
59) 이연자, 위의 책, pp.356~360
60) 세계김치연구소, 한국종가의 내림 발효음식, 미디어컴퍼니 쿠켄, 2015, pp.54~55

61) 이윤희, 종가를 지켜온 종부의 손맛, 오픈하우스, 2014, p.89
62) 이연자, 명문종가2, 21세기북스, 2018, pp.531~533
63) 이연자, 위의 책, p.331
64) 세계김치연구소, 종부의 손맛을 기억하다, 한국 종가의 내림 발효음식, ㈜미디어컴퍼니 쿠켄, 2012, pp.126~137
65) 세계김치연구소, 위의 책, 183
66) KBS 한국인의 밥상, 2021, 539회
67) 대한불교조계종 한국불교문화사업단 사찰음식(kbuddhism.com)
68) 일운, 불영이 감춘 스님의 비밀레시피, 담앤북스, 2011, p.225
69) 일운, 불영이 감춘 스님의 비밀레시피, 담앤북스, 2011, p.217
70) 일운, 불영이 감춘 스님의 비밀레시피, 담앤북스, 2011, p.226
71) 묵신스님, 김덕희, 강시화, 사찰음식 이야기, 백산출판사, 2018, p.283
72) 우관스님, 우관스님의 손맛 깃든 사찰음식, 스타일북스, 2013, p.293
73) 한국불교문화사업단 사찰음식
74) 우관스님, 위의 책, 2013, p.289
75) 자랑스런 민족음식 북한의 요리, 한마당, 1989, p.253
76) 최민호 외, 김치, 연변 조선족 김치문화의 특징과 변천, 세계김치연구소, 2016, pp. 197~198
77) 장밑장아찌(된장밑장아찌), 연변 조선족 전통음식을 담다, 한식진흥원, 2016.12.29, p.121
78) 마늘장아찌, 연변 조선족 전통음식을 담다, 한식진흥원, 2016.12.29., pp.123~287
79) 배영희 외 5인, 조리응용을 위한 식품과 조리과학, 교문사, 2004, pp.127~128
80) 이연자, 종가 이야기, 컬처라인, 2001, p.189
81) 이연자, 종가 이야기, 컬처라인, 2001, pp.200~202
82) 이연자, 종가 이야기, 컬처라인, 2001, p.265
83) 이연자, 명문종가 이야기, 컬처라인, 2003, pp.171~173
84) 이연자, 앞의 책, 2003, pp.175~176
85) 이연자, 앞의 책, 2003, pp.179~181
86) 양강도는 동쪽은 함경북도, 서쪽은 자강도, 남쪽은 함경남도, 북쪽은 압록강과 두만강을 경계로 중국과 접한다. 백두산(2,744m)과 개마고원, 백무고원이 있는 고산지대이다.